考古是探索文明的一盏灯

考古者是持灯的人

就让我们跟随他们去穿越历史的隧道吧

手铲释天书
与夏文化探索者的对话 I

张立东　任　飞　编著

中原出版传媒集团
中原传媒股份公司

大象出版社
·郑州·

图书在版编目（CIP）数据

手铲释天书：与夏文化探索者的对话. I ／ 张立东，任飞编著.—郑州：大象出版社，2024.6
ISBN 978-7-5711-1821-1

Ⅰ.①手… Ⅱ.①张… ②任… Ⅲ.①夏文化（考古）
-考古学家-访问记-中国-现代 Ⅳ.①K825.81

中国国家版本馆CIP数据核字（2023）第104974号

手铲释天书
SHOUCHAN SHI TIANSHU
与夏文化探索者的对话 **I**

张立东 任 飞 编著

出 版 人：汪林中
项目统筹：张前进 管 昕
责任编辑：张 琰
装帧设计：王莉娟
责任校对：张迎娟 倪玉秀 陶媛媛
责任印制：张 庆

出版发行：大象出版社（郑州市郑东新区祥盛街27号 邮政编码 450016）
　　　　　发行科 0371-63863551 总编室 0371-65597936
网 址：www.daxiang.cn

经 销：各地新华书店经销
印 刷：北京汇林印务有限公司
开 本：720mm×1020mm 1/16
印 张：31.5
字 数：433千字
版 次：2024年6月第1版 2024年6月第1次印刷
定 价：78.00元

若发现印、装质量问题，影响阅读，请与承印厂联系调换。
印厂地址 北京市大兴区黄村镇南六环磁各庄立交桥南200米（中轴路东侧）
邮政编码 102600 电话 010-61264834

序言

　　一种新学科的出现，一般讲，需要两种基本条件：一是技术的发展使人们有了新的方法、手段和视野；二是有了改变当今社会的迫切要求，人们需要用新的人文关怀来观察、解释当今社会和已逝历史。考古学的出现也是由于这两方面的原因。

　　近代考古学的诞生地在欧洲。17—18世纪时，近代科学技术，特别是直接诱发出考古学理论、方法的地质学和生物学在迅速走向成熟的道路上迈进，但传统的基督教教义，上帝造人的神话，仍笼罩人间。为了科学技术和社会结构的进步，必须冲破传统观念，扫清思想障碍，重新认识人类自身的历史。于是，考古学就应运而生。

　　我国的考古学亦是在这种历史条件中产生的。当辛亥革命胜利，最末一个封建王朝被推翻后，人们要求重新审视已往的历史。在五四运动后不久的20世纪20年代，我国就在好几个地点进行考古发掘，洋人和国人都拿起了锄头，土法、洋法一起上马，这样一种历史事实，深刻地反映出了人们（尤其是知识界人士）希望重新认识历史的很强的愿望。

但中国和欧洲古史的历史过程及思想文化传统却大不相同。就欧洲本土来说，进入文明时代的时间较晚，以后除了罗马时期，并没有大片区域统为一国的情况，所以欧洲考古学研究初期的重点在于寻找有文字记载以前的人类活动情况及其进步过程的阶段性。20世纪较早阶段英国资深考古学家赛思就认为，1859年英国由地质学家和考古学家联合组成的考察队肯定了法国北部的阿布维利为数十万年前的人类遗址，对近代考古学的真正发生具有转折意义。可以说，肯定旧石器时代和新石器时代的存在以及寻找其进步过程的阶段性，是从19世纪中叶至20世纪初叶欧洲考古学的一个中心。两河流域、古埃及、克里特、迈锡尼以及古典时代等考古，虽然都陆续成为欧洲考古学家关注的重点，但真正做出大规模且又是科学的发掘，要到19世纪70年代至80年代起才逐渐实现，况且大多数地点是在欧洲以外。从一开始就重视人类技术和文化进步过程的阶段性，是由欧洲的历史背景所决定的。

在中国，则至迟在司马迁的《史记》中已表现出，自传说中的五帝经三代至秦汉，主要是一个单线变化过程。这种认识深入人心，包括学问很多的知识界人士也这样认为，所以当我国考古工作刚刚开始的20世纪20年代至30年代，尽管对刚发现的周口店北京猿人、细石器，仰韶、龙山、良渚等文化也很重视，但还是把主要力量投向探索商、周文明。例如由中央研究院历史语言研究所连续发掘河南安阳殷墟遗址、北平研究院史学研究所发掘陕西宝鸡斗鸡台遗址和墓葬等，其中尤以殷墟发掘所投力量为多。

殷墟是盘庚迁殷以后的商都，更早发现的商文化，在抗战以前的殷墟发掘中并不认识。这是在1952年开始发掘郑州二里冈遗址后才确定下来的。当把二里冈上、下层的分期问题基本搞清楚了以后，尽管最初多数人还以为这是中商时期的遗存，但寻找夏文化的需要已开始凸显出来。

在 20 世纪 50 年代晚期至 60 年代初，已经有人怀疑甚至提出过早于二里冈下层的郑州洛达庙、洛阳东干沟等遗存属于夏文化。1959 年时，由徐旭生先生率领的考察队，根据古史传说中所示迹象，踏查了豫西和晋南的若干地点，随后便选定河南偃师二里头遗址进行长期发掘，亦在晋南夏县东下冯遗址进行过发掘，确定了二里头文化的存在，并认识到东下冯同时期的遗存是二里头文化的一个区域性类型。从此，由少到多地有一批学者认为二里头文化就是夏文化。但也有一批学者认为河南龙山文化才是夏文化遗存，特别是在战国时阳城附近的河南登封王城岗古城发掘后，进一步认为已找到了一个夏都遗址。依此认识，二里头文化就只能是一种早商文化。直到后来发现并发掘了偃师尸乡沟商城遗址后，由于史籍中有尸乡是商汤亳都的记载，而尸乡沟古城中又是二里冈文化的堆积，这就使大家只能认为二里头文化是早于商代的夏文化遗存。但二里头文化可以分为四期，究竟是全部都属夏文化，还是早期是夏文化、晚期是早商文化的争论，仍然继续不断。

整个 20 世纪 80 年代直到 20 世纪 90 年代前半期，关于夏文化，主要有三种不同的认识：

1. 河南龙山是夏文化，二里头是早商文化，二里冈是中商文化，殷墟是晚商文化；

2. 河南龙山晚期至二里头前半段是夏文化，二里头后半段以后是商文化；

3. 二里头是夏文化，二里冈是早商文化，殷墟是晚商文化，中间不要安排中商文化。

随着新发现的增多，尤其是对偃师尸乡沟商城的肯定，第一种认识慢慢淡出了。

从 1996 年 5 月至 2000 年 9 月，在综合了历史、考古、古文字、天文、测年技术这五个学科而进行的人力甚众、资金投入较多的"夏商周断代工程"的研究中，关于夏代年代学的项目，首要确定的就是夏文化遗存究竟是何种考古学文化。在 1997 年的偃师研讨会上，肯定二里头文化是夏文化的意见已取得了基本的共识。但会议以后，对于夏文化的起端问题，还是表现出了很不相同的认识。在 2000 年 10 月发表的《夏商周断代工程 1996—2000 年阶段成果报告（简本）》中，认为河南龙山文化晚期就是夏文化。但是在考古学者心中，实际上仍然存在着相当多的分歧，而分歧的核心并不是时间早晚的争论，而是对考古学文化的界限、考古学文化与族群的关系等有关考古学文化的基本认识方面。

持河南龙山晚期属夏文化者，主要是以古史记载中所见夏代积年的期限来判定夏文化应当起于某种文化的某一阶段，两种不同的考古学文化并非区别不同族群的界限。

不同意此论者则认为，两种不同的考古学文化当然不一定是分属两个族群，但同一文化的前后期别，却很难承认分属两个族群。具体一点说，如果把河南龙山晚期定为夏文化，似乎就应承认河南龙山的早、中期也是夏文化，是一种尚未进入夏代积年的夏人的文化遗存。那么，作为河南龙山文化重要源头的某一类型的仰韶文化，能否就此肯定为夏人的早期先祖的遗存呢？先秦古族与考古学文化的关系能够沿着这样一种单线途径来寻找或思考吗？自 20 世纪 70 年代以来，探索先秦古族与考古学文化关系的具体研究，在许多地区已经陆续开展并日益深化，并且愈来愈清楚地使人感觉到若干古族的兴起，往往是综合了若干文化的因素而突然（或可称迅速）出现的。夏文化的情况，似乎也应是这样。

近 20 年以来的一些新发现，甚至使人感受到陶器形态的相似，不一定是决定其文化性质（或曰文化命名）的主要根据。河南舞阳贾湖遗存中的陶器形态，同裴李岗文化的遗存很相似，但农作物却一为水稻，一为小米，随葬龟卜用物和獐牙的风格则同于时代较晚的大汶口文化而不是裴李岗文化及其后裔仰韶文化的某一类型。由上述诸情况来看，贾湖遗存和裴李岗遗存显然是农业经济内容和风俗习惯有异以及居住地的自然环境差别很大的不同族群所留下的。在探索夏文化时，有无比仅仅根据陶器形态比较更多的方法呢？

晚近分子生物学的发展，已经提出了一种新的研究角度和新的方法。这就是人体遗骸的DNA测定。我国的遗传学者，现在已为全人类基因谱的建立，承担了1%的工作，并且在前几年已经从契丹女尸等标本的DNA测定中，判断出古代的契丹族同今天的达斡尔族的血缘最近。在三峡考古中，也正在寻找古代巴人同现存少数民族的亲缘关系。如果能比较出河南龙山和二里头的人骨遗骸DNA线粒体排列的异同处，无疑将为判断这两种文化的居民的亲缘关系提供新的证据或新的思路。

我虽然目睹了近40多年来探索夏文化的整个过程，但并未专门从事过夏文化研究。不过，我的确以为这是近数十年内我国考古学研究中大家最关心的课目，而且一些朋友又要我为这本介绍众多学者探索夏文化历程之书写一个序，只能以旁观者的身份回忆一下这个历程。当我闭目静思时，一幅幅当年的情景历历浮现在眼前。有那么多的当面争论、背后议论；又有那么多人因新的发现而情绪激动，长久不能平静；也有那么多的事件，引起过相互之间关系的变化。总之，至少在我国，没有另外一项考古学研究曾经在那么长的时间内牵动着那么多人的心，一次又一次地引发出新的理论概念的思考。只要对比一下40年以前和今天通过夏文化讨论而引发出的考古学理论思考，一定会深深感到今天的认识深度的确比40年以前要深化得多。这应当是所有研究者总体成果的一种表现：无论是对是错，还是局部正确、局部错误，都对深化理论认识起了推动作用。得到了这个感受之后，我自然又立即联想起一句老话：真理愈辩愈明。与此同时，我也再一次想起另一句老话：任何人不可能不犯错误。夏文化的探索过程，反反复复地证明这两句老话的确是全人类奋斗过程中经验教训的结晶。

　　但愿这个体会能得到本书各位作者的赞同，也愿夏文化的探索能取得更大的进步，更想借此机会向服膺科学真相的无私的探索者们，表示我真心的钦佩！

俞伟超

2000 年 11 月 29 日凌晨

于北京小石桥寓所

目 录

安金槐

安金槐

安金槐，1921年出生，河南登封人。1948年毕业于河南大学历史系。1949年9月在密县一中任教。1950年调至河南省文物管理委员会。1952年任河南省文化局文物工作队干事。1953年任河南省郑州市文物工作组组长。1954年任河南省文化局文物工作队业务副队长。1981年任河南省文物研究所首任所长、研究员，1983年改任河南省文物研究所名誉所长、研究员。

先后担任河南省政协第五届委员，全国政协第六、七届委员，并兼任中国考古学会常务理事、中国古陶瓷研究会副会长、河南省科技史学会名誉理事长、中国社会科学院古代文明研究中心学术顾问、河南省文物局考古专家组组长、『夏商周断代工程』专家组成员等职。

一、您是什么时候开始接触夏文化问题的?

　　我在开封河南大学历史系上学时就知道夏代是我国历史上的第一个朝代，也就是我国历史上所谓的"夏、商、周"三代中居首的一个朝代。但是对于夏文化和夏代实物资料的认识，则是新中国成立后的 1956 年发现郑州洛达庙遗址之后的事。

　　1953 年，我主持郑州商代二里冈期遗址的考古发掘工作，首次提出郑州商代二里冈期遗址可以区分为前后两大期，即"商代二里冈下层"和"商代二里冈上层"。接着于 1954 年在郑州市人民公园内的商代遗址考古发掘中，我们又发掘出了相当于商代后期（即相当于河南安阳殷墟商代后期遗址的商代人民公园期文化层）叠压着郑州商代二里冈期上层的地层关系，从而证明了郑州商代二里冈期遗址是早于商代后期的。显然郑州商代人民公园期遗址是属于商代后期，而早于商代后期的商代二里冈期遗址的时代，就应是属于商代中期的。

　　1956 年春，在郑州市西郊的洛达庙村东地又发现了一处略早于郑州商代二里冈期的遗址，即定名为"郑州洛达庙期遗址"。在该遗址的发掘中，我们发现了相当于洛达庙遗址被叠压在商代二里冈期遗址之下的地层叠压关系。于是我们当时即认为洛达庙遗址的时代，可能是属于商代早期的，但是后来根据洛达庙遗址的地层叠压关系初步区分为早、中、晚三期。其中晚期的各种陶器特征（包括陶质、器形和器表纹饰）基本上和郑州商代二里冈下层陶器有着明显的渊源关系。所以我们认为，应将"郑州洛达庙遗址晚期"的时代，暂定为稍早于郑州商代二里冈下层的商代早期。

郑州洛达庙遗址的中期与早期的时代问题，根据洛达庙遗址早期出土的各种陶器特征（包括陶质、器形与纹饰）来看，陶器中的鼎、砂质罐、高柄豆、小口直领瓮、鸡冠形握手盆等器的形制，特别是部分器表印痕较深的绳纹和印痕较浅的篮纹，和豫西地区以中岳嵩山为中心及其周围的部分龙山文化晚期的陶器特征似乎有些渊源关系。而郑州洛达庙遗址中期的陶器形制特征则和洛达庙遗址早期和晚期都有一些承袭关系，说明洛达庙遗址的早、中、晚三期有着前后（即早晚）一脉相承的发展关系。关于洛达庙遗址早、中、晚三期的时代问题，当时我们认为洛达庙遗址晚期是属于商代早期，因商代之前是夏代，所以洛达庙遗址早期的时代有可能是属于夏代的文化范畴。由于洛达庙遗址早期的陶器特征和豫西一带的龙山文化陶器特征有些接近，所以我们当时即认为豫西一带的龙山文化晚期或至中期，都有可能是属于夏代文化的范畴。依此，我认为豫西一带的所谓龙山文化，至少说该地区的龙山文化中、晚期，就是探索夏文化和夏文化遗存的重要对象。

为了在豫西一带开展夏文化遗存的探索，原河南省文化局文物工作队（以下简称"省文物队"）于1958年秋，将新招收的一部分年轻女同志组成了"刘胡兰小队"，经过短时间培训和查找了有关夏代都城遗址在河南境内的地望资料后，在两位年龄较大和业务较为熟悉的男同志率领下，分赴豫西部分县市开展夏代都城遗址的考古调查工作。其中经过考古调查的重要遗址有：登封告成的所谓"禹都阳城"或"禹居阳城"的八方遗址（后改为王城岗遗址）、巩县（今巩义市）稍柴村的所谓"太康都斟鄩"的斟鄩都城遗址、偃师二里头的所谓"汤居西亳"的亳都遗址和济源原上村的所谓"少康居原"的原城遗址等。其后，又对济源原上村遗址、巩县稍柴遗址和偃师二里头遗址分别进行了试掘，并分别发现有类似豫西龙山文化中、晚期，郑州洛达庙文化期和郑州二里冈文化期遗址。其中以豫西龙山文化中、晚期遗址和郑州洛达庙文化期遗址最为常见。如在偃师二里头遗址和巩县（今巩义市）稍柴遗址的试掘中，均试掘出有类似郑州洛达庙遗址的遗址，在济源原上村遗址试掘中和登封告成八方遗址的调查中，均发现有相当于龙山文化中、晚期的遗址。我曾对各遗址的调查与试掘材料进行过认真的检验，从而使我对郑州洛达庙遗址一期和豫西龙山文化中、晚期有可能属于夏文化范畴的认知树立了信心。

1959 年春，中国科学院考古研究所徐旭生先生和方酉生等同志，曾来到豫西禹县（今禹州市）的谷水河遗址、阎寨遗址，登封的石平关遗址、告成八方遗址和偃师二里头遗址等进行"夏墟"遗址的调查，并在各遗址采集了不少仰韶文化、龙山文化与洛达庙文化的陶片（详见《1959 年夏豫西调查"夏墟"的初步报告》，《考古》1959 年第 11 期）。1959 年秋，省文物队"刘胡兰小队"派人对偃师二里头遗址进行试掘，接着中国科学院考古研究所洛阳工作站也派人到二里头遗址进行考古发掘。二者并列发掘与试掘一个多月后，省文物队"刘胡兰小队"撤离二里头遗址又在其他处进行考古试掘。

嗣后，随着中国科学院考古研究所对偃师二里头遗址发掘工作的不断深入与扩大，偃师二里头遗址出土的洛达庙文化遗迹与遗物，被证明比郑州洛达庙遗址更具有该遗址的代表性，于是从 1961 年起，中国科学院考古研究所在发掘的材料中，以偃师二里头文化代替了洛达庙文化的命名。根据偃师二里头文化遗址区分第一、二、三、四期的主要陶器特征，我当时即认为第二期与第三期之间的陶器有着明显的变化，其中第二期陶器还带有豫西龙山文化的部分特征，所以应是属于夏代文化范畴，而第三期陶器则有商代二里冈期陶器的作风，因而应属于商代文化范畴。

其夏、商分界应是在偃师二里头文化的第二、三期之间。

二、几十年来，您主持或参加过哪些有关夏文化的学术活动，如田野工作、学术会议等？

几十年来，我曾主持和参加的有关夏文化的学术活动，主要有 1977 年秋在登封召开的"河南登封告成遗址发掘现场会"（也有称"登封会议"），1978 年的"登封颍河沿岸龙山文化遗址与二里头遗址调查"和"禹县（今禹州市）境内颍河沿岸龙山文化与二里头文化调查"，1983 年春在郑州召开的"中国考古学会第四次年会"，1990 年春在美国洛杉矶加州大学召开的"中国夏文化国际学术讨论会"，1994 年夏在河南洛阳召开的"夏文化国际讨论会"和 1997 年 11 月在郑州和偃师召开的"'夏商周断代工程'中夏、商前期年代学研讨会"等。

关于颍河上游的夏文化调查，那是 1975 年在《郑州商城遗址》考古发掘报告发表之后，我即把注意力转移到了登封告成镇一带探索夏文化的工作上来。当时我经过查阅有关文献资料，认为夏民族建立奴隶制国家前后的活动中心，应是在豫西地区以中岳嵩山为中心的伊、洛河流域和颍、汝河上游一带；再者登封告成镇一带多认为是夏代阳城所在地，加之这一带的八方遗址又是一处埋藏丰富的龙山文化遗址，所以我当时即认为在豫西地区探索夏代文化遗存，应以登封告成镇一带为重点。因而，1975 年秋，我们开始了在告成镇之西的八方村东地进行考古发掘。

1977 年秋，在告成镇西北约 500 米的王城岗上发现龙山文化中、晚期城址之后，我即认为在颍河上游的登封和禹县境内，一定还会分布有不少类似登封告成王城岗遗址的龙山文化中、晚期遗址和二里头文化遗址等。于是就确定在登封和禹县境内的颍河沿岸开展考古调查。首先是从 1977 年至 1978 年对登封境内颍河沿岸的龙山文化遗址和二里头文化遗址的考古调查与试掘；接着是 1978 年至 1980 年对禹县境内的龙山文化遗址和二里头文化遗址的发掘，特别是通过登封境内程窑龙山文化遗址的试掘和禹县（今禹州市）境内马庄龙山文化遗址、瓦店龙山文化遗址与断岩龙山文化遗址的重点配合农田水利建设的考古发掘，使我们对于登封与禹县境内的龙山文化中、晚期与夏文化的关系有了一些新的认识。依此，我们预备在登封告成镇召开第二次夏文化座谈会。参加人数少而精，讨论问题结合登封王城岗龙山文化中、晚期城址和登封与禹县境内部分龙山文化遗址的调查和发掘资料。

当登封第二次夏文化会议的筹备情况传到北京中国社会科学院考古研究所后，夏鼐所长于 1980 年给我写信，希望我们拟召开的登封第二次夏文化会议，最好能放在 1982 年春和"中国考古学会第四次年会"一起在郑州召开。我同意了夏鼐所长的建议，确定"中国考古学会第四次年会"于 1982 年春在郑州召开，其内容是"夏文化与商文化问题"的探讨。我于 1980 年到浙江杭州参加了"中国考古学会第三次年会"，在会上宣布"中国考古学会第四次年会"于 1982 年在郑州召开（此次会议最终于1983 年春在郑州召开）。

"中国考古学会第四次年会"在郑州召开，代表们除了参观郑州商城，还参观了登封王城岗龙山文化城址和淮阳平粮台龙山文化城址。其所用经费，除中国社会科学院考古研究所拿出部分外，不足之处，都是由河南省文物研究所支付的，由于这次会议参观面广，所以与会同志都还是很满意的。

三、您主持的登封王城岗遗址的发掘与研究，在学术界影响甚大，请谈谈这项工作的有关情况，例如，为何选择在这一地区工作？

为何选择王城岗遗址发掘？田野发掘、室内整理的情况怎样？

　　登封王城岗遗址，也就是河南省 1956 年公布过的省级重点文物保护单位的"登封八方龙山文化遗址"。遗址位于登封东南约 5 千米的告成镇西北 500 米处。遗址东靠由北流来的五渡河，南临由西流来的颍河，过颍河向南为伏牛山余脉箕山，沿五渡河西北为中岳嵩山主峰之一的太室山。告成镇一带形成群山环绕、河流纵横的河谷盆地。有关文献资料记载、前人考证和当地历史传说多认为夏代初期的夏禹王曾建都于此，或在这里居住过，故有"禹都阳城"或"禹居阳城"的记载，至于夏代阳城在什么地方，多认为就在现今的登封市告成镇一带。如《史记·夏本纪》中记载："禹辞辟舜之子商均于阳城。""集解"引刘熙曰："今颍川阳城是也。"《水经注》卷二十二"颍水"条下载："颍水出颍川阳城县西北少室山。"郦道元注："颍水又东，五渡水注之……其水东南径阳城西……昔舜禅禹，禹避商均，伯益避启，并于此也。"《括地志》还曾记载说："阳城县在箕山北十三里。"以上有关夏代阳城遗址所在地望的文献资料记载和前人考证，其地点的地理环境基本和现今的登封告成一带相吻合。加之在登封告成周围又相继发现有可能相当于夏文化的龙山文化遗址和二里头文化遗址类型，所以我们当时即把探索夏文化遗存的地点，选择在登封告成一带。在发掘之前，我思想上曾有两种准备：

　　一种准备是，通过在告成镇一带的考古发掘，能够找到一个相当于夏代早期的龙山文化中、晚期或二里头文化第一、二期夯土城垣遗址。这个城址也有可能就是我们所要寻找的夏代"阳城"遗址。那就可以证明有关文献资料记载和历史传说的夏代阳城地望和通过考古发掘所发现的夏代城址是吻合的，从而也就会证明有关夏代文献记载的可信性。这也是我们在登封告成一带开展探索夏文化工作所要达到的唯一目的。

另一种准备是，通过在告成镇一带的考古钻探调查与发掘工作，没有发现相当于夏代早期的城址，甚至过去在告成镇西面的八方龙山文化遗址和二里头文化类型遗址，通过发掘证明都是属于各时期的一些小型村落遗址。即使如此，我认为这也是取得了很大的收获。因为它证明过去有关文献资料记载和历史传说中的所谓夏代阳城的地望在登封告成镇一带是错误的，今后的文物考古工作者不要再来告成镇一带寻找夏代城址了。

通过我们的发掘，在王城岗上发掘出了两座东西相并列的，其时代和夏代早期相当的龙山文化中、晚期夯土城垣遗址。王城岗上龙山文化中、晚期城址的发现，是经过一番曲折历程的。因为刚开始我们在告成镇一带选择的探索夏文化地点，是在八方村东面的广阔平坦地带，经过较长时间的考古钻探与发掘工作，没有发现什么相当于夏代的重要遗迹，更不用说发现夏代的城垣遗址了。在这一带所发掘的多是属于商代二里冈期文化类型的遗迹和遗物，相当于二里头文化类型的遗迹与遗物并不多。于是就有同志发起了牢骚说："来登封告成是寻找夏文化遗存的，谁承想发掘出来的多是商代二里冈期的文化遗存。要挖商代二里冈期遗存，这里还没有郑州市区内多，还不如在郑州发掘呢！"我说："发掘一处大型古文化遗址，想很快就见成效也不容易，要有耐心。"我的话安定和增强了在登封告成一带参加探索夏文化工作的同志们的情绪和信心。

1977 年春，当地群众得知我们在八方村东地进行考古发掘的目的是寻找夏代阳城遗址时，就说："既然是想找夏代阳城遗址，就应去八方村东北约半公里处的五渡河西岸王城岗上去找。因为都说'王城岗'是夏禹王在那里建过都城的地方。"我们对于当地群众传说的"王城岗"，虽然持半信半疑态度，但这个当地群众传说下来的古老地名，应该也不是没有一点来历的。于是经过研究，我们抽出一部分技术工人，在所谓的"王城岗"上偏西部一带开始进行考古钻探调查。说来也巧，在刚刚钻探的几个孔眼中，经我亲自辨认探出来的土质中就有类似夯土的迹象，经过对十余个孔眼中探出的土质鉴定，我进一步看出所探出的土质内确实有夯土迹象遗存。

接着我们就在已钻探有夯土迹象的地方，向下开挖了4个3米×3米作"田"字形排列的小探方（编号为WT16、WT17、WT18、WT19）进行考古发掘。发掘证明，经钻探有夯土迹象的土层，确实是坚硬而层次清晰的夯土层。并且在夯土层内还夹杂有红烧土颗粒和龙山文化晚期的碎陶片等遗物，没有见到比龙山文化晚期再晚的遗存，说明这里发现的夯土层还有可能是属于龙山文化中、晚期的夯土。值得注意的是，经过对夯土的发掘，我们还找到了夯土东西两侧的生土边沿，又进一步证明了这里发现的夯土层很有可能是属于填打在基础槽内的夯土层，并且这个填打着夯土的基础槽还在向南、北两方延伸着。

为了摸清夯土基础槽向南延伸情况，我们又在已发掘的4个小探方之南5米处，开挖了一个东西长10米、南北宽2米的长方形探沟（编号为WT22）。通过对WT22的发掘，也发现有和4个小探方中相对应的夯土与基础槽。基础槽的形制均为敞口、斜壁、平底形，槽内夯土都是由底向上分层夯筑而成的。其形制结构基本和郑州商代城墙底部的夯土基础槽相类同。所以我当时就认为登封王城岗上发现的龙山文化中、晚期夯土基础槽，有可能是属于龙山文化中、晚期夯土城墙的一部分。这一发现曾引起了我们的高度重视，认为在这里很有可能发现龙山文化中、晚期夯土城垣遗址。但也有少数同志提出在登封王城岗夯土面上发现的夯杵窝印痕不明显，并且也不够规整等问题。

为了进一步了解王城岗龙山文化中、晚期夯土层的筑法，我们曾对WT22探沟内的夯土进行了分层解剖性发掘。发掘获知，这里夯土层的筑法与郑州商代城墙夯土层有着明显不同。王城岗上夯土层的筑法是：在铺垫的每一层夯土层面上，都又铺垫有一层细沙层，然后才用夯具在细沙层面上进行夯打。所以每层夯土面上的夯杵窝印痕，都是保留在夯土层之上的细沙层面上。这种夯筑方法，我们认为可能是为了防止夯筑时夯具与土层的黏结，才在土层之上又铺垫一层细沙层作为隔离层。从细沙层面上保留的夯杵窝印痕看，其形状、大小与深浅均不相同，有些夯土窝印痕中还放置有与夯杵窝大小、形状相吻合的"河卵石"。因而我们推测王城岗上的龙山文化中、晚期夯土层所用夯具，可能是就地取材用的"河卵石"。依此说明登封王城岗龙山文化中、晚期夯土层的筑法还是相当原始的。

1977 年下半年，我们即以在王城岗上探方 WT16—WT19 和探沟 WT22 内发掘出的龙山中、晚期夯土基础槽为基点，顺着其延伸方向，采取通过考古钻探和间隔一定距离开挖探沟进行发掘的方法，寻踪追迹，后来果然在王城岗上发掘出了两座东西并列的龙山文化中、晚期夯土城垣遗址。其中"东城"因东靠五渡河，大部分夯土城垣已被五渡河向西滚动时所冲毁，仅剩城的东南城角一少部分。而"西城"则是紧靠"东城"西面修建而成的，并且"西城"的东墙就是利用了"东城"的西墙。"西城"的形制略呈正方形，每面夯土城墙长约 100 米，城内面积约 1 万平方米，这是当时我国已发现最早的一座龙山文化中、晚期的夯土城垣遗址。通过在"西城"内的考古发掘，我们除发现一些夯土坑内填埋有数具人骨架的龙山文化中、晚期"奠基坑"外，还有许多形似排列有序的大小不等的窖穴与灰坑，说明在"西城"内也曾有过一些夯土台基建筑遗存。但是由于这两座龙山文化夯土城垣和城内各种遗迹的地面上部分损毁太甚，所以城内的夯土台基的形制已很难辨认。从这座龙山文化中、晚期城址内出土的遗物看，以陶器的数量最多，石器与骨器次之，并有少量蚌器与牙器。值得注意的是，在一个龙山文化中、晚期灰坑内，还出土了一件青铜斝残片，为证明当时居住在这两座城内的奴隶主贵族已经使用上青铜容器，提供了重要的实物资料。

综上所述，鉴于在王城岗上发掘出了两座东西并列的龙山文化中、晚期夯土城垣遗址，并且从这两座城址内部分龙山文化中、晚期灰坑中出土木炭的碳十四测定年代看，约为距今 4000 年，基本和有关文献记载与前人考证的夏代早期纪年距今约 4000 年相一致，特别是王城岗龙山文化中、晚期城址的所在地理位置又和有关文献记载的"夏代阳城"地望相吻合，加之在和王城岗龙山文化中、晚期城址仅一条五渡河之隔的告成镇一带，又发现了一座东周时期的"阳城"遗址，并在东周阳城内外的发掘中出土大量东周战国时期陶器，其上印制有"阳城"和"阳城仓器"的陶文戳记作为佐证，所以我认为登封王城岗龙山文化中、晚期夯土城垣遗址很有可能就是夏代的阳城遗址。

在对登封王城岗龙山文化中、晚期城址的田野考古发掘中，我曾采取了一些与其他古文化遗址发掘不相同的方法。我所采取的发掘方法是：对于城墙夯土发掘，一般是只要把夯土上面叠压的文化层或后期堆积层揭去后，能够辨认出为龙山文化中、晚期夯土层即告停止发掘，通过照相与绘图后，进行封存原地保存；对于窖穴和灰坑的发掘，一般是发掘一半保留一半，特别是对于有相互打破关系的窖穴与灰坑，或打破夯土城墙的龙山文化晚期与二里头文化类型的窖穴与灰坑，都是采取发掘一半保留一半的发掘方法；对于城内发掘的"奠基坑"，为保留填打在夯土层中的人骨架，也都是采用挖一半留一半的挖掘方法，而对人骨架基本都作保留，经过照相与绘图，人骨架都被原地填埋在坑内。我们采取这种方法，主要是为了以后有人对王城岗龙山文化中、晚期夯土城垣遗址提出导议时，可以把这些遗迹再行揭开来看，必要时也可进行再发掘。

例如王城岗龙山文化中、晚期夯土城墙和城内发掘出龙山文化中、晚期的"奠基坑"，1977 年发掘结束之后，对这些探沟和探方都已封土填实。但到了 1983 年春的"中国考古学会第四次年会"在郑州召开时，为了与会人员到登封王城岗遗址参观，我们又把王城岗上的 WT22 内夯土城墙和"奠基坑 1"重新揭开供其参观，得到大多数参观学者的赞同。这说明我们对王城岗龙山文化中、晚期城址的发掘方法，即发掘一半保留一半，把重要遗迹就地封土保存的做法是正确的。但不足之处是，由于重要的窖穴和灰坑都是挖一半留一半，有些窖穴和灰坑内出土的部分陶器未能粘对复原。

四、登封会议是夏文化探索史上的一座里程碑，请您回忆一下会议的筹备过程、会场讨论等有关情况。

1977 年夏，在登封王城岗试掘的探方 WT16—WT19 和探沟 WT22 内，均发现有相当于龙山文化中、晚期的夯土基础槽遗存，并判断它有可能是一段龙山文化中、晚期的夯土城墙遗迹之后，我们认为这应是一项重大考古发现，它有可能是我们所要寻找的夏代阳城遗址。为此我们决定向省文化局和国家文物局汇报，并拟申请在登封告成考古发掘现场召开一次 20 人左右的研讨会。据此，我除向省博物馆和省文化局汇报了情况并征得同意后，又去北京向国家文物局和中国社会科学院考古研究所夏鼐所长做了汇报。他们除同意我提出的对王城岗龙山文化遗址的发掘方法外，也都同意在登封告成发掘现场召开一次有关夏文化讨论会，但都希望会议的规模要稍扩大一些。

为了筹备河南登封告成遗址发掘现场会，我们从 1977 年下半年起，首先以王城岗上已发掘出的龙山文化中、晚期夯土，基础槽为基础，采用考古钻探和间隔一段距离开挖探沟相结合的方法,把两座龙山文化中、晚期夯土城垣遗址全部清理发掘了出来,并在"西城"内发掘出来几个龙山文化的窖穴、灰坑和"奠基坑"。其次对告成镇北地东周阳城内出土有"阳城"与"阳城仓器"陶文戳记的东周战国时期输水设施中的蓄水池与部分陶水管道进行了清理与发掘。最后在告成镇省文物队工作站内布置了一个登封王城岗龙山文化中、晚期城址和东周阳城遗址出土文物标本室,以供与会专家、学者和文物考古工作者进行现场参观、研究与指导。

会议通知的参加人员原定只有 30 多人,而最终与会的人员竟达 32 个单位的 110 人。其中除有中国社会科学院考古研究所、国家文物局、中国历史博物馆、河南及其周围各省文物考古队、河南省博物馆、郑州市文物队与郑州市博物馆等的专家、学者外,还有北京大学、郑州大学、河南大学、武汉大学、中山大学、西北大学、辽宁大学等历史系考古专业的教授。中国社会科学院考古研究所所长、著名考古学家夏鼐先生,国家文物局文物处陈滋德处长,以及中国历史博物馆陈乔馆长,国家文物局考古专家组组长黄景略教授,以及北京大学邹衡教授等,也都亲临会议指导工作。

会议于 1977 年 11 月 18 日至 22 日在登封召开。会议由河南省文化局杜希唐副局长主持,首先由我向大会做了较为详细的登封王城岗龙山文化中、晚期夯土城垣遗址和告成北地东周阳城遗址的调查与发掘情况介绍,并阐明了我对王城岗龙山文化中、晚期夯土城垣遗址的看法,即它有可能是夏代的城址,或有可能就是夏代早期阳城遗址的观点。

会议开幕的当天下午和第二天,与会人员都到告成的王城岗龙山文化中、晚期城址和东周阳城遗址,以及出土文物标本室现场参观、研究,由我做现场介绍。与会人员在当场就提出了许多问题,我都做了现场解答。

夏鼐所长和不少与会同志还亲自动手发掘了王城岗龙山文化中、晚期夯土城墙保留沙层面上的夯杵窝印痕。还有同志把告成出土文物标本室内陈列的王城岗出土的龙山文化各期和二里头文化各期的陶片标本提运到登封的会议驻地，利用晚上时间进行对比研究。大多数与会人员还利用晚上时间相互交谈或研究一些问题。

会议的后三天，除少数与会人员曾到告成出土文物标本室和王城岗发掘现场进行参观、研究外，多数与会人员都集中在登封的会议室进行大会发言和座谈对王城岗龙山文化中、晚期城址的看法。其中也有结合偃师二里头遗址、山西夏县东下冯遗址与陶寺遗址而发言的。归结起来这次会议讨论了以下几个方面的问题：

一是，夏文化在考古分期上相对年代的问题。观点基本有两种：一种认为河南豫西地区的龙山文化中、晚期和二里头文化第一、二期属于夏代文化，而二里头三、四期属于商代早期文化，其中二里头三、四期的宫殿基址，可能属于商灭夏后的商代早期"西亳"遗址，我就是持这种观点的；另一种认为偃师二里头一、二、三、四期都属于夏代文化遗存。另外也有把二里头三期认为是夏代文化，二里头四期则是商代文化等的观点。三者之间的共同之处是都认为二里头一、二期是属于夏代文化。

二是，关于告成王城岗龙山文化中、晚期城墙基础槽遗址是不是夏代城的问题，也有两种不同意见：一种意见认为城堡的出现是进入阶级社会的重要标志，从城址基础槽夯窝和它所在地层的叠压关系看，很可能是夏代初期的城址。这种城虽小，夯土基础槽也很原始，但这种现象是符合中国古代城垣建筑由小到大、由原始趋向成熟阶段的发展规律的，我就是持这种观点的。另一种意见认为，原始社会的部落也可能有城堡，但具有国家特征的城，应该发现有兵器（有了军队）、礼器（代表宗庙社稷）等，没有发现这些东西不能说已建立了国家。王城岗城堡太小，时间应早于夏代，可能属于原始社会时期。

三是，关于夏文化的面貌问题。告成王城岗遗址的发掘刚刚开始，还没有足以说明夏文化面貌的材料。结合王城岗龙山文化遗址已出现青铜斝残片，汝州煤山龙山文化遗址曾出土铜炼渣，二里头一、二期遗址已发现铜器，山西东下冯遗址已发现铸造铜器的石范和陶范，说明夏代已进入青铜时代。与会发言者同时还提出，研究夏文化应注意夏王朝与其周围各族属文化的区别与联系。如在夏代同期文化中的夏文化与先商文化、先周文化有共性也各有各的特点。推而远之，夏时代长江中下游地区的良渚文化、甘肃的齐家文化等，也应与夏互相参照研究，这样我们才能进一步推动夏文化研究工作的开展。

最后由夏鼐所长做了"谈谈探讨夏文化的几个问题"的总结性发言。其中谈了四个问题：（一）夯土城墙问题，（二）地层文化问题，（三）夏文化问题，（四）夏都问题。这次河南登封告成遗址发掘现场会是我国首次召开的专门探讨夏文化的一次会议，与会的文物考古专家、学者比较多，讨论也很热烈、深入。整个会议开得比较成功，已达到了预期的目的。正如夏鼐所长最后的几点建议所说：

（一）希望同志们继续做这方面的工作，虽然这次会议没有能够得出结论，但可以肯定，离得结论的日期是一天比一天近了。

（二）建议大家都来注意这个问题，加强合作，到会的有邻近各省的同志，大家一起合作，更有助于这个问题的解决。

（三）希望以后能再开这样的会议，贯彻党的"百家争鸣"的方针，在讨论、争鸣中，共同提高考古学水平。

这次会议之后，我国文物考古界探索夏文化的文章逐步多了起来。

五、巩义稍柴遗址正位于文献记载的斟鄩之地，对夏文化探索意

义重大。河南省在该遗址的工作有什么收获？为何后来一直没有工作？

稍柴遗址，位于巩义芝田镇西南的坞罗河与伊洛河交汇处的稍柴村南面的河岸台地上。根据有关文献资料记载，曾有人认为夏代"太康都斟鄩"的地望，就在巩义芝田镇的伊洛河流域。1959 年，河南省文化局文物工作队在豫西地区进行调查夏文化遗存时发现了该遗址。遗址东西长约 2000 米，南北宽约 500 米，文化堆积最厚处约 3 米。1960 年春，省文化局文物工作队曾对稍柴遗址进行了试掘，试掘面积为 620 平方米。遗址初步可分为四层。其中二、三、四层文化内涵与陶器特征，基本和偃师二里头遗址的三、二、一期相对应，而稍柴一层的则为商代二里冈期文化层。我们当时认为稍柴遗址的三、四两层对于探索夏文化也具有重要价值。但鉴于当时我们正在偃师二里头遗址进行试掘，因人力所限，所以对稍柴遗址就暂停发掘。1963 年 10 月，北京大学考古专业的学生来河南进行田野考古发掘实习，我们省文化局文物工作队就又安排在稍柴遗址进行田野考古发掘，又发掘了两个探方，发掘面积约 70 平方米。对于稍柴这两次的发掘，虽然发掘面积不大，但收获却是不小的。如在稍柴遗址一期出土的白陶鬶，其制作之精和烧制火候之高，击之可发出清脆的瓷器声，则是同期遗址中所少见的。

嗣后的 1975 年至 1976 年，经与我所协商研究，中国社会科学院考古研究所在探索夏代文化遗存的进程中也曾对稍柴遗址做了部分考古发掘工作。

但总体看来，巩义稍柴遗址的遗迹与遗物，可能由于发掘面积不大而不及偃师二里头丰富。所以嗣后对稍柴遗址并没有进行过考古发掘。

六、郑州商城为隞都之说，是由您正式提出来的，能否谈谈当时是如何考虑的？

我对于郑州商城遗址有可能是商代的一座都城遗址的考虑，应是从1955年秋郑州商城被发现之后和1956年对郑州商城的部分夯土城墙试掘之后就开始的。当时我的想法主要有以下几点：

一是，通过1953年至1956年对郑州商代遗址的考古调查与发掘，初步发现郑州商代遗址断断续续的分布面积约有20平方千米，它和当时都认为是商代后期都城遗址的安阳殷墟分布面积差不了多少，因而郑州商代遗址不像是商代的一般村落遗址。

二是，郑州商代遗址是一处比安阳殷墟时代稍早的商代前期的以商代二里冈期为主的商代大型遗址。

三是，当时在郑州商代二里冈期遗址中，除发掘出大量窖穴、灰坑与墓葬等遗迹外，还发现与发掘出了商代二里冈期的两处铸造铜器作坊遗址、一处烧制陶器作坊遗址和一处制作骨器作坊遗址。我认为这些作坊遗址绝不是商代的一般村落遗址中能够有的。特别是发现的两处铸造铜器作坊遗址，必然是商代大奴隶主盘踞的地方才能有的，并且在已发现的不少商代二里冈期的墓葬中，随葬有青铜礼器，这也应是商代大奴隶主的墓葬。

四是，1955年至1956年在郑州商代遗址的中部，又发掘出了一座规模巨大和夯筑坚固的商代二里冈期夯土城垣遗址，并且过去已发现的各种手工业作坊遗址的位置，都是围绕在郑州商城外附近一带，说明城内是商代大奴隶主的重要盘踞地。

五是，在郑州商城内东北部，发掘有殉葬人和较多青铜礼器的奴隶主墓葬与殉葬百余只狗的祭祀场地。

　　依此，我认为郑州商城遗址，已具备了商代都城遗址的条件，但商代曾有数次迁都，据有关文献记载和前人考证，商王朝自汤居亳到盘庚迁殷，曾有过商汤王由南亳（多说在河南商丘一带）迁于西亳（今河南偃师境内）、中丁迁隞（有称嚣，多说在现今郑州境内）、河亶甲迁相（多说在现今内黄境内）、祖乙迁耿（或邢，多说为现今武陟、温县一带）、南庚迁奄（多说在山东曲阜一带）、盘庚迁殷（即安阳殷墟）。其中只有商代前期"中丁迁于隞（或嚣）"的隞都遗址是在现今的郑州市境内，如古本《竹书纪年》载："中丁即位，元年，自亳迁于嚣。"《史记·殷本纪》也记载："中丁迁于隞。""隞"和"嚣"为同音字。至于"隞"或"嚣"在郑州市内的哪个地方，《括地志》载："荥泽故城在郑州荥泽县西南十七里。殷时隞地。"也有说郑州市的"隞地"是因有隞山而得名。因而就有人认为"隞都"应距现在郑州市境内的古荥镇不远。而郑州商城在现今的古荥镇东南 15 千米左右。当时在古荥镇周围一带，并没有发现类似城市的大型商代遗址。再者是郑州商城遗址的范围已经很大了，它不可能在距离不过 15 千米左右又建一座商代都城遗址。特别在商代前期生产工具还相当落后的情况下先后相继修建两座大型城址是不可能的。所以当时我认为，郑州商城遗址可能是商代前期"中丁迁于隞"的隞都遗址。

　　为了将郑州商城遗址的发掘资料尽快地报道出去，我曾约请有关同志和我合作共同整理《郑州商城遗址的发现与试掘报告》稿，而他面带难色。因此，我只好一人进行了郑州商城的报告整理工作，按当时省文化局文物工作队的正常规定，凡是发掘报告或发掘简报性质的文章发表时的署名都应以单位名称为主而个人只在文的后面署上执笔人或撰稿人。但由于当时对于郑州商城持怀疑态度的人不仅外单位有，就是河南省文化局文物工作队内部也有。因而在《郑州商城遗址的发现与试掘报告》

写好后,将要送出去发表时,曾有个别人提出"最好不要用单位名义发表"。我当时理解这位同志的好心,他怕郑州商城的时代不保险,最好以我个人的名义发表。于是我就把原来的考古报告形式改写成《试论郑州商代城址——隞都》的论文形式,由我个人署名发表在《文物》1961 年第 4 期、5 期合刊上。

七、您早年曾认为二里头遗址为汤都西亳,后来则力主偃师商城为汤都西亳,请谈一下这一转变过程。

我过去曾认为偃师二里头遗址为汤都西亳遗址,其原因主要有以下几点:一是,偃师二里头遗址可分为一、二、三、四期。其中的一、二期陶器特征和当地龙山文化晚期陶器特征有着渊源关系,因此,我认为偃师二里头一、二期的时代,可能是属夏代晚期;而三、四期陶器特征则和郑州商代二里冈期下层陶器有着渊源关系,可能属于商代早期。在二里头二期和三期中,分别都发现有宫殿基址,所以我认为二里头一、二期还可能是属于夏代晚期的都城遗址;而二里头三、四期则可能是属于商代早期的都城遗址。二是,关于偃师二里头的都城遗址应是属于夏代晚期和商代早期的哪个都城遗址。根据有关文献记载与前人考证,有人认为二里头一、二期遗址有可能是夏代"太康居斟鄩,桀又居之"的斟鄩都城遗址,而二里头三、四期遗址有可能是商代早期"汤居亳"的亳都遗址,如《汉书·地理志》河南偃师下注:"尸乡,殷汤所都。"又如《史记·殷本纪》"正义"按:"亳,偃师城也。……汤即位,都南亳,后徙西亳也。"《括地志》也说:"河南偃师为西亳,帝喾及汤所都,盘庚亦徙都之。"我是同意当时对二里头遗址的看法的。这也比较符合商灭夏后,商王朝为了控制中原地区,就把国都由南亳迁西亳,即原来夏王朝控制的中心地带的道理。所以我曾认为偃师二里头三、四期遗址，就应是商代早期的西亳都城遗址。

嗣后的 1983 年，在配合偃师县（今洛阳市偃师区）城西基本建设工程的考古钻探与发掘中，发现了一座规模相当大的商代夯土城垣遗址。城垣所在地点，正和《史记·殷本纪》"正义"按"尸乡，在洛州偃师县西南五里"的地理位置相吻合，并且偃师商城的时代，就各层出土的陶器特征看，其兴建时期约为二里头文化第三期偏晚或第四期，略早于郑州商城，所以偃师商城应是商代早期的西亳都城遗址。至于偃师二里头三、四期遗址和偃师商城的关系问题，我个人的看法是，当商灭夏后，由位于商丘一带的南亳迁到偃师的西亳，首先是迁到了偃师二里头一带，接着才又在偃师尸乡沟一带兴建西亳的偃师商城。

八、您曾参加 1990 年春的洛杉矶会议，这次会议的情形如何？您有何感受？

美国洛杉矶夏文化国际研讨会，是由美籍华人李汝宽先生和加州大学洛杉矶分校美籍华人周鸿翔教授共同主持召开的。参加这次会议的专家、学者，除中国的外，还有美国、日本、英国、韩国、苏联等国家的。

这次会议开得比较成功，发言踊跃，讨论热烈。我对这次会议的感受基本有两点：

第一点是，在这次会议上发言的，凡是中国学者（包括海外华裔学者）基本都认为中国历史上有"夏代"这个历史发展阶段，而国外的学者，则多不承认中国历史上有过"夏代"这个历史发展阶段。这反映出有些国外的学者对中国历史上的夏代持怀疑态度。

第二点是，我国学者在国外夏文化的讨论会上，讨论中比较心平气和，没有大的争论，从而也说明我国学者对于夏文化的研究已渐趋一致。

九、关于夏文化，您认为目前迫切需要解决的问题是什么？

我认为目前对于夏文化迫切需要解决的问题，主要是识别原始氏族社会与奴隶制社会夏代文化分界和夏代与商代的分界的问题。

就以豫西地区已经发掘出来的夏、商文化遗存来看，由早到晚各种文化发展序列是，豫西龙山文化早期、中期、晚期，下接二里头文化的第一、二、三、四期，其下再接二里冈文化的下层一期、二期和二里冈上层一期、二期（即商代白家庄期）。在以上各期文化的发展序列中对于夏代文化遗存的看法，主要有两种：

一种认为龙山文化中、晚期和二里头文化第一、二期是属于夏代文化，而二里头文化第三、四期是属于商代文化。

另一种认为龙山文化中、晚期还是属于原始氏族文化，二里头文化第一、二、三、四期是属于夏代文化。二里冈文化是属于商代前期文化。

以上两种意见已经相当接近，特别是二者都认为二里头文化第一、二期是属于夏代文化。显然只把二里头文化第一、二期作为夏文化，是与夏代长达600年左右的历史不相称的。说明夏代文化还应向前后（即向龙山文化晚期和二里头文化第三期）延伸才行。

对于郑州商城和偃师商城谁早谁晚的问题，有人认为偃师商城早于郑州商城，偃师商城为汤居亳的西亳，而郑州商城为中丁迁隞的隞都；另有人认为郑州商城早于偃师商城，郑州商城是汤居亳的亳都，偃师商城为桐宫或商前期的统治点。由于偃师商城和郑州商城都未出土能够确定城址名称与所处时期的文字资料，所以两种意见不宜统一，各抒己见。

我认为要解决以上两者的不同看法，主要应依据豫西地区多数龙山文化中、晚期遗址，二里头遗址，偃师商城遗址，郑州商城遗址以及郑州小双桥商代遗址的发掘资料，特别是各遗址与各期出土的陶器资料，进行认真的排列研究，以求得对各期陶器发展序列的共同认识。然后再结合各遗址已发现的各种遗迹和有关文献记载与历史传说相印证，去识别原始氏族社会与夏代的分界和夏代与商代的分界。最后再去讨论夏代的王都问题。这样做的结果，也可能还会出现不同意见，但我认为不同意见间的差距可能会有所缩小，以此求得夏文化问题的初步解决。

主要著述

1.《郑州牛砦龙山文化遗址发掘报告》，《考古学报》1958年第4期。

2.《1977年上半年告成遗址的调查和发掘》，《河南文博通讯》1977年第2期。

3.《河南登封阳城遗址的调查与铸铁遗址的试掘》，《文物》1977年第12期。

4.《1977年下半年登封告成遗址的调查和发掘》，《河南文博通讯》1978年第1期。

5.《豫西夏文化初探》，《河南文博通讯》1978年第2期。

6.《1978年上半年登封告成遗址的发掘》，《河南文博通讯》1978年第3期。

7.《试论河南"龙山文化"与夏商文化的关系》，《中国考古学会第二次年会论文集》，文物出版社，1980年版。

8.《登封王城岗遗址的发掘》，《文物》1983年第3期。

9.《近年来河南夏商文物考古新收获》，《文物》1983年第3期。

10.《试论登封王城岗龙山文化城址与夏代阳城》，《中国考古学会第四次年会论文集》，文物出版社，1983年版。

11.《对探索夏文化的一些体会》，《夏史论丛》，齐鲁书社，1985年版。

12.《河南夏商考古综述》，《华夏考古》1987年第1期。

13.《对河南夏商城址的初步探讨》，《华夏文明》，北京大学出版社，1987年版。

14.《探索夏代文化的新进展》，《文物报》1987 年 7 月 10 日。

15.《试论河南地区龙山文化的社会性质》，《中原文物》1989 年第 1 期。

16.《再论河南登封王城岗城址与夏代阳城》，《美国洛杉矶夏文化讨论会论文集》，1989 年版。

17.《十年来河南夏商考古的发现与研究》，《华夏考古》1989 年第 3 期。

18.《郑州洛达庙遗址发掘报告》，《华夏考古》1989 年第 4 期。

19.《谈谈城子崖龙山文化城址及其有关问题》，《中原文物》1992 年第 1 期。

20.《登封王城岗与阳城》，文物出版社，1992 年版。

21.《"夏代阳城"探索记》，《文物天地》1993 年第 5 期。

22.《河南夏代文化研究与展望》，《河南考古四十年》，河南人民出版社，1994 年版。

23.《河南夏商考古与"夏商周断代工程"》，《寻根》1996 年第 5 期。

24.《对河套地区夏商时期文化遗存的浅见》，《中国考古学会第八次年会论文集》，文物出版社，1996 年版。

25.《试论豫西地区龙山文化中晚期与夏代早期的关系》，《夏文化研究论集》，中华书局，1996 年版。

26.《王城岗、二里头、尸乡沟商城和郑州商城的文化分期与发展序列》，《河南文物考古论集》，河南人民出版社，1996 年版。

27.《豫西颍河上游在探索夏文化遗存中的重要地位》，《考古与文物》1997 年第 3 期。

黄召林

黄石林

黄石林，1922 年出生，江西高安人。1949 年 9 月，在江西八一革命大学学习。1950 年 9 月至 1953 年夏在南昌大学文史系学习。1954 年秋，武汉大学历史系毕业，分配到中国科学院哲学社会科学学部（后为中国社会科学院）考古研究所。1955 年 1 月至 12 月，在北京大学历史系考古专业学习。1955 年以后，曾参加多处遗址的调查、发掘工作。

一、您参加过 1959 年春季的豫西调查，请您谈一下当时的有关情况。譬如，这次调查是如何提出的？在田野调查中都思考过哪些问题？在室内研究中是如何将二里头推断为商都西亳的？

　　徐旭生先生领导的 1959 年春季豫西考古调查，在中国考古史上翻开了探索夏文化的第一页。记得那时，我是从西安半坡发掘工地转来参加的。

　　徐老为什么提出这次豫西调查呢？当年，徐老已是 72 岁高龄了，他写作的《中国古史的传说时代》一书早已出版了。他在古史传说领域内创立了古代中国三大集团（华夏、东夷、苗蛮）之说，为古史研究建立了一个新体系。而在研究夏代文化时，考古学上，却没有见到过夏代的器物。所以，徐老说："夏代在考古研究方面是一个空白点。"文献与考古不能互相印证。这个重要问题，如何进行探索呢？这个考古学上的问题，就必须以实地调查、田野发掘为重点进行探索。否则，无从谈起。在这种情况下，徐老提出了这次豫西调查的计划。

　　在田野调查中，我们首先思考的问题是：什么是夏文化？因为夏代遗物至今没有衡量的标尺。怎么办？在思想认识上，先要对"夏文化"这个词的含义有所界定。徐老提出："研究夏文化，必须先把这个词可能包含两个含义分别清楚。那就是：夏代文化与夏族文化。如果指前者，那它的地域范围较广，而时间则起于夏禹，终于夏桀；如果指后者，那它的地域范围较窄，而在时间上则可指禹以前，桀之后。在文化面貌上，如果指前者，则多呈综合性与多样性；如果指后者，则多呈特征性与典型性。概念明确，有助于问题的探讨。"

　　夏文化到何处去找？这是摆在我们面前的首要问题。经过研究，从古文献中找出了两个与夏有密切关系的地域，以及另一个不应忽视的区域。这就是：（一）晋南夏墟平原，汾、浍、涑水流域；（二）豫西洛阳平原，伊、洛、颍水流域；（三）陕西关中平原，渭、沣、漆水流域。在这三大平原上，都有着夏人的足迹，尤其是汾、浍、伊、洛之间。我们只有在夏人活动的中心区域内去找。《国语·周语》："昔伊、洛竭而夏亡，河竭而商亡。"伊水、洛水地区是夏桀亡国之地，于是，我们的考古调查，就从伊洛平原开始。徐老在调查夏文化的同时，又去偃师寻找亳都遗址。他认为商汤灭夏之后，迁都西亳，亳与桀都斟鄩同处伊洛之间。它们是毗邻之地，在文化上又有继承关系。如果发现早于商代的遗物，那可能是夏代晚期文化。这样"顺藤摸瓜"的办法，可以考虑。

　　但如果认为亳都是夏商王朝交替的界标，也有欠妥之处。商灭夏，不可能"马不停蹄"似的役使数万奴隶，大兴土木，兴建大型新城，而只可能是先筑宫城。举汉筑长安城为例，刘邦定天下，初都洛阳。于高帝七年（前200）兴建长安，先在秦兴乐宫的基础上修建长乐宫作为皇宫，迁都于此。惠帝时开始兴筑长安城，曾两次征发长安附近男女共计29万余人、刑徒2万人修筑长安城，于惠帝七年（前188）建成。所以，长安城不能视作西汉开国的界标。看来，商汤在修筑亳城期间，必先在夏都的基础上兴建宫室。待新城建成后，迁都于亳城。这是比较符合当时的历史情况的。

　　考古学上，哪种文化可作为我们探索的对象呢？这又是值得我们思考的重要问题。

　　从中原地区田野发掘工作看，它往往出现一种情况：在商代文化层之下叠压着龙山文化层。这一地层关系，十分重要。它证明在商文化之前，就是龙山文化。而在中国古史上，商王朝之前不就是夏王朝吗？照此，可以说，龙山文化应可视为夏文化，当无疑问。所以黄河中游地区的龙山文化应作为探索夏文化的主要对象。

忆当年，我们从北京出发来到洛阳，开始在伊洛平原展开调查工作。徐老不顾年迈，随同调查，行走在崎岖小路上，田间草丛中，遇雨，不坐车，脱鞋光脚，步入泥泞中。他精神饱满，安之若素。这种为科学事业不辞辛苦的工作精神，至今仍铭记在我心中。

如果说，今天我们对夏文化探索取得了可喜的成绩，在这成绩中，也应包含着徐老一份功绩。

我们这次调查，是从偃师高庄开始的。在二里头村路旁断崖间见到不少灰坑和陶片，随后采集有陶尊、鼎、罐、豆等器。我们估计这个遗址的范围，东西长约3.5千米，南北宽约1.5千米。这一遗址的遗物与郑州洛达庙、洛阳东干沟遗物相类似，大约属于商代早期。因此，将其命名为二里头遗址。

这个遗址，范围颇大，能见到采集的陶片、陶器也很多。看来，它不是个小村庄或普通都邑，在当时实为一大都会。再查阅古文献，《汉书·地理志》河南偃师下，班固自注："尸乡，殷汤所都。"郑玄说："亳，今河南偃师县有汤亭。"晋皇甫谧说："亳有三。蒙（今山东曹县境）为北亳，谷熟（今河南商丘东南）为南亳，偃师为西亳。"古人都说是西亳，因此，二里头遗址为商都西亳，就是这样以考古调查材料与文献相结合推断出来的。

今天，我们回首再望，二里头遗址的位置，是能与《汉书·地理志》《帝王世纪》等古书记载的汤都西亳的地理位置相合的，而与二里头第三期文化的时间（公元前17世纪）也大体相合。

二、您曾撰写过数篇有关徐旭生先生的文章，而且整理过徐老的遗著，请问：您对徐老在夏文化探索方面的成就作何评价？您与徐老是不是师生关系？您从徐老那里学到了哪些东西？

我曾为徐老写过关于他的传略方面的文稿，分别发表在《当代中国社会科学名家》《文献》《晋阳学刊》《考古》等书刊上；整理过徐老的遗著《尧·舜·禹》一文，发表在《文史》（第 39、40 辑）上；也为他的名著《中国古史的传说时代》一书再版时写序。

徐老在夏文化探索方面的成就，我认为，主要有以下几点：

（一）徐老是从田野考古学上提出探索夏文化问题的开拓者。在他之前，未曾有人提出过从考古学探索夏文化的问题，是他首次提出的。他曾实地踏查，前往河南登封、偃师、洛阳等豫西"有夏之居"地带进行考古调查，并准备前去山西"夏墟"、陕西关中等地考察，惜因事未果。王城岗遗址、二里头遗址、晋南夏县东下冯遗址、陶寺遗址的发掘，就是在徐老的踏查启示下开始进行的。

（二）对开拓夏文化问题的研究途径，提出了指导性意见。指出"夏文化"这个词包括两个含义：夏代文化与夏族文化。前者的地域较广，时间自禹至桀止；后者的地域较窄，时间可在禹之前，桀之后。分清概念，明确途径，这对探索夏文化问题，是十分可贵的。

（三）揭开以考古发掘进行探索的序幕。徐老不仅精心研究古文献，还十分重视实践，希望通过考古调查，找到典型遗址，进行发掘，取得第一手地下资料，逐步解决古代留下来的一些难题，像夏文化之类的大问题。他曾说："研究人员专在斗室故纸堆中绕弯子，是不够的，还要到自然界中去。一件恐龙标本的复原，主要靠化石，不是进化论。夏文化的探索，主要进行田野发掘，从地下出土的实物资料，才有说服力。

当然，也要结合古文献。这样，才有可能使问题逐步趋于解决。"

总之，徐老是从考古学上探索夏文化的开先河者。

我来考古研究所后，曾在徐老的指导下学习、工作了3年有余，尊之为导师，是师生关系。我学古史传说方面的知识时，是由徐老传授的。徐老是位大学者，而我却才疏学浅，虽有名师的指导，所学到的东西却很少。但是，几年来，相处的时间颇久，他在生活、治学态度、品德风范上，都为我树立了榜样，加深了我的敬仰之情。

在古文献方面，我所读到的古书多了一些，见识稍宽广一点。徐老原计划编著《中国古史传说资料汇编》一书，我就在群书中摘抄材料，写成卡片，积累约千张。可惜后来因种种原因毁去散失，寸纸未留，至今思之，甚为惋惜。

古人说："读万卷书，行万里路。"见多识广，心胸坦荡。徐老确实是这样的一位老人。

记得1962年11月，先生被邀请参加在长沙举行的纪念王船山逝世270周年学术讲座会。王船山是先生最推崇的学者之一，在思想上深受其影响。船山强调"耳闻不如目见"，先生也是强调实践、实地考察的重要，是对船山思想的继承与发展。我跟随着先生前往湖南参加会议并作实地考察。先生提出要学司马迁的学术旅游，实地考察。有些学术上的争议（如地名等）问题，也可望得到解决。于是，我跟随先生几乎踏遍黄河与长江南北。西去敦煌，游览千佛洞、三危山、兰州附近的大夏河、陕西宝鸡清姜河、漆水河，并拜谒黄帝陵。豫西走了洛阳、洛水、伊水与颍水。东去开封，在市区附近观望，一马平川，古人曾说，"汤与桀战于鸣条，在开封附近"，但此地不似战场，鸣条当在山西安邑附近。再东往山东济南，游大明湖，见到"四面荷花三面柳，一城山色半城湖"的美景。南去泰安，登泰山，领略杜甫"会当凌绝顶，一览众山小"的诗境。去曲阜，"适鲁，观仲尼庙堂"。南下南京，游紫金山，敬谒中山陵。再去江西九江，登庐山，飞泉瀑布真如李白诗"飞流直下三千尺，疑是银河落九天"。后转去井冈山革命老区。回京时，又北过涿鹿。通过这些实地考察，我加深了对祖国山河的热爱，思想境界也宽广了许多。

徐老治学，勤奋刻苦，谨严求实。他主张研究学问要博闻广识，在博的基础上求精；经过分析研究，去伪存真，提出自己的独到见解，"人云亦云，随风转舵，岂是学问"？所以，学术研究，贵在实事求是的基础上创新，达到"成一家之言"。我觉得这是徐老给我（们）留下的至理名言。

三、学术界都知道您对古代文献非常熟悉，能否谈谈您在夏文化研究中利用古代文献的体会？

我国古代文献浩如烟海。我真如一叶扁舟，漂浮于大海上，方向尚不清楚，怎能说"熟悉"呢？只能说略知一二而已。在利用古文献方面，我从徐老那里学到一点知识，但体会很浅。

探索夏文化问题，在重视考古材料的同时，也应重视古文献。古文献资料尽管丰富，但关于夏代史料，孔子已有"文献不足"之叹。虽然如此，我们还是可以从典籍中找出不少可资利用的材料。只是在运用这些材料时，要特别小心地加以区别。在判断处理夏代史料时，要从史料的来源将之分为两类：一是"原生的"，包括一切见于先秦至秦汉时期所记载的传说逸闻。二是"再生的"，包括一切见于东汉以来所记载的传闻逸说。当然，其中并非全无"原生性"传说，有的还是作（注）者亲身经历过后写作的，如《水经注》等书。

归结一点，就是要注重史料的原始性、等次性。按材料的内容与写定时间的先后，可将它们大致分为三期。

（一）商周至战国前期的作品。如：甲骨文、金文、《尚书》、《诗经》、《论语》、《左传》、《国语》等。

（二）战国后期至西汉末期的作品。如：先秦诸子、《逸周书》、《山海经》、《大戴礼记》、《吕氏春秋》、《战国策》、《史记》、《淮南子》等，东汉初班固的《汉书》应列在内。

（三）东汉以后的作品。《竹书纪年》（晋人整理）、《古史考》（晋谯周）、《帝王世纪》（晋皇甫谧）、《水经注》（北魏郦道元）等，书中保存了大部分古代原始民间传说，可补前人著述的不足。

在探讨夏文化问题时，要首先查阅先秦史料。如《左传》《国语》等。对晚出的文献，要具体分析，不应随意否定。在晚期文献中保存有原始传说，仍为可信，但应注意材料的等次性，不能否定第一手材料，而以第二、三手材料充数。譬如，晋南"夏墟"问题，《左传·定公四年》："命以《唐诰》，而封于夏墟，启以夏政，疆以戎索。"古书中最早提出的"夏墟"一词，只有晋南才符合，证明它实是夏代早期政治中心地。加上晋南已发现在中原龙山文化中内涵最丰富、规模最大的陶寺遗址，文献与考古相结合，晋南为夏族发祥地又有什么疑问呢？但有人说是夏亡后逃往晋南，才称"夏墟"，不知据何书而言。即使有书可据，也只是以第二、三手材料充当第一手材料，把时间的早晚关系颠倒了，表明运用材料时，忽视了材料的等次性。这一点也是很重要的。

以上是我想到的几点，谈不上体会。

四、据说您曾在偃师商城、夏县东下冯做过田野工作，能否详细谈谈曾参加过哪些与夏文化有关的田野工作？

我这一辈子，可以说有半辈子时间在田野工作。1954 年秋，我从武汉大学毕业后被分配到考古研究所，不久即被派去北京大学考古专业听课一年。1955年秋，去西安西郊客省庄工地参加发掘工作，开始了我的田野考古生活。

在客省庄遗址发现有三叠层，即上层为西周文化层，中层为龙山文化（有称客省庄二期文化）层，下层为仰韶文化层。关中为西周故地，商人势力薄弱，龙山文化即应属夏时期文化，发掘出的"吕"字形双间房址最具特色。清理西周遗址与西周墓地时，我首次发现西周板瓦（在此之前，不曾见关于西周板瓦发现的报道）。

1975年，我参加了山西夏县东下冯遗址的发掘工作。东下冯遗址分南、北、西三区。南部为东下冯类型遗址，北部有东周遗存，西区为龙山文化遗址。西区与南区，我都参加过，较多的时间是参加发掘龙山遗址。忆当年，我在清理龙山文化层时，发现几块青瓷片，它与商周原始瓷片一样，符合瓷器的标准。我曾请夏鼐先生过目，夏先生说："龙山瓷片，系首次出土，是一项重要发现。"这把我国烧制和使用瓷器的历史提早到4000多年前的龙山时代，与此同时，我在龙山文化层中发现石灰块达20多公斤，又对龙山房址白灰面进行碳素测定，证明龙山白灰面是用石灰原料涂抹而成的。我执笔编写的《山西夏县东下冯龙山文化遗址》（见《考古学报》1983年第1期）发掘报告中，指出龙山文化遗物可为探索夏文化提供一些实物资料。

至于陶寺遗址、王城岗遗址、二里头遗址，我也曾去参观学习。

1981年，我去陕西武功赵家来遗址发掘。这是一座龙山文化遗址，发现有方形房址和院落遗迹。我发掘的一座房址，居室呈半窑洞式，是从断崖中掏进，平面呈"凸"字形。门向西，在南、北壁的西半部筑起夯土墙。居住面及墙壁，均涂抹一层草泥土，再抹一层白灰面，在残破的夯土墙壁上露出植物茎痕。我取下一块草拌泥送到杨陵西北植物研究所鉴定，确认此系小麦秆。再送陕西农科院粮食作物研究所鉴定，同样确认为小麦秸草。这是当时我国首次发现的龙山时期小麦作物。

1983 年秋，到偃师商城遗址参加发掘。在城内探方中发现商代水井，又在宫城区北部开探方，清理灰沟。在宫城区北部灰沟底层出土的陶片，多数呈现二里头文化特征，少数属早商文化遗物，说明商人势力已经到此。后又在宫殿基址的北部发掘出一处大水池故址，这或许就是当年王室宫廷内游乐之池苑，从而开创了后世汉（建章宫）、唐（大明宫）在宫殿北部兴建太液池的先例。当年在西城南段，还解剖了两段墙体，发现二里冈下层期墓葬打破墙体。这表明此段城墙在二里冈下层期已遭破坏，废为墓地。

以上是我参加田野考古工作的概况。

五、偃师商城发现之后，您与赵芝荃先生合作了《偃师商城的发现及其意义》一文，这是比较早的阐述偃师商城为西亳的文章，请谈谈这篇文章的形成过程。

《偃师商城的发现及其意义》这篇文稿的形成过程其实是很简单的。当年，我参加偃师商城的发掘工作，在工作之余，往往独自漫步在城址周围，观望地形地貌。二里头遗址南距洛河（洛河故道在二里头遗址之南）只三四千米，它与商城遗址同处北邙山下平原上。二里头没有发现城墙遗痕，而商城面积颇大，经钻探与试掘，当时已知西城墙南北长 1760 米，北墙东西宽 1200 米，城内还有三座小城。中间的宫城，内有排列有序的大型夯土建筑基址，这绝不是普通城邑，定是一座都城遗址。又据老乡说，遗址偏北部叫"尸乡沟"。查阅文献《汉书·地理志》，河南郡偃师下，班固自注："尸乡，殷汤所都。"东汉都城即今汉魏故城，此处为其近郊，推想当时大学者班固能见到此城址的残存遗迹。班固自注，定可相信。晋皇甫谧《帝王世纪》："……偃师为西亳。"由此我在思想上已经认为此城址应即西亳故城。与赵芝荃先生商量，赵先生说："商城的发现，影响颇大，我们要写一篇通讯稿投往报社发表，尽我们的一份责任。"（大意）于是，推我执笔拟稿，写成后，请赵先生过目，取得共识。后由我送往光明日报社。不久，报社来信，要我抄改一遍，文稿在一两个月后就见报了。依我的记忆，这篇文稿就是这样形成的。

六、您现在对夏文化是如何认识的？例如，陶寺文化是否为夏文化？二里头文化哪几期是夏文化？偃师商城的始建年代是什么时候？

我对夏文化问题，有一个粗浅认识。我早已提出，在目前尚没有找到确认夏文化遗物的衡量标尺的情况下，只有从文化系统与内涵上、地域上、时间上和社会发展阶段上，这四个方面联系起来加以考察，才有希望使这一问题的探索得到比较可信的结论。

按目前考古情况看，夏文化的探索对象为：

中原龙山（陶寺）文化→二里头文化第一、二期。

现简要说明一下陶寺文化。从中原文化系统的考古与古史情况看：

考古：仰韶文化→龙山文化→二里头文化→二里冈文化→殷墟文化。

古史：炎黄时代→尧舜时代→夏代→商代（早、中、晚）。

考古与古史对比可看出：仰韶文化相当于炎黄时代，龙山文化早期相当于尧舜时代，龙山文化中、晚期相当于夏代早、中期，二里头文化第一、二期相当于夏代晚期文化，二里头文化晚期（第三、四期）相当于商代早期文化，二里冈文化（上、下层）相当于商代中期文化，殷墟相当于商代晚期文化。中国古老文化就是这样继承发展而来的。

从文化内涵上看，陶寺遗址出土了一批特征显明的陶器，有灰陶、黑陶和褐陶，陶色纯正，器形规整，胎壁变薄。纹饰有绳纹、篮纹、方格纹、附加堆纹。部分泥质陶施以黑陶衣，再磨光或施彩绘。典型器形包括釜灶（上为罐形釜，下为桶形灶）、鼎、折腹斝、深腹斝、夹砂罐、深腹罐形鬲、直领肥足鬲、单把鬲、高领罐、篮纹折肩罐、磨光黑陶簋、双腹盆、汲水扁壶等。其中，以釜灶、直领肥足鬲、磨光黑陶簋、镂孔圈足罐、扁壶等陶器最具特征。经研究，陶寺遗址出土的这批古代遗物，与关中、豫西、豫东等地区的龙山文化有许多共同点，又具有自身的显著特点。

出土一批彩绘（漆）木器、鼓、案、俎、斗、豆、瓢、盘、仓形器等，在龙山文化中别具一格。

玉石器则有特磬、钺、璧、琮、刀、"V"字形石刀等。

（漆）木器标本，是本地区首次发现。石磬，也是中原地区发现的最早标本。

值得注意的是：（一）出土彩绘龙盘。古文献记有："禹尽力沟洫，导川夷岩，黄龙曳尾于前。"还有说："禹者龙也。"可见禹与龙的密切关系。可以说夏禹族是以龙为族徽的，而这条龙，其主体为蛇形，在盘内作蟠曲状。查阅江浙良渚文化中出土的陶鼎、玉佩等器上细线刻画的蟠曲蛇纹形态，两者基本相同。而陶寺的"V"字形石刀与玉琮，也与良渚文化中出土的同类器相近。说明陶寺文化与良渚文化进行过文化交流。

《左传》载："禹合诸侯于涂山，执玉帛者万国。"《史记·夏本纪》："帝禹东巡狩，至于会稽而崩。"涂山，杜预注：寿春东北。今安徽寿县境。会稽，注为今浙江绍兴。

文物与文献对照，正可反映夏向东南巡狩带来了南方文化的印迹。

中原其他处的龙山文化乃至二里头文化中，尚未见到这种南北文化交流现象。

（二）文字已经产生，在居住址内的一件陶扁壶器壁上有用毛笔书写的文字，其字形结构与甲骨文同形字类同。

（三）铜器出现，墓中出土一件铃形小型铜器，系用复合范铸造的红铜器。

（四）贫富分化，贵族出现。陶寺墓地已发掘1300座墓葬，可分大、中、小型墓三种，以小型墓最多，中型墓次之，大型墓只有5座。小型墓内大多无随葬品。大型墓的墓主均为男性，出土一批具有"王气"的随葬品，如石磬、鼍鼓和彩绘龙盘等。大型墓左右两侧，往往各埋葬着一座装饰华丽的女性中型墓，表明当时"王者"的特权。

从地域方面看，陶寺遗址总面积430万平方米，是目前中原龙山文化分布范围内规模最大、文化内涵最丰富的一处遗址。而它所处的地理位置，在汾河与浍水之间，考之先秦文献，正是"夏墟"之地。

《左传·定公四年》："命以《唐诰》，而封于夏墟，启以夏政……"晋国始封于唐，唐在夏墟。

《左传·昭公元年》："迁实沈于大夏，主参，唐人是因，以服事夏、商。"大夏、唐、夏墟，同一地域。

晋西南部实是夏人早期活动的中心区域。

从年代方面看，正在进行的"夏商周断代工程"，测定了一系列碳十四数据，结合古书记载对比如下：

商代年数，《左传·宣公三年》："桀有昏德，鼎迁于商，载祀六百。"《汉书·律历志》引《三统历》，曰：（商汤）"自伐桀至武王伐六百二十九岁。故传曰：'殷载祀六百。'"

夏代年数,《史记·夏本纪》"集解"引《汲冢纪年》:"有王与无王,用岁四百七十一年。"(此处夏年少于商年)

《晋书·束皙传》:"太康二年(281),汲郡人不准盗发魏襄王墓,或言安厘王冢,得竹书数十车,其《纪年》十三篇……其中经传大异,则云夏年多殷。"

据此,则夏年应多于商年。商年629年,夏年假定多一年,应为630年。推定商之始年为公元前1751年。则夏之始年即为公元前2381年即公元前24世纪。这是比较符合历史实际的,应为可信。

陶寺遗址碳十四测定年为距今4600年至4000年前后,即公元前26世纪至前20世纪,正符合夏代早、中期。陶寺早期为公元前26世纪至前25世纪,约略早于夏代,可在尧舜时期。《史记·五帝纪》:"尧老,命舜摄行天子之政……摄政八年而尧崩。……舜……年三十尧举之,年五十摄行天子事,年五十八尧崩,年六十一代尧践帝位。践帝位三十九年,南巡狩,崩于苍梧之野。……舜乃豫荐禹于天。十七年而崩。""集解"引孔安国云:"尧寿百一十六岁。"皇甫谧云:"舜百岁癸卯崩。"尧舜积年,不超过三百年。尧、舜、禹本同在一个时期,可称之为尧舜时代,亦可称之为先夏时期。陶寺中、晚期确在夏纪年之内。

总之,陶寺龙山文化繁荣长达600来年,文化内涵丰富而特征鲜明,与夏文化密切相融,这个重要的历史现象,应予重视。否则,将成为历史的遗憾!

二里头文化应为夏代晚期文化。

二里头遗址,正处伊洛地域。《史记·周本纪》:"自洛汭延于伊汭,居易毋固,其有夏之居。"

《国语·周语》:"昔伊、洛竭而夏亡……"

《战国策·魏策》:"夏桀之国,左天门(今太行山天井关)之阴,而右天谿（即黄河）之阳，庐罩（今河南虎牢关）在其北，伊、洛出其南。"

今洛阳市境，与古文献记载的夏代晚期地域正相符合。

二里头文化第二、三期之间的差异、变化，作为夏、商之间的分界是适合的。

从洛阳地区发掘材料看：汝州煤山遗址，三层叠压。第一期为河南龙山文化晚期，第二期为二里头文化第一期，第三期为二里头文化第二期。

洛阳矬李遗址，五层叠压。第一期为仰韶文化，第二期为河南龙山文化，第三期为河南龙山文化晚期（与煤山第一期相同），第四期为二里头文化第一期，第五期为二里头文化第二期。

从以上文化叠压关系看，证明二里头文化第一、二期是由河南龙山文化晚期发展而来的。

从陶器看：一期陶器最重要的特征，就是具有浓厚的龙山风格，器物都源自龙山，可视为龙山文化晚期。如：深腹罐、刻槽盆、三足盘、平底盆、鼎、单耳杯等，均与龙山陶器相同。

二期陶器，纹饰仍以篮纹为主，具有龙山文化因素。

在三期陶器中，出现一组具有商文化因素陶器；至四期时，表现为融合的趋势。其中，以鬲、斝、大口尊、卷沿圜底盆、小口高领瓮等器占有明显位置。纹饰，以绳纹、粗绳纹和内壁拍印麻点为主。这组陶器的组合，形制与纹饰特征，均与二里冈文化陶器一致。

所以，二里头文化第三、四期陶器，虽然是继承第一、二期而发展来的，但这种明显变化差异，可不再按一个文化来看待，应当将它定为商文化。

如果依"二里头文化第一至四期（现分为五期，有的学者认为二里头文化第四期相当于二里冈下层，第五期相当于二里冈上层）全属夏文化，不是龙山文化"这一论断，会使人产生几个疑问：（一）二里头文化第一、二期，具有龙山因素，是不是也应撇开？（二）据碳十四测年代，二里头文化第一至四期的年代为公元前 19 世纪至前 16 世纪。夏代开国年代只限在公元前 19 世纪，这把夏代年数据不也至少缩短了 300 年？而二里冈上层的碳十四测年代为公元前 16 世纪，下层年代为公元前 17 世纪。那么二里冈上、下层文化，不也全属夏文化？那只剩下小屯殷墟才是商文化。（三）古书记载，夏人活动地域，绝不只在二里头这块弹丸之地。它东起山东，西至关中，北自霍太山以南，南到河南南部，为古代一个泱泱大国。而伊洛地区，只是夏代晚期夏桀亡国（《国语·周语》："昔伊、洛竭而夏亡"）之地。如果认定二里头文化第一、二期为夏代晚期文化，那不正符合古书记载中的历史情况？

以上这些问题，值得深思！

偃师商城的始建年代。根据发掘材料（后段工作我不清楚）简略说来：

（一）商城外城"西二"门口内东侧，埋葬着二里冈上层与下层期的墓葬共 23 座，有的墓打破了墙体。其中 21 座墓内出土的随葬品有双鋬罐、侈口罐，具有二里头第四期同类器的特征。在城门口埋葬墓穴，说明这里在二里冈下层期时已废为墓地。

（二）西墙南段一处断垣内，一座二里冈下层的墓，打破墙体，说明这座墓是在墙体断废后埋入的，表明这段墙体，在二里冈下层时已经断废。

（三）城内宫殿基址年代：

4 号殿址，为 H29 灰坑所打破，H29 的碳十四测年代（校正）为距今 3630 ± 125 年，即公元前 1680 年，与二里头第四期灰坑年代（前 1625）相当而偏早。

5 号殿址，分上、下层。下层基址的上面覆盖着二里冈下层偏早（应即二里头第四期）的文化层，在殿内发现有二里头第四期文化层。

打破 5 号殿址下层基址的灰坑（H19），碳十四测年代（校正）为距今 3650±130 年，即公元前 1700 年，应早于二里头第四期年代。

据此，偃师商城的始建至晚应在二里头第四期早段，其开始期应相当于二里头第三期晚段，即公元前 17 世纪。商代早期城址，亦即汤都西亳。

大约在公元前 18 世纪后半段，汤灭夏，迁都中原，"处禹之堵"。即处于夏的旧地。汤刚灭夏，夺取了政权，开始建设初期王朝，在夏末的二里头第二期文化遗存上，兴建宫殿。二里头第三期宫殿，就是汤的宫室。待商城筑成之后，即移居于新城。二里头第三期宫殿就成为祭祀祖先的宗庙。2 号殿址后的一座大墓，可能是汤或其先人之墓。

二里头南临古洛河，地势低沉，大约不宜筑城。于是，选择在北邙山下平原上兴筑城墙、宫殿，建立新都。偃师商城就是在这种情况下兴建起来的。它的始建年代也恰好在二里头第三、四期之间。这不是历史的偶合，而是历史的实际。

七、您对将来的夏文化研究有何建议？

我对夏文化问题，只是一个粗浅认识，提不出太多建议，现就想到的说几点：

（一）在研究中，视角宽广一些。只要在古文献中涉及的夏代疆域或年代（只据现推算，应在公元前 24 世纪至前 18 世纪）之内，就不应只局限于某一类型文化，也不应只盯在某一遗址中，尽可能地作对比考察。

（二）对山西"夏墟"故地，河南"有夏之居"以及关中"禹甸"之地，在研究总结已取得的考古成绩的基础上，恐仍需要进行田野考古调查与发掘工作，冀以取得新资料。

（三）搜集有关夏代史料和夏文化探索研究论述（最好范围广一点，包括中国文明起源以及夏商文化争论），汇编成集，为研究者提供一份古史方面的重要参考资料。

主要著述

1.《关于探索夏文化问题》，《河南文博通讯》1978 年第 1 期。

2.《徐旭生先生在历史学上的贡献》，《考古》1981 年第 4 期。

3.《山西夏县东下冯龙山文化遗址》（执笔），《考古学报》1983 年第 1 期。

4.《偃师商城的发现及其意义》（执笔），《光明日报》1984 年 4 月 4 日。

5.《关于偃师商城的几个问题》，《中原文物》1985 年第 3 期。

6.《再论夏文化问题》，《华夏文明》第一集，北京大学出版社，1987 年版。

7.《三论夏文化问题》，《夏文化研究论集》，中华书局，1996 年版。

8.《对偃师商城的再认识》，《中国商文化国际学术讨论会论文集》，中国大百科全书出版社，1998 年版。

邹韬

邹衡

邹衡，1927 年出生，湖南澧县人。1947 年 9 月至 1949 年 7 月，在北京大学法律系学习；1949 年 9 月至 1952 年 7 月，在北京大学历史学系学习；1952 年 9 月至 1955 年 7 月，在北京大学研究生院学习；1955 年 9 月至 1956 年 7 月，在兰州大学任助教；1956 年 9 月至 1961 年 11 月，在北京大学任助教；1961 年 12 月至 1977 年 11 月，在北京大学任讲师；1977 年 12 月至 1983 年 11 月，在北京大学任副教授；1983 年 12 月至 1997 年 12 月，在北京大学任教授；1998 年 1 月退休。1959 年秋季主持洛阳王湾遗址的发掘，首次将二里头文化分为三期。自 1977 年登封会议开始，陆续公布关于夏文化的系统看法：二里头文化第一至四期都是夏文化，偃师二里头为夏都，郑州商城为早商亳都，先商文化分布于太行山东麓。经过 20 年左右的讨论，到 20 世纪末『夏商周断代工程』结项时，这一观点得到学术界的基本认同，成为主流观点。2005 年 12 月 27 日逝世。

一、您是什么时候开始接触夏文化问题的？

　　我加入到考古行列不到 10 年就接触到了夏文化问题，可以说，我大半辈子都在研究夏文化，至今已有整整 40 年了。

　　1947 年初入大学之时，我就读到郭沫若的《青铜时代》一书。郭沫若在该书中只是说"夏代是传说时代"，并断言夏代"不会有多么高的文化，有的只是一点口头传下来的史影"。从此我才知道，中国历史上最早的朝代——夏朝，原来还不是完全可信的。后来我转入历史学系，又读了顾颉刚主编的《古史辨》，进一步了解到有关夏朝的许多学术讨论，并联想到鲁迅讽刺顾颉刚所谓禹是一条虫的文章，越来越认识到夏朝是中国历史上的一大疑难问题。

　　在研究生阶段，我的主攻方向是商代考古，不可能兼及夏代，但总感觉到，夏朝的问题应该而且是可能在考古学上得以解决的。1956 年 10 月，我听了中国科学院考古研究所徐旭生先生在北京大学历史学系所作的"夏代探索"的演讲，更增强了我对这个想法的信心。1959 年上半年，徐旭生先生首次在豫西调查了"夏墟"，并发表了报告，引起了我莫大的兴趣。1959 年下半年，我带领学生到洛阳实习，中国科学院考古研究所洛阳工作站的赵芝荃先生，同意我们在东干沟继续发掘，这便是我首次接触到夏文化问题。

　　正当此时，偃师二里头遗址的发掘开始了，是由考古研究所洛阳工作站和河南文物工作队"刘胡兰小队"分区分别负责的。这两处发掘工地，我都曾去参观过。后来洛阳工作站高天麟先生整理二里头的发掘材料，郑振香先生要我帮助高先生搞二里头的分期问题，由此，我对二里头遗址首次发掘的材料便有了进一步的认识。我的这种认识自然是把二里头与东干沟两处遗址和郑州二里冈、洛达庙两处遗址比较后得出的，因为我过去曾发掘、整理、研究过郑州二里冈的材料，我在郑州工作时，也看过洛达庙出土的东西。我发现，二里头、东干沟和洛达庙三处遗址的性质是基本相同的，过去曾有人称之为洛达庙文化或东干沟文化，我认为都不很合适，应该合称为一种文化。这种文化的面貌与二里冈商文化很相似，但经过仔细观察和分析，又觉得两者并不完全相同。当时在我脑子里形成一个明确的概念：二里头、东干沟、洛达庙三处遗址所代表的文化与二里冈商文化既有密切的关系，又有显著的差别。因此，这可能是另一种文化，不能与二里冈商文化算是一回事。这种概念进一步发展，逐渐形成我以后系统的看法。

二、1959 年秋您主持了洛阳王湾遗址的发掘，这次发掘对探索夏文化有何意义？

提起王湾（确切地说，应叫南王湾）发掘，引起了我难忘的回忆。这是 1959 年秋冬的事了。那年 10 月 1 日以前，我带领北京大学考古专业的学生在东干沟发掘，目的是让他们初步掌握田野操作和室内整理的方法。从 10 月开始，就要进行大规模的田野实习了。到什么地方去倒成了问题。我只得在洛阳附近进行调查，因为 1954 年春我曾在涧西作过调查，发现过不少仰韶、龙山遗址，不过都很零碎，没有大规模发掘的价值。这时，洛阳工作站的先生们建议我到远郊区谷水镇以西的南王湾看看，我便一人去了南王湾。我一到南王湾，便看到大片新石器时代遗存，而且是仰韶与龙山共存，也有西周和春秋的陶片，这一下子就吸引住了我。我根据采集的陶片分析，此处的仰韶、龙山似乎都有早晚的不同。当时我有个想法：也许在这里可以解决学术上早已存在的仰韶、龙山的关系及其年代分期问题。因此决计就在此发掘。

工作开始不久，洛阳工作站的赵芝荃和郑振香两位先生到南王湾来看望我们，他们完全出于善意地劝导我说："这个遗址太破了，恐怕很难达到你们实习的目的，将来无法向北大报账！倒不如转到新发现的二里头遗址去发掘。"我当时考虑的是：二里头是考古研究所新发现的重要遗址，现在已有两个单位在那里同时发掘，如果我去，则变成三个单位，觉得不太合适。况且南王湾遗址也可能产生重要的学术意义。所以我谢绝了他们的好意，回答说，如何汇报北大的问题，完全由我负责，请他们放心。

南王湾的发掘，我是冒了一定风险的，不是完全有把握。还好，工作只进行一个月，我已在工地看出了苗头，并在工地作了大概的分期。以此为基础，我亲自指导重点发掘，因为当时工地担任辅导的只有我一个人。当时的主要工作是把地层关系进一步搞清楚。12月后，全体人员回洛阳工作站，全面进行室内整理。工作进展很快，不到一个月，对成仰韶、龙山完整陶器共达500余件。同学们对陶片的情绪很高，经常对到深夜，最后有6位男女同学，居然对成了终身伴侣。我看到这种情况，内心当然有说不出的欣喜。紧接着我带领同学进行分期，各期内容都非常丰富。分期结果长期陈列在洛阳工作站的一栋宽敞的平房里，以供考古同行参观。

在分期工作告一段落后，我又组织同学分为若干组，分别到洛阳和伊洛地区事先都经过我自己复查的遗址进行调查与试掘，以核实南王湾的分期。这期间又新发现一些二里头文化和二里冈文化遗址，光是采集的完整石器，就有一大箩筐，可谓满载而归。根据南王湾的发掘和洛阳以及伊洛地区调查试掘的材料，我把伊洛地区从仰韶早期到商代前期以前共分为四期 11 段。第一期，仰韶期，又分为早（半坡型）、晚（庙底沟型）两段。第二期，过渡期（即仰韶向龙山过渡，或谓仰韶晚期），又分为 3、4、5 共 3 段。第三期，龙山期（即标准的河南龙山文化），又分为第 6、7、8 早、中、晚共 3 段。第四期，二里头期，当初又分为第 9、10、11 段，后来赵芝荃先生又把二里头期分为 4 段，合以上我分的 11 段，一共是 12 段。

南王湾考古分期的学术意义是非常重大的。当时的考古界对于中原地区的仰韶文化和龙山文化都还没有明确的分期，到底有没有仰韶、龙山混合文化，一下子还作不出结论。新发现的大汶口文化究竟是什么年代和什么文化性质，一时也还说不清楚。至于仰韶文化早期，究竟是半坡早，还是庙底沟早，一直争论不休。总之，当时考古界对新石器时代的认识还有一些模糊。通过南王湾的分期，这些问题都可迎刃而解了。尤其是仰韶期—过渡期—龙山期—二里头期—早商期序列的排定，就把中原地区从新石器时代到青铜时代的各个环节基本上联系起来了，已经不太可能有什么其他文化穿插其间。这样，自然就可考虑中国考古学与中国上古史相结合的问题。例如：如果有夏朝存在的话，那它必然就在这些环节之中。所以说，南王湾的分期直接为探索夏文化创造了必不可少的条件。

南王湾分期的消息不久传开，郑州、西安的考古工作者和西北大学考古专业的师生首先来洛阳参观。当时编写半坡报告的作者看得更加仔细，因为原来他们对半坡并未作详细分期，看了南王湾的分期，他们便考虑半坡遗址的再分期了。夏鼐先生知道后，曾寄给我一封长信高度评价了南王湾分期的重要意义，对我表示热烈的祝贺，并推荐给当时在中国访问的苏联著名考古学家吉谢列夫，要他到洛阳看看。吉谢列夫看了后，连称中国的考古学家真了不起。苏秉琦先生更是再三肯定了南王湾分期的成果，说这是一项破天荒的工作。

可是，后来我失去了编写报告的机会，从此便与南王湾无缘了，成为我终身最大的遗憾，也是我学术上一大损失。1960 年春，北京大学考古专业派我的同事和学生李仰松、严文明两位先生接替我的工作，继续在南王湾发掘，进一步证明第一次分期的可靠性，他们写出了简报，但正式报告至今仍未公布。

三、您早年将二里头文化称作"先商文化"是出于何种考虑？后来又是如何修订的？

从年代来说，"先商文化"同"夏文化"应该是大体接近的。早年我不敢以夏文化来命名二里头文化，是考虑到夏朝的有无还没有最后的定论，学术界特别是考古学界大多主张龙山文化是夏文化，而我又没有任何论文发表。在此我不敢独树一帜，过早地提出全新的见解。我之所以将其命名为"先商文化"，是因为当时我曾考虑过"二里头西亳说"和"郑州商城隞都说"，尽管我对此二说并不坚信，但也提不出完全否定的坚实证据。我认为要彻底解决这个问题，有一系列研究工作要做。仰韶、龙山分期问题解决了，但只是提供了先决条件，并不等于解决了一切问题。当时最主要的问题，还是商文化问题，所以 20 世纪五六十年代我研究的重点是有关商文化的分期。

关于"郑州商城隞都说"，我考虑的是年代问题，我总觉得隞都的年代总共不过 20 来年，绝不会包括二里冈上下两层在内，我当时推测，可能只包括上层中的一部分。二里头遗址发现后，我觉察到二里头文化同二里冈文化不完全相同，而在二里头的上层，恰好又是二里冈文化。

所以我考虑"二里头西亳说"就是指其上层而言的，并不涉及二里头的下层，即不涉及二里头文化。关于二里头文化，我只能给以不很确切的命名"先商文化"。当然，我命名二里头文化为先商文化并不是有把握的，等到条件成熟，我将再考虑改变。因此，我并未公开发表二里头文化是先商文化的论文，只是在我主编的《商周——青铜时代》（1960年铅印本，未公开发行）讲义中使用过这样的命名。以后的讲义便改名二里头类型文化。到1979年公开发表《商周考古》一书时，乃改为"二里头文化"，并指明其年代相当于历史上的夏代。

我对先商文化的认真研究，是在1961年开始撰写《试论殷墟文化分期》一文的初稿以后。1959年我完成南王湾新石器时代分期后，即开始考虑夏文化的问题。我觉得研究夏文化，必先研究先商文化，因为不排除先商文化的可能性，要论证二里头文化为夏文化是不可能的。《试论殷墟文化分期》实际上并不限于晚商文化的分期，而是联系到整个商文化的分期。我之所以特别重视殷墟文化分期，是因为殷墟文化中有甲骨文，这无论从年代和文化性质上，都是完全可靠的。以此为基点，自然可以研究整个商文化的分期和年代了。

在商文化分期中，我遇到的最大的麻烦就是冀西南、豫北的早期商文化问题。这种商文化同二里冈的商文化，年代上是相接的，可是在文化面貌上却有较大的差异。如何解释这种差异，我考虑了五六年之久，直到郑州商城的最后确定，我才豁然开朗。因为我一直在研究郑州商城亳都的问题，郑州亳都说自然关系到二里冈文化的年代问题，它只可能为早商文化。那么，早于二里冈的冀西南、豫北的早期商文化自然就是先商文化了。先商文化与早商文化的文化面貌有些差异，是可以理解的，这主要是二里冈早商文化靠近豫西，大量吸取了二里头文化的先进因素的必然结果。

　　我提出商文化北来说是非同小可的事。因为近现代有名的史学家都认为商文化来自东方，即山东地区。直至今天，还有极少的学者坚持东来说，认为岳石文化是先商文化。可是，自从我发表《论菏泽（曹州）地区的岳石文化》以后，这些观点，恐怕也要不攻自破了。正因为商文化东来说长期以来占据学术界的重要地位，我提出先商文化后，20 年来学术界的反响并不太激烈。史学界对这种观点不屑一顾，一般不加理睬。中国社会科学院考古研究所有些先生则首先起来反对，说冀西南的早期商文化不是先商文化，而是二里头文化，直到今天，还有人坚持这种观点。但也有人赞同，不过，有个别的学者却改换了名称，叫作"下七垣文化"了。

　　我总觉得，名称是次要的，关键是承不承认冀西南的早期商文化是先商文化。如果承认，就没有必要改换为"下七垣文化"了。本来早已解决了的问题，学术界早已公认为商文化，改换名称，就会弄得混乱不堪，必须重新加以论证。因为先商文化带有浓厚的历史意义，而"下七垣文化"毕竟只是一个考古学文化，如何同商文化挂钩还是问题。何况下七垣的发掘报告到 20 世纪 70 年代末才发表，而邯郸涧沟的简报，在 20 世纪 50 年代中晚期已发表几篇，早已肯定是早期的商文化了。如今改换名称，重新论证，没有必要！

　　至于名称，按考古惯例，一般是以最早发现的遗址或者墓葬来命名的。例如仰韶文化就是因在仰韶村最早发现来命名的。其实，当初在仰韶村发现的仰韶文化并不太典型，但仰韶文化的名称一直沿用至今。二里头文化的命名倒是个特例，这是因为二里头遗址特大，内涵也极丰富，远非洛达庙和东干沟可比。而且这三处遗址都是在 20 世纪 50 年代中后期发现的，而洛达庙、东干沟的文化命名当时并未最后确定。二里头文化早有"二里头类型文化"之称，此后却不常见洛达庙文化和东干沟文化之称了。总之，洛达庙、东干沟、二里头三处遗址是一种文化,而不是三种文化,因此需要合并,相比之下,自然以二里头文化命名比较合适。

今观所谓"下七垣文化"的情况与二里头文化却完全不同。下七垣遗址并不大,比邯郸涧沟遗址要小些。下七垣的考古工作做得不太理想,地层关系都没弄得很清楚。特别是下七垣的出土物并不丰富,《论下七垣文化》一文中,简单的所谓分期表(不很可靠)总共三期才选出 15 件器物,也还是从六七个遗址中凑成的,下七垣出土的只用了 5 件,其中 3 件还是陶片和半个陶器。这怎么能以"下七垣文化"来命名呢?如果单凭"下七垣"报告中的出土物,很难确定其为商文化,更不要说是先商文化了,因为在下七垣连商文化中最常见的陶鬲都没有见到。最后,《论下七垣文化》的作者不得不又引用了邯郸涧沟的材料以作论证;离开邯郸涧沟材料,要论证下七垣为先商文化是非常困难的。再说下七垣也是位于漳河流域,并未超过漳河的范围。总之,不管怎么说,改"先商文化漳河型"为"下七垣文化",我真看不出有什么道理。

四、在 1977 年的登封会议上,您公布了关于夏文化的系统观点,能否回忆一下当时的情形?

在会议以前,我早已将我对夏文化的观点同夏鼐先生商谈过。夏先生未明确表态,但他对郑亳说,特别是对郑州出土的亳字陶文有点兴趣。对于二里头西亳说,他也不敢肯定,却有此倾向。当时我的《夏商周考古学论文集》正在排印,在登封会议上,我还不打算全部公布,只是隐约透露一些观点。

我清楚地知道,中国社会科学院考古研究所对夏文化有兴趣的先生,几乎都是二里头西亳说的支持者,都认为二里头的宫殿基址很可能就是成汤所居。郑州河南文物工作队的诸位先生，大都是主张郑州商城隞都说的，当然也会同意考古研究所的意见。

会议开始以后，发言的先生们果然公开表明二里头西亳说，把二里头文化都当成夏商两种文化，即一部分（早期）是夏文化，另一部分（晚期）是商文化，几乎无人把二里头文化当成一种文化。我的发言在会议进行的中后段，我只有一个目的，就是说，二里头文化不能从中割开，二里头文化只能是一种文化，或全是夏文化，或全是商文化，绝不是夏商两种文化。我明确地提出二里头文化第一至四期都是夏文化。

记得当时考古研究所的佟柱臣先生发言后，我曾在会场上当面问过佟先生，佟先生也当面作了明确的回答，即二里头宫殿基址为成汤所居，早于宫殿的二里头文化早期是夏文化，宫殿和宫殿以后的二里头文化晚期是商文化。过了半年，佟先生发表的文章完全改变了观点，这是后事。佟先生的发言虽不能代表整个考古研究所，但也有一定的典型意义，考古研究所其他先生的发言，与佟先生也是大同小异的。

我发言（共两次，约6小时）之后，曾引起全会的震动，因为与会的先生们大都没有这样的思想准备，是他们意料之外的。听说当时考古研究所的先生们在会下说要组织反攻，可是继续发言的先生似乎并没有驳倒我的论点。另外，有些先生觉察到，从我的发言中，似乎听出我认为郑州商城不是隞都，而可能是亳都。因为我在发言中并未明确提出郑州商城亳都说，所以在散会后回到北京，我很快写了一篇小文——《郑州商城即汤都亳说》的论文摘要发表在《文物》上，免得别人猜疑。

五、您对徐旭生先生作何评价？他的学说对您有哪些影响？

徐旭生先生是我一向最尊敬的老师之一，可以说，我对夏文化的研究，就是在徐老的直接影响下进行的。首先是关于夏王朝存在与否的问题。徐老认为《古史辨》的疑古过分了，夏朝还得重新研究。其次，关于古文献的清理，特别是关于历史地理的清理，我觉得徐老有许多观点都是经得起历史考验的。譬如说，他认为夏人活动的中心地区是豫西和晋南，是经过对古文献仔细的排比后得出的结论。我就是遵循他的结论，在考古学上找印证材料的。严格地说，徐老并不是考古学家，但他提出的文化类型比较法，我觉得比一般的所谓类型学更加具体而且可行。我研究夏文化和先商文化也多赖于他的启示。

我在《试论夏文化》一文中，特别引用了徐老关于论夏文化方法中很精彩的一段论述，他说：

> 当日的中国远非统一，那夏氏族或部落活动的范围就相当有限制，我们就可以从它活动的范围以内去研究夏文化有什么样的相同的或相类的特征，再到离它活动中心较远的地方看看这些地方的文化同前一种有什么样的差异。用文化间的同异来作比较，就渐渐地可以找出来夏氏族或部落的文化特点。

我认为徐老的这些意见是完全正确的，其对夏文化的研究具有重要的指导意义。从 20 世纪 50 年代开始，夏文化的探索者都把注意力集中到二里头文化，但大多没有重视徐老提出的正确途径和方法。直到 20 世纪 70 年代初都还主要从年代考虑问题，仅就二里头文化而论二里头文化，无人从先商文化或其他文化进行文化类型的比较，因此做出的结论，多少都有点猜测之嫌。

1962 年夏，我和赵芝荃先生跟随徐老至偃师和巩县（今巩义市）进行考古复查，沿途曾得到徐老很多教诲，特别是有关地理形势的分析，他有不少的真知灼见，我真是受益匪浅。不过，徐老毕竟不是亲身直接研究考古材料的，他一向觉得夏文化应该在龙山文化中去进行分析。但是，由于他有清醒的科学头脑，最后他并未简单地把龙山文化同夏文化画等号。这就是他超过一般历史学家的地方。

徐老一生，著述并不是太多，但是他对古史传说的钻研，为该领域做出了不朽的贡献。他钻研古代文献的方法就是竭泽而渔地搜集材料，严格地甄别古书的真伪和时代的早晚，然后用他那学哲学的本领进行筛选、分类、比较、分析，其所得出的结论一般是比较可靠的。这同一般所谓史学家鱼龙混杂地使用材料，不加分析地轻易做出结论是完全不同的。我研究古代文献，很想采用徐老的方法，可是我所学有限，不过是东施效颦而已。

六、郑亳说的提出对夏文化探索意义重大，这种看法是如何形成的？

在 20 世纪 50 年代我曾考虑过"郑州商城隞都说"。这是因为当时郑州还主要在二里冈进行发掘，商文化的分布还不十分清楚。我当时的学术目的，主要是论证二里冈商文化早于殷墟文化，即确立郑州商文化遗址在中国历史上的地位问题，也就是要确立二里冈文化为早商文化。但是，我对商文化尚未做全面研究和通盘考虑。至于郑州是否为商都以及为何王所都，我还考虑不多。当时我接触的文献材料还很少。最简便的办法，是考虑中丁隞都的问题，郑州虽不是荥阳或荥泽，但相距不是很远，何况当时已有人提出隞都问题，我也不便于反驳，只好跟着人家走。

自从我主持发掘南王湾遗址，对仰韶、龙山分期以来，我开始全面考虑夏、商两种文化问题，我的工作乃是研究商文化的重新分期。由于我对郑州商文化的重新分期，说明郑州的商文化延续的时期很长，特别是郑州商城的确定，其所包含的年代也不短，与中丁隞都 20 来年的时间绝对不能相合。而且据碳十四测定，郑州商城的年代最早已达到公元前 17 世纪，照历史学界一般估算，郑州商城已接近甚至达到夏年的记载。郑州与古文献记载的隞都的地望不合。因此，我完全有把握，坚信郑州商城绝不可能是中丁所迁的隞都。

如果二里头遗址是汤都西亳，则与古文献记载完全矛盾。商汤伐桀，据《吕氏春秋·慎大览》所载，是"令师从东方出于国，西以进"。可见亳都是在桀都的东方。桀都既在偃师，那亳都绝不会同样处于西方的偃师。又据《逸周书·殷祝解》《书序》和《史记·殷本纪》所记，商汤在灭夏之后，明明又回到亳都去了，不可能又在桀都立都。所以二里头西亳说也是绝不可信的。

汤居亳的地望，古文献记载各异，经过考证，我发现都没有很早的过硬证据，尤其是没有确切的考古材料来印证，因此，我认为都是值得怀疑的。

郑州出土的亳字陶文，更引起我极大的兴趣。此陶文从 1956 年发表以来，从未引起古文字学家的注意，10 多年来，从无人写过文章。我认出是亳字，是从战国布文，即宅阳布的宅字比较出来的，恰好宅阳正在郑州的西郊。我读到《左氏春秋经·襄公十一年》"同盟于亳城北"的记载，马上联想到亳字陶文正出在郑州商城的北部或东北部，我更是信心百倍了。因此，我便大胆地提出"郑州商城即汤都亳说"。后来听说郑杰祥先生又认出"亳丘"二字，我越发高兴了，因为"亳丘"就是"亳墟"。释亳为地名已确切无疑。张政烺先生看到我发表的文章对我说："你怎么就找到了这个亳字？可真不简单啊！"李学勤先生开始并不同意释亳字，当然更不同意郑州商城就是亳城。过了两年，在成都开会时，他对我说："这不是亳字又是什么字？"但对郑亳说还是不表同意。考古研究所有的先生坚决反对释亳字，认为是京字或亭字，可是后来牛济普先生找到了郑州出土战国陶文京字，写法与亳字完全不同，这些先生也就不再否定了。

郑亳说的确立，对我研究夏文化和先商文化起了决定性的作用。现在的问题就比较明朗了。二里冈商文化既在亳都之内，那早于二里冈商文化的冀西南、豫北的早期商文化自然就是先商文化了。二里头文化也是同样情况，二里头文化本来早于二里冈商文化，而又与二里冈商文化不同。二里冈商文化既包括在亳都之内，那二里头文化自然只可能是夏文化了。因为冀西南、豫北的先商文化与二里头文化有极大的不同，那就排除了二里头文化是先商文化的可能性，进一步证明二里头文化非夏文化莫属。我对夏文化的系统观点无非如此而已。

七、您论定汤都郑亳说和二里头文化第一期至第四期为夏文化之后，还做过哪些与亳都和夏文化有关的发掘和调查工作？这些工作都有哪些收获？

我的《夏商周考古学论文集》（下简称《论文集》）公开发表以后，我并未就此搁笔。我考虑到《论文集》所用材料基本上是"文化大革命"以前的，因而受到一定的局限，有的结论还有明显的推理性质。1979 年以后，为了进一步充实和验证我的结论，我曾做出庞大的计划，围绕着郑亳说和夏文化，在黄河和长江中下游地区，将做一系列工作。我指导的部分研究生的研究内容也纳入了这个计划，分别撰写出各种类型的论文和调查、发掘报告。20 年来，这些工作基本上是顺利进行的，取得的效果也是比较理想的。

在河南温县、沁阳、修武、武陟、淇县、内黄、濮阳等地，我带领研究生和本科生做过几次调查和发掘，找到了夏文化与先商文化的分界，研究生刘绪写出高水平的学术论文，进一步论证了二里头文化为夏文化和辉卫型文化为先商文化。我自己在内黄所谓殷都做了专门调查，写出了《内黄商都考略》一文，彻底否定了汤都黄亳说。

研究生宋豫秦与郑州大学合作，在豫东做了普遍调查和重点发掘，找到了先商文化、二里头文化和岳石文化的交界处，提出了先商文化直接南下的可能性。基本摸清了岳石文化在豫东的分布情况，彻底否定了南亳说。

研究生宋豫秦、徐天进、李维明和董琦分别在河南中部、东南部和西南部进行调查和发掘，弄清了二里头文化的分布情况，撰写出几种发掘报告和几篇学术论文，证明河南龙山文化并非夏文化。

在陕西，我带领研究生刘绪、徐天进、王占奎和孙华先后做过几次调查和发掘，并多次参观西安老牛坡遗址的发掘与整理研究，摸清了二里头文化的西界，但未发现杜亳说的任何线索。

在山西，我曾在曲沃天马—曲村遗址先后住了 16 年，带领大批研究生和本科生在此做了大量的考古工作，除确定晋国始封地和故绛都外，还对东下冯类型遗址做过调查与发掘，否定了陶寺龙山文化为夏文化之说。另外，我带领研究生刘绪至垣曲做专门调查，写成了《汤都垣亳说考辨》一文，对"汤都垣亳说"彻底给予了否定。

在山东，我带领研究生王迅和宋豫秦，在济宁、菏泽、聊城三个地区做了调查，查看过这三个地区历年来调查所获陶片，并在菏泽安邱堌堆进行了发掘，又在所谓北亳遗址做了调查，证明二里头文化和先商文化均未到达过山东，与此同时的是岳石文化，遍及山东全省。到二里冈上层时期，商文化才进入山东省。由此彻底否定了北亳说。我和王迅、宋豫秦各有论文发表。

在安徽，我带领研究生王迅在亳县（今亳州市）、太和、颍上、阜阳、寿县、含山等地做过调查和重点发掘，基本上弄清了岳石文化和二里头文化的分布情况，其文化面貌与山东、河南的已有很大差别，王迅有专文论此，所谓安徽亳都已完全无此可能。

在湖北，我带领研究生王迅，调查了孝感、江陵、襄樊（今襄阳市）几个地区，查看过这几个地区历年来调查所获陶片，发现湖北类似二里头文化的遗址已与河南的相差甚远，甚至不能称为二里头文化。

所有这些工作，确证传说中的诸种亳都说都是不可靠的，从而增强了郑亳说的可靠性。二里头文化的分布范围基本上弄清了，龙山文化并非夏文化。先商文化研究增加了不少新材料，进一步证明商文化来源于北方。

八、偃师商城的发现在夏文化探索史上具有重要的意义，当时您对这一发现有何感受？桐宫说是怎样提出来的？后来又做了哪些修订？

首先，我要声明：我对桐宫说从未做任何修订。最早在 1984 年，我在《偃师商城即太甲桐宫说》的摘要中曾明确提出："该遗址实为太甲所放处桐宫，乃早商时期商王之离宫所在。""成汤在灭夏之后作宫邑于此，显然是为了监视夏遗民，而并未都此，乃东还都亳。"就是说，我首先肯定了这座商城（宫邑）是成汤时所建，同时提出这座商城（宫邑）是早商时期的离宫，也就是太甲所放处的桐、桐邑或桐宫。我这个观点至今未变。

此文发表后，曾引起很多先生的误会，以为我只说是一座桐宫，未及其他。也许是读我的文章还不够仔细吧。既然是早商的离宫，当然包括了早商诸王（也有成汤）所居在内。离宫一词，我是照郑玄的说法，何况在晚商仍有离宫存在。所谓离宫自然就是别都或陪都之意了，难道是单指一座宫殿？

　　偃师商城发现以后，我最大的感受就是认为"二里头西亳说"彻底结束了。由二里头西亳说导引出的二里头文化第一、二期，第二、三期，第三、四期为夏商分界的诸种学说也都因此而圆满地画上了一个句号。就是说，夏文化的讨论至此已告了一个段落：二里头文化第一、二、三、四期都是夏文化，不管您承认与否。

　　偃师商城发现以后，考古学界呈现出一种神秘的气氛。听说全国第四届考古学会在郑州召开，会后大家去参观了二里头遗址，路经偃师商城，也没能去参观。过了不到一年，忽然大见于报纸：《北京晚报》《光明日报》《人民日报》连续登出了报道、论文四五篇之多。《参考消息》甚至报道说中国的克里特岛发现了，日本《读卖新闻》头版头条特号字刊出成汤西亳的新闻。所有这些恐怕都是来自中国。这些新闻报道和论文，重点都是谈成汤西亳，而把二里头西亳说甚至夏文化暂时抛在脑后，即使谈点夏文化，也是矛盾百出，好像过去从未讨论过这类问题。这大概是某些先生的习惯吧。过去讨论半坡、庙底沟等问题时不也是如此吗？他们总是认为，考古学上的重大学术问题只有他们才能解决。这有点像20世纪三四十年代考古界的情况，但也不完全相同，因为当初还有新风尚的学术道德。如果有人提出比较正确的观点，总是首先大肆反对一番，最后觉察到自己是错了，为了维护自己的威望，却死不承认；会说话的也只是说我的认识总有个过程嘛。终究把正确的观点毫不客气地据为己有，说是自己的发明创造，或者说是自己在考古中的新发现。

　　偃师商城突然发现的消息的报道，对我来说，好像是很大的冲击。我的一些好心的朋友、老师都为我担心。北京大学历史学系有些老教授纷纷劝我表态，干脆公开承认错误吧。甚至苏秉琦先生也托人告诉我，说我对了一半（指夏文化），也错了一半（指郑亳说）。因为苏先生是在考古研究所工作的，也不得不支持西亳说。宿白先生也听到同样的消息，告诉了我。我对宿先生说：这是不可能的。如果说错，我只能全错，不可能只错一半。1984 年 4 月，我带领几个研究生到偃师商城去参观，不久，甚至有人造出谣言："邹衡参观偃师商城后都哭了。"他们哪里知道，我的论文提要《偃师商城即太甲桐宫说》这时已经校对完毕。

严格地说，桐宫说并不是我首先提出的，最早应归功于东晋时的王隐。王隐的《晋太康地记》所记应为西晋地理，早于《伪古文尚书》出现以前。早年我曾研究过桐宫的所在地。依年代排比，《晋太康地记》之说是最早的记载。可是长期以来未在此做考古工作，当然也没有什么重要发现，因此我不敢提出此说。今既发现偃师商城，其地理位置又正合太甲所放之处，所以当偃师商城的消息公布不久，我就提出了此说。我的朋友担心地对我说："这篇文章恐怕发表得太快了，太早了。"他不知道我早已研究了这个问题。

我的文章发表之后，曾引起学术界很大的震动，有人高兴，有人怀疑，有的则准备组织反攻。1985 年全国考古学会议上，好像就有这种味道，有的胆小的先生觉得有点害怕。因为他们估计，西亳说大概是定论了，没想到我会提出桐宫说。胡厚宣先生曾对我说，你真有办法，没想到你能提出桐宫之说。我回答说，桐宫说又不是我创造出来的，历史的真相就是如此嘛。

我们过去讨论的偃师商城都是指其大城而言的，我的观点至今没有改变。近年来，在大城东北角的发掘，并没有提出什么新的问题，只是原来发掘的一点补充而已，因此不能，也没有改变我过去所做的结论，只能说又一次证明以前结论的可靠性。至于近年来在偃师商城内又发现一座小城，因材料尚未正式公布，我不能多说。不过仅从已知的规模而言，小城或不及大城的一半，仅是郑州商城的近四分之一。因其太小，其年代和性质如何，当可另外讨论。

在这里，我还需要说明的是，1997年11月下旬，"夏商周断代工程"在偃师召开的"夏代、商前期考古年代学研讨会"上决定可以小城的始建年代作为夏商分界的标志，我认为并不十分确切。因为小城刚发掘，很多问题还没有弄清楚，我不便提出反对意见。当时我之所以勉强同意采用小城的碳十四采样，是因为郑州商城的碳十四采样并未完全达到仇士华先生的要求，姑且只能用小城的材料来充数，反正还待测量。大城、大城内的小城、二里头、郑州商城的样品，如果测得准确，有可能会产生矛盾。这个矛盾会在大城、大城内的小城、二里头和郑州商城的测年比较中得到解决的。

九、您曾参加1990年春的洛杉矶会议，这次会议的情况如何？您有何感受？

1990年美国洛杉矶夏文化国际研讨会是首次在国外讨论夏文化问题。参加会议的有欧、亚、美、澳诸国对中国夏文化有兴趣的学者。这次研讨会与国内举行的夏文化讨论会不完全相同，主要不是具体地讨论什么是夏文化，尽管我国的学者所准备的大都是夏文化的具体认识问题，如哪种考古学文化是夏文化等。这次大会的中心议题是比较集中讨论夏朝是否客观存在。

据我的回忆，当时的讨论大概有三种意见：第一种意见基本持否定态度，认为夏朝充其量是神话传说时代，不能具体有所指。持这种意见者几乎都是欧美学者。他们的根据基本上是中国《古史辨》的疑古学派的观点及文章，如顾颉刚等。又如陈梦家过去曾以为夏朝大概是与商朝平行的。欧美学者对什么是夏文化根本没有兴趣。第二种意见完全持肯定态度，即夏朝是客观存在的，绝对不能否定。持这种意见者基本上都是中国人或是有中国血统的美籍华人等。他们举出顾颉刚只否定过夏禹，并未否定夏朝。陈梦家把夏商并列，根本没有可靠的古文献根据，只是他的一种揣测而已。第三种意见主要是日本学者，他们对此一般不表态，或者持持平态度，既不肯定，也不否定。会议讨论还是比较热烈的。

通过这次讨论，我最大的感受就是：国外学者对 1949 年以来新中国考古在学术上的收获特别是夏商周的重大突破，似乎都不甚了解，他们注意的主要是工艺品或古文字之类。这里将给我们提出一个问题：我们今后应该如何对外宣传新中国的考古收获，特别是有重大学术意义的考古收获？我们不能只着重艺术品和古文字的宣传。

十、作为"夏代年代学研究"课题组的组长，请您谈一下"夏商周断代工程"关于夏文化的工作有何收获。

在"夏商周断代工程"中，我是专家组成员，也是"夏代年代学研究"课题组组长，但由于种种原因，我参加的工作非常有限，这里仅就自己了解的情况，作些简单的介绍。

"夏商周断代工程"关于夏文化的工作没有什么新鲜的，无非是在偃师二里头、登封王城岗和禹州瓦店新开掘了几个探方，发掘的结果同过去的也没什么不同，并没有什么新发现。问题是旧问题，意见还是老意见。根据"夏商周断代工程"的精神，学术上的争论用协商的办法，求同存异。这当然是非常困难的。我万万没有想到，大家参观了二里头和偃师商城的陈列室后，很自然地取得比较一致的意见，都认为二里头文化与偃师商城的文化大不相同：偃师商城的文化，基本上同于郑州商城的文化，即商文化；二里头文化绝不是商文化，只能是另外一种文化，大家都考虑它应该就是夏文化了。二里头文化自然包括了二里头文化第一至四期，所以会上发言的先生都异口同声地说，二里头文化第一至四期都是夏文化。

这倒是非常奇怪的事！夏文化争论 20 年，争论的诸方都从不相让，一直坚持自己的观点。这样争论下去，再过几十年，恐怕也得不到认同。"夏商周断代工程"的领导者针对这种情况，想出一个很好的办法，就是协商。大家之所以很快意见一致，这项精神起了很大的作用。其次，在以往的讨论中，有些先生很少到现场仔细观摩，特别是很少把二里头与偃师商城认真比较。这次则不同，先参观了二里头，马上又去参观偃师商城，相隔时间很短，印象都十分深刻，可以马上比较。只要认真比较，自然可以发现两者的差异。

其实，在偃师商城发现以后，这个问题早已十分清楚了。有些先生可能出于某种原因，不愿修正或不愿彻底修正自己的观点。现在因为众多的人同时参观，同样看到两者不同的现实，不好再坚持自己原来的观点了，只得随大流而同意了众多人的意见。不管是何种情况，大家总都同意二里头文化第一至四期是夏文化了。这当然不是件小事，而是"夏商周断代工程"关于夏文化最大的收获。

十一、您认为 40 年来的夏文化探索主要有哪些收获？现在亟待解决的问题是什么？

首先是在中原地区经过 40 年的考古发掘和整理研究，基本上弄清了仰韶文化—龙山文化—二里头文化—早商文化的年代序列和发展线索，为探索夏文化提供了年代学上的必要条件。

其次，发现了规模宏大的二里头遗址及其宫殿建筑基址，为探索夏文化提供了具体研究的对象。

更大的收获则是通过"夏商周断代工程"关于"夏代、商前期考古年代学研讨会"的讨论，大家统一了思想认识，一致认为二里头文化第一至四期为夏文化。

亟待解决的问题是关于二里头文化详细的科学的分期，并用科学的方法测出各期具体的绝对年代。

主要著述

1.《试论夏文化》，《夏商周考古学论文集》，文物出版社，1980 年版。

2.《夏文化分布区域内有关夏人传说的地望考》，《夏商周考古学论文集》，文物出版社，1980 年版。

3.《关于夏商时期北方地区诸邻境文化的初步探讨》，《夏商周考古学论文集》，文物出版社，1980 年版。

4.《夏文化的研究及其有关问题》，《夏商周考古学论文集·续集》，科学出版社，1998 年版。

5.《关于探索夏文化的途径》，《夏商周考古学论文集·续集》，科学出版社，1998 年版。

6.《关于探讨夏文化的几个问题》，《夏商周考古学论文集·续集》，科学出版社，1998 年版。

7.《关于探讨夏文化的方法问题》，《夏商周考古学论文集·续集》，科学出版社，1998 年版。

8.《对当前夏文化讨论的一些看法》，《夏商周考古学论文集·续集》，科学出版社，1998 年版。

9.《与肖冰先生商谈夏文化的内涵问题》，《夏商周考古学论文集·续集》，科学出版社，1998 年版。

10.《关于探索夏文化的条件问题》，《夏商周考古学论文集·续集》，科学出版社，1998 年版。

11.《夏文化研讨的回顾与展望》，《夏商周考古学论文集·续集》，科学出版社，1998 年版。

12.《论菏泽（曹州）地区的岳石文化》，《夏商周考古学论文集·续集》，科学出版社，1998 年版。

13.《综述夏商四都之年代和性质》，《夏商周考古学论文集·续集》，科学出版社，1998 年版。

14.《中国文明的诞生》，《夏商周考古学论文集·续集》，科学出版社，1998 年版。

张彦煌

张彦煌，1927 年出生，四川成都人。1952 年毕业于华西大学，1956 年调中国科学院考古研究所，副研究员。1989 年退休。曾先后参加陕西半坡、华阴和山西侯马、东下冯、陶寺、程村等遗址与墓地的调查及发掘工作。

一、您何时开始在山西工作的？在此之前是否研究过夏文化的问题？

1959 年以前，我一直在石兴邦先生领导下，先在西安半坡，后在陕西华阴从事新石器时代的田野考古工作。关于夏文化问题，是 1959 年春到晋西南工作时才开始关注的。当时考古研究所将新石器时代划为第一组，今天叫原始社会研究室，而夏文化则属第二组，今天叫夏商周研究室。这样，我便从第一组调到第二组了。我们这代人就是这样，叫干什么就干什么。特别是像我这样对哪个方面都没有特殊专长和深入研究的人，反正是边干边学。那时有个提法，叫"以红带专"。照我的理解，红即工作，专即研究，即在完成工作任务的过程中学习提高，再学习再提高。所以在接受任务时，思想上并未产生波动，而是满怀热情地找有关专家请教和做准备工作。我研究夏文化的开端就是这么简单，现在回忆起来真蛮有意思。

二、徐旭生先生在全面梳理古代文献之后，指出夏文化探索中有两个地区最为重要：一是豫西，二是晋西南。随后考古研究所就有了洛阳工作队和山西工作队，请问：这两支考古队的组建与徐老的上述建议有无关系？

豫西和晋西南是夏人活动的主要地区，古籍记载颇多，也较明确，一般研究夏史和夏文化的人都知道。当然，徐老也很强调这一点，但并不是"徐旭生先生在全面梳理古代文献之后"才指出的。关于夏文化的探索问题，记得河南省 20 世纪 50 年代后期曾经有过夏文化的陈列，当时虽遭到一些非议，但却开了探索夏代物质文化的先河。那时的中国科学院考古研究所（今中国社会科学院考古研究所）"十二年规划"（也可能是第二个五年计划，不确切）中也已经列入这一课题，课题全称是"夏文化的探索和商文化的起源"。这究竟是不是徐老提出来的，我就不得而知了。1959 年春考古研究所撤销"黄河水库考古队山西分队"，组建"中国科学院考古研究所山西工作队"。跳出水库区，在晋西南开展工作，所里这一决定是不是徐老的建议，我也不清楚。只记得决定调我去山西队工作时，夏鼐先生曾找我谈过，明确指出：山西队当前的重心主要是探索夏文化，其次是弄清楚晋西南的所谓"灰陶文化"的内涵。前者是通过普查、复查、试掘、发掘；后者大概是把那些所谓"灰陶文化"遗址认真复查一遍，多采集些陶片就很有可能解决了。

临去山西之时夏先生又找带我们去山西联系工作的牛兆勋副所长以及我和其他几位同志（大概有张子明先生和陈存洗先生）谈了几个小时，将山西境内从旧石器时代至元代的情况逐一予以详细介绍。

由于当时我们对商周陶片不熟悉，夏先生又叫学术秘书王伯洪先生（当时王先生还兼沣镐队队长）通知安阳、洛阳、西安的负责人给我们挑一套陶片标本。到了山西之后，我们几人分头到安阳、洛阳和西安，分别背回殷代、东周和西周的陶片标本各一套。

关于所谓"灰陶文化"，年龄大一点的文物考古工作者都还记得，那是 20 世纪 50 年代中期晋西南的文物部门通过调查，提出了一个"灰陶文化"，并称发现"灰陶文化"遗址若干处，但其文化面貌却不清楚。从 1959 年春开始，我们和山西省文物工作委员会（现山西省文物局）的同志一起，对所谓"灰陶文化"遗址逐一进行详细复查，并尽可能多地采集标本，发现所谓"灰陶文化"遗址，实乃庙底沟第二期文化、中原龙山文化、商代二里冈期文化以及两周文化诸遗存的笼统的总称，根本不存在其他类型的文化遗存。

我们那时的野外调查共 10 人，女 3 男 7，是自带行李，住村镇机关内，实在没法时才住旅店。因中午吃"派饭"耽误时间（派饭就是持介绍信找村干部联系，村干部即带我们到某一贫下中农家吃饭，按规定交现金和粮票），所以每天早餐后在饭盒内装入馒头和咸菜，背上背包、水壶就上路了。出去一身轻，可返回时不管是男同志或女同志，都要背上数十斤采集到的标本。一次由于标本过重，徐殿魁先生的背包带都断了。回到住地，晚饭后稍事休息即整理标本、写记录，雨天无法外出调查，就刷洗陶片或在陶片等标本上填写所在遗址的编号。工作虽然紧张、艰苦，但同志们的精神却非常饱满。

关于洛阳工作队，中国科学院考古研究所早就有一个洛阳工作站（即现在周公庙东侧的工作站），还有一个洛阳工作队。工作站站长当时是苏秉琦先生，工作队队长是陈公柔先生。苏先生很少去，工作站的事一般由工作队队长管，实质是站、队不分。当时工作队下面分几个组，如王城组、唐城组等。记得 1958 年我们考古研究所在洛阳整风时，洛阳队队长已经是赵芝荃先生了。

三、作为中国社会科学院考古研究所山西工作队的队长，您主持过哪些与夏文化有关的发掘与研究工作？

我到山西之后，按照所里意见，所做工作大致可概括为：

（一）和山西省文物工作委员会的同志一起，对晋西南的运城盆地和临汾盆地进行了长达数年（究竟几年已记不确切）的考古普查，发现和复查了新石器时代至汉唐的古文化遗址、古城址和古墓群三百多处，基本澄清了晋西南地区古文化遗存的类型、面貌和分布状况，为夏文化的探索提供了选择基础。

（二）对夏县禹王城进行了3次调查、钻探和实测。根据所获陶片结合诸文献记载分析，该城址不是夏城而是战国魏都安邑，也就是两汉的河东郡治安邑。记得当时陈梦家先生翻开书本（是什么书已记不确切了）对我说：此书说今安邑西二里有安邑古城，到底有没有？我说：确有，方位、里数基本一致，城垣犹存，城墙最高有5米（注：此处现为水利学校，古城墙即今校围墙），但根据陶片、瓦当来看，是唐城。周围亦不见早期遗址。

对于禹王城的确认，当时所内几位老专家颇感兴趣，所以在整个调查报告动笔前，我就与参加调查和钻探的徐殿魁先生一起，将禹王城的调查收获写了一篇短文发表了。

（三）主持夏县东下冯遗址和襄汾陶寺遗址的发掘工作。东下冯遗址先开工，陶寺遗址开工稍晚。我主要在东下冯参加发掘，陶寺只是经常去做短期停留，未亲自参加田野工作。陶寺的工作主要是高天麟、张岱海、高炜、李健民、柴晓明等先生做的（排名按参加发掘工作的时间长短为序）。到了后期，我因着手编写东下冯的发掘报告，陶寺工作就由高天麟先生主持。天麟先生之后，前后主持工作的是高炜、李健民和梁星彭三位先生。

当然，上述三点是仅就与夏文化探索关系密切者而言。除此之外，也做了不少发掘和试掘工作。如芮城西王村的发掘、晋城侯马的发掘和临猗程村的发掘等。西王村在三门峡水库淹没区内，是抢救性地发掘了两个月。侯马系全国支援，共参加三年半的发掘。程村也是抢救性的，共发掘四个季度。

四、您在第四次年会上曾递交了一篇关于夏文化年代的文章，这篇文章为什么至今仍未发表？

关于我给第四次年会的那一篇拙稿，事情是这样的：东下冯发掘期间，我给山西师范大学实习生讲夏文化探索问题时，有一个提纲，后来又应邀专就夏王朝的年代问题在临汾讲过一次。由于后者是个把月之前约请，所以抽空写了一个比较长的稿子。此稿我在第四次年会前，将其压缩之后提交给年会。年会后，据悉选编论文集时觉得我的夏总年和武王伐纣之年不妥当，故未选入。同时编写成的稿子也总觉言犹未尽，打算将写得较长的原稿进一步加工，交由某刊物发表。加工后的稿子交去后，主编找我谈，认为《竹书纪年》的夏总年为471年，是颇具权威性的，问我能否改一下。我没有同意，也未辩解，闲聊一些别的事情之后，声称取回斟酌斟酌，便将原稿取回了。

回来后即抽时间着手将原讲稿提纲（分前言及传说中的夏史略说、夏王朝的年代、夏王朝的地域、夏文化的推测四个部分）加以充实提高，应约由某家刊物分期连载发表。前三部分初稿草成之后，第四部分就写不下去了。哪一古文化遗存最有可能是夏文化？夏文化的上下限究竟划在哪里最接近实际？讲课可以客观地罗列诸家学说，但写成文章也采用这个办法，纵无抄袭之嫌，却也没有多大意义，贸然提出自己不成熟的新意，又确把握甚小。究其原因约可归为三点：第一，本人水平低，这是主要的；第二，成年累月在田野工作，记录、汇报、行政事务占去了绝大部分时间；第三，对豫西陶片没有很好研究过。

东下冯遗址发掘报告《夏县东下冯》编完后，将原初稿的第二和第三部分压缩再压缩，并略去有关豫西部分，写成《山西夏县东下冯遗址和传说中的"夏墟"与夏年》一文，作为该书附录二，随书一并发表。因附录二已将我提交第四次年会那篇文章的主要观点基本上都写进去了，所以我认为该文就失去了再发表的价值了。

五、据说您曾深入研究有关夏文化的文献资料，请问：有哪些收获？

对"曾深入研究有关夏文化的文献资料"，我实愧不敢当。由于工作关系，那些年只不过是请教了徐老、陈梦家先生、钟凤年先生，并在他们的指导之下，读了一些有关夏王朝和夏文化的书而已，根本谈不上"深入研究"，这和邹衡、安金槐等先生比起来，还差得很远很远。此话绝不是谦虚，而是事实。

夏文化好比是一座宝库，以前是在门外，对它一无所知。在有关专家的指引下，轻轻松松、愉愉快快地进了门，向前走，一步一步又一步，一年一年又一年。前进途中的感受是：愉快虽仍愉快，但绝不像进门时那样轻松了。现在算是看到了：它原来那么样地复杂，那么样地深，要走的路还那么长。如果说收获，这就是收获。

六、东下冯遗址发现、发掘过程是怎样的？

东下冯遗址今属夏县大吕乡。夏县古为安邑地，北魏分安邑为二，置北安邑于今县，因古史传说中有禹都安邑之说，故改名为夏县。遗址紧邻埝掌镇东南的东下冯村，地处青龙河上游。河的北岸地势开阔，河的南岸是中条山麓缓坡地带的层层梯田。遗址跨青龙河南北两岸，总面积25万平方米，南岸部分和北岸部分仅一水之隔，相距100来米。北岸面积小，文化层薄；南岸面积大，文化层厚，主要遗存都集中在这里。遗址东傍中条山，西邻埝掌镇，南距夏县城关约 15 千米，西北约 5 千米处有蜿蜒绵亘直达闻喜境的鸣条岗，西南约 14 千米是战国早中期的魏国都城、两汉时期的河东郡治安邑故城——禹王城。

该遗址是 1959 年春中国科学院考古研究所山西工作队和山西省文物工作委员会的同志调查运城盆地时发现的。它的主要文化内涵包括：庙底沟第二期文化遗存、中原龙山文化遗存、二里头文化东下冯类型遗存和商代二里冈期文化遗存。前两者主要分布在遗址的西区，后两者主要分布在东区、中区和北区。由于发掘是按照国家当时的统一规划，围绕"夏文化的探索和商文化的起源"这一课题进行的，因而主要集中力量发掘东、中、北三区。发掘之前，已知晋西南含东下冯类型遗存的遗址共有 42 处，即运城盆地 6 处，临汾盆地 36 处。通过多次重点复查和两处试掘之后，才决定对它进行发掘的。发掘工作是由中国科学院考古研究所、中国历史博物馆、山西省文物工作委员会、运城地区文化局、夏县文化局共同组成的联合考古队进行的。从 1974 年秋开始，至 1979 年冬结束，历时 5 年半，先后参加工作的同志总共有 70 余人（几次实习的师生未计）。由于那个年代特殊，所以考古队是在中共山西省委书记处书记王大任为组长的发掘领导小组直接领导下进行工作的。考古队有党支部，有队委会，有队长、副队长、指导员，还有一个由考古队、民工和实习学生中的党员组成的"三结合临时党支部"。如此复杂的组织形式，是那个特殊年代的特殊产物！

七、现在您是如何认识夏文化的？对今后的夏文化探索有何建议？

由于研究工作的不断深化和新资料的不断发现，不少学者对夏文化的问题又有了新的认识。这是历史的必然、前进的标志。偃师商城发掘工作的深入，特别是商城东北隅发掘的重要收获，给夏商文化的研究提供了极为重要的依据。以此，我们应该对杜金鹏、王学荣、张良仁、谷飞诸先生的辛勤劳动表示敬意。因为拿手铲的人都知道这类地层是很难挖的。

关于夏文化的探索问题，学术界对夏文化的下限谈得较多，上限问题谈得相对较少。建议今后围绕夏文化的上限做更多的工作，开展更多的讨论。

主要著述

《山西夏县东下冯遗址和传说中的"夏墟"与夏年》，《夏县东下冯》，文物出版社，1988 年版。

许顺湛

许顺湛，1928 年出生，山西芮城人。1949 年参加工作，1952 年加入中国共产党，从 1952 年起曾先后担任河南省文物管理委员会干事，河南省文物考古工作队副队长、队长，河南省博物馆（现河南博物院）副馆长、馆长、名誉馆长、研究员。河南省第五届、第六届人大代表。1956 年获全国先进工作者（全国劳模）称号，1960 年被选为全国教科文卫体育群英会代表。出版学术专著 7 种，发表论文 80 余篇。

一、据说当年您曾组织人力对夏文化遗址进行调查试掘，能否谈谈这次调查试掘的有关情况，例如起因、过程、收获、资料保存等？

这些都是距今 40 年前后的事情了。1959 年 4 月中旬徐旭生先生从北京来到郑州，在河南省文化局文物工作队的会议室我与徐老见了面，他告诉我来河南的意图，并阐述了对夏文化遗址调查的重要意义，虽然当时我是文物工作队的队长，但对夏文化遗址在河南的情况一无所知。徐老的打算对我启发很大，引起了我极大的兴趣。徐老带领了一个工作队历经一个多月，重点调查了登封、禹县（今禹州市）、巩县（今巩义市）、偃师等地，将调查结果写成了《1959 年夏豫西调查 "夏墟" 的初步报告》，发表在《考古》1959 年第 11 期，公布了重点遗址：登封告成的八方遗址和石羊关遗址，禹县的阎寨遗址和谷水河遗址以及偃师的二里头遗址的调查材料。徐老来河南调查之后，我也在查阅有关夏代的文献；徐老的调查报告尚未发表，我便组织力量结合文献记载准备进行考古调查。在调查出发之前，我编了一首顺口溜长诗，名叫《夏禹王诉苦》，述说夏代历史、建都地点，同时向疑古派诉苦。在全体职工会上安排人朗诵，目的是让同志们了解情况，树立信心，努力工作。当时提出的要求是：找早于郑州二里冈商文化、晚于龙山文化的遗址。调查的重点是文献有记载的县，例如巩县、偃师我就去了多次，为了确定是否试掘稍柴遗址，我跑了三趟。大家的态度都很认真。从 1959 年冬开始到 1960 年春，共调查了 26 个县，发现符合我们提出要求的遗址 38 处。这只是当时的水平，有的遗址认准了，有的遗址认得并不很准确。为了证据更充实一些，还对有些遗址进行了试掘，如登封的石羊关、巩县（今巩义市）的小訾殿和稍柴、济源庙街、荥阳上街、渑池鹿寺等遗址。偃师二里头遗址我们试掘了两条探沟，发现二里头遗址能区分为上下两层文化，出土了不少陶器残片，没有发现遗迹。我们得知中国科学院考古研究所洛阳发掘队已经于 1959 年在偃师二里头进行试掘，因此我们对二里头遗址立即停止了工作，转到偃师灰嘴进行发掘。通过这次对夏文化遗址的调查，我们发现了 38 处当时认为比较重要的遗址，对豫西地区的夏文化遗址有了一个初步了解，许多同志提高了探索夏文化的意识。调查和试掘中都获得不少实物标本，是很重要的资料。非常遗憾，由于我的工作失误，没有及时把获取的资料像徐旭生先生那样整理一个调查报告发表，之后，也没有过问资料如何妥善保管，的确是一大损失。

二、20 世纪 60 年代初，您在《文物》和《河南日报》发表了一系列探索夏文化的文章，请介绍一下这几篇文章的写作背景、过程、主要观点、社会影响等。

在 1959 年徐旭生发表了夏墟调查报告之后，1959 年到 1960 年我们也组织力量对夏文化遗址进行调查和试掘，与此同时考古研究所洛阳工作站对二里头遗址进行试掘。在这个基础上，我于 1960 年初写了一篇《关于中原新石器时代文化几个问题》，随即寄给了郭沫若先生审阅，很快在当年《文物》第 5 期发表了。文章中提到的问题有三点，近 40 年后的今天，回想起来我仍然感到欣慰。第一，提出了仰韶文化与龙山文化是承袭关系，不赞成仰韶文化西来说和龙山文化东来说。第二，提出了仰韶文化父系说的观点，尽管很长时期母系说的学者不能接受，并且引起学术界一场争论，使我曾一度被孤立，但是随着考古资料的不断发现，现在不少学者不同程度地接受了这个观点。第三，认为二里头下层文化是夏文化。在我写这篇文章时，考古研究所洛阳工作站在二里头发掘的情况我已经知道，结合我们的试掘，我把它区分为上下两层，认为上层是早商文化，下层是夏文化。为了真实地说明我当时学术观点和以后的变化，不妨把 1960 年的文章摘引一段："在郑州发现了面积广大的商代遗址，而且还发现了商代城，根据多方面研究，郑州在商代应该是中丁迁隞的地方。中丁以前至商汤还有一段时间，在郑州洛达庙、荥阳上街、洛阳东干沟、渑池鹿寺等地，都发掘了比郑州中丁迁隞为早的文化遗址，称之为商代早期文化，它与龙山文化更加接近。可喜的是在偃师二里头，发现了两层文化遗址，上层是商代早期文化，与郑州中丁时期文化直接衔接；二里头下层文化，反映着龙山晚期文化的极大特点，同时也反映着商代早期文化的极大特点，把龙山文化与商代早期文化，衔接为一个整体。"考古研究所洛阳工作站《1959 年河南偃师二里头试掘简报》正式发表于 1961 年，简报公布为早中晚三层文化，认为晚期是洛达庙类型商文化，中期是接近商文化但有龙山文化因素，早期虽似河南龙山晚期文化但与常见的河南龙山文化还不能衔接，尚有缺环。简报作者推测：二里头遗址可能是商汤建都后的遗址和商汤建都以前的遗址。他们的这个观点与我 1960 年发表文章的观点并不矛盾。我的文章还有一段话："二里头下层文化，引起了我们河南考古工作者极大的注意，一致认为它有可能是中国的夏代文化。1959 年冬天组织人力调查了 26 个县，发现了 38 处与二里头下层文化相类似的文化遗址；特别重要的是在登封告成（夏都阳翟）附近的八方村、垌上村发现了类似的遗址，在巩县罗庄附近（夏都上郭）、偃师孙家湾附近（下郭）发现了类似的文化遗址，济源的原村（少康迁原地）发现了类似遗址。老丘与帝丘因为水淤没有找到遗址。

阳翟、斟鄩、原村等地文献记载与遗址保存状况相符合；遗址中出土遗物类同二里头下层遗物；从绝对年代考虑也相符合。这一重要发现给研究夏代文化提供了重要的线索，在今后继续的发掘工作中，一定会使夏代文化真相大白。"以上几段话反映了我在1960年时的认识水平，现在看来有些是不准确的，甚至是错误的，但是其中有一点还是说对了，如果对照我现在的认识，至少说对了一半，这就是二里头下层文化是夏文化。1960年在发掘资料还不很充分的时候，提出这个观点显得有点太冒失。现在二里头遗址区分为四期文化，有的学者认为第一、二期是夏文化，有的学者认为第一、二、三期是夏文化，有的学者认为第一、二、三、四期全是夏文化，不论哪种观点的夏文化，都包括我在1960年提出的二里头下层文化。我知道我的观点在学术界没有产生什么影响，后来各家的观点都是在自己研究的基础上产生的，不过有些部分与我的观点暗合，我心里也十分高兴。时间到了1961年，我对探索夏文化还挂在心上。当时对郑州商城的认识，我非常同意安金槐先生的观点，也认为是中丁所迁的隞都。在中丁迁隞之前，至汤还有九帝100多年，商汤灭夏，只有找到商代早期的文化遗址，才有可能认识夏代文化。《史记》上说："汤始居亳，从先王居。"《汉书·地理志》班固自注、皇甫谧《帝王世纪》、《括地志》等史书，都记载有汤都西亳及有关方位的材料，结合二里头遗址上层文化的考古资料，引起我找汤都的念头，所以我写了一篇《找商都——西亳》的小文在《河南日报》上发表。这篇文章对西亳的地望进行了分析考证，把汤都西亳认定在二里头遗址的上层文化。此文发表后，得知中国科学院考古研究所在二里头遗址发现了1万多平方米的夯土台基，夯土遗迹周围还有一些手工业遗址，如冶铜遗址、制骨器遗址，发现了不少方形和长方形房基等。这些发现使我更加深了对汤都西亳的认识，因此，又在《河南日报》上发表了一篇《找商都——西亳补记》小文。

当时我以为能把西亳确定下来,在这个基础上找夏文化就比较有把握些。从那时起我便是持偃师二里头西亳说者。探索夏文化有一个思想障碍,便是有的学者受过疑古派的影响,不相信夏代的存在,还有的学者将夏代视为传说时代。针对这个问题,我在《河南日报》又发表了《到底有没有夏代》一文,阐述了夏代的存在,认为商代之前、龙山之后这一个缺环的遗址应该是夏文化,从调查试掘的情况看,也与文献记载基本符合。随后又发表了一篇《怎样区别出土的夏代文物》,这篇小文开头便把考古调查、发掘的地层叠压关系进行了介绍,"洛达庙文化层被压在郑州商代二里冈下层文化层之下;洛达庙文化遗物与偃师二里头上层相似;稍柴遗址第一层遗物与郑州商代二里冈下层相似,第二层遗物与洛达庙、二里头上层相似,第三层与二里头下层相似,第四层与龙山类型文化遗物相近,与小訾殿晚期遗物相同,而小訾晚期文化层,下边压着龙山类型文化层;石羊关遗址(即阳城附近)下层和庙街遗址上层出土物基本上都类似稍柴遗址第三层和第四层;石羊关遗址上层为商代早期;庙街遗址下层为龙山层。从地层上判断,石羊关下层,庙街上层,稍柴第三、第四层,二里头下层出土文化遗物,均为夏代文化。"在地层确定的基础上,文章具体介绍了出土各类遗物、陶器纹饰和房基、窖穴等。这仅仅是开始探索,提出了一些不成熟意见。夏王朝在河南建都地不少,文献与考古资料能够结合的,有禹都阳城、太康居斟鄩和少康迁原三处。1961 年我在《河南日报》有针对性地又发表了三篇文章。第一篇是《夏都阳城在哪里》,根据文献记载论证了夏都阳城和阳城的地望。夏都阳城与考古资料相对应,主要是徐旭生先生 1959 年 4 月在告成八方村、石羊关遗址采集的文物,还有 1959 年 6 月河南省文化局文物工作队在石羊关进行复查和试掘的资料。最后认定夏都阳城的地望在登封告成镇地区。我的认识只是纸上谈兵,此问题还是 1975 年到 1981 年由安金槐先生带领的发掘队进行大规模的调查发掘后，才获得了令人比较满意的成果。第二篇文章是《夏都斟郡在哪里》，史书记载太康居斟郡，羿亦居之，桀又居之，说明斟郡曾较长时期是夏民族活动的中心。从文献记载分析斟郡的地望在巩县（今巩义市）、偃师地区。当时我认为偃师二里头是汤都西亳，就没有考虑斟郡地望在二里头。同时河南省文化层文物工作队在巩县调查，发现了稍柴遗址，面积竟达 100 多万平方米，后来又组织力量进行了试掘，共发现四层文化：第一层类似郑州二里冈文化，第二层类似二里头上层文化，第三层类似二里头下层文化，第四层近似龙山文化。根据以上情况，可以说：第一，文献记载的地点与实际遗址的地点基本符合；第二，遗址的地理环境与面积之大，符合建都条件；第三，遗址中出土的遗物，在时代上符合中国夏代的阶段。因此，我把巩义稍柴遗址认定为夏都斟郡，才写了此文发表。《河南巩县稍柴遗址发掘报告》于 1993 年在《华夏考古》第 2 期正式发表，报告中把稍柴遗址分为四期，稍柴的第一、二、三期（即前边说的第四层、三层、二层）文化相当于二里头第一、二、三期文化，稍柴第四期（即前边说的第一层）文化相当于郑州二里冈上层文化。这个分期与我 1961 年的认识没有矛盾，不过较我的说法更明了更准确。从现在正式公布的稍柴遗址来看，它是一处大型的夏文化遗址是无疑问的，究竟是什么性质的遗址，因发掘面积太小不敢肯定，还有待今后的考古发掘来验证。不过对这处遗址绝不能轻视。之后我又发表了《少康迁原在哪里》一文，也是用文献与考古资料结合，认定少康迁原在济源的原村，即今济源的庙街。以上发表的这些文章都是 1961 年以前的事情，认识很不定型，有些看法现在看来都是错的，不过作为历史，正确与否我都把它写出来，因为它是当时我真实的学识水平和思想认识的写照。同时，也可以看到科学研究的道路的确不是平坦的。我的文章发表后在学术界没有产生什么影响，以后学者们的禹都阳城说，二里头夏都说、西亳说是他们自己研究的成果，与我的观点只是巧合而已。从 1962 年起我的研究重点转移到史前文化研究方面，对夏文化研究很少考虑。

三、您的《偃师西亳说的困境》（以下简称《困境》）发表之后，大家都觉得您的评价非常公允，后来您又写了《隞都说与郑亳说的对峙》（以下简称《对峙》）。请谈谈这两篇文章的写作背景和过程。

以安金槐先生为首在郑州发掘的商城，学术界多称之为隞都，以赵芝荃先生为首在偃师发掘的二里头遗址，学术界多称为汤都西亳。当郑州隞都说、偃师西亳说呼声满天下之际，在夹缝中冒出了一个邹衡先生，他认为偃师二里头遗址不是西亳而是夏都，认为郑州商城不是隞都而是汤始建的亳都。隞都说、西亳说在学术界人数有绝对的优势，郑亳说和二里头夏都说当时属于少数派。两个学派的争论相当激烈。1986 年夏初，我参加河南省人大代表会，住在郑州市黄河饭店，距郑州大学很近，抽空我到郑州大学去看望李友谋和陈旭教授。陈旭教授告诉我：偃师西亳说和郑亳说学术界争论得这样热烈，你不能坐以观战，邹衡先生捎信希望你能参加才好。我说：有困难，从 1962 年至今我一直是研究史前文化，对夏商这一段的材料不熟悉，没有资格介入，况且现在我正在开会。陈旭教授很会做工作，她立即拿出来不同观点的主要论文给我做参考。我答应了试试看，在开会期间利用晚上的空隙，写成了《困境》一文。这篇文章我是客观地评述，摆事实讲道理，认为偃师西亳说确实是处于困境。评述的结果肯定了偃师二里头的夏都说，否定了二里头即汤都西亳说。否定二里头西亳说，很大成分是西亳说自我否定，因为尸乡沟发现了商代早期的城址。对郑亳说和隞都说没有展开评说，只是反映了我赞成郑亳说的倾向。尸乡沟早期商城的发现，为二里头西亳说找到了一条出路，偃师西亳说的牌子并没有倒，只是把二里头换成尸乡沟而已。郑亳说不承认偃师商城是西亳，则把尸乡沟商城认定为桐宫。所以我在《困境》一文中说："偃师商城的上空飘扬着西亳说和桐宫说两面大旗，郑州商城上空飘扬着郑亳说和隞都说两面大旗，旗鼓相当，郑亳说和西亳说的争论又进入到一个新的特殊阶段。"西亳说腰杆又硬了，因为在它的背后有一个货真价实的早期商城。西亳说为了保护自己必须否定桐宫说，同时，对郑州商城还必须支持隞都说来否定郑亳说，如果郑亳说能够成立，他们认为会直接影响西亳说的存在。郑亳说为维护自己的位置，必须清除隞都说的纠缠，才能有力地面对西亳说的挑战。郑亳说和西亳说都有内忧外患，当时我认为西亳说还是困难大一些。第一，两个商城比大小，郑州商城大于偃师商城三分之一，西亳说是不好解释的。第二，两个商城的繁荣期和衰败期基本相同，学术界大都承认。西亳说和郑亳说都在为自己的商城始建年代较早寻找证据，但是谁也说服不了谁。亳都的争论并没有结束。有人告诉我："你不该写《困境》一文，安金槐、赵芝荃、邹衡都是你的好朋友、老朋友，何必！"这是对我的误解。我完全是从探索真理出发，没有感情成分，也不牵涉到感情问题，我是就事论事。其实我写这篇文章也是在自我否定。如果看看我20世纪60年代初期的文章，就会知道我很早的观点就是隞都说和二里头西亳说。敢于自我否定，服从真理，我以为这是学者们应有的科学态度，不会受到学术界的歧视。我在《困境》一文最后有一段话有必要在这里转引："不论是二里头遗址还是尸乡沟商城、郑州商城，尽管在认识上有不同看法，但是大家都承认它是考古学史上极为重要的发现，没有这些发现，连争论的基础都没有了，更谈不上谁是谁非了。因此应该为这些重要的发现叫好。同时，应该为长期在那里从事发掘工作的同志唱赞歌。特别应该提到的是，我的老朋友安金槐同志和赵芝荃同志，他们几十年如一日，呕心沥血，为夏商考古做出了突出贡献，不论是二里头夏都说、西亳说，或尸乡沟西亳说、桐宫说，还是郑州商城郑亳说、隞都说，都得感谢他们和与他们一起工作的同志们。"在这篇文章发表之后，我集中精力在写《黄河文明的曙光》一书，郑亳、西亳（主要是尸乡沟商城）、隞都的争论还在进行，考古不断有新的发现，但我没有介入。直到1993年在郑州召开"郑州商城与商代文明"国际学术讨论会，参加会议就得写文章。想起在写《困境》一文中对隞都说与郑亳说没有展开评析，我就决定写一篇《隞都说与郑亳说的对峙》。参加这次国际学术会议，有一件事使我十分作难，即郑州市领导提出希望借大会的力量呼吁把郑州列入八大古都之一，并委托我写一个倡议书。与会学者对商城的认识极不一致，倡议书如有倾向性观点，就会有一批专家不签名。我回避了隞都说和郑亳说，只提郑州商城是早于殷墟的国都，结果不同观点的著名学者包括国外学者都签了名，大会全体通过，新闻媒体发了消息。完成了任务，我心里才平静下来。现在再说我写的《对峙》一文。郑州商城的上空飘扬着郑亳说和隞都说两面大旗，旗鼓相当互不相让，直到1993年，两军对峙仍未取得共识。对峙的双方所发表的论文都是针锋相对，互不让步。单看隞都说的文章，有理有据；再看郑亳说的文章，也是头头是道，合情合理。如不仔细斟酌，真是难辨是非。我不是研究夏商的专家，学术争论也用不着评判是非的仲裁者，我只是一个爱凑热闹的学者。我读了对峙双方的论文后，有两点看法：第一，郑亳说、隞都说双方的论文在绝对矛盾中，我看到有一点非常重要的共性。那就是双方都认为郑州商城和偃师商城，其繁荣期和衰败期基本上是同时的。正因为如此，双方都在尽力阐述自己认定的亳都始建年代早些。第二，我发现隞都说提出的反驳或质疑，郑亳说都能给以答复、解释，至少说有许多问题都能够自圆其说。但是郑亳说提出的反驳或质疑，有几个问题隞都说总是避而不谈，不能公开地给以答复。我非常关注的几个问题，例如：（一）商代的纪年上下限，隞都说认为是公元前16世纪至公元前11世纪。郑州商城的年代碳十四测定有两个数据（树轮校对），二里冈上层为公元前1595年，即前16世纪早期，二里冈下层为公元前1620年，即公元前17世纪晚期。碳十四测定的年代正好与隞都说所认为的商代上限相符合。这分明是商代早期，为什么一定要把公元前16世纪、公元前17世纪说成是商代中期？如果说中丁时代在公元前16世纪、公元前17世纪，那么商汤在几世纪？隞都说对这个无法解释的问题总是避而不谈。（二）隞都说认定郑州商城与偃师商城的繁荣期和衰败期基本上是同时的，只是偃师商城始建年代稍早些（郑亳说则认为郑州商城早）。这两座繁荣、衰败基本同时期的商城，一个是中丁的隞都，一个是汤始建的西亳，这怎样解释？中丁之前至商汤还有九王，经历了130多年，这九王和130多年如何插入到这个"基本同时"之内？隞都说对这个问题一直没有给郑亳说一个明确的答复。（三）隞都说者认为隞都自中丁迁隞开始，其弟外壬亦居之；外壬之弟河亶甲即位，自隞迁于相。中丁与外壬合起来也不过一代人，据不同史书记载，二王在位的年代之和有16年、19年或26年三说，隞都说有人撰文，推算商城的城垣，需要18年才能建成，这与中丁、外壬在位的时间相对照，商城作为隞都的可能性就更值得怀疑。特别是隞都说者把郑州商城遗址，从文化层上区分为二里冈下层第一期、二期，二里冈上层一期、二期，把商城文化遗址划分四个文化期的概念是什么？从事考古发掘的同志都很清楚，20年左右的时间里是不可能形成的。我最关心的是以上三条，如果隞都说能够合理地解释，我相信还可以与郑亳说抗衡。可惜直到如今我没有看到隞都说有说服力的答复。是隞都说者没有意识到它的重要性，还是无能为力？我不便妄猜。我在《对峙》一文中还提到，郑亳说提出郑州商城作为隞都与文献记载不符，把隞都从郑州商城挤走了，挤到哪里去了？邹衡先生撰文把隞都找到山东去了，而陈旭教授把隞都又拉回来，找到郑州敖山地区100多万平方米的小双桥遗址。隞都说对小双桥遗址提出了异议。小双桥是不是隞都还可以继续讨论。在这里我想说说邹衡这个人，他的学术水平不用说了，大家都说他非常执着，有一股子牛劲，一头碰在南墙上也不知道回头，就是头破血流也要把墙碰倒，至少也要把墙碰个大窟窿。其实我看邹衡有牛劲并不是蛮干，他认准了，再大的威力也压不倒他，如果认识错了自我否定得也很快。例如他把隞都找到山东去了，看到陈旭有理有据的文章，赶快放弃山东说，不仅支持小双桥说，而且搜集了资料撰文对小双桥说进行补充。服从真理自我否定的精神是可贵的。

四、众所周知，郑亳说与西亳说之争是目前夏文化探索中的焦点之一。您提出的"两京说"已为不少学者接受，请您谈谈这种看法的形成过程。

在我发表的文章中可以看出，对偃师二里头西亳说我是持彻底否定的态度，赞成二里头是夏都说。对偃师尸乡沟商城的西亳说或桐宫说，虽然我有看法但没有表态。对郑州商城的隞都说和郑亳说，我赞成郑亳说。但是郑亳说不承认尸乡沟西亳说，西亳说不承认郑亳说，争论得还是很激烈。双方的文章我都仔细地读，并认真地思考，最后写成《中国最早的两京制——郑亳与西亳》论文，参加了1995年在偃师召开的商文化国际学术讨论会，在会议上发了言，提出了中国最早的两京制的观点。这个观点是在阅读争论双方的大量文章的基础上形成的。在阅读中我发现了两个重要的情况：第一，双方争论虽然很激烈，但也有非常重要的一致性。第二，双方所引用的文献与考古发现都能结合起来，谁想否定谁都有难度。首先我谈谈双方争论中的一致性，表现在对两个商城的基本看法。两个商城虽然有大小区别，但都有城墙和宫殿建筑。郑州商城的文化遗物，从地层叠压分为二里冈下层期文化和上层期文化以及白家庄期文化。在这个基础上安金槐先生把二里冈文化分为四期，即二里冈下层一、二期，二里冈上层一、二期。二里冈上层二期实际包括了白家庄期。对郑州商城的看法学术界比较一致的意见有两点：第一它早于安阳殷墟；第二它是商代的国都。安金槐先生认为："郑州商代城垣兴建于商代二里冈下层二期，并延续使用到商代二里冈上层一期。到了商代二里冈上层二期，郑州商代夯土城垣已被废弃。"根据制陶作坊、制骨作坊、铸铜作坊以及出土的陶器、青铜器来判断，郑州商城"应是属于商代二里冈下层二期到二里冈上层一期的一处都城遗址"，"从而说明二里冈下层二期到二里冈上层一期是郑州商城二里冈期发展的鼎盛时期"。陈旭教授经过研究则认为郑州商城始建年代当在南关外期。对郑州商城经济发展总的认识是："南关外期为初创阶段，二里冈下层、二里冈上层为繁荣期阶段，白家庄是其衰落期阶段。"这里提到的白家庄期即前边说的二里冈上层二期。尽管对商城始建年代有分歧，但是有两点可以说其认识基本上是一致的。例如：白家庄期，安说"夯土城垣已被废弃"，陈说"是其衰落期阶段"。安说"二里冈下层二期到二里冈上层一期是郑州商城二里冈期发展的鼎盛时期"，陈说"二里冈下层、二里冈上层为繁荣期阶段"。这一共识在隞都说、郑亳说中是具有代表性的，非常重要，它是与偃师商城比较的标尺。1983年春季在偃师尸乡沟发现了一座商城，发掘者发表简报时非常自信地说："我们有理由断定，商文化的二里冈期当是该城历史上的兴盛时期之一；在与二里冈上层相当的某段时间里，城墙曾做过修补；该城废弃的年代，约相当于二里冈上层偏晚或更迟一些时期。因此，可以说偃师商城是商代前期的城址。"这段话与郑州商城比较，说明两座商城的兴盛与衰败的年代基本相同。从多年的发掘报告看，两座商城出土的遗物，最多的都是二里冈下层和上层的陶器，而且陶器的品种也基本相同。尽管两城的始建年代还在争论，但是兴衰期相同这一事实，两种观点的学者都能够接受。如果偃师商城是西亳，郑州商城是隞都，相差一百多年的确不好解释。面对两座商城是同时期的这一客观事实，如果郑州商城是亳都，偃师商城是桐宫或陪都，从时代看没有矛盾，能够解释通。因此在我的心里彻底否定了隞都说，肯定了郑亳说。但是偃师商城上还挂着西亳说、桐宫说两面大旗，虽然两者在时代上没有多大差异，但毕竟性质不同，我认为还需要从文献角度再进一步分析。我从文献角度研究后，对郑亳说确信无疑。关于偃师西亳的文献记载也很多，《汉书·地理志》《帝王世纪》《史记·殷本纪》"正义"及引的《晋太康地记》《括地志》以及在偃师发现的唐代墓志，都可以说明偃师在古代史地学家的眼里被认为是西亳，正是在这里发现了有宫殿的商城，所以对前代的学者不能不相信。另外，《春秋繁露·三代改制质文》中提到：汤受命而王，改夏为殷，作宫邑于下洛之阳；文王受命而王，改殷为周，作宫邑于丰；周公辅成王受命而王，作宫邑于洛阳。这里提到的宫邑不是离宫别馆，文王作宫邑的丰是国都，成王作宫邑的洛阳也是国都，汤作宫邑的下洛之阳当然也是国都。下洛之阳即洛水下游北岸，与偃师商城的地望正相吻合。因此应该承认偃师商城是汤都西亳。西亳与桐宫在偃师并存没有矛盾，在亳都的某地有一桐宫是能解释通的。问题是，出现两个亳都怎样解释？《尚书·序》和《史记·殷本纪》都说：汤灭夏之后"复归于亳"。商汤灭夏后即在下洛之阳建立了亳都，"复归于亳"的"亳"，就不会是灭夏之后偃师商城的西亳，应该是灭夏以前的亳地或亳都。灭夏以前的亳都，只有郑州商城才具备汤本国亳都的资格。郑亳是汤本国的亳，西亳是灭夏后"始屋夏社"的亳。汤居西亳，连年大旱，复归郑亳。汤死后太甲继位居亳，从伊尹放太甲于桐宫来看，当在西亳。其他诸王居何亳，文献无载。文献和考古资料不能证明两亳有一兴一废的继承关系，反而证明是同时兴衰的两个亳都。对商代早期并存的郑亳、西亳，我考虑只能说是中国最早出现的"两京制"，否则别无出路。

五、作为河南省文物考古界的元老，您一直积极参与夏文化的探索，能否谈谈您的感受？

从 1952 年开始我便从事文物考古工作，但从研究工作上说，开始是很不定型的，东抓西挠比较杂。所以说"一直积极参与夏文化的探索"还够不上。从我一生总体来看，主要从事史前文化研究。但是在某一阶段我确实对夏文化探索表现得十分积极。其时间主要是 20 世纪 50 年代末和 20 世纪 60 年代初。受到徐旭生先生调查夏墟的启发，于 1959 年和 1960 年组织力量进行夏文化遗址调查和试掘，获得了不少珍贵的资料。在调查试掘中虽然我只参加了部分工作，但是感受还是很深的。调查报告没有整理发表，感到很后悔。1960 年到 1961 年我发表了一些文章，可能是地方报纸发的文章或文章质量不上档次，或人微言轻等原因，在学术界没有引起多大影响。后来我研究的方向转移了，此项工作便停下来，可以说是虎头蛇尾、不了了之。这说明在河南探索夏文化没有形成梯队，没有形成气候，没有形成一股力量，没有探索夏文化的长远规划，这是一个教训。20 世纪 70 年代以后，在登封发掘了阳城遗址和王城岗遗址，取得了可喜的成果，但是对禹都阳城的具体遗址还没有找到，或者说还没有取得共识，还是一个悬而未决的问题。在河南发现了郑州商城、偃师商城和二里头遗址，才引起了对夏文化和早商文化的热烈讨论，"夏商周断代工程"才有了基础，这说明河南是研究夏文化和早商文化最重要的地区。但是从开展工作方面来看，偃师商城和二里头遗址，是中国社会科学院考古研究所发掘的，只有郑州商城是河南的同志发现和发掘的。大家都知道，探索夏文化除晋南外，主要的是要在河南解决问题；研究早商文化对解决夏文化至关重要，其重点地区也在河南。因此说河南的同志有着义不容辞的责任。可是我们河南过去没有长远规划，现在仍然没有长远规划，就连短期的安排也不具体。目前学术界的争论还都是停留在原来发掘资料的基础上，新的发现、新的突破还不见踪影。考古研究所在偃师商城有一些新的发现，只是与夏文化有关，还不是夏文化。探索禹都阳城停滞不前，二里头的夏都属于何王之都？稍柴那样重要的遗址是否需要进一步发掘？少康迁原是不是在济源庙街？这些问题都摆在我们面前。我们河南应把研究夏文化列入议事日程，具体措施也要跟上，即使是研究机关，应付急迫的任务多，也要有相应的打算。另外，学术界的争论文章，虽然都有点剑拔弩张的火药味，但都是摆事实讲道理探求真理，人与人之间还是友好往来，并不伤和气，既百家争鸣，又团结友好，我感到学术气氛很好，今后应继续发扬光大。

六、您由于长期主持河南省博物馆（现河南博物院）的工作而较少参加田野发掘，您认为这种客观条件对您研究夏文化有无影响？与长期从事田野工作的学者相比有何劣势和优势？

20 世纪 50 年代初期，河南省文化局文物工作队成立我便担任了行政领导工作，以后还兼任了党务工作。尽管 1953 年参加了文化部、科学院和北京大学联合举办的全国考古工作人员训练班，但是在工作岗位上一直是行政干部的职务，客观条件不允许我到田野固定一个发掘点，有始有终地去进行发掘工作，只能是到田野工地短时间地去看看，了解一些情况，或听取汇报。这是当时的客观事实。从事文物考古工作不能坚持田野发掘获取第一手资料，是最大的损失。重大的考古发现都是从事田野发掘实际工作者的功绩，没有田野实际工作，埋在地下的再重要的资料谁也看不到，包括夏文化在内，首先都是在田野挖出来的，近水楼台先得月，这是很明显的道理。考古界的专家可以说大都是田野工作出身。从事行政领导工作，本身的日常工作就把时间占去了，如果想要搞一些研究，第一，要从正常工作中挤时间；第二，所使用的资料都是二手货，对遗迹的鉴别和遗物辨认都缺乏实践经验，只能从别人公布的发掘报告或论文中去分析研究。这并不是说不从事田野工作就不能搞研究，不过是条件差些、困难大些。我在河南省文化局文物工作队工作是这种情况，后来到河南省博物馆工作，距田野发掘更远了，更是全靠翻阅新老文献进行研究，这与掌握第一手资料的学者相比差得远了。我说这话是从宏观上说的，具体到一个遗址不可能大家都去发掘，如偃师二里头遗址没有参加发掘的人是多数，除直接发掘者外，有发掘经验的人最有发言权，但是没有发掘经验的人也可以发表意见。关于二里头是夏都还是西亳参加讨论的人不仅是考古界，甚至史学界的人也参与了。对问题的认识反映了综合研究水平和判断能力，不能局限于第一手资料掌握者。从我自己的感受看，我认为要在考古研究上有造诣还是多参加田野实际工作为好，无数的事例都证明了这一点。不能参加田野实际工作而又要搞研究的人，只能另辟蹊径，博采广集，纵横对比，跳出各个小圈之外，多做些综合研究，前途也是光明的。

七、请谈谈您对目前夏文化探索工作的看法。

偃师二里头文化为夏文化，这在学术界基本上取得了共识。以偃师二里头文化为标尺在豫西和晋南发现了许多类似的遗址，为进一步探索夏文化打下了基础。对偃师尸乡沟的西亳和二里头夏都的认可，为夏代下限的确定，提供了可信的依据。以上这些是探索夏文化取得的最大的功绩，应该肯定。但是我认为这只是一个良好的开端，大量的工作还在今后，有许多问题还不清楚。例如：第一，夏代文化的上限还不清楚。二里头夏文化遗址是否能包揽整个夏代？文献记载夏纪年有400多年和500多年等说，二里头遗址有没有400多年或500多年历史？不少学者不相信二里头第一期文化是夏代早期，那么夏代早期是什么样的文化？即使说二里头第一期是夏代早期，它从哪类文化发展而来？不少学者眼睛都盯住龙山晚期文化，但是还不能与二里头第一期文化直接衔接。还有先夏文化是什么类型文化？第二，夏王朝迁都地有很多处，如阳城、阳翟、安邑、斟鄩、老丘、帝丘、原等，这些建都地具体地望和具体遗址还不能对应确定。都认为偃师二里头是夏都，是夏桀亡国时之都，是否还包括其他国王？第三，夏代舆国如韦、顾、昆吾等，还有不少方国，现在只知其名不知其地，更不知道其文化状况。以上这些问题不是一朝一夕可以解决的，甚至需要若干代人的努力，但是我希望有关单位能制订一个长远规划，同时也得有一个近期规划，河南的科研机构应在豫西地区多下点功夫，山西的科研机构能在晋西南多做点工作，中央和地方结合起来，其成效会来得快一些。总之，还要结合文献有计划地继续发掘，不能停滞不前。

主要著述

1.《到底有没有夏代》，《河南日报》1961 年。

2.《夏都阳城在哪里》，《河南日报》1961 年。

3.《夏都斟鄩在哪里》，《河南日报》1961 年。

4.《少康迁原在哪里》，《河南日报》1961 年。

5.《怎样区别出土的夏代文物》，《河南日报》1961 年。

6.《夏代文化探索》，《史学月刊》1964 年第 7 期。

7.《夏代文化再探索》，《河南文博通讯》1979 年第 3 期。

8.《夏王朝前夕的社会形态》，《中州学刊》1981 年第 1 期。

9.《偃师西亳说的困境》，《中原文物》1986 年第 4 期。

10.《陇都说与郑亳说的对峙》，《中原文物》1993 年第 3 期。

11.《夏代前有个联邦制王朝》，《中原文物》1995 年第 2 期。

12.《再论夏王朝前夕的社会形态》，《夏文化研究论文集》，科学出版社，1996 年版。

赵芝荃

赵芝荃，1928 年出生，北京人。研究员。1949 年，在辅仁大学历史系上学。1951 年，在清华大学历史系上学。1952 年，在北京大学历史系考古专业上学。1955 年，入中国科学院考古研究所商周研究室工作，参加洛阳田野考古。1958 年，任中国科学院考古研究所洛阳工作队队长。1959 年，任中国科学院考古研究所二里头工作队队长。1983 年，任中国社会科学院考古研究所偃师商城工作队队长。1988 年退休，继续在偃师商城工作队工作。1996 年因病离开偃师商城工作队。

一、您长期从事夏文化的研究，是如何走上这条学术道路的？

　　1949 年我高中毕业，考入辅仁大学历史系，师从陈垣校长学习"中国历史名著选读"，师从赵光贤教授学习中国古代史，受益匪浅。1951 年转入清华大学历史系，受业于周一良、雷海宗、邵循正、孙毓棠和冯友兰等教授，学习内容多为古代历史，遂渐对中国古代历史产生兴趣。1952 年高等院校调整，遂转入北京大学历史学系考古专业，受业于夏鼐、郭宝钧、苏秉琦、阎文儒、宿白和张政烺等教授，崇尚"古不考三代以下"。1955 年毕业分配到中国科学院考古研究所入商周研究室，郭宝钧先生为导师。当时由于商周考古已有一定基础和成果，夏代考古尚为空白，所以我希望能研究这个课题。以后果然有了机会，我参加发掘东干沟遗址，开始探索夏文化。

二、洛阳东干沟遗址发现较早，在探索夏文化的过程中占有重要地位，您是队长，请介绍一下当时的情况。

　　1954 年我们一行 11 位北京大学学生在考古研究所洛阳工作队实习，参加发掘洛阳东周城。1955 年我毕业后被分配到考古研究所，又在洛阳发掘东周城，1956 年在东干沟村北清理东周城西墙，于战国文化层下面、仰韶文化层上面发现两座奇特的墓葬，人骨架为蹲坐状，随葬陶器有罐、盆、豆、斝、觚等，器形与商代的不同，与龙山文化的器物也有明显区别，这是第一次发现二里头文化的墓葬。1957年春季我们在东干沟村前清理一座暴露在断崖上的大灰坑，挖出大量陶片，与前述两座墓葬同属于一个文化，引起考古队的极大兴趣。1958年我任考古研究所洛阳工作队队长，于同年秋季和1959年春、秋季三次大规模发掘东干沟遗址，揭露面积1800平方米。这些发掘取得以下成果：第一，首次获得二里头文化早、中、晚三个时期的重叠层，为确定二里头文化的分期找到了依据；第二，首次发现二里头文化层直接叠压在河南龙山文化层上面，确定了二者的早晚关系；第三，首次在二里头文化中发现青铜刀和钻，明确二里头文化为青铜时代。由于收获甚丰，这种考古学文化被称为东干沟文化。主持这次发掘的学者还有高天麟同志，自此开始了我们两人探索夏文化的生涯，以后他又参加了二里头和陶寺遗址的发掘，以及豫东中美考古队的工作，是探索夏文化的一位主将。

三、您曾长期担任二里头工作队队长，能否比较详细地谈谈这项田野工作？

　　要谈二里头遗址，首先应当介绍徐旭生先生。他是考古研究所的研究员，探索夏文化的总设计师。1959年夏季徐老在考古研究所洛阳工作队方酉生同志陪同下，到禹县（今禹州市）、登封一带考察"夏墟"，实地调查了谷水河、阎寨、石羊关和告成镇等遗址。徐老根据《汉书·地理志》河南郡偃师条下班固注"尸乡，殷汤所都"的记载，在返回洛阳途中到偃师调查汤都西亳，发现了二里头遗址，采集大量标本。回到洛阳之后徐老给我们做了这次调查的学术报告，后来又发表著名的《1959年夏豫西调查"夏墟"的初步报告》，确定探索夏文化要在豫西和晋西南两地进行。洛阳工作队的同志认真地学习了徐老的调查报告和资料，发现二里头的标本与东干沟的器物一模一样，正为我们之所求，于是我和高天麟同志到偃师复查，发现二里头村附近的田边地头到处都有二里头文化的陶片。当我们走到二里头村南"大跃进"时期所挖的养鱼池时，我们两人都惊呆了。因为这个养鱼池的面积很大，坑内无水，坑壁和池底完全是二里头文化层，池内池外分散大量文化遗物，它比东干沟强百倍，我们心中有说不出的喜悦与高兴。回到洛阳之后我们马上给考古研究所领导和徐老写了报告，洛阳工作队申请发掘二里头遗址。不久，这一申请就得到了有关部门的批准，开始工作。

二里头遗址正式开工是 1959 年秋季，当时我正在参加"反右倾"学习，田野工作由高天麟同志代理，首次发掘就遇到二里头文化早、中、晚三个时期的文化堆积层，发表有简报。1960 年我又参加中国科学院山东曲阜的劳动锻炼，任中队副队长，二里头的工作由殷玮璋同志主持，其主要收获是发现和试掘了 1 号宫殿基址。1961 年我回到二里头工作队，为了研究遗址的性质问题，决定发掘 1 号宫殿基址。这座基址位于二里头遗址的中心部位，平面略呈方形，长宽各约百米，面积约 1 万平方米，中部偏北处有正殿，四周有 150 余间廊庑，南大门有 3 条通道、4 间守卫室，中为庭院。整体巍峨壮观，是奴隶制社会的产物，年代为二里头文化第三期，也是夏朝王权的一种象征。现在看这些遗址，一目了然，简洁明快，但当时工作起来特别是开始发掘时不仅要一手铲一手铲地取土，而且还要在土中找土，找夯土、找柱子洞、找木骨柱墙等。由于这些遗存在土中埋藏叠压了 3000 多年，要全部恢复它的本来面貌，谈何容易。工作开始时我们十分小心，发掘时是精雕细刻，探方开得很小，每方全是 5 米 ×5 米，北面和东面各留 1 米宽的隔梁①，实际发掘探方仅为 4 米 ×4 米。

---

① 隔梁是分隔探方的土梁，其作用第一是便于探方编号；第二是便于复查现象和文化层。

当时清理到基址上的汉代土层，任何迹象都没发现；挖到基址表面时，全都是夯土，白板一大块，没有任何现象出现。我们就这样挖了两年，工作枯燥乏味，特别是年终我向全所汇报时，真是十分难为情。等到后来挖到一定面积去掉隔梁，哈！一大排整整齐齐的柱子洞全部露出来了，大家这才十分高兴。吸取这次教训，探方放大了，由 5 米 ×5 米改为 10 米 ×10 米，有的探方的汉代层也从简处理，加快了工作的速度。

另外，二里头工作队在 1961 年对柱子洞问题还有争议，这给我很大启示（请参见高天麟同志的回忆录）。1 号宫殿基址自 1961 年春至 1964 年春发掘 6 次，揭露面积为 6500 平方米，参加工作的名家有钟少林、高天麟、方酉生、殷玮璋、李经汉和方孝廉等同志。1972 年秋至 1975 年春又发掘 1 号宫殿基址 5 次，揭露面积为 7100 平方米，较快地完成了全部任务。参加工作的名家有高天麟、李经汉、郑光、杨国忠、徐殿魁和乌恩等同志。有了发掘二里头 1 号宫殿基址的经验，1984 年春我们发掘偃师商城 4 号宫殿基址，只用了一个季度的时间，就完成了全部任务。

1977 年秋季和 1978 年春季及秋季工作队又发掘了 2 号宫殿基址，它的面积较小，形制与 1 号宫殿大体相同，其特点有二：第一，在正殿后面埋葬一座二里头文化第三期末年的大墓，内殉一狗，裹在红漆木匣内，有可能是当时最高统治者的墓葬；第二，它与 1 号宫殿同建于二里头文化第三期之初，1 号宫殿毁弃于第三期末年，象征夏王朝失国，而 2 号宫殿则历经二里头文化第四期、二里冈商文化下层，直到二里冈商文化上层时期，基本与偃师商城宫殿并存。《史记·殷本纪》载："汤既胜夏，欲迁其社，不可，作'夏社'①。"这些特点可能与"夏社"有关。我过去著文《论二里头遗址为夏代晚期都邑》，现在把夏社与 2 号宫殿

---

① 夏社：夏人敬神和祭祖的宗庙，是国家或国都的象征。

联结起来，总算对二里头遗址有个完整的交代。我于1959年至1979年（中有间隔）任二里头工作队队长，前后20年，参与发掘了1号、2号宫殿基址，一座大墓，数座中型墓（详见《偃师二里头》）；1980年至1999年郑光同志任队长，又是20年，发掘内容相当丰富，获得一大批珍贵遗物；现在考古研究所又任命许宏同志为二里头工作队第三任队长，工作要有个全面部署，21世纪已经到来，新时代的工作应当超过过去的40年！

四、二里头遗址的工作暂时告一段落，您为什么又去临汝（今汝州市）主持发掘煤山遗址？有何收获？

探索夏文化是一项难度极大的科研项目，在确定何为夏代文化的问题上更应当谨慎小心，光挖一个遗址是难以判断的。我在1977年登封会议上阐述：探索夏文化，第一是不仅要研究二里头文化的分期，还要研究河南龙山文化的分期以及二者的关系问题，确定夏代文化的上限。有了上限再根据其他条件确定夏代文化的下限。第二是要考察二里头文化的主要分布区及其与周边其他文化的关系，特别是与豫东地区同时期文化的关系问题，判断何为夏，何为商。第三是利用古代文献记载中的"夏墟"，考察阳城、阳翟、斟鄩、原、帝丘、老丘等的虚实。这三项工作一是年代与断代，二是地域与文化分布区，三是夏代的都邑问题。三者齐备了，夏文化的整体轮廓与夏代纪年自然而然地就明确了。根据这些思考与设想，我们断定了临汝煤山遗址的重要性，马上就去发掘考察。

煤山遗址位于临汝的西北侧，西面是临汝火车站。遗址呈圆丘形，现存直径220余米，高约5米，全部由黑灰土堆积成，故称为煤山，自上而下包括有春秋、西周、殷商、二里头和河南龙山文化层，因年久水土流失，现存主要的是下面的文化层。1975年我们发掘547平方米，清理房基 33 座、灰坑 87 座、烧陶窑址 4 座、水井 2 口、墓葬 15 座，获得一大批文化遗物。其主要收获：（一）找到了河南龙山晚期的文化遗存，并发现其中期文化与之有较大区别，并包含有少量二里头文化的因素，特点突出，被考古学界称为"煤山类型"，与王湾龙山文化为一个大的类型。（二）煤山类型文化分早晚两期，缩短了其与二里头早期文化的距离，但中间尚有缺环。张光直教授在洛阳工作站[①]参观时曾问及这个问题，他十分注意河南龙山文化与二里头文化的关系问题。

根据煤山遗址的发掘，我考虑把夏代文化的上限定在河南龙山晚期文化之始，但没有最后决定，因为与二里头早期文化之间尚有缺环。

五、20 世纪 70 年代您曾带队到豫东探索南亳故迹，这次工作出于什么目的？收获怎样？与另外几次相比，有哪些异同？

二里头遗址工作初期，我们根据《汉书·地理志》河南郡偃师条下班固注"尸乡，殷汤所都"的记载，还有二里头遗址第三、四期文化[②]与郑州二里冈商文化有相似之处，遂把二里头第三、四期文化定为商，第一、二期文化与二里冈商文化差别较大，遂定为夏。我后来考虑，把一个完整的考古学文化从腰部一刀分为两段，早者为夏，晚者为商，实为不妥。如果把第三、四期文化定为早商，遗址定为汤都西亳，必须到豫东考察南亳，看看那里的文化特点，与二里头遗址相比较一下，就会有个答案。

第一次去豫东我们邀请了河南省文物考古研究所王明瑞同志，他给予我们许多帮助，工作十分顺利。在商丘地区 7 个县调查了 24 处遗址，

① 洛阳工作站是考古研究所的下属机构，地址在周公庙附近，1954 年始建。
② 二里头遗址发掘初期，把这里的二里头文化定为早、中、晚三期，后来在晚期 1 号宫殿基址上为堆积更晚的文化层，遂定为第四期。合之，自下而上分为四期。

其中包括龙山文化遗址 17 处、二里头文化遗址 1 处、殷商遗址 15 处、周代遗址 15 处、其他时代遗址 14 处（有的个体遗址包括几个时代的遗存）。这些遗址都是岗丘形制，当地有七十二岗、十八堌堆之称。遗址的范围都很小，大部为龙山文化时代，上层遗存多已流失。1977 年考古队发掘了商丘县（今属商丘市）的坞墙二里头文化遗址、永城县（今永城市）王油坊和黑堌堆龙山文化遗址、柘城县孟庄（心闷寺）商代遗址。之后考古队从商丘地区又去周口地区调查。

豫东商丘之行的主要收获：第一，我们基本调查了商丘整个地区，在商丘县坞墙村发现一处二里头文化遗址，再东则为岳石文化分布区，表明这里已是二里头文化分布区的东部边缘。豫西地区与豫东地区的文化面貌不同，这次调查没有找到与二里头遗址相类似的南亳。第二，黑堌堆遗址破坏严重，不宜再次发掘，而王油坊遗址内容丰富，属于河南龙山文化，特点与造律台的龙山文化相仿，与豫西地区的龙山文化区别较大，因此有的学者称豫东的河南龙山文化为王油坊类型。第三，在柘城孟庄（心闷寺）发现的殷商文化基本属于二里冈商文化上层，以后在商丘以西的杞县鹿台岗发现的殷商文化早于孟庄的殷商文化，而偃师商城最早的商文化与鹿台岗的文化相似，值得人们注意。

我在挖完二里头 1 号宫殿之后、编写二里头报告之前，利用田野工作的间歇，先后到洛阳、三门峡、许昌、南阳、郑州、开封、商丘、周口、新乡等地区调查古文化遗址约 200 处，结合考古队在商丘地区的考古发掘，其中主要收获之一就是确认豫西地区是二里头文化的主要分布区，著名的遗址二里头、东干沟、矬李、东马沟、鹿寺、十里铺、煤山、稍柴、王城岗、上街、西史村和洛达庙等都在这个范围以内，而二里头遗址又是这个文化分布区的中心遗址，一直发挥着主导作用。二里头遗址应是一代王都——夏王朝的晚期都邑。

六、豫东的工作告一段落之后，您又带队发掘了新砦遗址，这项工作又是如何策划的？有哪些收获？

前面已经说过，煤山晚期文化与二里头早期文化之间尚有缺环，碳十四测定年代煤山晚期文化为公元前2000年，二里头早期文化为公元前1900年，二者之间缺少100年。我们在豫西调查时发现了密县（今新密市）新砦遗址，正好填补这个缺环。

1979年在密县新砦遗址清理龙山文化灰坑6座、二里头文化灰坑5座、墓葬1座和一部分文化遗物。这里的龙山文化包含大量二里头文化的内容，二里头文化同样也包含大量龙山文化的内容，属于龙山文化与二里头文化的中间状态。它的存在年代比较短，特点十分突出，类似的遗存在汝州柏树圪垯，登封王城岗、北庄，禹州瓦店等地都有发现，又有明显的地层叠压关系，因此我把它命名为新砦期文化。如果把它和河南龙山晚期文化、二里头早期相连接起来，就会发现三者一脉相传。再者龙山晚期文化已有了青铜的铸造，发现有不少城址，有了文字，出现了阶级与国家，祭祀和礼制已相对发达，再加上碳十四测定年代等条件，我遂把河南龙山文化晚期推断为夏代文化之肇始，它与新砦期文化共为夏代早期文化。根据二里头遗址1号宫殿毁弃于二里头第三期的末年，其第四期文化包含大量偃师商城第一期（早期）文化的因素，碳十四测定年代已进入商代纪年等条件，我遂把二里头第三期末年推断为夏代终止年代。二里头第一、二、三期文化为夏代晚期文化，第四期文化是商代纪年内的夏文化。偃师商城发现之后，越发证明这种推断的可靠性。

新砦遗址的文化层比较单薄，破坏非常严重，考古队没有继续发掘。其后河南省文物考古研究所又来密县调查，北京大学考古系计划1999年秋季到新砦发掘，可以肯定找到新砦期的文化遗存是不成问题的。预祝我的母校获得丰硕成果。我认为这个时期的文化遗物发现不多，就以遗址的发展顺序而论，在豫西地区应当再发现一两处从登封王城岗到二里头遗址之间的大型遗址，我至今仍然念念不忘济源庙街遗址和巩义稍柴遗址。

庙街遗址位于济源市之西北侧，西面是济源火车站，济源北依王屋山，南临黄河，其间是扇形平原，很像半个洛阳平原，是河南去山西的一个必经之地，古代文献记载是夏杼之居地，过去遗址发现过带有"王气"的大型陶器，现存河南博物院，这里还有周代城垣，是三代时期的一处要地。

刘仰峤同志原为河南省委书记，1975年到中国科学院工作，十分关心探索夏文化的工作，曾组织考古研究所与河南省文物考古研究所联合攻关，河南同志发掘王城岗，我们发掘巩县（今巩义市）稍柴。当时考古研究所十分重视这项工作，责成二里头工作队与洛阳汉魏故城工作队联合到稍柴勘察，我的老朋友许景元同志也支持这项工作，到稍柴考古钻探。这个遗址的二里头文化层范围很大，堆积厚达三四米，可惜遗址上面沟壑较多，工作十分不便，又因当时人力有限而没有开展工作。这里相传为夏都斟鄩，又有上郭之说，我总是念念不忘稍柴遗址。

七、在长期不懈的探索过程中，您对夏文化的认识过程是怎样的？其中有无变化？

20世纪六七十年代，探索夏文化主要是两种意见：一是考古研究所二里头工作队主张二里头第一、二期文化为夏，第三、四期文化为商，这也是我的观点。另一是北京大学考古讲义上的意见，先说二里头文化为早商后改称先商，当时是和平相处，各抒己见，这是第一个阶段。

1977 年登封会议后为第二阶段，邹衡教授在会上首倡二里头文化为夏文化，郑州商城为汤亳，冲破了过去平寂的局面，引起考古学界的极大兴趣。石加（郑光）先生力主二里头遗址为汤都西亳说，反对郑亳说。邹衡同志是郭宝钧先生的大弟子，郑光同志是郭先生的关门弟子，此时间师兄弟针锋相对，成为两面旗手，二位的争论加深了夏文化的研究，考古学界对夏商文化的分界遂有二里头文化第一、二期之间，第二、三期之间，第三、四期之间，二里头文化与二里冈文化之间，凡是二里头文化可以分期的间隙都成为夏商文化的分界，这个阶段真可谓百家争鸣，莫衷一是，而且有愈争愈烈之势。我在登封会议时对二里头遗址没有定性，只释为3000 多年以前的都邑故址，并提出三项进一步开展工作的主张，反映了当时的心境。我在登封会议前后，在河南省和晋西南调查约 200 处遗址，发掘煤山、新砦和坞墙等遗址，至 20 世纪 80 年代初编写二里头报告时，对夏文化有了较为完整的认识：第一，豫西地区是二里头文化的主要分布区，二里头遗址是其核心遗址，主导着整个二里头文化的发展。晋西南东下冯类型二里头文化与豫西地区二里头文化的关系最为密切，其繁盛程度和覆盖地域远远不及豫西地区的二里头文化，对此，我发表了《关于二里头文化类型与分期的问题》的文章。第二，夏代文化肇始于河南龙山晚期文化之初，通过新砦期文化发展成为二里头文化，新砦文化为由河南龙山晚期文化发展成为二里头早期文化的过渡阶段。同理，二里头第四期文化与偃师商城第一期文化同是由夏代文化发展到商代文化的过渡阶段；庙底沟第二期文化是仰韶文化发展到龙山文化的过渡阶段。第三，夏文化终止于二里头文化第三期末年，其第四期文化是商代初年的夏文化。同理，河南龙山晚期文化进入夏代纪年，仰韶文化晚期步入父系氏族社会，这些现象表明社会变革或王朝更替在前，属于上层建筑的考古学文化更迭在后，我发表了《试论二里头文化的源流》一文阐述此观点。第四，二里头遗址为夏代晚期都邑，毁弃于二里头第三期文化之末，偃师商城代之而起，夏亡商兴，为此我发表了《论二里头遗址为夏代晚期都邑》一文。

二里头遗址工作初期，我曾把1号宫殿定为早商，此时是研究夏文化的初期阶级。后来我认为把二里头文化一分为二，前者为夏、后者为商，实为不妥，于是加紧田野调查和发掘，逐渐产生以上看法，表明探索夏文化有了进步，前后之别只差一期，即夏商分界先定为二里头第二、三期之间，改正后为第三、四期之间，结论却有天渊之别。这一期之差真是来之不易，我的体会是：第一是实践，第二要实事求是。做要实，知也要实，知之为知之，不知为不知，我是老实人也！干科研就要实，要"三老四严"，无捷径可走，我研究夏文化20多年，直到20世纪80年代开始编写二里头报告时才算对夏文化有个整体看法，但汤都西亳的问题尚未解决。1983年发现偃师商城，我自然要联想到汤都西亳的问题，心境稍稍平静下来，结果是由对二里头遗址的争论又延伸到对偃师商城的争论，开始了对夏商问题另一阶段的讨论。

八、您曾参加 1990 年春的洛杉矶会议，这次会议的情况如何？您有何感受？

1990年美国洛杉矶夏文化国际学术研讨会是爱国老华侨李汝宽先生资助，著名学者周鸿翔教授组织的。参加会议的中国学者有北京的邹衡、李伯谦、周永珍、郑光和王宇信，郑州的安金槐，常州的陈晶，广州的商志𩢿，香港的杨建芳等，还有来自美国、日本、俄国、英国和澳大利亚等国研究夏文化的著名学者。会议自5月22日开幕，至26日结束，与会学者都是个人宣读论文，然后大家讨论。我提交会议的论文是《探索夏文化三十年》，阐述了自己的观点。整个会议热烈精彩，十分成功。

我感受最深的有两点：第一，参加会议的学者无论是中国的还是外国的，其所用的考古资料全部出自二里头遗址，毫不夸张地说，发掘一个二里头遗址基本解决了探索夏文化的问题，并在国际学术讨论会上充分地显示了遗址的重要性，说明我们的考古工作十分成功。第二，当某一外国学者表示中国不存在夏王朝时，马上受到所有中国学者（包括华裔学者）的一致批驳，充分说明了中国学者已经摆脱了疑古派思潮的影响。

九、关心夏文化的学者，都翘首盼望您主持的二里头遗址和偃师商城的发掘报告早日出版，能否谈谈有关情况？

二里头遗址发掘报告是国家"六五"社会科学重点科研项目，于1981年开始编写，至1982年底完成，由于考古研究所编辑室积压发掘报告过多，一直延到1999年二里头遗址发掘40年前夕，才算和读者见面。作为本报告编写工作的主持人特借此机会向读者深致歉意，并请给予指正。

偃师商城发掘报告原为国家"八五"社会科学重点科研项目，但由于1990年至1992年考古队负责同志没有安排这项工作，我一人又无法进行工作。一直拖到1993年考古队更换负责同志，我才利用没有田野发掘的时间，一个人带领3名技工整理堆积如山的陶片和其他资料，至1995年春节前夕才把偃师商城文化分为三期六段，并把完整陶器全部按期段、按器类分别上架，受到室、所负责同志的肯定，但队里负责同志认为偃师商城文化只能分为两期，反对我的三期说。对此，我坚持自己的认识，准备继续按照自己的观点工作。不幸，1996年我因冠心病住院手术，编写报告的工作无法进行，只得把偃师商城1983年至1989年的发掘资料交给新的考古队。偃师商城发掘报告只能是以后由年轻同志来完成。当时我真是思绪万千，以后又是念念不忘，个人感受最多最深的地方有四点：第一，本人曾参加洛阳东周城、二里头遗址和偃师商城等3座王都的发掘，而只是完成两本发掘报告，此为一生的憾事。第二，《史记·封禅书》载："昔三代之居皆在河洛之间。"1949年前洛阳地区已发现汉魏洛阳城和隋唐东都城两座古都的遗址，新中国成立以后，自1954年至1983年不到30年的时间内又发现夏商周3座古都遗址，如今这5座古都遗址依次排列在洛河之滨，犹如洛阳宝冠上的五颗明珠，光彩夺目，被我的老友蒋若是先生称为"五都会洛"。我在洛阳一生的田野考古都是为太史公的这条记载增补注释，深感有趣和欣慰，也算是对洛阳这座历史名城的回报吧。第三，发掘洛阳东周城是我的老师郭宝钧先生和苏秉琦先生建议与指导的，发掘二里头遗址是我的老师徐旭生先生设计与指导的，发掘偃师商城是我的老师夏鼐所长直接指挥与指导的，如今我的4位老师全已作古，学生只是初步地完成了这3座古都的发掘工作，算是对老师们的纪念。第四，过去40多年，我每年都要在洛阳与河南其他地方工作生活6个月以上，最多竟达9个月，十分熟悉那里的山山水水和风土乡情，我生在北京，长在河南，那里有我的事业，有我众多的朋友，河南是我的第二故乡，时时都在想念之中。

十、您作为夏文化探索中贡献最大的学者之一，对夏文化探索的前景有何认识？

十分乐观，满怀信心。新中国成立以来，国内考古界有那么多学者辛勤劳作和潜心钻研，在夏文化方面获得了丰富资料和研究硕果。特别是1996年国家启动"夏商周断代工程"，集国内170多位学者，进行集体攻关，大大促进了夏文化的研究，客观地说是解决了夏王朝的断代问题。

　　1990 年洛杉矶夏文化国际学术研讨会上，我提交会议的论文是《探索夏文化三十年》，阐述个人对探索夏文化的基本观点。1994 年洛阳全国夏文化学术研究会上，我提交会议的论文是《论夏文化起止年代的问题》，文章除去论述夏文化的起止年代，并说关于夏文化年代问题的研究当前已基本趋于一致。又经过 5 年——重要的 5 年，夏王朝的上、下限是完全可以肯定下来了。关于夏王朝的上限原来是有三种说法：（一）河南龙山文化中期；（二）河南龙山文化晚期；（三）二里头文化第一期。通过考古学者的讨论与"夏商周断代工程"的促进，现在看来，持第三说的学者已是寥寥无几，第一说又逐渐向第二说靠拢，第二说占有绝对的优势。1997 年"夏商周断代工程"在枫园宾馆举行汇报会，首席科学家之一李伯谦教授在会上说：关于夏王朝的上限要在河南龙山文化晚期考虑。1998 年"夏商周断代工程"课题组负责人安金槐、杨育彬先生在《偃师商城若干问题的再探讨》一文中阐述："龙山文化晚期已经进入了文明社会，属于夏文化的早期。"持此观点的有中国社会科学院考古研究所、郑州、洛阳等地的学者，北京大学、武汉大学等校的教授，还有其他地区各方面的多位学者，总人数要占研究夏文化的百分之九十五以上。我认为在社会科学领域，对有争议的学术问题最后要达到百分之百的一致，不仅是难事，而且也是罕见之事。有个多数特别是绝大多数就可以了。

　　关于夏王朝的下限或曰夏商分界的问题，过去分歧最多。通过学者们 20 年的探讨和"夏商周断代工程"的促进，目前学术观点已基本一致。就夏代而论，为二里头文化第三、四期之间，就商代而论，为偃师商城第一期之初，即二里头文化第四期初年。发表这种观点最早的学者是北京大学考古系孙华教授，该校李伯谦教授在 1997 年"夏商周断代工程"会议上说：偃师商城的始建年代应是夏商分界的标志。参加"夏商周断代工程"的专家学者曾到偃师实地考察，认为偃师商城是灭夏后最早建立的都城，是夏商分界的界标。高炜、杨锡璋、王巍、杜金鹏4位学者发表的《偃师商城与夏商文化分界》一文，是对过去研究和讨论夏商文化的总结，材料全面、翔实、准确，是近年来在夏商文化研究中难得的一篇好文章。其中除去郑州商城新发现的资料我没有见到，对其余部分完全赞同。该文说：偃师商城之始建为夏、商王朝的交替界标。现在中国社会科学院历史研究所和考古研究所，河南省文物考古研究所，河南博物院，洛阳、西安、天津、武汉的有关学者，北京大学、武汉大学、西北大学、中山大学和山东大学有关教授等都赞同这种观点。

早在偃师商城发现之前，在考古学界就有汤都西亳与汤都郑亳之争：偃师商城发现之后又有汤都西亳与太甲桐宫之争；其后又有偃师商城与郑州商城孰早孰晚之争；在"夏商周断代工程"确定夏商分界界标之际，又有偃师商城和郑州商城何为界标之争，于是有的学者倡导这两座商城都是夏商分界的界标。在时间方面施双标制，令人难以相信更无法执行。双标论更是站不住脚。远在偃师商城发现之初张政烺教授曾评议前段学术争论时说："持二里头文化为夏文化的一方得一分，持汤都西亳说的一方得一分，这场学术讨论犹如足球场的比赛，一比一，平局。"张先生极公正地评述了前段夏商文化的争议，语重心长，寓意深刻。

主要著述

1.《河南临汝煤山遗址发掘报告》（合著），《考古学报》1982年第4期。

2.《略论新砦期二里头文化》，《中国考古学会第四次年会论文集》，文物出版社，1983年版。

3.《试论二里头文化的源流》，《考古学报》1986年第1期。

4.《关于二里头文化类型与分期的问题》，《中国考古学研究——夏鼐先生考古五十年纪念论文集》（二），科学出版社，1986 年版。

    5.《论二里头遗址为夏代晚期都邑》，《华夏考古》1987 年第 2 期。

    6.《二里头遗址与偃师商城》，《考古与文物》1989 年第 2 期。

    7.《探索夏文化三十年》（1990 年美国洛杉矶夏文化国际学术研讨会论文），《中国考古学论丛》，科学出版社，1993 年版。

    8.《论夏文化起止年代的问题》，《夏文化研究论集》，中华书局，1996 年版。

    9.《偃师二里头发掘报告》，中国大百科全书出版社，1999 年版。

    10.《论夏商文化的更替问题》，《考古与文物》1999 年第 2 期。

张光直

张光直，1931 年生于北京，祖籍台湾省。1946 年回台定居。1954 年从台湾大学考古人类学系毕业。1955 年至美国哈佛大学人类学系深造，于1960 年取得博士学位。1961 年秋至耶鲁大学人类学系任教。1977 年秋返回哈佛大学任职，至 1996 年退休。历任耶鲁、哈佛大学人类学系教授、系主任，哈佛大学东亚研究中心主任，台湾『中央研究院』副院长，台湾『中央研究院』院士（1974 年），美国科学院院士（1979 年），美国文理科学院院士（1980 年）。1996 年获得美国亚洲研究学会终身学术成就奖。

一、夏文化考古是大陆考古学界里一个讨论很久的课题。您在第四版的《古代中国考古学》（*The Archaeology of Ancient China*）里，用了相当篇幅叙述了当时国内夏文化考古的缘起与研究成果；书里也提到您对夏文化考古的看法。您在中国考古这个领域里做了很大的贡献，也有许多独到的见解。能否先请您谈谈您是如何开始接触有关夏文化课题的？

　　我的主要研究方向是商代，我自己并没有专门从事夏代或夏文化的研究。有关夏代的具体工作与成果，国内的许多专家学者都比我知道得要多。我只能就自己涉猎所及，简单说说我的看法。

　　我记得最早接触到夏这个观念是在北京读小学的时候。那时提到中国古代历史，自然是从夏代开始。不过真正具体接触到有关夏的讨论，还是得算在台湾上了大学以后。

　　当时关于中国上古时代的课有两门。一门是中国考古学，由高晓梅（去寻）先生主讲，完全是考古。另一门是中国古代史，由李玄伯（宗侗）先生讲授。他的课则完全以文献为主。在我念大学的时候当然还谈不上有夏代考古，所以有关夏的讨论，主要还是在李玄伯先生的课上。李先生主要的依据是《史记·夏本纪》，以及其他相关的史书记载。

二、李济之先生当时对夏的问题是不是也有过阐述？安阳这样划时代的发现，证实了商代的存在，也多少证明了传统史籍中有关

上古史的记载是可以相信的。他在安阳的工作是不是让他肯定了
夏的存在？

　　当时学界里多半是肯定夏代的存在的。安阳的发掘让学者们体会到
史书里的夏代恐怕也是有根据的。不过史语所到了台湾以后，这群安阳
的工作者里并没有人专门从事夏代的研究，因为当时没有新的材料。所
以李济之先生在课堂上也并没有具体谈到夏代的问题。他的观念是如果
没有考古材料，他便不提。安阳小屯以前的古史他是不讨论的。他当时
教课的范围与李玄伯先生分得很清楚。考古他教，古史李玄伯先生教。

三、现在商以前的考古材料已经累积得很多了。您是李济之先生
的学生，您觉得从李济之先生做学问的态度来看，假如他看到这
些材料，以及大陆学界对夏文化考古的讨论，他会有什么样的
看法？

　　李先生到了台湾以后不大讨论大陆考古学者的工作，尤其是新的田
野工作。他总是持比较保留的态度。当时他比较愿意接受的考古学者有
几个，一个是梁思永先生，一个是刘耀，也就是尹达。后来大陆有很多
新的田野工作，但是李先生都不大提起。不过现在新材料的累积相当丰富，
我相信李先生如果在世是会很重视的。

　　李济之先生虽然对夏代没有提出什么看法，但他对传统史籍里有关
古史地望的记载是很留意的。有些他采信，也有些他从学理上去驳斥。

四、那么以顾颉刚为首的古史辨运动，在当时的台湾学术圈里，
是否起着一定的作用？还是由于史语所在安阳的工作，以及台湾

的政治气氛，使顾颉刚疑古运动的影响没有能持续下来？我记得一直到 20 世纪 80 年代初，《古史辨》在台湾仍然位于禁书之列，只能在流动的地摊上看到。

古史辨运动在台湾并没有持续下去，因为当时继续从文献做古史的人很少，只有傅斯年先生、董作宾先生、李玄伯先生、屈翼鹏（万里）先生等。傅先生当时到了台湾以后，做了台湾大学校长，没有什么时间教书，这是很可惜的。到我做学生的时候，课堂上比较少提及顾颉刚对古史的批评。《古史辨》的影响很大，我们多少会涉及。但是顾颉刚对夏代的具体讨论，比如说夏禹是条大虫，反而是我自己读文章的时候才接触到的。

我上小学的时候便读了《古史辨》。那时我睡在我父亲的书房里，书架上有一套《古史辨》，我便拿来翻阅。当时觉得很有意思，把整套《古史辨》几乎都看完了。这样《古史辨》对我也起了很大的影响。现在我总是不信古书，对古史总是先持怀疑的态度。这样的态度不一定是对的，只能说是我受了古史辨运动的影响。当然有几部史书我是非常相信的，比方说《史记》《左传》。我想古史辨运动在现代的意义是对于古史、古书我们不能照单全收，必须加以爬梳。当然《古史辨》里的很多说法，在现在看来也还值得再商榷。

从某个层面来说，傅斯年的"新史学运动"是接续了《古史辨》的传统，打破古史以后便必须得重建，所以傅斯年在历史语言研究所成立时提出"上穷碧落下黄泉，动手动脚找东西"的口号[1]。傅斯年这句话也是针对用唯物史观解释中国历史的研究方向。他特别强调材料

---

[1]《历史语言研究所工作之旨趣》，《中央研究院历史语言研究所集刊》，第一本第一部分。

的重要性，但他对如何研究材料以及材料里有什么样的规律并没有提
出说法。

五、顾颉刚的古史辨运动在欧美是不是比较受重视？ 1999 年刚出
版的《剑桥中国上古史》^① 的序言里，提到顾颉刚对夏代的质疑很
受同时期某些西方学者的回应。序言的作者 M. Lowe（鲁惟一）
及夏含夷（E. Shaughnessy）对于中国古史则持比较中肯的态度，
认为过去西方学界里对中国传统古史的批评，也失于偏颇。不过
我们如果从顾颉刚 1930 年对夏代的讨论开始看，到现在华盛顿大
学的杜朴（R. Thorp）、达特茅斯学院的艾兰（Sarah Allan）、
普林斯顿大学的贝格立（Robert W. Bagley）教授等，美国从事
中国上古史研究的学者始终对夏代的存在持保留的态度，认为有
待进一步证明。即使是新出版的《剑桥中国上古史》，其中也并
没有单独的篇章讨论夏代。这和中国学术界里对夏文化的热烈讨
论，有很明显的差别。您是在美国拿的博士学位，也在美国从事
了多年中国上古史的教学与研究。能不能请您就这个现象，谈谈
美国关于夏代、夏文化的研究？

　　20 世纪 60 年代以前，触及夏代的美国汉学研究恐怕都受了顾颉刚
疑古运动的影响。但是由于没有新的材料，所以当我在哈佛大学念书的
时候，美国学者对夏代没有很多的讨论。一直到 1959 年发现二里头以后，
安阳以前的古史才又开始引起学界的注意。不过当时二里头在中国是被
当做商的，所以美国有关夏代的研究，要等到 20 世纪 70 年代中国考古

① *The Cambridge History of Ancient China:From the Origins of Civilizations to 221 B.C.*,Cambridge University
Press,Cambridge，1999.

界开始把二里头定为夏以后，才又开始。即便如此，美国学者在夏代、夏文化课题上的研究还是有限。这跟他们对夏代的认定当然也有关系。

我想我们现在说二里头是夏，是有些证据的。从年代、从地层、从史书上有关夏人活动范围的记载，我们都可以看到二里头文化与我们从古史里认识到的夏是相当吻合的。卜辞里的工方、土方从地理位置上或许相当于二里头文化的分布，但在地层和时间上是说不通的。如果我们要应用古史的材料，我们必须得说二里头文化与夏代有很密切的关联。

西方学者对夏代问题的保留态度，主要是基于出土文字材料的缺乏。二里头文化从考古证据上来看，还是属于史前，也就是说它没有文字。西方学者不愿意认定二里头是夏代有他们的考虑，从学术研究的立场来讲，在材料还不完备的时候，不同的说法是可以同时存在的，我们不需要去排斥异说或判定谁是谁非。当然假如哪一天二里头真的找到了文字，问题也不一定能全部解决。商代的政治体系是以商王为中心的，所以卜辞里面尽是关于商王的记载，商王世系也得以保留下来。至于夏代是不是如此，它有没有一套类似商人的祭祀先王先公的礼仪，甚至有没有有关先王先公的文字记录，这都是我们所不知道的。但是不管怎么说，二里头是不是夏，将来有了新的考古材料以后，必定能够有所定夺。我们现在不需要刻意地对这个问题下个定论。

六、您相当早便将二里头与夏代联系起来，并且认为二里头四期都应当是夏而不是商。您当时的依据是什么？

我在 20 世纪 70 年代收入《沈刚伯先生八秩荣庆论文集》的那篇文

章①里，便主张二里头四期全都是夏代。我认为我们所谓从夏到商的变化，应该是个政治上的变化，也就是朝代更替的变化。朝代更替代表的是社会上层统治阶级的改变。这样的变化在物质文化上应该反映在与统治阶级有关的物质遗留，比方说大型的宫殿基址、城墙，以及各种礼器，包括青铜器、玉器等。陶器在考古学中固然很重要，但它属于日常生活用品，与统治阶级较远，不见得会很明显地反映出朝代的更替。我当时是基于宫殿基址，青铜礼器、玉器的特征，才认为二里头反映的考古学文化应当是不同于商的，也就是说它应该是夏。这和我现在对早商的探讨是同一个思路：我们必须从上层统治阶层的物质文化里来找商王朝早期的考古遗留。

七、国内考古界对您在商丘找早商的计划一般都持比较怀疑的态度。您能否说明一下商丘计划是基于什么样的考虑而提出的？

正如我方才所说的，若要寻找商王朝的早期遗留，乃至于商王朝的源流，我们似乎应当从统治阶层，也就是贵族的物质文化上着手。我特别看重的线索因此包括商代的青铜礼器、墓葬习俗，乃至于宗教信仰等。

商代青铜器上的饕餮纹与东海岸良渚文化的关系我们到现在还不是很了解，但两者之间似乎有一定程度的联系。而我们从墓葬上看到的阶级分化，似乎也可看出商代与东海岸新石器文化的关系。如果从这些与上层阶级有关的物质文化来看商人的发展，我们或许可以说商人集团大约与浙江北部的考古学文化有某种关系。而后它逐渐往北迁移，到了山东的南部，然后再往西转，进入河南。

我这里是用集团的概念来理解三代的政治形态，商人集团应当是个

---

① 《沈刚伯先生八秩荣庆论文集》，台湾联经出版事业公司，1976 年版。

有武装力量的群体。他们可以做某种程度的迁徙，可以是流动的。数个这样的集团便可以组成一个邦或国，所谓"万邦林立"的时代恐怕都是在这样的基础上发展的。夏代是如此，周人的崛起也是如此。

我刚开始跟中国社会科学院考古研究所谈合作项目时是徐苹芳先生任所长。徐先生表示很欢迎，并希望我选一个合作工作的地点。我对徐先生说我想做个最难的题目，于是便提了在豫东找先商的计划。当时徐先生提到的可能合作地点包括二里头，但我的想法是要从头开始做起，而且要做就做一个难度最高的项目。徐先生很支持我的想法，不过也表示这个题目是相当困难的。

我设想的早商都城应当是有城墙的，城里也应当有某种夯土建筑、高台，当然也应当有统治阶级使用的青铜器、玉器。商作为一个朝代，一个有武力甚至于好战的政治实体，应当有许多能表现出它规模与力量的层面。比方说卜辞里提到商王用羌做人牲，最多一次用了3000人，这反映了相当的政治、军事力量。邹衡先生的先商起于豫北说是基于陶器的研究，我同意邹先生所提的几个以陶器为主的考古学文化可能是商文化的一部分源头。但这些考古学文化只会是整个商文化的一部分，甚至可能只代表商王朝中属于平民的阶层，而属于统治贵族的阶层不一定会在陶器上反映出来。另外我们在豫北的考古学文化里也还没有找到能表现出商贵族集团势力与规模，乃至于军事力量的考古材料。所以我觉得必须到别的地方、别的遗址找。《史记》，尤其是《左传》，还是有些比较可靠的历史材料的。《史记》里提到商丘，《左传》里也提到商的先人与参星，也就是火星的关系。我曾读到庞朴先生的一篇文章——《火历钩沉》[1]，里面提到管火星的官，也就是阏伯，与祭祀这个官的庙。

---

① 《火历钩沉》，《中国文化》，1989 年第 1 期。

火星即是西方天蝎星座Scorpio里的一颗星，现在河南商丘还有个阏伯台，又名火神台。另外一个很重要的线索是董作宾先生根据甲骨文所复原的商人向东征人方的路线。根据董先生的研究，大邑商可能是在安阳以东、约有12天距离的地方。这些是我为什么会到豫东找商代早期都城的原因。

在这里我必须强调的是历史、考古，乃至于地质、动植物方面的讯息，都是我们做中国上古史时的基本材料。传统史籍的材料可以是我们做学问的起点，但它不应当是我们做学问的唯一依据。当历史材料跟考古材料冲突时，我们自然必须以考古材料为主。

这几年中国社会科学院考古研究所与哈佛大学合作，通过钻探、地质、遥感、考古的手段在豫东找到了一些我们认为与早商，乃至于先商有关的线索。我们在现今商丘县城的附近找到了一个很大的东周城址，在柘城县发掘了山台寺龙山遗址，并找到了一个殉牛坑。商丘县的城址很可能是宋国的都城，而宋国的始封者正是殷的遗民微子。考古研究所的张长寿与高天麟两位先生，推测城墙最早的年代可以到商末周初，而最近在鹿邑发现的商末周初铜器墓也加强了我们对城墙始建年代的判断。山台寺的殉牛坑更让我们联想到商先公王亥服牛的传说。我们不能不说，从这些发现来看，豫东跟早商以及先商应当有某种联系。

八、您一向主张商人是从东方进入中原的。这样的说法是不是受到了"中研院""夷夏东西说"以来学术传统的影响？近年来大陆学者似乎很强调商人属于东夷的说法已经被现有的考古材料否定了。邹衡先生当然是这个说法的主要倡导人。

我到豫东找先商倒不是基于"夷夏东西说"的考虑，我主要还是根据《左传》《史记》的记载。《左传》《史记》里提到与商人先公先王有关的地点是可以在豫东找到的，有关论述可以参见我的《商名试释》①。

商人起源于东方的说法在台湾"中央研究院"历史语言研究所是有相当传统的。九一八事变以后出版的《东北史纲》强调商人是在东北、山东一带崛起的。当时参与写作的傅斯年、罗常培、陈寅恪等三位先生，后来承认这样的说法在某种程度上其实是有民族情绪在里边的。论证商人起源于东北还是有它的立论基础的，当然这不表示没有别的解释。当时主要用的是文献材料。九一八事变以后，国人对东北更加重视，只要是有关东北的研究，都引起相当的关切。知识分子对学术界里这样的民族情绪也还是持理解的态度，并未很给予批评。当然从学术立场来看，民族情绪是必须加以澄滤的。不过即使在今天，《东北史纲》所反映的角度也还是可以谅解。近代中国所经历的动乱在每个中国人身上都烙下了无法磨灭的痕迹。

讲到民族情感的问题，我想这点是中国人与外国人在做中国考古时所有的一个明显的不同点。中国人做中国考古自然地会有一种文化与历史的使命感，会有一种对自己文化、自己历史的情感在里面。比方说，假如今天我在商丘找到了商代的都城，那种喜悦与高兴，那种与自己文化历史相衔接的感觉，不是一个从事三代考古的西方学者所能体会的。

九、我想国内很多考古学者都会同意您的看法。不过我体会到国内学者在面对西方学者对中国考古的讨论时，常常会有某种程度的情绪反应。比方说当西方学者怀疑古史、古文献的可靠性，或甚至怀疑夏代是否存在时，国内学者往往会认为西方学者不懂中

---

① 《商名试释》，《中国商文化国际学术讨论会论文集》，中国大百科全书出版社，1998 年版，第 109—112 页。

国文化，或者认为西方学者否定中国的历史。这些当然是个人的反应，而不是见诸文字的讨论。如果我们只从学术的角度来看，我们能不能说西方学者的质疑，在某种程度上还是有其依据的？

西方学者的批评还是有他们的依据的。比如说罗泰（Lothar von Falkenhausen）曾经写文章谈到中国考古的历史倾向，他的看法是可以作为借鉴的。当然这不是说历史文献材料不能用。理想上我们应该要结合各种材料来探讨中国上古史，这包括考古，包括历史，也包括各种自然科学的分析手段。这不只是科技整合，而是比科技整合又高一个层次。在研究中国上古史时，我们应当是不分学科的，也就是说对三代的研究是没有学科的，没有历史学，没有考古学，只有中国上古史的研究。

这其实跟史前史的研究是一样的。考古学家、动物学家、植物学家、地质学家从不同的角度看待同一个问题，从不同的方向来重建，来研究同一个课题，也就是史前史。其中不同的只是手段。

十、那么您觉得目前对于夏文化的研究最需要注意的是哪些问题？

我想关于夏文化，乃至于对三代的研究，最重要的是不要把三代考古看作夏商周文明的考古，不要把三代只看成是三个文明线性的连续发展。我觉得我们应该用"万邦考古"这样的观念来理解三代考古。也就是说夏商周只是万邦中的三个，而夏商周以外还有很多其他的集团，而集团与集团之间随时会有变动。

十一、"万邦考古"的观念是不是比较强调各个考古学文化的横向关系、互动关系？现在国内有关先商、先周考古学文化等的讨论，

在某种程度上是溯源，单线线性发展的思考方式，比较强调考古学文化的纵向关系。用万邦、政治集团这样的概念来理解三代，似乎更能反映考古学文化的横向联系与互动关系。

　　我想我们可以用"三国""五代十国"的模式去理解夏商周。我们当然也必须注意考古学文化的相承关系，不过夏商周不应当是政治或文化上的孤岛。这我在1978年的一篇文章（《屈万里先生七秩荣庆论文集》，台湾联经出版事业公司，1978年版）里已经有所说明。举个例子说，当我们提到"三国""五代十国"与"唐、宋、元、明、清"时，我们联想到的是完全不一样的观念。"三国""五代十国"强调的是在某一段时间里，几个政治实体之间的关系，其中有纵向的传承，也有横向的互动。而"唐、宋、元、明、清"则强调纵向的传承，甚至某个时代中某个政治实体的垄断与独大。当然唐、宋、元、明、清这些朝代有它江山统一的局面，但我们依旧不能说它们和周邻其他政治实体、族群没有互动的关系。那么夏商周应当是个什么样的时代？我们现在对夏商周的理解仍然偏重于"唐、宋、元、明、清"式的思考模式。我认为即使到了周代，周王室对与其同时的其他政治实体仍不能做到完全统领的地步。若然，那么我们是不是应该考虑采用"三国""五代十国"的模式来研究三代？我们是不是应该多注意政治实体间横向互动的关系，即使这些政治实体并不一定留下了任何文字记录？我认为透过这样的角度我们应当能更进一步了解中国上古时代政治社会文化的发展。

　　（附记：由于一些具体原因，对张光直先生的访谈我们是邀请李永迪先生来做的。李永迪先生是张光直先生在哈佛大学的高足，现任职于台湾"中央研究院"历史语言研究所。在此特向他表示真诚的感谢。）

主要著述

1.《中国古代考古学》1~4 版（英文版）。

2. "China on the Eve of the Historical Period." In *Cambridge History of Ancient China.*

3.《殷商文明起源研究上的一个关键问题》，《沈刚伯先生八秩荣庆论文集》，台湾联经出版事业公司，1976 年版。

4.《夏商周三代都制与三代文化异同》，《中国青铜时代》，生活·读书·新知三联书店，1999 年版。

5.《从夏商周三代考古论三代关系与中国古代国家的形成》，《屈万里先生七秩荣庆论文集》，台湾联经出版事业公司，1978 年版。

6. "The Erh-li-t'ou Culture and the Question of the Hsia Dynasty." In Chapter 6:The First Civilizations:The Three Dynasties.*The Archaeology of Ancient China,*fourth edition,pp.307-316.Yale University Press,New Haven,1986.

7.《早商、夏和商的起源问题》,《华夏文明》第 1 集,北京大学出版社,1987 年版。译 自 "Early Shang,Hsia,and the Question of the Shang's Origins",*Shang Civilization,*pp.335-356.Yale University Press:New Haven,1980。

李学勤

李学勤，1933年出生，北京人。1951年就读于清华大学哲学系，1952年就职于中国科学院考古研究所，1954年转入中国科学院历史研究所。历任中国社会科学院（原中国科学院）历史研究所研究员、博士生导师、所长，国务院学位委员会委员，欧亚科学院院士，清华大学国际汉学研究所所长，烟台大学中国学术研究所所长。国家『九五』重大科研项目『夏商周断代工程』首席科学家、专家组组长。

一、您最早提出郑州地区的"洛达庙期""南关外期"可能是夏代文化，请问这种说法是如何得出的？

1958 年我写了一篇小文，题目是《近年考古发现与中国早期奴隶制》，登在《新建设》那年的第 8 期上。我说："在郑州商族文化层与龙山文化层重叠时，其间每每夹有无文化遗物的土层，表明两者不相衔接。在洛达庙、南关外、旮旯王等地果然发现了介于两者之间的文化层，我们称之为'南关外期'或'洛达庙期'。它们更接近龙山文化，而有其特异点，如南关外期的棕色陶器、洛达庙期无鬲类空足器等。这两期都早于二里冈下期，最可能是夏代的。"这里讲的"洛达庙期"文化，就是后来大家通称的二里头文化。1985 年，河南省考古学会和河南省博物馆所编《夏文化论文选集》出版，承选编者郑杰祥先生在前言中引用了我这段话，并给予肯定，使我殊感荣幸。

那时我是怎么做出这种推测的呢？现在回忆，我的思路是从殷墟考古的成果上推。那篇小文开头便谈到，根据甲骨学研究和殷墟发掘，我们对商代后期的历史已经有了初步的认识，知道其文化已经达到相当高的水准，因此商代前期的文化水平不会太低。辉县琉璃阁与郑州商文化遗址的发现证实了这一点。由此进一步推想，同属于青铜器文化范畴的夏文化也应当存在。"商代以前肯定有夏代存在"，我这个信念是由王国维、郭沫若等先生的著作中得来的。我自 1950 年接触甲骨文，在北京图书馆反复读王国维先生在清华的讲义《古史新证》（来薰阁影印本）。

王先生以甲骨文商先公先王证明了《史记·殷本纪》的世系，"因之推想夏后氏之确实"。郭先生1930年作《中国古代社会研究》附录《夏禹的问题》，也以文献和金文论证商周之前有夏存在。我在小文中还强调了"殷代祀商先王或自上甲，或自大乙，也暗示着大乙（汤）代夏之事"。这些都使我确立了探索夏文化的信心。由于在1954年前后研究过甲骨文的地理问题，我对历史地理略有所知。关于到哪里去寻找夏文化的问题，小文说："夏族所居很广，周代虞、晋始封都在'夏墟'之内，而据《周语》《度邑解》和《魏策》，夏人疆域是以河洛地区为中心的，郑州正距之不远。"

　　从上述想法出发，所以我在获知郑州有早于二里冈下层，又有其特异点的文化时，即推测其为夏文化。由此，我否定了龙山文化是夏文化的流行看法，小文说："这为我们对龙山文化的认识也提供了新线索。常有人主张龙山文化是夏文化，现在证明龙山文化与商初的商族文化间还有中介和演变期，所以主要的龙山文化的时代必须提早。"这里没有排除龙山文化之末属于夏的范畴的可能性。

　　当时对夏文化的这种意见仅仅是一种模糊的推测。对文中好多地方不准确的提法，后来我都作了修正和改变。需要说的是，小文题目用了"早期奴隶制"一词，是从苏联当时新出的《世界通史》来的。那段时期我学俄文，读过苏联研究古代的斯特鲁威、阿夫基耶夫、久梅涅夫等学者的著作，认为《世界通史》的"早期奴隶制"之说是一个新的合理的发展。随后，我再也不用该词，因而在小文收入《夏文化论文选集》时，就把标题改成了《近年考古发现与中国古代社会》。那时，我在了解世界诸古代文明的发生经历后，觉得中国文明的兴起并非较晚，于是在小文中说："夏代约始于公元前第三千纪后期，所以中国阶级社会、国家的起源应与两河流域的苏美尔、阿卡德古国一样地古老，一样地悠久。"夏还不是最早的王朝，中国文明的起源远在其前。这一观点，我至今没有改变。

二、您曾全面回顾郭老（郭沫若）对夏代的研究，请简单谈谈郭老对夏代研究的贡献。

那篇文章是为纪念郭老100周年诞辰而写的，发表在《历史研究》上。我觉得郭老对夏代研究的主要贡献是指出了一个很好的方向，这一点至今仍值得我们很好地学习。郭老首次从文物方面提出夏代存在的证据，充分利用叔夷钟、秦公簋等当时能够见到的准考古材料，来论证夏代的存在。特别是关于宋代发现的叔夷钟里商代夏后，咸有九州，处禹之堵的论述。

郭老对夏代的认识也经历了一个过程。最初他是非常疑古的，认为顾颉刚先生提出的一些疑古论点很有道理。不过在夏代的问题上，他却与顾颉刚有所不同。在文章的一开头，就不像顾颉刚先生那样说禹是一条虫，而是相信夏代是存在的，并接着提出了有关夏代的证据。郭老的这篇文章发表于1930年，是相当早的。郭老对夏代的问题是相当慎重的，他一直认为夏代的问题需要用考古的方法来解决。后来编《中国史稿》时，郭老同意我们提出的"二里头文化"是夏文化的说法。当时，尹达先生曾与我们反复讨论这个问题。当时还不叫"二里头文化"，而是称作"二里头文化类型"。后来把这个思想汇报给郭老，郭老表示赞同，因此我们就把这个想法写了进去。实际上也就是郭老承认了这个说法，不过当时写清楚这个问题需要对考古材料进行再研究。现在也是这样，夏代问题的解决还得靠考古，靠其他材料是不行的。

三、您曾多次讲到中国史学界的信古、疑古和释古三个思潮，请回顾一下这些思潮对夏史、夏文化研究的影响。

信古、疑古和释古这三个词的关系是这样的。疑古这个词提出很早，一般认为是顾颉刚先生提出的，但真正开始疑古的是胡适。别看他们岁数差不了几岁，可是顾先生一直是对胡适执弟子礼的，一直到他故去以前快80岁时，他还是称胡适为先生。记得顾先生晚年说：我又重新读《中国哲学史大纲》，仍觉高不可攀，没想到这样一本书成于20多岁的青年人之手，觉得自己比不了，学不了。可见顾先生对胡适的崇敬一直没有改变。胡适提出疑古是从研究《红楼梦》开始的，是将处理传说、文学的一些观点用到古史研究上。同时在史料评介方面，他们用了康有为、崔适一派的思想。疑古思想是从晚清传下来的。

据我所知，最早说信古怎么样，疑古怎么样的是王国维。1923年《古史辨》第1册出版。最初是在《读书杂志》上进行辩论，后来由北大的朴社出版。王国维1925年到清华讲课，他一讲课，这个课就定名为"古史新证"。今天我愿意牵强附会一下，"古史新证"这个词就是针对"古史辨"的，你可以明白这个道理。为什么用这个词呢？当然这只是揣测，可是一比你就知道了，那边叫"古史辨"，这边叫"古史新证"。很多对王国维的回忆都提到，王国维当时就讲，古史辨派是有道理的，可是他们，用今天的话说，只有破坏，没有建设。所以他叫新证，他是要建设。这一点呢，顾先生也明白。你看他后来的笔记，他多次说他不懂考古，希望学考古。当然他并非完全不懂。他对王国维非常尊敬。顾先生有一次说他做了一个梦，梦见王国维拉着手跟他说话，觉得非常感动。王国维《古史新证》讲义的最好的本子现在清华出版了，其中提到，信古有不对的地方，疑古也有不对的地方。所以说，最早用信古、疑古这两个词的，我想是王国维。

"信古、疑古、释古"这个说法，是冯友兰先生提出的，是在《古史辨》第6册的序里说的，这篇文章现在的《三松堂文集》也收入了。《古史辨》第5册、第6册的文章都是讲诸子的，是罗根泽编的，他们请冯友兰写序。冯友兰讲这个肯定是受了王国维的影响，这是没有问题的，他们都是清华的。我说"走出疑古时代"，实际没有什么，王国维早就提出这个意思，因为我们走考古道路。疑古思潮有其进步性，他们对古史传说进行了整理，为现代考古学在中国兴起开辟了道路。这是夏鼐先生讲的，我觉得很对。可是今天我们不能这样，不能按照他们的道路来走，疑古的人都是从文献到文献，绝对没有其他的方法。所以我们应该超过他们，就是所谓释古。对释古我讲了两个方面，一方面是从理论方面研究；另一方面是从考古方面研究。这个问题对夏史、夏文化的影响是很容易理解的，因为夏代一直是疑古最怀疑的对象，顾先生说大禹是条虫，后来不少人抓住了这句话，其实后来顾先生早就改了。因为甲骨文已发现，商代为信史是无可争辩的，可是夏代是可以辩论的。王国维在《古史新证》里说，既然现在看来《史记·殷本纪》是对的，那么夏代难道一点也没有根据吗？这就是王国维的解释。这里的逻辑是很清楚的，今天大家的心态也都是这样。可是今天在西方仍有许多人不相信夏代的存在，他们认为这完全是两回事，没证明就是没证明，这样的看法与我们有很大的区别。所以我说信古、疑古和释古这个问题对夏史、夏文化研究的影响是很大的。

四、台湾的王仲孚先生曾经指出30年来夏代考古已做出很多成绩，而文献史料的探讨却相对较少，请问您是否有同感？

王仲孚先生是台湾师大的教授，我们很熟。我觉得文献史料没有太多好探讨的，因为文献史料就是那么多，还有多少好探讨的呢？我看除非有什么新的材料发现。如果说历史学界对夏代问题探讨较少，倒也是实际，可是我觉得对文献史料进行研究，目前也不会有很大的突破。

五、您对文献和考古均有很深的研究，能否谈谈在夏文化研讨过程中如何处理考古与文献的关系？

我看考古与文献从来都是相匹配的。最近我常常这么说，这是中国考古学的特色。夏鼐先生说二者像是车之两轮、鸟之两翼。他在日本广播协会（NHK）发表的关于中国文明起源的演讲中，就是这么讲的，在《中国大百科全书》的"考古卷"中也是这么写的。世界上的考古学本来就有这两种做法，一种就是和美术史或文化人类学相结合。外国很多考古学是在美术史系即 Department of Art History，有的就是艺术系即 Department of Arts，或者在人类学系。张光直先生就是在哈佛的人类学系深造。外国也有和历史密切结合的考古学，如古典考古学，外国所谓的古典时代就是希腊、罗马，希腊、罗马的考古学一定要和文献相结合，您看施里曼挖掘特洛伊就是这样。我在一篇序里说，我们就是要学施里曼。他就是相信这个。外国还有圣经考古学（Biblical Archaeology），就是对《圣经》所涉及的范围进行研究。《圣经》涉及的地区很大，从埃及、巴勒斯坦到两河流域都包括在内。《圣经》考古学有专门的杂志、学会。我认为中国考古学和历史相结合的方向还是要继续的，可是这种说法不等于我们不吸收美术史、文化人类学的一些优长。

六、您曾专门探讨《古本竹书纪年》对夏史研究的价值，能否在此简单谈谈？

老实说，我这个人对《古本竹书纪年》信仰不大。有些人特别相信《古本竹书纪年》，我个人过去也是如此。《中国史稿》将武王伐纣年定为公元前 1027 年，现在一般的年表都用公元前 1027 年，其实公元前 1027 年真是有问题。《古本竹书纪年》是一本战国时代的有思想倾向的书，有子书性质，不是一个单纯的历史著作，在这一点上与《春秋》还不一样。它的战国部分当然可靠，因为作者是战国人，当然比汉代人的记载更可靠。它讲的春秋部分是抄的《春秋》，关于这一点我在文章中举了很多例子。它的思想倾向是很清楚的，有些事的说法与传统的记载不同，可是这些事的思想倾向都是一致的。如果它与传统说法不同的地方都是事实，我们就会怀疑：为什么如此一致呢？例如伊尹把太甲关了起来，志在谋权篡位，太甲从桐宫出来以后，就把伊尹给杀了。这肯定不是事实，因为如果是这样杀的，甲骨文中还能有那样祭祀伊尹的内容吗？像这样的乱臣贼子，和王莽一样是应该灭族的，怎么宽大也不能对这种人进行祭祀。夏代的益干启位也是一样。周代的周召共和，它说是共伯和干王政。这些说法的思想倾向完全一致，就是提倡一种暴力干政。这就是战国人的思想，而战国人有时篡改历史脸皮是非常厚的。前段时间我举例说子思，郭店楚简里有子思的东西，子思可以把他祖父的话篡改。孔子说三代的沿革文献不足征，"夏礼吾能言之，杞不足征也；殷礼吾能言之，宋不足征也。文献不足故也"。孔子对杞、宋不大看得上，认为它们早就没有古礼了，没有古代传统了。可是子思在《中庸》里的说法不同，说："子曰：'吾说夏礼，杞不足征也；吾学殷礼，有宋存焉。'"为什么这么说呢？道理很简单，子思是住在宋国的，他不敢得罪宋国。战国人因为政治思想倾向而改变事实是不稀奇的，跟那种经过千锤百炼，经过代代传留的史籍是不一样的。历史经过一些时代，不管怎么说，最后还是比较接近事实，这是无情的。

当然《古本竹书纪年》对研究夏史也有特别有用的地方，因为有些东西是别的任何地方都没有的。特别是夏王朝与东夷的关系，因为夏与东夷的关系别的书里都没有很好的记载，它讲得特别多。

七、在1994年的夏文化会议上，您提出夏代历史的证实不一定通过与商代一样的途径，这一提法对夏文化的探讨很有启发意义，请详细谈谈。

这个说法并不是在1994年的洛阳会议上提出来的。这个说法我提出得相当早，"文化大革命"刚刚结束后，开过一个夏文化的专题会，是夏鼐先生主持的。我说将来夏文化的证实与商文化的证实可能不一样，殷墟的发现是因为出现了甲骨文，先读文字，证明是商代的，然后再找这个遗址、发掘这个遗址。可是在考古学文化里面，有这种甲骨文不是必然的。中国古代的占卜多了，大部分都要做记录的，但绝大部分记录是在竹简、帛书上面，古书上就说记录以后系在龟上，不是刻在上面，刻在甲骨上面即使在商代也是一种特殊现象，这种现象完全可以没有。如果殷墟根本没有甲骨文，就出几件青铜器，上面有几个族徽，那么我们能不能证明该遗址是商代的首都呢？我说还是可以证明。一、时代；二、地点；三、够得上都城的规模。从时代来看，它和商代是一致的，商代后期，这是可以证明的，即使没有碳十四测年，我们也可以证明，因为它比西周早。其地理位置正好在洹水南殷墟上，这在《史记·项羽本纪》里讲得非常清楚。它具有国都的规模，现在老是有人想否定这一点，这是否定不了的，它比别处大多了。这三个条件就够证明它是殷墟了。我看夏也是这样，夏代也可能有文字，但我们能否看见是另一个问题。

八、请介绍一下"夏商周断代工程"对夏代年代的研究情况。

"夏商周断代工程"正在进行，现在还不能讲太多，只能就方法谈谈有关情况。工程的方法从西周列王一直到夏都是多学科结合，将来夏代一定要坚持多学科结合，不能光看一个方面。如果仅从文献来看，当然很容易了，把几个数摞起来就完了。如果我们用《古本竹书纪年》，武王伐纣是公元前 1027 年，再加 496 年就是商汤灭桀，再加 471 年就是夏禹元年了，非常简单。可惜这个不行，因为它和很多基本的文献有矛盾。《左传》说商代载祀六百，这就比《古本竹书纪年》要可靠。而且 496 年确实不合理，因为仅盘庚迁殷之后就有 273 年。可是 273 年也靠不住，因为《古本竹书纪年》从来没有说 273 年，它是说 773 年。这样看来，我们没法用一个一贯的办法来证明，所以光用文献不行。首先还要看考古。当然考古只能给出一个大概的时间范围，碳十四也是这样。然后我们再结合文献，特别是天文。你说仲康日食有多少根据啊，我们最多只能说，《史记》《左传》记载了这样一件事。我们应该相信《史记》与《左传》说的不太可能是两篇夏书，哪有那么多的夏书啊。现在推算出来的数据还是可以的，是在范围之内。五星聚推算的数据也很好，至于"禹"不一定就是夏禹的时候，只要是夏初就可以了。现在看来，夏的开始年代不会超过公元前 21 世纪，如果定到公元前 22 世纪，就有些过分了，当然这只是我自己的想法。

九、早在 1958 年您就对郑州商城的性质进行了探讨，40 年后的

今天您如何看待郑州、偃师两座商城的性质？

当时对于发现不久的郑州商城，我试作了一点估计。查商王世系，不论按王世或年数计算，迁殷以前和以后的年数都是相仿的。以此衡量郑州商文化遗址的分层情况，可以看出二里冈下层的年代上限可能在商初。再结合甲骨文与文献看，王亥、上甲时商人尚甚弱小，不如有易强大，而到了商初大乙时期，力量足以灭夏，"咸有九州"。这种跳跃式的发展很可能是接受了更高文化影响的结果，由文献考证，这一影响应即来自夏人。

至于两座商城的性质，实际就是对汤都亳的看法，这个问题实在不容易回答。有关的文章我都拜读了，可是我觉得今天的材料还不足以回答这个问题，这种问题不是那么容易讲的。像郑州商城、偃师商城这样大规模的古代城市，是否为都城并不是一个最重要的条件，没有这个条件也完全可以论证夏商文化的问题。比如郑州商城，即使它不是亳，它最初的建造总得有点道理吧。如果它是商文化的城，就说明商在这时候已经达到了很大的规模。不一定非确定它是这个都，还是那个都。当然今天我们可以做这样那样的论证，可以倾向于是哪一个都城。一个时代最大的城址，不一定就是首都。全世界这种例子多了，澳大利亚的悉尼和墨尔本都比堪培拉要大得多，美国的纽约当然更是华盛顿特区没法比的，足见政治中心未必是最大的城市。（张运：古代这样的例子多吗？）古代的例子当然有了，外国有很多啊。（张立东：可是中国古代礼书上有各级都城规模的记载。）这是周礼，周公制礼作乐以后可能比较严格，可是也有例外。郑国、晋国都是封邑比国都大，曲沃不是比晋都大吗？这在古书上讲得很清楚。既然古书上这样讲，我们还是应以事实为准。

依我看，文献上讲的偃师的尸乡是汤都亳不是没有道理的。有人不是讲汉代人还能见到这座城吗？到隋唐时代也许还能看得见。古人知道这是个商代的城，这点知识他们能有，是一代一代传下来的。可是这时候已经离商代 1000 多年了，他们不一定确切知道这就是亳，不过既然是商代的城，就可以传成亳啦。《尚书》不是说"三亳阪尹"吗？《孟子》说的话还是对的，他说"汤始征，自葛载"，葛在河南宁陵，谁也不可能把葛搬到郑州或偃师边上去，所以《孟子》讲的亳肯定还是在商丘一带的谷熟集或者别的什么地方。我想古代应有几个亳，也许商代就是这样，也许有些商代城后来被叫作亳。说到这儿我们就应该向顾颉刚先生学习了，参考一下民间传说的流传过程。比方都说北京附近有杨六郎遗迹，挂甲屯啊、六郎庙啊，尽管这些传说未必全部可靠，却告诉我们杨六郎曾在这一带活动的事实，这就是王国维说的"有史实为之素地"。这两座商城的"素地"是什么呢？就是它是一座商代的城。最近焦作不是又挖出一个城吗？"文化大革命"的时候，焦作有人到文物局，正好我在整理帛书，就找到我。焦作的同志说焦作附近有一座古城，而且这城一定是商代的。为什么是商代的呢？他们拿出一些照片给我看，其中有商代的铜戈，我还记得很清楚。他们说城墙都能看得见，城内满地都是木炭。可惜那时候谁也没法去。现在不是挖出来了吗？听说不在焦作市内。（张立东：是在焦作市区西南十几里，我和焦作文物队的杨贵金先生调查过。）你要知道这个城也有文献影子，不过从来没有人注意过。《商君书》说"汤封于赞茅"，赞茅距离焦作很近，是在修武。现在看来，凡是古书里的传说都是有点道理的，包括商县，现在不是也有二里头、二里冈的遗存发现吗？古代的传说总有点"素地"，这一点王国维没有说错。（张运：它可能不是名义上的那个城，可它一定有关系，是商代的。）挖王城岗的故事不是很清楚吗？他们先挖战国的阳城，挖出了"阳城仓器"陶文。这时候老乡说："你们在这儿挖什么呢？挖古的话，就去王城岗啊。"

结果到了王城岗一挖就挖到了。（张运：老乡知道那儿比较古。）老乡怎么知道呢？这就是模糊的记忆，人是有模糊记忆的。最糟糕的就是郑州的历史地理材料不足，郑州这个地方从文献上只能上溯到管，管城在管叔被废之后的情况，文献上没有记载。今天这个地区既没有多少西周时期的东西，也没有找到一个城相当于管城。（张立东：过去有人说郑州商城是管城，可是年代不对。）完全不对啊，郑州商城连商后期都没有。从商后期一直到所谓的管城，都是空白。管叔所封一定相当重要，可是在哪儿呢？（张立东：现在有人说是郑州北边，当然这只是一种说法啦。）过去按一些文献推定都城的位置时，把有的都城定到了黄河河床里，那怎么行？内黄的"相"就是那样，这是不合理的。管就是找不着啊，可是管一定得有，没有管怎么行呢？

十、现在您对夏文化是如何认识的？

谈到对夏文化、二里头文化的认识，我最尊重邹衡先生的看法。我觉得邹先生有句话讲得非常好，现在最关键的是二里头文化与河南龙山文化的关系，今天无论什么观点，一定要把二者的关系说清楚。你说不一样，一定要说清楚为什么不一样；你说一样，也要找出一样的论据来。新砦期的东西我们看得太少了，就是简报。将来如果能在更多的地点发现，也许能把这个问题说清楚。中国考古学上类似的情况很多，过去谁也不认识裴李岗文化，一旦认识了，结果到处都是。有一年我去淇县，我就奇怪那里也有裴李岗文化。包括北京的上宅，有些东西也很像裴李岗。这就是说在我们不认识某个文化的时候，即使你见到了属于这个文化的东西，也会视而不见。即使以后证明二里头文化与河南龙山文化完全不同，也得找出二里头文化的先行文化来。二里头文化已经相当成熟，不可能没有先行文化。

可是考古学上的问题都解决之后，也许还是找不到一个"夏"字。甲骨文中的"夏"字到现在也没有定下来。最近我提了一个说法，何组一个卜人的名字，上面一个"日"字，下面一个"页"字，这个字应该就是"夏"字，金文里的"夏"字就是这么写的，不过这是人名。不列颠博物馆陈列的"家谱刻辞"，我见过实物，过去有人说是假的，我看是真的。那片上的家谱可以追溯到夏代，这是一版庇组刻辞，是武丁前期的，一代一代地推算，就到了夏代。这一点，是于省吾先生指出的，他说对了。

（附记：该文据李学勤先生为本书所写回忆《近年考古发现与中国早期奴隶制》的文章及一次专门访谈的录音综合而成。采访及录音整理者为张立东，访谈时张运先生在座。本文已经李学勤先生审定。）

主要著述

1.《近年考古发现与中国早期奴隶制》，《新建设》1958 年第 8 期。

2.《殷代地理简论》，科学出版社，1959 年版。

3.《新出青铜器研究》，文物出版社，1985 年版。

4.《〈古本竹书纪年〉与夏代史》，《华夏文明》第 1 辑，北京大学出版社，1987 年版。

5.《〈夏小正〉新证》，《农史研究》第 8 辑，1989 年。

6.《夏商周离我们有多远？》，《读书》1990 年第 3 期。

7.《中国文明的起源》，《马克思主义历史观与中华文明》，重庆出版社，1991 年版。

8.《论二里头文化的饕餮纹铜纹》，《中国文物报》1991 年 10 月 26 日。

9.《郭沫若先生对夏代的研究》,《中国史研究》,1992 年第 3 期。

10.《周易经传溯源》,长春出版社,1992 年版。

11.《禹生石纽说的历史背景》,《大禹与夏文化研究》,巴蜀书社,1993 年版。

12.《黄帝与河图洛书》,《炎黄文化研究》1994 年第 1 辑。

13.《简帛佚籍与学术史》,台湾时报文化出版企业有限公司,1994 年版。

14.《走出疑古时代》,辽宁大学出版社,1995 年版。

15.《多学科结合的"夏商周断代工程"》,《寻根》1996 年第 5 期。

16.《夏商周年代学的新希望》,《中国文物报》1996 年 9 月 29 日。

17.《夏商周年代学札记》,辽宁教育出版社,2000 年版。

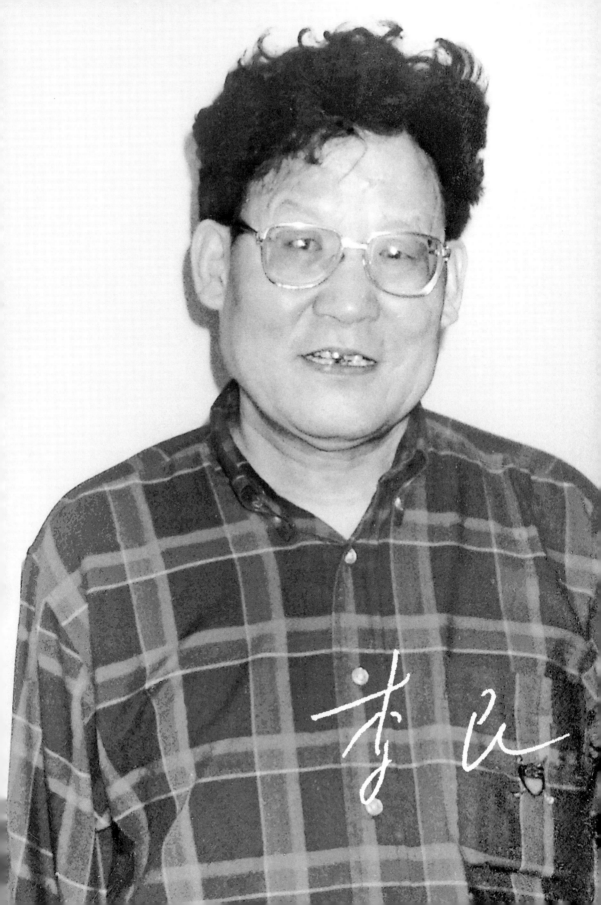

李民

李民，1934 年出生，河北元氏县人。1962 年 11 月，南开大学历史系先秦史专业研究生毕业。1962 年 12 月至 1963 年 12 月，在北京中华书局随顾颉刚先生整理《尚书》。1964 年 1 月至 1964 年 11 月随顾颉刚先生在北京大学中文系古文献专业讲授『经学史』，上辅导课。1964 年 12 月，回郑州大学历史系任教。1979 年，在郑州大学学报编辑部，任副教授、教授、学报主编。1995 年后，任郑州大学殷商文化研究所所长、教授、博士生导师。

一、您是何时开始探索夏文化的？

　　我对夏史、夏文化领域的涉入，要追溯到 20 世纪 60 年代初期。1963 年，我在中华书局随顾颉刚老师整理《尚书》，分派给我的任务主要是整理《商书》并兼及《夏书》。在整理《夏书》时，我对《禹贡》产生了浓厚的兴趣。《禹贡》虽仅有 1192 字，但它假托大禹治水后的行政区划，将全国划分为九州，还记述了九个州的山川、薮泽、土壤、物产、贡赋、交通等，气势磅礴，是一篇恢宏的巨制。距夏代 2000 年左右的战国时期的伟大诗人屈原面对茫茫的夏史，曾一连串地提出了不少疑问，而距战国 2000 年以后的人们面对《禹贡》这篇深邃的文字，同样会发出一连串的疑问：《禹贡》到底成书于何时？《禹贡》里有没有夏代的历史素材？以治史严谨著称的司马迁何以在《史记》中大量引用《禹贡》的文字？从《禹贡》的折射中能不能找出当时的历史信息？将来的考古发掘能不能对《禹贡》研究提供更有价值的参考资料？带着这些问题，我开始涉入探讨夏史和夏文化的学术领域。

　　1964 年，我从中华书局回到郑州大学历史系，非常兴奋地得知当时中国科学院考古研究所正在河南偃师二里头进行考古发掘。我利用各种机会多次到发掘工地去参观考察。二里头遗址所在地正好在伊、洛交汇地区。《禹贡》中的豫州，在《禹贡》中占有极为重要的地位，而伊、洛、瀍、涧四条河流，又在《禹贡》所说的豫州中占有显要地位，这应该是历史文献与考古发掘的有力的相互印证。不过，在当时，对二里头遗址的文化性质，存在不同的解释。一直到 1974 年，发掘者们仍判定二里头遗址是早商时期的文化遗存。1974 年，在《考古》第 4 期上发表的中国科学院考古研究所二里头工作队所写的《河南偃师二里头早商宫殿遗址发掘简报》中，还认为二里头文化是早商文化。但当时，我由于考虑到《禹贡》中的有关记载，考虑到豫西地区应该是夏人活动的中心地区，因此对二里头遗址的文化性质也逐步与夏文化联系起来。1975 年，我和张文彬先生合作写成了《从偃师二里头文化遗址看中国古代国家的形成和发展》一文，文章尽管也认为二里头的第二、三、四期是早商文化，但却首先提出了河南龙山文化晚期和二里头文化的早期应属夏文化，并且提出二里头文化保存了龙山文化的风格，是由龙山文化直接发展而来的。可以说，我研究夏文化就是这个时期才开始的。此后，结合古代文献与考古资料，我先后发表了十多篇关于夏史、夏文化的研究文章，并出版了《夏代文化》（中华书局，1980 年版）、《夏商史探索》（河南人民出版社，1985 年版）两书。

　　在我研究夏文化的过程中，遇到一些国外的学术界朋友向我提出一个问题：你曾师从顾颉刚先生，顾先生一直否认有夏，更不承认夏文化，你现在的研究是否"离经叛道"呢？我说，你说得不对。顾先生是"古史辨"学派的代表，早年确实否认夏史，但他是一位史学大师，他有高山景行的学格，探索真理，永无止境，因此他的学术观点也不是一成不变的。春秋如风，时代在发展，他到了 20 世纪六七十年代不但承认有夏史，而且非常赞成古史与考古发掘相互结合。谓予不信，我可列举出 1974 年他给我写的一封信中的一段话为证。顾师在信中说："偃师一地之新发掘，据北大友人言，龙山文化之下层为仰韶文化，有规模颇伟之建筑遗址，说不定是夏代物，按此地在洛阳东，洛阳是夏桀所都，见于《逸周书·度邑》及《史记·吴起列传》。"（见李民《尚书与古史研究》，第 99 页）1979 年，顾颉刚、刘起釪合写的《〈尚书·甘誓〉校释译论》（载《中国史研究》，1979 年第 1 期）一文，明确表示了中国古代不但有夏，而且对夏的地理方位与周围诸小国的关系给予了深入研讨。这些充分表明了顾先生新的学术见解。至今，国外有些学者仍否认夏史和夏文化，而且常常以顾颉刚先生的《古史辨》为证，其实，他们只是以顾先生过去的见解为口实，想否定夏文化，殊不知顾先生的观点已有了变化，他们为什么不随之改变呢？顾先生是在随着史学、考古学研究的发展而不断地发展，他在学术上不是故步自封，不是局囿己见，这是一位学术大师的治学风范，只有认真观察和研究，才会真正发现他学术发展、变化的轨迹。这种可贵的学风对他的朋友、弟子以及后辈学者都有潜移默化的影响。

二、您在郑州大学期间，带过的研究生中有无研究夏文化的？他们的情况怎么样？

　　我的研究生，包括博士生、硕士生，因为是先秦史方向的缘故，自然会不同程度地对夏文化有所研究，尤其是在我招收的研究生中有相当一部分原来就是考古专业毕业的学生。他们在校期间，我也很注意培养他们研究夏文化的专长。我有位博士生叫张国硕，他毕业于北京大学考古系，现为郑州大学考古系副主任、副教授。他对夏文化的研究主要集中在夏文化的起源、夏夷商三族文化、岳石文化的起源与发展等方面。他曾发表有《夏商周三族起源研究述评》（《中国史研究动态》，1996 年第 10 期）、《试论华夏集团与东夷集团的文化交流及其融合》（《中国史研究》，1993 年第 3 期）以及《史家遗址岳石文化祭祀坑初探》（《中国文物报》，1998 年 5 月 27 日）、《夏文化研究》、《岳石文化来源初探》等十余篇学术论文。他在研究夏文化方面已逐步受到国内外学术界的重视和肯定。

我另有一位硕士生叫刘学顺，毕业后随胡厚宣先生、李学勤先生读博士，并在哈佛大学研修一年，现转入加拿大不列颠哥伦比亚大学继续攻读博士学位。他在我的朋友高岛先生那里重点学甲骨学，同时不断收集整理国内外学术界有关夏文化的研究资料。他已在不列颠哥伦比亚大学亚洲文化研究中心的杂志上发表了几篇有关夏文化的学术论文（英文稿）。不列颠哥伦比亚大学依山傍海，环境非常幽静。人们会问，在这样的环境里怎样研究夏文化呢？殊不知，这里有很多关于中国上古史的研究资料。他们还尝试着用现代化手段研究早期文化，并且在比较文化方面有着研究优势。研究一种文化，绝不只限于一个角度，随着科学事业的不断前进，对其研究要求全方位地进行。我还有一位博士生叫何宏波，目前正在随我进行夏商文化研究，他的研究重点是夏代都城和夏代玉、石器等。

三、您是积极参加夏文化研究的少数几个史学家之一，您觉得在夏文化探索中，历史学家的视角、方法与考古学家有何区别？

历史学与考古学是两个联系非常密切的学科，以至有的学者将考古学归入历史学科中。当然，历史学和考古学无论在研究方法上还是在研究视角上都有较明显的区别。

在夏文化的探索中，历史学家的视角是基于以下认识的。首先是重视历史文献。历史文献虽然经历代辗转流传，难免出现某些舛误，甚至还有真伪问题。但对文献应基于肯定和尊重，不能一概否定，不能主观臆断，只能以科学求实的方法剔伪存真，以利于历史研究。正是由于尊重文献，考古学才有了依文献线索进行的主动发掘。1959 年，徐旭生先生就是从传说记载中在豫西寻找夏墟的，从此揭开了登封王城岗、偃师二里头的发掘序幕。在以后的夏文化探索过程中，又不断以大量的出土资料来检验、校正和补充文献记载，二者相辅相成。正由于历史学与考古学的交叉结合，才使夏文化的探索结出了今日丰硕的成果。

同时，历史学在夏文化研究中还应该更多地强调其理论高度。如以上我提到的，1975 年我与张文彬先生合写《从偃师二里头文化遗址看中国古代国家的形成和发展》一文时，就是在马克思主义指导下，以夏代的社会发展阶段为前提展开的。文中不是简单地罗列文献和考古资料，也不是简单地使用文献和考古资料，而是在综合分析文献和考古资料的基础上去探寻夏代——中国早期国家的发展轨迹。

还有，历史学必须及时关注并借鉴考古学的科学成果。这种借鉴不是牵强附会，不是主观臆断，更不是贴上标签而已，而是从中找出原本就是有机结合的东西。人们可以使用历史学在大量的考古发掘面前提出新的课题，激发并思考许多原本在历史文献中不能解决的问题。如我早期发表的《〈禹贡〉豫州与夏文化探索》一文，就是基于二里头等遗址的水井、农业品、麻布、石磬等遗物的发现，联想到伊、洛、瀍、涧四水交汇地区的重要性，再联想到《禹贡》所说的豫州是夏文化的中心地区。由于岳石文化、红山文化以及中原以外的周边地区其他文化的考古发现，使我们改变了文明仅是源自中原的一元说，使我们更深地去思考夏文化范围之外，文献又绝少涉及的与夏文化可以进行比较研究的周边地区文明的进程。

四、早年您与张文彬先生联名发表的文章里最早提出"二里头二期和三期，无疑是商代早期的一种文化堆积"，亦即二里头第一、二期之间是夏商分界，能否回忆一下当时的情形？

张文彬先生早年毕业于北京大学历史学系考古专业，师从著名考古学家苏秉琦、宿白、邹衡等先生，酷爱考古学。我们二人当时同在郑州大学历史系任教。我虽然是学历史的，但遵从师教，一直把史学与考古学联系起来，不仅不使其对立，而且常常考虑如何使二者相互交叉、融合。

我 1959 年考入南开大学历史系，攻读先秦史硕士学位。在我入校不久，我的导师王玉哲先生就不止一次地告诫我，要研究先秦史，完全固守过去的办法是不够用了，必须要把文献、考古与古文字三者结合起来，才能深入研究下去。王先生的教诲，使我终身受益。从那个时候开始，我就设法尽可能地去听考古学课程，甚至找机会到北京大学去听课。1961 年，当我的硕士毕业论文选定为《〈尚书·盘庚篇〉研究》时，王先生亲自给考古研究所写信，请他们批准我到安阳小屯，在实地考古发掘过程中完成论文的写作。这是因为，在掌握了大量的文献资料之后，如若进一步深入探讨一些问题，如盘庚迁殷的地理环境、阶级阶层状况、当时的社会生活以及盘庚迁殷是否"更不徙都"等，仅用文献资料是无法解释这些重要问题，只有到盘庚迁殷的殷墟（今安阳小屯）去调查，只有与殷墟的考古发掘密切结合，才会得出合理的结论，才会对《尚书·盘庚篇》有实质性的了解。

我那次在安阳小屯住了半年时间，白天下发掘工地，晚上整理材料，撰写论文。当时在安阳工作站工作的有郑振香、陈志达诸先生。那时候，安阳工作站条件十分艰苦、简陋，房子中间用短墙隔开，一间房子有人说话，几个房间都可以听到。蚊子、苍蝇乱飞，晚上不能早睡。整天吃捞面条，放点黄瓜丝，就算改善生活了。虽然苦，虽然与在南开大学窗明几净的图书馆内撰写论文的舒适环境无法相比，但我却乐在其中，这也正是求索者的必经之路。

"功夫不负有心人"，论文写成之后，由于文献与考古结合得密切，论文获得了满分通过。同时，我把论文寄顾颉刚先生并请他指导，答辩时，他虽未亲自到会，但看了论文后，他给予了充分肯定并表示了对晚辈学人的关怀。由于我的论文中提出了一些与顾先生不同的看法，顾先生随即写信表示：一是要我到他身边工作和继续学习；二是极力推荐这篇与他不同见解的文章发表。这充分体现了一个学术大师的治学与育人的高尚情怀。此情此景，参见顾潮编著的《顾颉刚年谱》（中国社会科学出版社，1993 年版）。

出于上述种种原因，我与张文彬先生就有了共同的语言、共同的兴趣，经常切磋一些有关夏商时期考古和古代文化的问题，1975 年发表的《从偃师二里头文化遗址看中国古代国家的形成和发展》就是在切磋的基础上完成的。

研究上述课题，势必要先从研究二里头文化的性质、分期做起。当时我们经过认真分析研究，提出：二里头第二期和第三期是商文化堆积，而第一期和第二期是夏文化的分界。之所以有这样的考虑，是基于以下几个方面：一是根据文献记载，豫西是夏人活动的中心地区；二是夏代的上限，应是在公元前 2100 年左右；三是龙山文化晚期与二里头文化第一期有直接联系，或者说中间无缺环。二里头第一期器物有杯、盘、壶、罐、瓮等，其中杯、盘多平底或假圈足，纹饰以篮纹为主。从器物特征和纹饰以篮纹占一半以上来看，它承续了龙山文化的风格。当时普遍通行的说法是说二里头遗址是早商遗址。直到 1977 年 11 月 2 日，在登封告成遗址发掘现场会上，时任中国社会科学院考古研究所所长的夏鼐先生总结发言时还指出对于夏文化的认识大致有四种意见：一是认为河南龙山文化晚期与二里头文化的第四期都是夏文化遗存；二是认为河南龙山文化晚期与二里头文化第一、二期遗存为夏文化遗存；三是认为二里头文化第一、二期遗存是夏文化，第三、四期是商文化；四是认为二里头文化第一至四期都是夏文化。以此看出，河南龙山文化晚期至二里头文化第一期是夏文化这一说法在 1975 年还是模模糊糊并不清晰，或者说是处于"萌芽"状态的一种说法。因为当时出土的遗物能作分析比较的东西并不多，所以在 1975 年我们提出此观点，但以后我们逐步改变了学术观点，尤其是当偃师商城遗址发掘后，我们逐步倾向于二里头文化第一至四期为夏文化说。然而，关于二里头第一、二期是夏商文化分界这一说法，至今仍有些学者继续坚持，国外有的学者也不同程度地坚持这一说法。如日本的饭岛武次先生就曾撰文，认为二里头类型第一期和第三、四期之间存在着显著的差异，显然属于另一种文化。而第二期和第三、四期有着相近文化内容，其性质当属一致。他认为，二里头第二、三、四期为商文化范畴。（见《夏商文明研究》一书，中州古籍出版社，1995 年版）言下之意，是说二里头第一期是比商文化更早的一种文化类型。不能不说，河南龙山文化晚期与二里头文化第一期为夏文化这一说法是有其合理因素的。学术观点绝不能固执己见，随着学术研究的深入，随着考古资料的增多，作为探索某个学术问题的见解，也是可以改变的。这是一个正常规律。

五、您参加过国内外哪些有关夏文化的学术会议？

我第一次参加的有关夏文化的学术会议，是 1977 年在登封召开的河南登封告成遗址发掘现场会，习惯上又称它为夏文化会议，因为它的中心议题是对登封王城岗遗址的年代、性质的讨论以及对夏文化问题的探索。也就是说，这是首次召开的有重大影响的夏文化学术研讨会。当时的中国社会科学院考古研究所所长、著名考古学家夏鼐先生以及来自国内的有关学者出席了这次会议。当时，我向会议提交的论文，就是与张文彬先生合写的那篇论文的修改稿。

第二次是 1984 年在香港大学亚洲研究中心，由我做了一个专题讲座——关于夏文化研究的几个问题。香港大学在香港岛上，依山面海，风景十分秀丽，亚洲研究中心就在香港大学内，是香港大学与外界学术交流的重要窗口。亚洲研究中心会定期请一些学有专长的专家做学术讲座，讲座之后大家就讲座专题发表各自的看法，最后再由主持人做总结，当时的主持人是著名学者赵令扬教授。香港大学和香港中文大学等校的专家、学者以及博士生 50 余人参加了此次讲座。这种讲座也是香港大学学术会议的另一种形式。

　　第三次是 1988 年在日本东京参加的第三十三届国际东方学者会议。在这次会议的分组中，有一组是讨论中国古代夏商周文化。我向大会提交的论文，题为《夏史研究展望》（*Study of Xia History in Prospect*），文中主要强调了历史研究必须与当前的考古发掘紧密结合，相互融合，并提出了相互结合的原则。此文作为大会的重点发言受到了日本的松丸道雄、池田末利等与会专家的充分肯定，由大会确定为会议的重要专题，在东京的东洋文库又做了一次专场报告，足见国外有不少学者对夏商文明也是非常感兴趣的。

　　第四次是 1991 年在洛阳，参与并主持了"夏商文化国际研讨会"。国内的学者来自全国各地，国外如美国、加拿大、日本、意大利等国的从事这方面研究的专家、学者也不远万里与会，相互切磋，相互启发，把夏商文化的研究工作推向了一个新的水平。

六、早年您曾力主郑州商城为中丁所迁之隞都，在偃师商城、小双桥遗址发现之后，您对郑州商城以及与之密切的夏文化的认识有无变化？

　　关于中丁迁隞，即郑州商城隞都说，这一观点我基本上没有改变，但有所发展。今后若有重要发掘资料出现可能还会有变化。先是 1981 年，我在《说隞都》（收入《夏商史探索》一书，河南人民出版社，1985 年版）一文中提出，结合古代文献的记载和郑州商城的发掘，从商城的规模、绝对年代等方面综合分析，郑州商城既不是商汤所居之亳，也不是祖乙所迁之庇，实应为"中丁迁隞"之隞都。因为它是商代的国都，所以也可称之为"亳"。在 1985 年我又发表了一篇题为《南亳、北亳与西亳的纠葛》的论文（收入《全国商史学术讨论会论文集》），文中提出了夏商时期的都城设置制度与后世相比，的确有其时代特点。由于所处时代条件所致，夏商时期往往是两都或数都并存。当时社会的发展进入阶级社会不久，国家政权简单，基础薄弱，在国家政权统治的范围内，地旷人稀，山川阻隔，而且其周围散布着许多的方国或部落。若仅靠在中心地区的一个都城"鞭长莫及"难以统治，所以往往在都城之外，另建一个或数个都。这另建的都有城，有宫殿，有宗庙，但更重要的是军事重镇或军事据点。这种军事重镇，有的远离主要都城，以作为统治偏远地区的军事中心、政治中心；有的则作为拱卫主要都城的门户，设在离都城不远的地方。郑州商城是中丁所迁的隞都，《水经注·济水》所说的"济水又东，径敖山北……其山上有城，即殷帝中丁之所迁也"，在离郑州商城不远的隞山上又有一都，这显然是辅都，是拱卫隞都主都的军事重镇。

　　1994 年，我在台湾第五届文字学学术研讨会上又发表了一篇题为《宰椃角铭文研究》的文章，文中就涉及《宰椃角》中的"燦"，认为"燦"就是殷末周初之管，其地在《括地志》所说的郑州"管城县"范围内，也正好与郑州商城的位置相合。如何解释这一历史现象？我认为，据《史记·管蔡世家》"管"下"集解"杜预曰"管在荥阳京县东北"，《括地志》说，管在"郑州管城县"。周初封管叔鲜于管，其地在今郑州市区内。又由《宰椃角》等铭文可以看出，其地在商末已称管，叔鲜封于管故称管叔。

以此更可以看出，至晚在商代末年郑州商城已由隞都改称为管。

以上是我对郑州商城起始与发展变化的几点看法。现今由于偃师商城遗址的发掘和小双桥遗址的发掘，使得我以上的观点有了进一步的发展。

对于偃师商城，我在《南亳、北亳与西亳的纠葛》一文中，就已提出它是商汤灭夏以后建成的另一个都城。它的建立意味着夏王朝已彻底灭亡，商王朝已代夏兴起。1994 年，在"郑州商城与殷商文明国际研讨会"上，我再次提出偃师商城在文献记载上是有根据的，在考古发掘资料上是可信的，因此它应该是夏商文化之间的一个重要界标。此前，有一次我与偃师商城遗址发掘主持者之一的赵芝荃先生开玩笑说："你们是否用尺子量着找到西亳的？"这虽然是玩笑话，但据唐代《括地志》所说"亳邑故城在洛州偃师县西十四里"，实在是十分精确的记载。1999 年 9 月 24 日，我应邀参加了"夏商周断代工程"阶段成果报告会，在会下，首席科学家李伯谦先生对我说，在商代都城问题上，我们吸收了你的观点，你意识到没有？我说，当然意识到了。另外，小双桥遗址的发掘与我原来的"郑州商城为主都，隞山之上的隞都为辅都"这一说法并无矛盾。

有鉴于上述，我现在可以在偃师商城遗址和小双桥遗址的进一步发掘后，将我对于偃师商城遗址、郑州商城遗址和小双桥遗址的看法概括如下：

偃师商城是夏商文化的一个重要界标，是商汤灭夏之后建立的另一个都城，而郑州商城主体上是中丁迁隞的隞都，不过，在中丁迁隞之前，这里早已有商人居住，或者说，在中丁迁隞以前，因这里的地位十分重要，商人就已在此开始建城。现在发现的郑州商城主体上是中丁迁隞所建成的，作为当时的主都。而建在隞山之上的城，则是隞都的辅都，以拱卫南面的主都。此山上之城已被河水所夺，荡然无存。至于现今发掘的小双桥遗址正好介于当时的主都与辅都之间，应该是隞都的祭祀或墓葬区，其面貌目前还不十分清晰，但它确与郑州商城有关系，或是隞都某一时期的祭祀遗址亦未可知。我们可以联想到殷墟的祭祀坑是在殷墟的西北方向，垣曲商城以西也有祭祀遗迹和青铜器窖藏，因此，郑州商城西北有祭祀遗址也是可以理解的。"中丁迁隞"至河亶甲时"自嚣（隞）迁于相"，商王都虽已迁出隞，但原来所建的城并未废弃，仍是商人通向东南方向的要冲之地。后来，不知什么时候起这里又改称为管。虽然对其起始不清楚，但殷末这里称管是毫无疑问的，因为周初之管也正在此地。这一历史事实，是不可以改变的。

七、现在您认为哪些考古学文化是夏文化？

首先应明确什么是夏文化，这是回答这一问题的重要前提。关于"夏文化"，1977年，夏鼐先生在登封会议上指出，夏文化"应该是指夏王朝时期夏民族的文化"。并且他强调："夏王朝时代的其他民族的文化，也不能称为'夏文化'。不仅内蒙古、新疆等边区的夏王朝时代的少数民族的文化不能称为'夏文化'，如果商、周民族在夏王朝时代与夏民族不是一个民族，那只能称为'先商文化'、'先周文化'，而不能称为夏文化。"他的这一提法，有不十分严密之处，因为每一种文化都有它的起源、发展、繁荣以至于消亡的过程，不可能随着某一王朝的建立而建立，随着某一王朝的灭亡而灭亡。但是目前来看，夏鼐先生这一结论从总体上是可以遵循的。在此前提下，我们寻找夏文化，应该注意以下几种考古学文化：

首先是二里头文化。邹衡先生在他的《夏商周考古学论文集》（文物出版社，1980年版）中已把二里头文化分为四期，而且他认为二里头文化第一至四期都是夏文化。他特别指出："从全部陶器来看，第一、二段之间和第三、四段之间彼此交错的现象都较多，变化不十分显著；而第二、三段之间交错现象较少，变化比较显著。这种变化情况在纹饰上表现最清楚：早期者多饰篮纹和深陷的细绳纹；晚期者篮纹极少见，而多饰中绳纹或粗而乱的绳纹。"（该书第133页）他的这一见解得到了较为普遍的共识。我后来也逐步倾向于二里头文化第一至四期是夏文化。但我认为，二里头文化虽是夏文化，可是二者不能画等号。也就是说，夏文化不单单是二里头文化。无论从地域上、时间上都可以这样讲。在时间上，二里头文化第一、二期以前还有没有夏文化？我认为，河南龙山文化晚期的一些文化遗址，如汝州煤山遗址，1970年，洛阳博物馆在此发掘中发现了三期相叠压的文化层。第一期是河南龙山文化晚期，第二期是二里头文化第一期，第三期为二里头文化第二期。这表明二里头文化是由河南龙山文化晚期直接发展而来的。这样的叠压情况以后在洛阳矬李、新密新砦等遗址中也有发现。在器物的演变上，也可以看出河南龙山文化晚期与二里头文化第一期有一定的衔接关系。这种认识与我前面所说的1975年撰文中提出的河南龙山文化晚期应属于夏文化是一致的。前面已述及，在1999年9月24日召开的"夏商周断代工程"阶段成果报告会上，有一些研究夏史、夏文化的专家持有与此相同的看法，认为夏文化的早期应从河南龙山文化晚期中去寻找。但其难处又在于，河南龙山文化晚期可分为三段，如果河南龙山文化晚期是早夏文化，那么，河南龙山文化晚期在什么阶段进入了夏代？即是说，夏代文化是从河南龙山晚期哪一个阶段开始的？这确实是持河南龙山文化晚期说者需要认真考虑的一个重要问题。

再从地域上言，不仅在今之豫西，即使在今之晋南也有夏文化，特别是大家常常提到的山西的东下冯型的夏文化遗址。在此不再详述。

　　从目前的资料分析得知，二里头文化、东下冯型文化以及早于二里头文化的河南龙山文化晚期都应该是夏文化。

　　夏文化问题是一个十分复杂的研究课题，国外某些学者至今不承认找到了夏文化，这就为夏文化的研究带来了紧迫感。我们应该面对历史文献、面对日益增多的考古发掘资料，集思广益，冷静、客观地总结以往的研究，在相互研讨，相互补益的基础上，使夏文化的研究出现一个更新的局面。

主要著述

1.《从偃师二里头文化遗址看中国古代国家的形成和发展》（李民、张文彬合写），《郑州大学学报》1975 年第 4 期。

2.《简论夏代国家的形成》，《历史教学》1979 年第 1 期。

3.《〈尚书·甘誓〉所反映的夏初社会》，《河南文博通讯》1979 年第 4 期。

4.《〈尚书·甘誓〉三正考辨》，《中国史研究》1980 年第 2 期。

5.《〈禹贡〉与夏史》，《史学月刊》1980 年第 2 期。

6.《夏代文化》，中华书局，1980 年版。

7.《〈禹贡〉冀州与夏文化探索》，《社会科学战线》1983 年第 2 期。

8.《夏族的起源与播迁》，《郑州大学学报》1985 年第 1 期。

9.《〈禹贡〉豫州与夏文化探索》，《中州学刊》1985 年第 1 期。

10.《夏商史探索》，河南人民出版社，1985 年版。

11.《夏史研究断想》，《社会科学评论》1986 年第 3 期。

12.《夏史研究展望》，《国际东方学者会议论文集》，1988 年，日本东京。

13.《夏代文化》，1997 年 10 月，中华书局修订、再版。

14.《夏商周三族源流探索》（李民、张国硕著），河南人民出版社，1998 年版。

方酉生

方酉生，1934 年出生，浙江建德人。1956 年，毕业于北京大学历史学系考古专业。后任武汉大学人文科学学院教授，湖北省考古学会名誉理事，湖北省炎黄文化研究会理事。曾任武汉大学历史系考古教研室副主任，《江汉考古》编委会副主任、常委，湖北省考古学会副秘书长、副理事长等。1959 年夏天，跟随我国著名古史学家、考古学家徐旭生先生作豫西『夏墟』的考古调查，发现著名的登封告成王城岗遗址、偃师二里头遗址等。以后长期参加和主持偃师二里头遗址的考古发掘工作，并参加发掘简报、报告的编写。

一、您参加过 1959 年夏季的豫西调查，能否详细谈谈当时的有关情况，如起因、过程及二里头遗址性质的判定等？

　　徐旭生先生是我国著名的古史学家、考古学家。他在新中国成立前出版，在 20 世纪 60 年代又经过增订出版的《中国古史的传说时代》，在史学界、考古学界产生了很大的影响，至今仍是研究这方面很重要的参考书籍。同时，他又是一位具有丰富实践经验的科学工作者。早在 1927 年，他就参加与瑞典人斯文赫定联合组织的中国西北科学考察团，任中方团长，在西北地区进行科学考察。1933 年起，徐旭生先生在陕西宝鸡斗鸡台遗址主持考古发掘工作，并在渭河流域进行考古调查，写出《陕西渭河附近考古调查报告》和《陕西最近发现之新石器时代遗址》两篇考古报告。因此，徐旭生先生既具有很深的文献功底，又具有考古实践的丰富经验，这比当时只掌握古代文献知识而不具备考古实践经验的学者要胜一筹的。

　　这种书本知识与实践经验相结合的方法是一种科学的方法，是十分宝贵的。正由于徐旭生先生具有严谨而实事求是的治学态度与勇于探索和创新的精神，才能卓有见识地提出以田野考古为主探索夏文化的设想和行动，才有 1959 年夏天豫西调查"夏墟"的创举。40 年来，沿着徐旭生先生所开辟的道路，夏文化的考古调查和发掘工作取得了巨大的成绩。徐旭生先生提出的以文献记载为依据，与田野考古工作相结合探索夏文化的开创之功不可磨灭。

关于 1959 年夏天的豫西调查"夏墟"之行，徐老早就有了计划，还得到了著名考古学家，当时担任中国科学院考古研究所所长夏鼐先生的高度重视和支持，并对这次调查做出具体的计划和安排。调查的具体过程是，1959 年 4 月 14 日，徐旭生先生及其助手周振华从北京动身，经郑州到达登封。洛阳考古工作站委派我和丁振海、郭柳圻、段守义 4 人，从洛阳动身直接去登封和徐、周会合。然后，在登封附近开展考古调查工作，发现距县城东南 6 千米的宋家沟口遗址、华楼遗址和县城西南的大金店遗址，之后转到县东南 11 千米的告成镇，发现八方（即王城岗）遗址、石羊关遗址等。5 月 4 日以后，取道白沙到禹县（今禹州市），调查的遗址有花石头、阎寨、阎寨河、顺店和谷水河等。5 月 11 日途经许昌到达巩县（今巩义市），经回郭镇到文献上记载桀都斟鄩之一的罗庄作考古调查，发现二里头遗址。5 月 17 日返回洛阳。豫西实地考察调查"夏墟"的工作暂告一段落。5 月 22 日徐旭生先生和周振华乘火车去山西作考古调查。途经陕县（今三门峡陕州区）时在雁翎关村调查了传说中的夏后皋墓。

二、您曾跟随徐老工作，而且沿着他开创的夏文化探索之路做了大量工作，请问您如何评价徐老在夏文化研究方面的成就？您受过徐老哪些影响？

我跟随徐老工作（1964 年春季，徐老又到偃师二里头遗址发掘工地指导工作达两个月之久，以及平时在考古研究所内接触所及），深受他的影响。徐老为人正派、耿直、真诚、朴素、严于律己，待人慈祥和蔼。徐老当时已 70 岁高龄，老当益壮，精神抖擞，为了繁荣祖国的科学事业，不怕困难，不怕辛苦和劳累，夜以继日忘我工作的优良作风和治学严谨、求实，勇于开拓进取和创新的精神，是永远值得我们后辈学习的。徐旭生先生外出调查"夏墟"时，随身带着一小卷铺盖，每到一地，都借当地政府机关、学校空房作为下榻之所，用他自带的被褥。徐老当时是河南省人大代表，各地方领导为照顾徐老身体，都曾提供较好的生活、住宿条件，而为徐老婉言谢绝，他从不愿多打扰当地各级领导。外出调查回来，有时误了吃饭时间，徐老就到附近小饭铺里买红薯馍充饥。有时住地的伙食质量很差，我们劝徐老改善一下，他总是拒绝，教导我们生活上要艰苦朴素，群众吃什么，我们吃什么，不能脱离当地群众的生活水平。需要乘火车转赴外地调查时，或是为了多做些工作连夜赶乘火车时，徐老都坚持买硬座票和我们坐在一起，而不愿意让我们给他买软座或卧铺。

在登封告成镇调查八方（即王城岗）遗址时，镇上领导邀请徐老在遗址现场为全镇干部、群众和学校师生作过一次演讲，宣传调查夏文化的意义和重要性。他借助调查当中捡到的实物标本，如石斧、石刀、陶器等，向到场听众讲解文物知识，进行热爱乡土文物古迹的教育。

徐老在禹县（今禹州市）花石头调查时，白天在野外奔跑了一天，十分劳累，晚上仍应邀到花石头中学，为全校教师和高年级同学作了一次有关探索夏文化重要意义和我们此次调查目的的学术报告，报告完毕，又和师生一起座谈。

到巩县（今巩义市）罗庄遗址调查时（文献中斟鄩的可能之一），正是5月中旬，天气比较炎热，要往返步行数十里。我们劝徐老留在回郭镇住地，由我们年轻人去作调查，但徐老坚持徒步同行，亲自去作调查。那天，我们年轻人都热出一身汗，而徐老始终兴致勃勃，精神抖擞。

在偃师境内调查二里头遗址时，天忽然下起大雨，道路泥泞，十分难走。我们建议徐老先到老乡家避雨小歇，可徐老却坚持冒雨调查完毕。

待到徐老和我们冒雨在泥泞土路上跋涉十余里回到住所时，已经是晚上9点，早已过了吃晚饭时间，只得以冷馍充饥。第二天，徐老又照常外出调查。

徐老"夏墟"之行的全过程中，不管白天外出考察调查多么辛苦和劳累，晚上都要坚持在煤油灯下详细记录一天调查的收获和心得。这种对待工作认真负责、一丝不苟的精神是永远值得我们学习的。

三、您是什么时间在二里头遗址工作的？都做过哪些工作（包括田野和室内）？哪些事情是您最难以忘怀的？

我1959年夏天跟随徐老参加豫西调查"夏墟"的工作结束返回洛阳考古工作站以后，即投入洛阳西干沟遗址的田野发掘工作，下半年又与工作站一些同志去豫西六县作考古调查，写出《1959年豫西六县考古调查简报》（《考古》1961年第1期）。1960年，响应党的干部下放参加劳动锻炼的号召，到山东曲阜劳动锻炼。1961年起，即投入偃师二里头遗址的田野考古发掘，以后绝大部分时间都在二里头遗址工作，直到1977年年底因解决家庭两地分居的困难，调到武汉大学工作为止（中间因"四清"和"文化大革命"停工除外）。以后，于20世纪80年代初期，又曾数度返回洛阳考古工作站参加二里头遗址发掘报告之1号、2号宫殿建筑基址的资料整理和报告编写工作。再后来我利用开会和所教研究生在二里头遗址实习的机会到二里头遗址做过数次参观，了解田野发掘情况等。长期在二里头遗址做田野考古发掘工作，有些事情是难以忘怀的。如在20世纪60年代三年困难时期，在工地吃粗粮，粮食定量不够吃，食堂就买红薯、萝卜作补充。有一年，我们前年冬天贮藏的萝卜，到开春以后已抽芽空心了，于是我们就吃这些只剩下筋、皮的空萝卜，把我的牙齿都咬坏了，疼得我睡也不行，站也不行，只得跑到洛阳医院，将痛牙拔掉了事。从洛阳购买一些工地用品返回时，到了洛河渡口，一看洛河已涨水了，渡船也没有撑过来。我们就在河岸边一边喊话一边等，直到天黑以后，渡船才撑过来。因为船不能靠岸，我们要先蹚水才能上船，由于天黑看不清楚，身上又扛着蒲包（装陶片用的）等物品，河水深至膝盖以上，整个身体要漂浮起来似的，差点儿被河水冲走，心里十分害怕，至今想起，尚有余悸。说实在的，当时搞田野考古，工作条件比较艰苦，但大家都习以为常，干劲十足。田野考古是露天操作，又是持续性的，有时一个季度的发掘，除下雨天外，晴天很少休息，包括星期天在内。发掘成天同泥土打交道，但限于客观条件，衣服也很少洗。不管是刮风，还是太阳晒，魂系西亳（当时认为二里头遗址是汤都西亳），努力工作，白天下工地，晚上在小煤油灯下整理当天发掘出的标本和填写发掘记录。虽然物质条件较差（当地老乡说我"刚下工地时又白又胖，一到收工时又黑又瘦"），但在精神上是很愉快的，特别是当挖出好的文物标本或发现重要的遗迹现象时，更是如此，高兴无比。

四、您离开二里头遗址甚至考古研究所之后，仍孜孜不倦地研究夏文化。请问在不在二里头遗址对研究夏文化有什么影响？

在工地现场搞考古发掘与在室内看文献考古资料搞室内研究，两者是相辅相成的。搞田野考古发掘，由于工作的性质决定出成果的时间较长。在考古研究所，出差搞田野发掘的时间较多，相对看文献记载和考古发掘简报、报告和写文章的时间就少。离开考古研究所到大学教书以后，也有带学生搞田野考古发掘实习的任务，但相对少了一些，而看文献、看考古简报、报告和写论文的时间相对就多了。因此，各有所长，各有所短。在考古研究所的长处是直接掌握第一手的实物资料，短处是搞室内研究的时间少些。在大学里教书，直接接触第一手实物资料的机会少些，这是短处。但这期间，我的研究生曾到二里头工地参加过实习，我也利用开会等机会到二里头工地参观过数次，以弥补不足。长处是可以利用第二手材料，结合文献记载，搞一些综合研究。

五、在您任教于武汉大学期间，带过的研究生中有没有研究夏文化的？他们现在的情况如何？

我到武汉大学任教期间，考古专业尚未设立硕士点，所以未能正常招生。后来几次招生，考生的分数都未能上线因而未被录取。加上其他原因，我只培养过一位硕士研究生，在南京大学考古硕士点答辩，取得南京大学硕士学位。目前该生在教育部门工作。

六、在几十年的研究过程中，您对夏文化的看法前后有无变化？如果有变化，请您谈谈对夏文化的认识过程。

1958 年，当我在洛阳看到东干沟遗址挖出的陶器等遗物时，觉得很新鲜，它与河南龙山文化以及郑州二里冈遗址的陶器都不一样，联系到洛阳的位置处在夏代的中心部位，因此，心里曾思考着这些东西会不会是夏代的遗物。但当时学术界将东干沟遗址一类的遗物看作早商时期的。同时，在文献上又有偃师是汤都西亳的记载。特别是在偃师二里头遗址的中期（即以后分为四期的第三期）发现有两座宫殿建筑基址以后，更认为这是汤都西亳时的实物见证。据此，我将夏商二代的分界线画在二里头的第二期与第三期之间。二里头遗址从第三期开始，是商汤都西亳时期的物质文化遗存，早于第三期的第一、第二期遗存才是夏代的文化遗存。虽然如此，但我心中还是苦苦地思索着西亳这个学术问题。1983年春天，偃师尸乡沟商城的发现，使我感到特别高兴，认为商都西亳终于真正找到了！回过头来再对比、分析、研究二里头遗址和偃师商城的关系，得出结论：二里头遗址第三期发现的两座宫殿建筑基址应该是夏代晚期遗存，即桀都斟鄩时的实物遗存。夏商二代的分界线应该改定在二里头遗址的第三与第四期之间，这与碳十四测定标本的年代数据也是相符合的。这种随着考古新资料的发现而改变自己学术观点的做法是正常的。

七、最近偃师商城的新发现，重新掀起了夏商研究的热潮。您对这些重大发现是如何认识的？这些发现对您关于夏文化的看法有何影响？

围绕着西亳问题和夏商二代的断限等问题，不同意见之间展开了热烈而持久的争论。但到 20 世纪 70 年代末期以后，两派的争论逐渐形成了僵持的局面，似乎已有难以深入下去的趋势。正在这时（1983 年春天），考古工作者在偃师尸乡沟一带配合基础建设时发现了一座早商城址，商城保存基本完好，位置正好坐落在文献上记载的汤都西亳上面。这一具有突破性的重大发现，就如一声震耳的春雷，打破了学术界的寂静，又犹如在黑夜航行中发现一盏闪亮的航标灯，给正在艰难跋涉中的夏商文化探索工作带来力量和信心。偃师商城的发现无疑具有十分重大的学术意义。

我初步考虑了一下，至少有如下几点：

（一）证明班固在《汉书·地理志》河南郡偃师条下自注"尸乡，

殷汤所都"的记载是正确无误的。那种企图否认偃师为西亳的意见，事实证明是不对的。

（二）偃师尸乡沟商城为汤都西亳的确定，为早商文化的上限树立了可靠的标尺，同时也为夏王朝的物质文化的下限，划分出一条明确的断限界线。

（三）根据文献记载，夏代的上限年代是在公元前 21 世纪至公元前 23 世纪。二里头遗址第一期的年代为公元前 1900 年左右，因此，二里头文化的第一期还不是夏王朝最早的物质文化。夏王朝早期的物质文化还要往上去找，1977 年开始发掘的登封告成八方遗址，即王城岗遗址有可能就是我们需要寻找的"禹都阳城"的阳城。

（四）偃师商城为汤都西亳，它的始建年代在二里头文化的第四期，比郑州商城的始建年代在二里冈文化下层晚段为早（因为在郑州商城中出土有二里冈下层的陶片，所以它的上限已经不可能再往前提了）。偃师商城的面积比郑州商城小三分之一，时代比郑州商城为早。因此，这里牵涉到一个郑州商城为何王都的问题，我们认为郑州商城是中丁所迁的隞都。

（五）偃师商城的发现，使得我们得以改变自己的学术观点，即认为二里头遗址的第三期文化遗存，是桀都斟鄩时的物质文化遗存。夏商二代的断限是在二里头遗址的第三、四期之间。这种新观点，目前已经得到一部分学者的赞同。

总之，偃师尸乡沟商城的发现，给我们探讨夏商物质文化方面的工作，解决了一个关键性的大问题。它的发现，扫清了当前夏商文化研究道路上存在的一个重大障碍，使我们可以从考古实物资料当中，排列出一个夏商文化早晚发展的序列，搞清楚了它们的上、下断代界限，指出夏商王朝主要几个都城的名称和具体地望。如登封告成王城岗遗址是禹都阳城；偃师二里头遗址是桀都斟鄩；偃师商城是商汤灭夏桀以后新修建的一座都城，即商都亳（或西亳）；郑州商城是中丁所迁的隞都；等等。

八、小双桥遗址的发现，有的学者认为其为中丁所迁之隞都，从而证明了郑州商城为亳都，二里头遗址为夏都。您对这个问题是怎样认识的？

我认为，无论从文献记载方面还是从考古实物资料方面来看，这种意见都是不能成立的。归纳起来理由有以下五点：

（一）小双桥遗址的规模与中丁都隞不相符合。有人认为，小双桥遗址的面积为144万平方米，稍小于偃师商城，在全国发现的早商遗址中，居于第3位。但偃师商城从商汤至大戊，建都的时间至少有一百余年才形成190万平方米的面积，而小双桥遗址的面积与有人所说的仅居二王，不到一代，时间不到20年或二三十年之数并不合拍。

（二）小双桥遗址的地理位置与文献中所见的隞都并不完全相合，而郑州商城的位置更为合适。《诗·小雅·车攻》中提到"东有甫草，驾言行狩。之子于苗，选徒嚣嚣。建旆设旄，薄狩于敖"，诗中将东边的甫田与西边的敖山联系起来叙述，说明两者关系密切。甫田和敖都是地名，特别是敖指的范围应该较广，郑州应该包括其内，而且比小双桥遗址更为优越，此外在敖山上也不能建都。

（三）关于小双桥遗址的年代问题，根据报道，小双桥遗存的年代属于白家庄期，但郑州商城本身就有白家庄期的东西，而且通过考古发掘了解到，商城范围内发现的白家庄期遗存比小双桥的更为重要、精彩。所以两相比较，中丁隞都在何处，是一目了然的。首先，白家庄遗址发现的陶器，"器形硕大，庄重，陶胎厚实，颇有王室气派"。发现有3

座墓中有青铜器、玉器、玛瑙器、象牙器、绿松石和贝等珍贵实物，特别是在外皮 C8M3 中发现有奴隶殉葬，这是迄今为止在郑州商文化遗址中唯一一座有奴隶殉葬的墓。更令人惊讶的是在商城的内外城墙之间，发现有 3 处青铜器窖藏坑。这些属于白家庄期的国宝级王室重器的发现，是郑州商城为中丁隞都的无懈可击的铁证。我们反观小双桥遗址的白家庄期遗存，发现有三处夯土建筑基址，大都残缺，且夯层不明显，夯窝稀疏，夯痕浅而不明显，建筑结构和布局虽尚未能了解清楚，但已可以看出质量与二里头遗址和偃师商城的夯土建筑遗存相差甚远。小双桥遗址祭祀坑内的包含物放置零乱，品种繁杂，时代又晚于夯土建筑基址，所以可能只是当时丢弃杂物的垃圾坑。牛角坑 7 个，有的"仅出土一个牛角，不见陶器等遗物"，推测也不是祭祀坑，因为作为王室祭祀的规格和档次都太低。其他出土遗物的精美程度也比不上郑州商城。因此，只能得出隞都以郑州商城为主，小双桥遗址只是中丁都隞的一部分而已。

（四）再说小双桥遗址与东夷的关系问题。有人因小双桥遗址出有岳石文化生产工具石镬，而这种石镬不见于商代的其他王都内，特别是未出现在偃师商城、郑州商城和安阳殷墟内，所以认为这是中丁征伐蓝夷的结果，从而将小双桥遗址与中丁的隞都联系起来。我认为，岳石文化的一种生产工具未在商代王都内发现本属正常现象，因为王都是全国政治、经济、军事和文化的中心，是全国最高统治者居住和施政的场所，不是农业生产的主要场所。相反，小双桥遗址内出土有岳石镬文化的生产工具，说明小双桥是一座低层次的居民聚落，不是王都。有人又将这种石镬看成是东夷人的一种武器，我认为，这种意见值得商讨，因为石镬三面有刃，刃面在两侧和下面，这种情况，有点类似现在圆头铁锨，是一种掘土和翻土的工具。如果是战争武器，顶上面无刃，不利于刺杀敌人，刃朝下面，使用时刃对着自己，加上石镬体大而笨重，在身的中上部装上木柄，如何能与敌人作战？这很不合理。同时，已经处在青铜时代的商代和东夷族，即使当时尚使用某种石制武器，也已经并不先进，而属于落后、淘汰之物了。试问中丁将这些笨重的石镬当作战利品带回王都，又有何用？而且在小双桥遗址中发现的石镬，大多数都已经残缺，这分明是在生产劳动的使用过程中损坏的。假若这种石镬是东夷人的作战武器，中丁为什么只捡些残缺品带回王都来呢？至于说拿这些残缺的石镬用来祭祀，那就更缺少有说服力的证据了。那么，如何正确地看待小双桥遗址中出土的这些残缺的石镬呢？我认为，小双桥遗址可能是一处安置东夷战俘的地方。这些石镬是他们从山东老家带过来的或就地制作的，在长年掘土的使用过程中而残缺了。可以作为旁证的是在小双桥遗址中发现有一部分黑皮和灰黑皮陶，陶胎为褐陶，多黄褐、红褐，亦有少量灰褐色，其质疏松，且表皮易脱落，是岳石文化陶器的特征。只有在东夷人集中居住和生活的地方，才会出现有东夷人的生活用具——陶器的存在，这是不难理解的。此外，小双桥遗址还有可能是一处王室祭祀的场所，被作为祭品的当可能就有东夷的战俘。由于小双桥遗址东距郑州商城（隞都）和北距敖山（邙山）都不远，位置比较合适，便于管制和监督，因此，中丁就将东夷战俘集中安排在这里劳动和生活，并作为王室祭祀的场所。

（五）有人认为郑州商城是商都亳，小双桥遗址是中丁隞都。两地只隔20千米是合理的。并举出"周武王自丰迁镐，只是越过了不宽的沣河"。这种对比并不合适。因为武王从丰迁镐，目的明确，是为了更有效地控制灭商以后迅速扩大了的东方地区。若按此理，中丁迁隞的目的是征伐蓝夷，那么，蓝夷的位置是在郑州商城的东方，中丁应该从郑州商城往东迁都才是，无奈小双桥遗址的位置是在东夷相反的方向，而且与郑州商城只有20千米路程，这就不好理解。在平原旷野里，迁都只迁

20千米地,对于战争能起什么作用?能产生多大的影响?事实上中丁为了征伐蓝夷,是从亳(或西亳)即偃师商城往东迁到郑州商城(隞都)去的。至于有人将中丁迁隞与东周的晋、燕小国相比,更不恰当。因为晋、燕本来是小国,迁都当然不能超出小国范围。所以,情况不同拿来相比毫无意义,只能使人产生一种错觉。我认为,对于我国历史上的重大学术课题,还是应该采取"二重证据法"来进行研究,不必先下结论,允许不同意见来参加讨论。我相信,随着今后工作的开展,资料的增加,这个问题是可以得到解决的。

九、近年,至少有三位中青年学者主张偃师商城为夏代末年始建,您曾撰文对张锴生的观点进行辩驳,能否谈谈您对这个问题的主要看法?

首先我认为,有几位中青年学者主张偃师商城为夏代末年始建,似乎并这个问题的关键。因为这个问题不是用举手表决,少数服从多数的办法所能解决的问题。

到目前为止,我只看到张锴生先生写的文章有这个观点,张锴生先生的文章发表在《中原文物》1995年第1期上,题目为《偃师商城始建年代与性质的再探讨》,以后又见到一篇题为《"偃师商城"为夏桀都邑说》,发表在《夏文化研究论集》(中华书局,1996年版)上。我在《江汉考古》1996年第1期上发表一篇题为《偃师尸乡沟城址是"夏桀所筑,商代利用的城邑"吗?》的文章,是针对张锴生先生的《偃师商城始建年代与性质的再探讨》的。以后张锴生先生针对我的文章,在《江汉考古》1996年第4期上,发表一篇《关于偃师尸乡沟古城的几个问题》一文提出商榷,之后,我又写了一篇再商榷的文章,题为《偃师尸乡沟城址是商汤灭夏后始建之都西亳——兼与〈偃师尸乡沟古城的几个问题〉一文商榷》，发表在《江汉考古》1997年第3期。双方讨论的过程，大致如此。现在谈谈我对这个问题的主要看法。我认为，搞历史时期的田野考古工作，特别是对探讨古代王都的重大问题，必须遵循以马克思主义关于国家起源学说的理论和历史唯物主义的观点作为指导，遵循以文献为依据，与考古实物资料相结合的方法来进行研究，正确运用碳十四测定标本的年代数据来作参考。

第一，从文献记载方面来说，张文以《今本竹书纪年》的材料为依据，我认为这是靠不住的。因为《今本竹书纪年》自清代以来，著名的学者如钱大昕、纪昀、洪颐煊、郝懿行等皆怀疑其为伪本，朱右曾更力斥其不足信。王国维先生则认为："始知今本所载，殆无一不袭他书；其不见他书者，不过百分之一，又率空洞无事实，所增加者年月而已。……夫事实既具他书，则此书为无用；年月又多杜撰，则其说为无征……"利用有问题的文献记载得出正确的结论，恐怕是不可能的。而在张文中，却不止一处出现这种情况，我在文章中已提出与他商讨。

第二，对于利用考古实物资料来研究历史时期的历史，我认为必须严格运用考古地层学与器物形制学的方法，来确定各文化层之间客观存在的早晚关系和文化性质，同时还要遵循用已知探未知的办法，这个次序是不能颠倒的。1928年，我国考古工作者开始发掘安阳小屯殷墟，确定这是一处商代晚期的都城遗址，即从盘庚迁殷到纣王亡国这273年间的都城。新中国成立以后，1952年发现和发掘郑州二里冈遗址，1955年发现了郑州商城，我们通过对田野考古发掘材料的分析和研究，得出结论：郑州商城始建年代不会早于商代二里冈期下层，也不会早于二里冈下层的早段，即处在二里冈下层的晚段。而1983年春天发现的偃师商城的始建年代，比二里冈下层文化为早。这两者之间是有早晚的差别的。

特别是偃师商城小城的发现，更以确凿的材料证明了这点。所谓"一东一西相距100千米的郑州和偃师，同时开始建筑一大一小两座大型城邑"的说法是缺乏确凿的根据的。

第三，运用碳十四测定标本的年代方面，张文将公元前1625年作为二里头遗址第四期文化的年代，这是不对的。因为这个数据与二里头遗址第三期文化测定的数据是颠倒的。这只要查证一下仇士华先生等公布的二里头遗址第一期至第四期碳十四测定的年代数据（公元前1900年至公元前1500年）就可以明白了。

第四，张文使用的偃师商城的考古发掘资料也存在一些问题和错误。最明显的是偃师二里头遗址所以能够被确定是一处夏代的王都，主要是由于在遗址的第三期文化中发现两座规模大、规格高的宫殿建筑基址。但这两座宫殿建筑基址到第四期时已经废弃了。而偃师商城，包括小城在内，修建的年代是在二里头遗址的第四期。所以二里头遗址作为王都的时间与偃师商城作为王都的时间是有早晚的。时间是历史的框架，两个时间有前后差别的遗址，怎么可能同是夏桀的王都呢？何况目前从商城（包括小城）内挖出的遗物来看，其主体已是特征鲜明的商文化，而二里头遗址第三期的遗物为夏文化，其区别是显而易见的。同时，由于夏商两王朝的族属不同，所以反映在宫殿建筑等方面的特征十分明显，即登封告成王城岗遗址的宫殿建筑基址和偃师二里头遗址的宫殿建筑基址都是南偏东的，而河南偃师商城、郑州商城、安阳殷墟宫殿建筑基址、湖北黄陂盘龙城的宫殿建筑基址都是南偏西的，这就是所谓"殷人尊东北方位"的反映。事实已经确凿地证明，偃师二里头遗址宫殿建筑基址与偃师商城是分属于两个不同族属的物质文化，绝不可以混为一谈。

综上所述，从文献记载、考古实物资料和碳十四测定标本的年代数据等各方面来看，都与偃师商城为"夏桀所筑，商代利用的城邑"是格格不入，对不上号的。理所当然，所谓的偃师商城是"夏桀所筑，商代利用的城邑"的意见，自然就站不住脚了。

十、沈长云先生在近年的两篇文章里，继承并发展了王国维夏人居于河济之间的旧说，对此您曾予以驳斥，请在此扼要地介绍一下您的看法。

我认为，沈长云先生在近年两篇文章里发表的意见，不能说是"继承并发展了王国维夏人居于河济之间"的旧说的。王国维先生在《殷周制度论》一文中，还提到"惟史言尧都平阳、舜都蒲坂、禹都安邑，俱僻在西北，与古帝宅京之处不同"。对于舜，王国维先生也说："盖洪水之灾，兖州当其下游，一时或有迁都之事，非定居于西土也。"至于对禹，王国维先生则直说"禹时都邑虽无可考"。所以王国维先生没有将禹都阳城定在东夷的观点是十分清楚的。至于禹之父鲧，禹之子启，王国维先生都没有提及。而我们认为，对研究夏王朝的历史来说，禹、启两位开国之王地位是不能或缺，而且是至关重要的。对鲧也不能一字不提。而王国维先生提出"然夏自太康以后，以迄后桀，其都邑及他地名之见于经典者，率在东土，与商人错处河、济间盖数百岁"。这里我认为有两点是可以讨论的：一是"西土"的含义。王国维先生指陕西的周人聚居地及山西为"西土"，然河南位处陕西之东，其东边又靠近东夷，所以河南是不能理解为"西土"的。二是"错处"。很清楚，所谓"错处"，指的是夏、商、东夷三族的边缘交界地区，而不是其中心地区，才会有"错处"的现象存在。这与沈长云先生的《夏后氏居于古河济之间考》以及《禹都阳城即濮阳说》并不是一回事。对此，我已经写了《夏王朝中心在伊洛和汾浍河流域考析——兼与〈夏后氏居于古河济之间考〉一文商榷》

和《禹居（都）阳城考辨》两文，提出商讨。我们认为，对待任何一位前辈学者的意见都要尊重，对的就要肯定，不妥当之处，也要实事求是地指出其不足之处。科学讲究实事求是，我们研究历史的目的，是要"把历史的内容，还给历史"。

下面扼要地介绍一下我的看法：

（一）鲧、禹是华夏族人，故阳城不可能位于华夏、东夷和商族杂处边缘地区的濮阳。徐旭生先生将我国古代所称的中国人，分为华夏、东夷和苗蛮三集团。华夏集团的居地是在中原地区，包括河南、陕西、山西等地；东夷集团的居地主要是在山东省，最盛时及河南东部及安徽中部等；苗蛮集团的居地是在湖北、湖南及江西的大部。那么鲧、禹是哪个集团的人呢？这是问题的关键。我们认为，从《史记·五帝本纪》记载舜"殛鲧于羽山，以变东夷"来看，鲧、禹是属于华夏族的人，则华夏族的地理位置，必在东夷族的西边无疑。再从考古实物资料方面来看，我国文明的起源是多元的，反映在物质文化方面，举其大者，有黄河流域、长江流域、辽河流域和珠江流域等。从与本题讨论有关的黄河流域来说，大致可分为黄河中游以嵩山为中心的华夏文明（即河洛文明）、黄河下游以泰山为中心的河济文明（即海岱文明）。华夏文明古文化发展的序列是裴李岗文化、仰韶文化、河南龙山文化、二里头文化和二里冈商文化等。河济文明古文化的发展序列是北辛文化、大汶口文化、山东龙山文化、岳石文化和二里冈商文化等。不言而喻，河洛文明主要是由华夏集团所创立的，河济文明主要是由东夷集团所创立的。以此为基点，我们再来讨论禹都阳城的地望。古代的国都必然在国的中心，华夏族的中心是在以嵩山为中心的颍水谷上登封、禹州一带，以及洛阳平原地区。这样颍川阳城，即登封告成王城岗遗址就非禹都阳城莫属了。

（二）尧、舜、禹所处的历史时代。我国的历史发展到尧、舜、禹时期，由于生产工具的不断改进，生产技术水平的不断提高，手工业已经从农业中分化出来，商业已经出现，已有贫富差别，出现阶级，出现剥削。此时众多城邦制的小国，犹如雨后春笋般产生。正如《左传·哀公七年》所说的："禹合诸侯于涂山，执玉帛者万国。"这些小国各自为政，以邻为壑，黄河上下之间，各小国的利害冲突是不可避免的。而且随着社会的向前发展，这些矛盾会越来越激烈，战争就成为不可避免的了。因此，客观上要求有一个高居于众城邦制小国的联邦制机构的产生，来统一领导、管理和协调各小国之间的利害冲突。这个联邦制的机构终于产生了。尧、舜、禹就是当时已经跨出自己城邦制小国，而凌驾在众城邦制小国之上的联邦制机构中的领袖人物。这是我们的基本观点。那种将尧、舜、禹时发生的特大洪水，说成只局限于本部族内的说法，并不符合实际。又由于这是一场空前的大洪水，所以事先谁也不会具有治理洪水的经验。因此，主持治理洪水的人不是治水专家是可以理解的。

（三）正确地对待汉代的文献记载。沈长云先生只用"河南的这座嵩山（崇山）只是汉代才起的名字"，轻描淡写一句话，就将此崇山是中岳嵩山给全盘否定了，我们认为这是不妥当的。何况在沈长云先生的文章中，至少有两处关键的地方，使用了汉代人的记载。其一是文中所提出的禹都阳城在大梁之南，采用了汉人宋衷的注文。其二是崇山在"山东鄄城县东南附近"采用了汉代文人司马相如在《大人赋》中的说法。若认为汉人的记载不可信，则沈长云先生写的这两篇文章也不可信了。

（四）汉人宋衷认为禹都阳城在大梁之南的说法不可信。根据文献记载，春秋郑国在郑庄公统治期间（前743—前701）国富力强，为争霸中原，遂在其国土东北边陲与陈、宋两国之间的隙地兴建一座兵城，名曰"启封"，取"启拓封疆"之意，与禹都阳城毫无关系。沈长云先生在宋衷误注的基础上，加以发挥，谓"启封者，启之封疆也，这座古城的得名，显然与禹居阳城有关"，这不过是错上加错而已。现在沈长云先生又将禹都阳城的位置从开封以南的"启封"（今陈留附近），搬到更为偏远的濮阳去，其可信性就更加成问题了。

（五）涂山的地望。《左传·哀公七年》云："禹合诸侯于涂山，执玉帛者万国。"杜预注："涂山，在寿春东北。"首先，《吕氏春秋》云："禹娶涂山氏女，不以私害公，自辛至甲四日，复往治水，故江淮之俗，以辛、壬、癸、甲为嫁娶日也。"说明涂山的位置应在江淮之间，杜预确指在寿春东北，即今怀远县东南，应该是可信的。其次是"玉帛"二物，十分重要。因为玉器在中原地区的龙山文化中发现很少，至于丝帛的实物，则更未有所闻。相反，玉和帛在长江下游的太湖流域及杭州湾地区的良渚文化和安徽的薛家岗文化中，则特别发达，首屈一指！这就又为涂山是在安徽寿春东北，即今怀远县东南，提供了十分强有力的物证。以上证明，禹不但在淮河治理洪水，而且与涂山氏女通婚是可信的。

（六）崇山的地望。沈长云先生提出汉代文人司马相如在《大人赋》中的"历唐尧于崇山兮，过虞舜于九疑"，但司马相如并没有提到禹都阳城及鲧受封于崇的地望问题。虽"蛮、崇音同通用，崇、狄亦音近"，但这些怎么能够证明"蛮、崇、狄"指的是与夏代兴起有关的崇山呢？《水经注·颍水》，经说："颍水出颍川阳城县西北少室山，东南过其县南。"注说："颍水又东，五渡水注入……颍水经其县故城南。昔舜禅禹，禹避商均，伯益避启，并于此也。亦周公以土圭测日景处。……县南对箕山。"这里郦道元将禹避商均的阳城确指在今登封的告成镇，则崇山也只能是今登封北面的中岳嵩山了。

（七）城墙的出现及其作用。城墙的出现是历史发展到一定阶段的产物，是当时危险增加和防卫增加的标志。城墙是私有制经济基础的产物，筑城的本意是政治性的，而不是为了防御洪水。相反，在我国历史上，倒有许多用水来攻城的实例，如《史记·秦始皇本纪》载："二十二年，王贲攻魏，引河沟灌大梁，大梁城坏，其王请降，尽取其地。"沈长云先生为了说明龙山时代筑城有抗御洪水的作用，特举出安徽寿县城墙在1991年河南、安徽发生特大洪水时防洪的作用。我认为，这种对比并不妥当。寿县的古城墙是何时修筑的？用什么材料修筑的？是用泥土夯筑还是用砖石砌筑的？它与龙山文化晚期的城墙有多少共同之点与差异之处？这些都是首先需要搞清楚的。据我所知，寿县的古城墙是用砖石砌筑的，并且城墙砖石之间是用糯米汁拌上石灰弥合的，故历史上素有"铁打的寿州城"之誉。同时，我们还需要考虑到两者受洪水侵袭的时间更不能相比，一是几十天，一是13年，差别如此之大，怎能相比？而且鲧使用障、堙的办法治理洪水，导致治水彻底失败，历史也早已经给他下了明确的结论。再说单纯为了逃避洪水的威胁，人们可以往高处走，而不会在"洪水冲击的要害部位"濮阳修筑"阳城"。在这种地方，不要说修筑城墙，恐怕连生存都很成问题。而且，沈长云先生虽然已经注意到1991年河南、安徽一带发生的特大洪水，但可惜未能与4000年前禹曾经在淮河流域治理洪水联系起来。我们在《报刊文摘》（1991年11月26日）看到报道："禹会村落在淮河之滨，相传是古代大禹治水时会见诸侯的地方。今夏淮河泛滥，这里平地水深二三米，倒塌房屋400多间，农民全部搬到堤坝上"。禹会村的存在，给4000多年前禹曾经在淮河治理洪水，提供了一个强有力的旁证。

我们认为，对探讨我国历史上第一个大一统的奴隶制国家的夏王朝来说，单凭文献记载肯定是不够的。郭沫若先生早就说过：研究我国古代的历史"文献上的材料是绝对不够的，必须仰仗于地下发掘"。只有以文献记载为依据，结合考古实物资料，用马克思主义关于国家起源学说的理论来做指导，才能做好夏代史的研究工作。近一个世纪以前，王国维先生倡导用"二重证据法"来研究我国古代史，因而取得了丰硕的成果。如果置几十年来依据文献记载而做的考古调查和发掘所取得的巨大成果于不顾，或有意或无意地贬低、否定这些来之极为不易的科研成果，且企图将夏代史的研究工作继续推向前进，恐怕是会有困难的。

主要著述

1.《1959 年豫西六县调查简报》，《考古》1961 年第 1 期。

2.《河南偃师二里头遗址发掘简报》，《考古》1965 年第 5 期。

3.《从郑州白家庄期商文化谈到中丁隞都》，《武汉大学学报》（哲学社会科学版）1977 年第 5 期。

4.《论汤都西亳——兼论探索夏文化的问题》，《河南文博通讯》1979 年第 1 期。

5.《谈夏文化探索中的几个问题》，《河南文博通讯》1980 年第 1 期。

6.《夏都探索》，《中国史研究》1980 年第 4 期。

7.《河南龙山，二里头与二里冈》，《考古与文物》1984 年第 3 期。

8.《试论豫西龙山文化》，《考古与文物》1986 年第 1 期。

9.《论偃师商城为汤都西亳》，《江汉考古》1987 年第 1 期。收入《商文化研究论集》（夏商周断代工程）。

10.《二里头文化渊源探索》，《江汉考古》1988 年第 1 期。

11.《试论郑州二里冈期商文化的来源——兼论郑州商城与偃师商城的关系》，《华夏考古》1988 年第 4 期。

12.《试论中原地区文明的起源》，《史学月刊》1989 年第 2 期。

13.《论偃师商城的发现及重大学术意义》，《史学月刊》1990 年第 1 期。

14.《夏与东夷关系新探》，《东南文化》1992 年第 2 期。

15.《试论夏商二代洛阳的对外交往》，《洛阳——丝绸之路起点》，中州古籍出版社，1992 年版。

16.《田野考古学与夏商史研究》，《史学月刊》1992 年第 3 期。

17.《论二里头遗址的文化性质——兼论夏代国家的形成》,《华夏考古》1994 年第 1 期。

18.《偃师二里头遗址第三期遗存与桀都斟鄩》,《考古》1995 年第 2 期。

19.《夏王朝中心在伊洛和汾浍河流域考析——兼与〈夏后氏居于古河济之间考〉一文商榷》,《武汉大学学报》(哲学社会科学版)1996 年第 3 期。

20.《论偃师尸乡沟商城为商都西亳》,《中国商文化国际学术讨论会论文集》,中国大百科全书出版社,1998 年版。

21.《偃师商城是商都亳(或西亳)并非"别都"》,《江汉考古》1999 年第 2 期。

22.《从三处窖藏坑看郑州商城为何王都》,《考古与文物》1999 年第 3 期。

23.《偃师二里头》(中国田野考古报告集考古学专刊丁种第五十九号)(合著),中国大百科全书出版社,1999 年版。

王克林

王克林

王克林，1935年出生，四川邛崃人。1956年，毕业于北京大学历史学系考古专业。同年，参加河南陕县（今三门峡市陕州区）庙底沟仰韶文化遗址发掘。1957年，参加河南陕县三门峡上村岭虢国墓地发掘。1958年，参加山西永济县东庄村仰韶文化遗址发掘。1959年，参加安阳小屯殷墟和主持后岗仰韶、龙山、小屯遗址发掘。1961年至1966年，主持山西侯马晋国遗址和上马墓地发掘。1973年，主持山西寿阳北齐库狄迴洛墓的发掘。1974年至1978年，参加山西夏县东下冯遗址发掘。1979年至1980年，主持山西晋中、吕梁等地区考古调查与试掘。1980年至1983年，与吉林大学合作共同主持山西太谷白燕遗址发掘。1984年至1992年，任山西考古所所长，除主持所里日常工作外，还亲自主持了长治小神、五台杨白、翼城北撖、大同北魏墓地、云冈窟前遗址、右玉鲜卑墓地等田野考古工作。

一、您是什么时候开始接触夏文化问题的?

对于夏文化问题，可以说从青年时代即我从事田野考古工作时就开始接触了，最初只知这个问题重要，但对此文化的概念可谓是模糊的，所以根本谈不上持有什么观点，也谈不上什么研究方法。回忆起来，我对夏文化的探索工作，大概可分为两大段：前一段是20世纪五六十年代，主要是搜集夏代的文献资料。后一段是20世纪七八十年代及其以后，开始有计划、有目的地进行研究，凡此经历了40余年，可谓多有周折。研究工作也是或做或辍。对此，我虽读书颇用功力，亦勤于耕耘，可至今亦未获得一个较为完满的答案，对夏文化的探索仍在追寻之中。

具体讲来，我接触夏文化问题，可以说是在徐旭生先生1959年正式提出夏文化探索的前两年就开始了。记得那是1957年的春季，我还在中国科学院考古研究所黄河水库考古工作队工作，当发掘完陕县（今三门峡市陕州区）庙底沟仰韶文化遗址后，与吴汝祚同志和我们班的几位同学，去郑州参观洛达庙遗址。这个遗址在1956年发现后，即为我国考古界所关注，原因是它的年代正介于河南龙山文化和二里冈下层商文化之间，是夏积年期的文化遗存，是探索夏文化的一个重要契机，也是极有意义的反映夏文化的一个亮点。但对它的性质，我似乎记得，当时我国学术界还未将它当作夏文化这一课题正式提出。正式提出对夏文化探索的考古学专题，是在1959年夏天，徐旭生先生率队调查河南偃师二里头遗址开始的。所以我们那次对郑州西郊洛达庙遗址的参观，虽未见到很多东西或得到什么启迪，却是很有意义的。那次参观对我这个初出茅庐的学生来说，是一次有益的学术活动，自然可算是对夏文化探索的第一次接触了。

我接触夏文化的第二件事，是 20 世纪 60 年代初，从中国科学院考古研究所调往太原山西省考古研究所工作，是年，我参加了山西省文物工作委员会侯马工作站对平阳机械厂晋国遗址的发掘。在站长畅文斋的办公桌上，一件典型而形制又十分标准的夏积年期的陶爵引起了我的注意，随即询问出于何处。据他说是一两年前，侯马市上马村西一座砖瓦窑的陶工在取土制砖时拾得。后来我根据这个线索，在田野发掘工作之余，曾抽空到出土这件陶爵杯的砖瓦窑处做过实地调查，但一无所获。大约就在此后不久的 1963 年之际，邹衡同志来侯马，给我印象很深的是，当他看见这件爵杯酒器时十分惊讶地说："这里也有这东西，是典型的夏文化遗物，我们正在找它呢！"这件陶爵的发现，证明晋南有"夏文化"的存在，从而为我们寻觅夏文化、探求夏文化提供了一个重要的线索。我发掘上马春秋墓地时，在探索夏文化念头的驱使下，又去出土爵杯处扩大地点调查了几次，却始终未有收获。也许是这处夏文化遗址已被破坏殆尽之故吧！但重要的是它在我心中播下了以后考古生涯中对夏文化这一课题探求的种子！

二、您做过哪些与夏文化有关的考古工作?

我正式开始对夏文化遗存的发掘是在 20 世纪 70 年代中期，参加了由中国科学院考古研究所、中国历史博物馆和山西省文物工作委员会对山西夏县东下冯（夏积年）遗址的联合发掘。对该遗址的发掘，是继中华人民共和国文化部文物管理局组织山西、河南、江西等八省一市（北京市），在侯马配合平阳机械厂基建考古工作后，又一次在山西大规模的田野考古，可谓人员聚集，工程浩大，收获不小。发现了一座"回"字形防御建筑遗址和一组具有自身地域特征的陶器群，从而树立了一个与河南二里头文化类型并立的东下冯类型的考古文化，成为黄河之北探索夏文化的另一标尺。对东下冯遗址的发掘，我虽未参与全过程，但凭着一个考古工作者"身在其中"的感觉，我对东下冯遗址有了与众不同的看法。

一是关于那座"回"字形建筑，我根据它的形式和结构，认为其功能为防御无疑，然其性质当非纯粹的双沟式的防御壕沟，而应是内墙外壕、城、壕兼备的防卫工程。为什么垣墙不存？在我们看来极有可能是因后来在此活动的商代人们，在这近山临水、土地肥沃、地势极佳的夏积年期东下冯类型的遗址上重建其规模大于原址三倍的商城破坏所致。在这"回"字形的壕沟内，发现多处夯土碎块和一段隔沟分段的夯土横墙，当是东下冯遗址这座设防城堡原来的夯墙建筑的佐证。

二是对东下冯文化类型来源的看法，我认为该文化类型与河南二里头文化类型虽有共性，但个性即地域性也是非常明显的，从而使我产生了东下冯类型的夏文化是这里土生土长的非外来派生文化的认识，为以后涉猎夏文化的研究而另立一说，在认识论上产生了一个飞跃。

在 20 世纪 80 年代初，我曾参与了由国家文物局组织，吉林大学和山西考古研究所主持的山西太谷白燕新石器时代遗址的发掘，以及对山西晋东南等地多处夏文化遗址的调查、试掘。特别是在对前者的发掘中，发现了不少夏时期的文化遗存，从而使我认识到有关夏文化的概念，如果我们认为夏文化只是中原地区夏族所创造的，那显然是不合适的。因此我改变了对夏文化概念的看法，认为它应该是当时夏族吸收了周围地区的文化而形成的。这些工作实践，为我以后探索夏文化打下了理论基础，使我摸索出自己独特的研究方法。

三、您都参加过哪些关于夏文化探索的学术会议？在各次会上都有哪些收获？

重要的有两次。

第一次是 1977 年 11 月 18 日至 22 日，由国家文物局在河南登封县（今登封市）召开的河南登封告成遗址发掘现场会，目的是围绕告成镇龙山文化遗址的发掘，讨论夏文化问题。

会议期间实地考察了王城岗龙山文化古城遗址和告成镇发现的一座东周时期"阳城"遗址，另外还参观了出土文物标本室。在多次讨论中听取了北京、河南、山西的同志对王城岗遗址、偃师二里头遗址、东下冯遗址的介绍和有关夏文化的发言，收获不小。其中有两个问题使我至今难忘，也使我提高了认识、分析和辨别问题的能力。

其一，什么是夏文化？有的学者说"'夏文化'应该是指夏王朝时期夏民族的文化……夏王朝时代的其他民族的文化，也不能称为夏文化"。对此当时我很不理解。因为我想到夏族所建立的是我国历史上第一个奴隶制国家。而有关国家的起源，据恩格斯的说法，"国家和旧的氏族组织不同的地方，第一点就是它按地区来划分它的国民……因此，按地区来划分就被作为出发点，并允许公民在他们居住的地方实现他们的公共权利和义务，不管他们属于哪一氏族或哪一部落。这种按照居住地组织国民的办法，是一切国家共同的"。这就说明，夏族所建立的国家所创造的文化不是仅靠夏族一族，而是在夏王朝统治下各氏族部落共同所缔造的。历史记载，如太史公司马迁在《史记·夏本纪》中所说"禹为姒姓，其后分封，用国为姓，故有夏后氏、有扈氏、有男氏、斟寻氏、彤城氏、褒氏、费氏"等 12 个氏族。又《左传》载："禹会诸侯于涂山，执玉帛者万国。"可见形成和组建的夏王朝是一个具有相当规模的部落联盟的国家，岂止一个夏族。同时由考古文化看，夏文化是具有区系类型的，如二里头类型和东下冯类型并存，就说明夏文化是由许多氏族部族共同创造的。我认为，在对夏文化下定义时，如果注意这些事实，能够以广义的、狭义的夏文化予以区分，那就更完美了。

其二，在讨论中有同志说中国文明最早起源于黄河流域的中原地区，这是投石于池中向四方辐射传播到其他地区的一元论观点。对此，当时我根据二里头类型和东下冯类型文化有别的事实，并结合历史文献提出，东下冯类型所在的晋南地区，自古就有"夏墟"之称，从而认为中国文明起源不是一元论的，而应该是"百川归海"，即由四面八方向中央交融汇集式的。这一观点，也为以后我在探索夏文化这一课题中，断定晋南龙山文化晚期和东下冯文化类型为前期夏文化，而河南二里头文化类型为后期夏文化奠定了理论基石。

登封会议另一点收获，在会上我听到有同志以告成镇东北发现战国时代的一座阳城为据，说它佐证了王城岗的古城"就可能是禹都阳城"。对此，记得夏鼐先生在闭幕会上已指明"禹都阳城说的时代还是比较晚。孟子上距夏禹将近两千年了。而且还有禹都安邑等说法。纵使禹都阳城，是否即战国时阳城，也可能是另一个地点，虽然很可能是战国时代的阳城的附近地带"。禹都阳城之说，启迪了我以下的思索：根据《左传·定公四年》，周王朝封晋国始祖唐叔虞"封于夏墟"（今晋南），而唐的地望，据司马迁的《史记·晋世家》说"唐在河、汾之东"，即在今晋南黄河和汾河东面，临汾盆地东南隅的翼城一带（现由晋侯墓地的发现得到了证实）。因为叔虞所封之唐即为丁山所谓的阳，所以阳城即唐城。因此，由禹都之阳城在晋，就为我们探索夏文化的起源和发展应循由北向南的线索在历史文献上找到了依据。

第二次是参加 1982 年在郑州召开的中国考古学会第四次年会。这次年会的议题，主要是通过河南省文物研究所对平粮台龙山城址的发掘而探索夏文化。参加这次会议对我来说很有意义，它使我对夏文化的研究，更加深了认识。

首先表现在对夏族与文化起源的空间问题上。虽然徐旭生先生提出了河南中部的洛阳平原和山西的南部汾水下游为夏族起源的重要地区，但是除这两地外，也有不少学者提出夏族及其文化起于山东、安徽和四川的主张。然大部分学者多侧重起源于豫西一带的中原大地，对于素有"夏墟"之称的大河之北的晋南，则多视作夏人由伊、洛北扩的地带。由此出发，所谓夏文化，自然是以豫西发现的在夏积年内的"二里头类型文化为夏文化的发源地或原生的夏文化"。对晋南发现同样在夏积年内的"东下冯类型"文化，多看成是从豫西二里头类型发展而来，所谓"派生的文化"。而我在给大会提交的《试论东下冯类型文化的渊源》论文中，则力主晋南与其所在的陶寺龙山文化、晋西南龙山文化和东下冯类型文化可能才是夏族发祥地早期原生的夏文化，河南伊、洛平原的二里头类型文化当是夏族或夏代的后期文化。这便是几十年来我探索夏文化时空概念的基本观点。

四、多数学者认为是二里头类型向北扩展为东下冯类型，而您却认为正好相反，为什么？

上面我已提到夏族及其文化的起源和流向，在这里就这个问题，我将这两类型的文化内涵再加以比较，以申其理由。

（一）东下冯类型。考古发掘和调查表明：东下冯类型遗址，在地层关系上，我们在这里"发现了'东下冯类型'文化直接叠压在晚期龙山文化地层之上"。其本身又是被二里冈期商文化所叠压的地层。这"表明了'东下冯类型'文化晚于这里的晚期龙山文化"，早于这里的二里冈期商文化的事实。

在文化遗存方面，主要是陶器。这些陶器大多反映了东下冯类型文化在发展关系上有着同步发展演变的连续性，始终有一套独具自身特征的从晚期龙山文化直至二里冈期商文化的陶器群。比如在种类上大体与陶寺晚期龙山文化和东下冯晚期龙山文化的陶器相类似。器形一般多鬲、斝、甗、鼎、单把罐、大口尊、蛋形三足瓮等，特别是后者（蛋形三足瓮）尤具地域文化特色。与此同时，东下冯类型的陶器在形制上，不单有自身早晚发展演变的关系，而且在许多与之共存的（无论是临汾、运城等地区）的晚期龙山文化陶器中，都能找到它们的祖型。如东下冯类型的鬲、甗、斝等炊器，大口尊、三足瓮等，在形制上还能看出它们从这里的龙山文化发展演变而来的轨迹。而其"去脉"流向，同样为这个地区二里冈商文化所承袭。这就说明东下冯类型夏积年期的文化，是晋南汾河下游陶寺龙山文化和三里桥类型龙山文化发展而来的原生的土生土长的文化。

（二）二里头文化类型。在文化内涵上，二里头文化类型是十分复杂的。同样以陶器来看，种类很多，炊器主要是鼎、折肩深腹罐、侈口圆腹罐，其他贮盛器有瓮、大口尊、鸭形和单把形鼎、三足盘、刻槽盆、鬶、盉、觚等。其中以鼎为最多。早期这里不见鬲、斝、甗等。而东下冯类型这些从晚期龙山文化发展而来的主要炊器都分别出现在二里头文化类型的第三期。与此同时，我还注意到，在二里头文化类型的分布区的晚期龙山文化中，诸如汝州煤山和洛阳王湾等晚期龙山文化中都很缺乏或不多见鬲、甗等三足形炊器。由此可知，二里头文化类型第三期出现鬲、甗等炊器，显然是受隔河的陶寺等龙山文化同类器影响的结果。

而河南二里头文化类型受晋南龙山文化和东下冯类型文化的影响这一看法，随着近 10 多年来山西对陶寺文化的发掘及其对该文化研究的深入和认识的提高，已逐渐被更多的人接受。我们还发现，二里头文化类型的铜器，特别是其中的铜铎（过去发掘者称之为铃）、石磬以及墓葬的习俗——撒朱砂的葬俗等，很明显也都是受了陶寺文化和东下冯类型文化影响。

此外，二里头遗址中最为重要而突出的是发现两座大型宫殿遗址和一座被盗的大墓，以及遗址东南分布不少铸铜、制石、制陶等手工业作坊遗址。这"前朝后市"的布局，反映了二里头遗址的性质，是社会已进步，且具有国家机构完整的社会组织形态。而陶寺文化和东下冯类型文化则相形见绌，无论哪个方面都尤显落后原始，均不及二里头文化类型先进。

同时还值得一提的是，山西晋南从历史记载上论，其地在先秦文献中素有"夏墟""大夏"之称，而河南却没有这样称谓的历史记录。据此我们便有理由说夏族源于晋南是有充分的历史依据的。

五、山西是夏文化的两个重点地区之一，请简单地介绍一下山西省的考古工作在夏文化探索方面的主要工作。

是的，山西省是探索夏文化的一个重要地区。在历史文献上，据我所见《左传·定公四年》所载的《唐诰》周初的历史，唯有山西晋地有"夏墟"之称。司马迁的《史记·晋世家》又言"唐在河、汾之东"，足证晋南是夏族的发祥地。因此，为探索夏族及其文化的起源、文化分布和性质，自 20 世纪 60 年代初，山西就曾有计划、有目的地与中国科学院考古研究所合作，展开了对这一地区夏文化的调查。20 世纪 70 年代初又与该所和中国历史博物馆合作，对夏县东下冯遗址进行大规模的发掘。20世纪70年代末80年代初，在国家文物局领导组织下，山西省考古研究所与吉林大学合作，发掘了晋中太谷白燕遗址，为了使这一课题得以开展，山西省还就发掘所获夏纪年时期的文物进行了广泛的宣传，也出了一些研究成果。

例如，20世纪80年代中期和后期，我们在山西南、北部的晋东南、忻县等地区，发现了许多夏积年期的文化遗址。前者以长治小神遗址为代表，后者以忻县（今忻州市）游邀遗址为代表，在这些遗址中出土的夏文化遗存，其文化因素多具有晋南东下冯类型和晋中二里头文化阶段的风格，从而为我前面所说夏文化不应是仅为夏族所创造提供了更多的依据。

由于山西发现了不少夏时期的文化遗存，因此引起我国学术界很大的关注，首先它证实了历史记载山西晋南是夏族发祥地的事实。其次也提醒学者，在夏文化的探索中，山西也是一个不可忽视的地区。例如，在北京召开的"夏商周断代工程"阶段成果报告会上，就有不少学者专家极其关注并深刻地指出：如果我们对夏族文化的起源只论河南，不提山西，这就否定了山西夏文化的存在，也就是否定了与二里头文化同样重要的东下冯文化类型，从而就否定了山西是夏族发祥地为"夏墟"的历史记载，因此也就否定了历史，这是不能使人接受的。可见山西在夏族与文化起源问题上，其学术意义的重大和历史地位的重要。

六、您在山西工作几十年，而且长期担任学术领导，这对您的夏文化研究有何影响？

考古学与历史学是有机的联合体，考古不单单是证实历史，弥补历史的不足，或填补历史的缺漏和空白，更重要的是还历史的本来面目，展示社会发展规律。探索夏文化正是从这一目的出发的。由于工作的需要，我无论是在田野考古或是室内研究上都做了不少工作。我在担任山西省考古研究所的学术领导后，提出了治所的方针和任务，主张科研机构要以出人才、出成果为主，所以我们努力争取人才扩大队伍，增强科研工作氛围。在学术活动上，我们召开了有关晋文化考古的研讨会，成立了山西省考古学会。按本省各地区的历史底蕴，明确地提出了山西省考古的几个学术课题和主要任务，即"探索夏文化""晋文化考古""吕梁地区北方系青铜器文化考古""晋东南先商文化考古""北魏文化考古"。同时积极地开展对晋中、吕梁一线以及忻县（今忻州市）滹沱河流域、雁北等地区的考古调查与发掘，如与吉林大学、山西大学、北京大学合作，大规模发掘了忻县游邀遗址、五台阳白遗址等。填补了晋北、晋西北新石器时代至商代考古文化的空白，建立了这一地区新石器时代学的标尺，大大地活跃了山西考古研究的气氛。

当然，在这些考古工作的开展中，难免影响了自己对夏文化的研究，写作少了。但作为考古战线中的一名老兵，应该像打仗一样，只要自己的团队胜利了，都应该感到高兴！

说到这里，我省许多工作的开展，除得到本省领导重视支持外，也得到我的老师夏鼐先生、苏秉琦先生的指导。记得 1984 年，为配合小浪底基建考古，我去北京办事顺便拜访了夏鼐先生。在谈及山西考古工作时，我把我们所的工作向他作了汇报。他指点说考古调查是重要的，不摸清家底就难以找出重点和主攻方向，所以那几年我们所的考古工作多着重考古调查获取大量考古资料。同时，为了提高田野考古质量开展科研工作，得到互相学习的机会，我们所吸取夏鼐先生在考古研究所坚持每年年终召开一次田野和室内的科研工作汇报制度的经验，加强汇报制度。这一制度在我所至今仍坚持不懈。

山西省考古研究所工作的开展，也多得力于我的老师苏秉琦先生的帮助。我们所在召开晋文化考古讨论会时，苏先生曾光临指导。这两位先生虽都已作古，但每当我读书工作时，常常忆起他们慈善的面孔，为此总想写点文字以资纪念，但总没有机会，今天就借此机会表达我对两位老师的深深怀念！感谢他们对中国考古学的贡献和对山西考古工作的支持！

七、您在探索夏文化时除说明夏族及其文化起源晋南外，是否还认为商、周同夏族一样，三族都起源于山西？

是的。我曾在《略论夏文化的源流及其有关问题》中这样写道："我们研究中国夏、商、周三代的历史和文化，山西当是探索中国古代文明不可忽视的一个重要地区。它在历史、考古的学术领域内，将占有一定的地位。相信在不远的将来，被浓雾笼罩的三代历史，将会显露其较为明朗的容颜和身影"，"巍巍太行山，蜿蜒状若羊肠的汾水，已被日渐其多的考古文化证明，这里可能孕育起源了中国历史上夏、商、周三个古老的部族"。三代研究应基于马克思主义有关人类社会历史发展规律和国家起源的学说。就社会历史发展规律来说，社会由低级到高级，时代越古老其生产力就越原始而落后。而夏、商、周三代正是中国早期文明阶段，其社会组织状况显然是落后于汉、唐。以国家起源学说为据，作为一个族和国家的起源，无论在地域和人口等方面，最初它都是极其有限的。其发展途径都只能在一定的空间范围内，只是随着族势之壮大，才可能向外扩张发展。就夏、商、周三族的起源而言，历史文献也正说明了这一点。例如，《尚书·尧典》和《舜典》等记载都说明，唐尧、虞舜和鲧、夏禹（或氏族部落）以及商族的先世契、周族的先人弃（后稷）

都大致是同时代的人。那么他们所建立的国家，我们就不能以其后世所扩张的迁徙地作为该族的起源或发祥之所在。他们的起源和发展最初也只能在一个相对较小的且为邻近的地区，以部落联盟的方式建立中国早期的文明。这一点司马迁在其《史记·封禅书》中指出："昔三代之居皆在河洛之间。"其地即今之黄河中游的晋南和豫西伊、洛流域一带。同时，我们经研究由考古文化证实，今晋南襄汾陶寺文化遗址其族属当是唐尧部落联盟的文化遗存，而华夏文明的起源也孕育于此，或就诞生在这个地区。因此，历史记载夏、商、周三代的起源不在晋地那又在何地呢？这正是我根据历史、考古学研究所得出夏、商、周三代皆可能源晋的根据。

八、您在《略论夏文化的源流及其有关问题》中，曾简略地提到晋东南漳河流域或往北太行山一线的龙山晚期文化和夏商时期文化很可能是先商文化。这种观点在先商文化讨论中是别树一帜的，请谈谈这一看法的形成过程、主要依据及现在的认识。

这个问题在考古学上很有学术意义，但说来话长。问题的提出是1980 年，我在参与发掘山西晋中太谷白燕龙山至夏商遗址时，发现在夏商遗存中常见一种中型肥腿鬲，与 20 世纪 50 年代末我在安阳殷墟发掘所见的肥腿状鬲相比较，虽形制有了很大变化，但它们之间仍有着内在的联系。此外，还有两种陶器引起我的注意：一是蛋形三足瓮，这一具有地域特性的陶器，主要分布在黄河以北夏商时期戎狄部分布的范围内，在黄河以南地区则很少发现。但我在殷墟陶器中也见过这类器形。在白燕遗址中也曾见一种柱状（或上着鸟头）提手、短流、枣状腹的陶盉，这种陶器在山西忻州地区的早商遗址中也有发现，与殷墟妇好墓出土的同类青铜器盉相似。这便是我提出此问题的考古学依据，同时在文献上也得到支持。

我们大家都知道，我国夏、商、周三代的朝代名，据记载都源于地名。如王充《论衡·正说》云："唐、虞、夏、殷、周者，土地之名。……皆本所兴昌之地，重本不忘始，故以为号。"商正是由地名地物而起。其来源，据丁山引甲骨文"王涉滴，射……"，又"王其蚩涉滴"，再又"滴北"等，说："这些滴字，当如葛毅卿君《释滴》说'读为漳'。《韩非子·外储说左下》：'臣不如弦商'，《吕览·勿躬》作'弦章'。王念孙《读书杂志》尝谓：'商与章古字通'。那么，卜辞所见滴字，确乎是漳水的古名了。"而漳水的源头，就清漳的源头看，它起于山西晋中东部和顺县以北。浊漳源头，起于晋中东部榆社县以北。其地都与太谷白燕遗址相邻。这些古文字和地名学资料，都可以成为判断晋东南、晋中东部一带的晚期龙山文化和夏商文化可能为"先商文化"的依据。这也是我们以往十分关注晋中和晋东南考古调查和发掘的原因。我的这一论点相信在今后考古工作中将会有所收获或被证实。

九、与多数学者从时间、空间两方面将考古与文献对证来确定夏文化有所不同，您特别注重夏文化的内涵如水井、夯筑技术等，请问当时这种方法是如何形成的？在使用过程中有何优势和缺陷？

夏代对我们来说已是十分遥远的过去，由于历史文献缺乏，也没有当时的文字记录下来的东西，所以我们在探索夏文化时，就只能借助考古遗存对照古代文献中有关夏的事物，用推理分析、比较的方法，去复原夏史和夏文化的面目。几十年来考古学的这种类比法，就我看来，简单地说是"时间、地点对照文献等于某某文化"的一种公式。这种方法对没有文字记载历史的时代，无疑是可取的。但有时也是相对的。我之所以运用古遗迹中的水井等建筑去探索夏文化，是基于建筑遗迹是考古文化遗存中与遗物并存的一个重要部分。古代人类的创造或发明，不同程度上都会受到时代的局限和当时社会生产力水平的制约，各个时代都有各个时代的主要物质文化，即有一个时代的主旋律。就建筑遗存来看，例如仰韶文化时，房屋建筑主要是"木骨泥墙"半地穴式。龙山时代发明了以石灰为建材的"白灰面"房子。二里头类型夏文化时期不见"白灰面"，却多见地面建筑。这就是文化的主旋律在建筑上的反映。水井的发明，就考古学文化来看，正是龙山时代或夏文化时期的主旋律。就发现时空看，首先它发生在黄河流域中下游地区的龙山时代。在河南和山西的龙山文化都普遍发现有水井，在陶寺文化中还发现了早、中、晚三期的水井。历史文献中记载水井的发明，有"舜穿井""伯益作井"，而舜、伯益所处的时代正是夏族建立国家的前后。那么，夏文化不正在其中了吗？龙山时代水井的发明，对当时社会的发展也有着重大的意义。它体现着：

（一）保障了人类社会定居的水源。

（二）提供了原始农业灌溉。

（三）发展了制陶等手工业生产。

（四）为商品贸易"市井"的标志。

（五）是天文历法中"以物立名"井宿的定名。

（六）建立"邦国"——邑、都的标志。

（七）对商周"井田制"的影响。

这些都是夏代文明国家产生的社会经济基础。

至于夯筑技术，它的发现与水井大体相似，只不过它的时代比水井稍早，始见于仰韶晚期，发展于龙山时代。而有关夯筑的历史记载，史书多言鲧筑城，所以夯筑应与历史记载鲧的时代大体相符。那么我们探索夏文化，夯筑的起源和发展不也是一个重要的线索吗？

　　当然利用这些建筑遗存去探索夏文化，就年代来看，只能是相对的，虽不失为一种探索夏文化的方法及手段，但准确与否还有待于今后科学的验证。

十、现在您对夏文化的总体看法如何？

　　夏代是我国历史上第一个统一的奴隶制国家，而国家的产生不是一蹴而就的。有它的萌芽、发展、形成的三个阶段。如果说，仰韶文化特别是晚期相当于我国历史上炎黄二帝时代，而我们认为黄帝时代是中国华夏文明的萌芽即初期部落奴隶制国家时代；龙山时代早中期则相当于唐尧和虞舜时期，是华夏文明发展的部落奴隶制国家时期；晚期龙山文化就相当于夏禹时代，是华夏文明的形成或成熟的统一奴隶制国家时代。如此类推，目前学术界所讨论的何种考古学文化为最早或早期夏文化，据我的研究，就目前的考古资料而论，它应当是山西晋南襄汾晚期的陶寺文化，而陶寺文化的早中期则为尧、舜部落奴隶制国家的文化。这个地区的与晚期陶寺文化有内在联系的二里头文化东下冯类型夏积年文化，按其发展次序就应该属前期夏文化；河南地区的二里头类型当是后期夏文化。如果按照这一考古文化序列，依我的观点，我们就不难看出，中国早期文明国家模式，显然就应是一种部落联盟国家的模式，不像是一些学者根据我国传说时代的一些人物线索结合民族学资料，所认为的中国早期国家形态是一种所谓"酋邦"的社会组织体制。我之所以持此观点，是基于前面提到的华夏民族的形成，正如《国语·鲁语上》载"夏后氏禘黄帝而祖颛顼，郊鲧而宗禹"，说明中国早期文明与华夏族发生、发展和形成是同步的。同时，考古资料证明，从仰韶文化晚期开始已有证明人们社会地位不平等的遗迹、遗物的出现。为了阐明我这一观点，我撰写了《仰韶文化与炎黄二帝——论华夏文明的萌芽》《陶寺文化与尧舜——论华夏文明的发展》《晚期陶寺文化与夏文化——论华夏文明的形成》，以说明中国早期文明的夏代为统一奴隶制国家形态。

十一、您对将来的夏文化探索有何建议？

对夏文化的探索，在考古学文化上，的确是一个很重要而尖端的课题，至今还未取得一个令人满意的结果。其原因在于田野考古工作还不够，那么在方法上我们应该"有的放矢"，对有些苗头的遗址多下些功夫，如陶寺遗址，在我看来就是一个重要的线索。1998 年，我们所又在临汾下靳村发现相当于唐尧时代的墓葬，故而建议国家文物局应组织有关省、市考古力量进行调查发掘。

与此同时，我们在探索夏文化时，应注意对仰韶文化的研究。因为在我看来，它们是探讨中原地区中国文明萌芽的对象。这一点，正如李铁映同志在 1998 年 12 月 27 日《中国文物报》中说："'夏商周断代工程'仅上溯到公元前第二千纪，即公元前 2000 年或者更多一些，而对中国自古以来的炎帝、黄帝时代，公元前第三千纪，还没有探讨到。"如果我们对这历史阶段考古文化进行更深入的研究，无疑对了解中国文明的开端是有益的，它将表明在古代的东方，中国已在公元前第三千纪早期就透出了文明的曙光！其意义在于"阐明中华文明，必然会增强我们民族的凝聚力，提高我们民族的自信心和自豪感，这也正是我国社会主义精神文明建设的一个重要部分"（李铁映语）。

主要著述

1.《从龙山文化的建筑技术探索夏文化》，《山西大学学报》1980 年第 3 期。

2.《略论夏文化的源流及其有关问题》，《夏史论丛》，齐鲁书社，1985 年版。

3.《龙图腾与夏族的起源》，《文物》1986 年第 6 期。

4.《中国古代文明与龙山文化》，《华夏文明》第一辑，北京大学出版社，1987 年版。

5.《试论井宿的定名》，《文物季刊》1993 年第 1 期。

6.《试论东下冯类型文化的渊源》，《文物春秋》1993 年第 3 期。

7.《论夏族的起源》，《文物季刊》1997 年第 3 期。

殷玮璋

殷玮璋，1936年出生，上海人。1959年于北京大学历史学系考古专业毕业，同年分配到中国科学院考古研究所工作。历任考古队队长，第二（夏商周）研究室副主任、主任等职。先后主持过河南偃师二里头、湖北大冶铜绿山、北京房山琉璃河等遗址的发掘。后又任中国社会科学院考古研究所学术委员会委员、学位委员会成员，『夏商周断代工程』专家组成员。

一、您是什么时间到二里头遗址工作的？做过哪些主要工作？

我是 1960 年春天到偃师二里头遗址工作的。1959 年秋天，徐旭生先生在豫西做"夏墟"调查时，发现了二里头遗址。那时我正在安阳殷墟参加发掘。那年冬天回到北京后，考古研究所副所长牛兆勋同志找我谈话，说要派我去洛阳队，具体任务是负责二里头遗址的发掘工作（当时洛阳队下有洛阳唐城、汉魏故城和二里头遗址三个工地），要求我做好各种准备。有关队伍组成等事项，要我跟队长郑振香同志商量。当时探索夏文化的课题刚刚提出，所以对二里头遗址的发掘工作，所领导是很重视的。队伍组成的人数较多，我记得当年参加工作的有龚琼瑛、高天麟、吕友全、邓德保、黑冰洋、丁振宇、丁振海、方孝廉等同志。

从 1960 年春到 1964 年，我一直在二里头遗址从事田野发掘，还在洛河下游做过一次考古调查。这一期间主要做了以下几个方面的工作：

（一）1960 年春抵达二里头以后，在安排吃、住和发掘前的各种准备的同时，用几天时间对遗址进行踏查，以便对遗址的情况有所了解。高天麟同志和我一起踏查，一边考察地形地貌、采集陶片，一边向我介绍 1959 年秋天进行试掘的情况。在我离开北京之前，牛副所长又一次找我谈话，说夏文化探索是个很重要的课题，到工地后首先要依靠县和公社地方领导，以取得他们的支持。多要些民工，好多挖一些，最好挖 10000 或 8000 平方米，争取尽快把夏文化问题解决了。但经过踏查以后，看到二里头遗址的面积很大，约有 400 万平方米。在这么大的范围内，地下情况又不很清楚的情况下，要落实 10000 或 8000 平方米面积的发掘任务，从哪里下手呢？因此，我在多次踏查之后，依地形、地貌及预计短期内不可能变动的大路、水渠等设施，将遗址按"井"字形划分为大小接近的九个区。编号自南至北、由东到西编排，编号用罗马数字表示。东南角的那一块为Ⅰ区，西北角的那一块为Ⅸ区，中间的为Ⅴ区。然后进行有计划的钻探和试掘。我想在对遗址有了进一步了解以后，再考虑大规模发掘。

这项工作做好之后，我就决定在Ⅷ区和Ⅳ区进行钻探和试掘。选择这两个区进行试掘也是有考虑的。因为 1959 年秋在发掘圪垱头村西的地点（属Ⅱ区）时，灰坑中出土了大量骨料、半成品和砺石等遗物，可知那里有个制骨作坊址。同年秋天，河南省文化局文物工作队在二里头村南发掘的地点（属Ⅵ区）发现了陶窑，那里有可能是个制陶作坊。这样，与它们的位置相对应的Ⅷ区和Ⅳ区地下埋藏着什么遗存，应通过试掘进行了解，或许这个遗址的布局有某种规律也未可知。试掘的结果是可喜的，在Ⅷ区出土了不少石料、砺石和半成品；在Ⅳ区出土了不少坩埚片、铜渣、陶范和小铜器等遗物，说明它们与制陶、铸铜作坊有关。这些发现提供了这个遗址的布局确有一定规律的启示，促使我们去追寻遗址的中心。高天麟同志告诉我，位处遗址中心的Ⅴ区，它的地表陶片很少，很难采集到。这一情况更引起我的重视。因为灰层很厚、陶片很多的地方，一般都不会有重要的遗迹，而宫殿、宗庙一类重要遗迹所在的地点，都不会有太多陶片。我在Ⅴ区踏查后，证实了高天麟同志所说的情况，地表的确很难找到陶片，这就更坚定我在那里进行钻探了解的想法。当年秋天，我实现了这一想法，经过钻探，在那里发现了面积达 10000 平方米的夯土基址，这就是后来发掘的 1 号宫殿遗址。

（二）从 1961 年春季起，开始对 1 号宫殿进行发掘。由于 1960 年冬天已将宫殿的形状、范围钻探清楚，所以发掘工作就从宫殿的东南角入手，逐步向北、向西推进，以便将它全面揭露。发掘前我们做了个计划，发掘时就按计划统一布方、统一编号。如所有探方都是 10 米 × 10 米的大方。南起第一排的探方自东向西编号为 T11、T12、T13……第二排的编号为 T21、T22、T23……第三、四、五排以此类推。至 1962 年秋后，宫殿基址东南角和与边沿相平行的柱穴均已找到。到 1964 年夏天，宫殿基址的东半部和主体殿堂、南大门的一部分柱穴也已找到。

这期间有些发现是很重要的，不妨在此选两个谈谈：

1. 从清理的晚期墓中，由它的墓壁可以看到宫殿基址的建造是很讲究的。古代先民在夯筑前，先把这里的灰层挖掉，低的地方铺垫卵石，铺垫到一定高度才堆土夯筑。夯土所用的黄土都很纯净，极少杂质，夯筑时每层填土均不很厚，所以夯土的质量很好。但也发现一例夯土下压了一个灰坑残底，里面有少量陶片。我们分析，这是夯筑前未将坑内灰土挖净而遗留下来的。为什么会出现这种情况？今天已无法搞清楚了。把应该清理干净的灰层、灰坑没有清理掉，这在当时可能是一种违法行为。对我们来说，这一例外现象却给我们提供了难得的宝贵资料，因为它向我们提供了判断基址年代上限的可靠依据。

2. 柱穴的确认。夯土基址的建造，其目的是在上面建造殿堂等建筑物。中国古代的宫殿一般都是木构建筑，它的木柱怎么埋放的，就是我们要搞清楚的一个问题。安阳殷墟在早期发掘中没有解决这个问题，所以从发表的照片中看到，一块块柱础石都高出地面，使人无法理解它们是怎么埋放和当时人们是怎样建造宫殿的。1959 年，我在安阳的小屯西地发掘一个夯土基址时发现了一个柱穴，搞清了当时挖穴立柱的方法。它是先在夯土台面设定的地方挖出圆形柱穴，再在柱穴内放置础石，然后立柱、回填。这种柱础是暗础。钟少林先生看到后非常高兴，说这一发现解决了过去殷墟发掘中一直没有解决的问题。1961年，在二里头1号宫殿的发掘中，我又一次发现了这样的柱穴，形状、结构与1959年殷墟清理的柱穴完全一样，里面也有一块础石。它的发现不仅证明安阳小屯村西清理的现象和柱穴的判断是正确的，还说明早期宫殿建筑中立柱的方法是一样的，柱下放置的础石都在地面之下。我很高兴地告诉队内同人。可是，队内竟有人不信这是柱穴，甚至说这是做出来的，意思是在造假。结果，弄得很不愉快。不过，是真是假，最终由事实来判定。在以后的发掘中发现的柱穴越来越多，而且它们的形状、制法都一致，当然也就为大家所接受了。当初反对最激烈的人曾经说，在距离这个柱础3.8米处打个探眼，下边准有一块柱础石，挖开一看，就又是一个柱穴。这种说法用于说明宫殿建筑中等距离埋柱的规律是可以的，但是在实际工作中用它寻找柱穴那就不对了，因为探眼本身对柱穴是有伤害的。按夏鼐先生的要求，凡是准备挖掘的灰坑，一般都不许打探眼，更别说是对柱穴了。

　　（三）在前人研究的基础上，我对二里头遗址的分期进行反复排比、分析，提出了二里头遗址所分的早、中、晚三期遗存，其文化面貌很有特色，突出地表现在使用的陶器有它自己的组合。这一组合表明，不能简单地把它归入河南龙山文化，同时也与商文化有一定差别。就这三期遗存而论，它们既有有机联系的一面，又有变异的一面，即晚期遗存中既有早、中期的文化因素，又出现了二里冈期商文化中富有特色的文化因素。它的出现，表明二里头遗址晚期已进入商王朝时期。这些看法对原先所说的早期是龙山文化晚期，晚期是洛达庙类型商文化，中期是过渡期的看法作了修正。我将这些看法写成文章，送交夏鼐先生。他对文稿中提出的这些看法很重视。按他对考古学文化命名的认识，认为二里头遗址的文化内涵在当时已知的同类遗址中具有典型性，几个条件基本具备。所以他在后来的文章中将这类文化遗存命名为"二里头文化"，并将它的晚期文化称为商代早期遗存。

（四）在这八个季度的田野工作中，我结合发掘与整理中遇到的各种现象，对考古学理论和方法问题作了深入的思考与总结，特别是对当时流行的一些说法反复作了思考，写出了《地层学与器物形态学》一文。文中对当时一些文章中把地层叠压关系作为两种文化"一脉相承"的依据，对两种文化中存在"过渡"期的说法，对陶器分期中提出的器物本身的"演变"问题，对分期研究中如何从纵、横两个方面总结其变化规律，等等，提出了自己的看法。这篇文章连同上一篇文章在1964年去山东时送交夏鼐先生，征求他的意见。他读后给我写了一封信寄到山东（那时我已到了山东），信中告诉我，他已将两篇文章看过，并转到了《考古》编辑部。等我从山东、山西参加"四清"回到北京时，"文化大革命"开始了，所有业务工作全部宣告停顿，两篇文稿也一直存放在《考古》编辑部。

（五）这期间还对洛河下游做过一次考古调查。与我同行的有冯普仁、冯承泽同志。我们三人身背行囊一路步行，从洛阳走到巩县（今巩义市）。这个过程中，我们三人对一个个高台地进行调查，共踏查了几十个遗址。回到队内对这些材料又作了整理。通过调查，我对洛河下游地区的史前与三代遗址的分布及其规律有了基本认识。在这些遗址中，偃师二里头和巩县稍柴遗址在洛阳平原中的位置给我留下了深刻印象。

说起这次调查，条件是相当艰苦的。由于没有先进的交通工具，加之处在三年困难时期，吃住不好，完全靠徒步行走，所以碰到的困难相当大。记得走到回郭镇时，我们找了一个小旅社。放下东西，吃完饭，想在床上稍事休息。我刚躺下，就听见冯承泽同志大叫起来，说快走吧，这床上到处是臭虫、跳蚤。我和冯普仁同志掀起被褥一看，真是吓了一跳。床板缝中尽是臭虫，打开棉被，跳蚤乱蹦。冯承泽同志的前胸后背、大腿上到处是肿块，可谓遍体鳞伤。原来他是过敏性皮肤，这两种害虫的叮咬处越抓越痒，红肿一片，而且在很长一段时间内都奇痒难忍。当天晚上，我们在一个大队的柴草房中借宿。临睡前，我们用井水冲了个澡，脱下的衣服在空旷处拍打，好把带在身上的跳蚤赶走。柴草房中放的是麦秆，挺干净，蚊虫也不多。大家和衣而眠，笑谈中午的遭遇。为防蚊子叮咬，我们把毛巾盖在脸上。因白天奔走劳累，我睡得挺好。冯承泽同志因叮咬处过敏而辗转难眠。但第二天他仍跟我俩一起出发，不误工作。这以后的日子里，我们总觉得身上有跳蚤。回到工作站时，我们把衣服脱下，连同行囊、物品都放在外边，生怕把跳蚤带进宿舍。所带的衣服行囊都用开水烫过洗净，以防留下后患。以后，每当我路过回郭镇时，总会想起这一次经历。不过，当年的那个小旅社今天已经找不到了，我们当年称为"跳蚤之歌"的情景，大概再也不会发生了。

还有一件事也给我留有深刻的印象。为了寻找汤王冢，我们上了邙山。那天天气很热，三只水壶中的水都喝完了。好不容易找到一家农户，就去要水喝。农家大嫂很客气，打开门后的水窖让我们舀水喝。我们一看，吓了一跳。水窖里面蜈蚣、蟋蟀、壁虎什么都有，谁也不敢喝。但又渴得厉害，于是请大嫂给我们煮水，说好给她五角钱。大嫂点火烧柴，很快煮开了水。我们一人一碗，强喝了下去。原来，邙山上的居民用水，靠的是雨水。他们在下雨时把地头水窖中接的雨水倒进室内的水窖之中，用明矾打一下即供生活之用。水窖挖成袋形，口小底大，一般深80厘米，形状跟龙山文化中的袋形灰坑很相似。周壁和底部抹一层石灰。水在窖中放久了，石灰溶进水里，自然又苦又涩。那些小动物为了找水喝，也掉进了水窖，泡得鼓鼓的。这碗水的味道如何是可想而知的。喝这种水对我们三人来说，都是有生以来第一次，大概也是唯一的一次。这次调查，历时半个月。因为吃得很差，睡眠又不好，回到队里，大家都说我们瘦了一圈。不过，由于调查中有不少收获，所以大家都挺高兴。

二、听说二里头 1 号宫殿遗址是您发现的，请您谈谈这个重大发现的过程。

1 号宫殿是我和同事一起发现的。如前所述，经过我的踏查、调查，对遗址进行分区并在其中几个区试掘后，发现有不同作坊址存在。这就向我们提供了二里头遗址的布局可能有一定规律的启示。遗址四边有作坊，那么遗址的中央有些什么重要的遗存呢？这样，我产生了在 V 区进行钻探的想法。

当时，所里规定每隔半个月必须向所学术秘书处报告工地的工作情况。我在报告中如实填报，所领导从我的报告中可以很详细地了解到我们的工作进程。牛副所长对我在几个区进行试掘的做法并不理解，所以年中时传来了要集中力量作规模发掘的指示。我们按指示精神制订了秋季发掘计划。可是到县政府和公社联系，请他们支援劳动力时，他们说各大队的劳力都集中到水库工地了，无法派人支援我们的工作。跟几个大队联系此事，得到的回答也一样。这样，我们只好改变计划。于是，我提出了自己动手，在 V 区内进行钻探的建议，队内同人一致同意。第二天，我们每人一杆探铲，做一字排开，在 V 区开始了钻探工作。不多久，我们发现了质量很好的夯土。大家的情绪一下子变得高涨起来，因浮肿而十分沉重的四肢也好像轻松了许多。大家一铲一铲地钻探，发现每个探孔中都是夯土。当把四边探清楚后，用皮尺一量，东西、南北的长度竟各有 100 米，一个面积达 10000 平方米的夯土基址就这样发现了。这时已是 12 月中旬，天气相当寒冷。龚琼瑛同志提议开条探沟，以获取实物证明，回所汇报时效果也会好一些。我接受了她的建议，在台基的西北角沿着台基的边沿开了探沟。很快，在耕土层下发现了扰动过的夯土块，再向下没挖太深就找到了夯土基址和相关地层。夯土基址的圆形小夯窝清楚地出现在我们的眼前，我们切割了两块装盒带回住地。地层中的陶片表明夯土台基的年代属二里头第三期，比郑州二里冈期的年代还早。收工的那天云层很低，不久，天上飘起雪花。但大家心里都热乎乎的，因为在一个多月的时间内，我们用自己的双手找到了这个年代最早、规模巨大的宫殿遗址，付出的努力获得了比预期更好的回报。1960年，对二里头遗址的工作就以找到一个大型宫殿基址和对遗址布局的了解有所突破而结束。

应该说，这一年的工作是在克服了重重困难的情况下进行的，这些成绩的取得很不容易。为落实干部下乡必须与农民实行"三同"（同吃、同住、同劳动）的指示，我们不能单纯地搞考古发掘，在进行正常的业务工作的同时，还要参加一些体现"三同"内容的生产活动。最大的困难是1960年的经济形势已很严峻。春天到工地时我们每人的口粮供应是45斤，不久减到30斤。年终时，洛阳市政府要求干部每人每月再节约两斤。问题不只是减了17斤粮食，供应的粮食也从大米、白面变成高粱面、红薯粉；副食除每月4两食油外，什么都不供应了，而且别处也买不到东西。不久，我们就出现浮肿现象。为了能填饱肚子，大家想了各种办法。有一次，高天麟同志听说有一种草可以磨出淀粉，晒干后可与面粉一起蒸馒头吃。于是大家一起动手，有的去割草、洗草，有的去借石磨。晚饭后趁肚子不饿时，有人切草、有人推磨，就干了起来。但结果是令人失望的，磨了很久，在水底只见到少量泥沙样的物质。二里头大队的干部很关心我们，他们说红薯叶和梗子可以炒着吃，要我们到地里随便摘，同时建议我们在村南通往翟镇的大路旁种些白菜。我们接受了这些建议，经常放工后去摘些红薯叶炒着吃，又在村南的路边种了100多棵白菜。我们在上工、下工路过那里时顺便浇水、松土、施肥，白菜长得很好，但等不到包心就开始吃，每天砍上几棵。这些白菜对我们完成任务还真起了不小的作用。尽管这么困难，但大家在吃不饱肚子的情况下进行钻探，很努力地工作，没有一个人因受不了这苦而回家的。

附带说一句：在我回到考古研究所后，牛副所长马上把我找到人事处谈话，问我为什么不做大规模发掘而在好几个地点开方。牛副所长很注意起用青年人，要他们在工作中锻炼，但他是个组织观念很强的人，对上级的指示从来都是不折不扣地忠实执行的，所以他要求他的部下也要像他那样。可是遗址那么大，对它又很不了解，这将近10000平方米的发掘任务怎么完成？随便找个地方挖，那样做带有很大的盲目性，结果又将如何？我把自己的疑虑，从了解布局入手到寻找遗址中心，以及县社派不出劳力等情况详细地向牛副所长作了汇报，并告诉他，队内同人克服种种困难，自己动手进行钻探，终于找到一个大型宫殿基址，取得了比预期更好的结果。他了解了我们的想法，也了解到我们确实克服了许多困难，做出了成绩，这才表示谅解，露出了笑容。

三、您参加了1977年的登封会议，请回忆一下当时的情况。

登封会议是河南省文化局文物工作队在登封王城岗发现一座龙山晚期城址后召开的一个学术讨论会，也是夏文化探索方面第一个讨论会。自从"文化大革命"开始以后，考古发掘与研究工作处于全面停顿状态。20世纪70年代中期，各地陆续恢复业务工作。河南省文化局文物工作队的同行们为了探寻夏文化，在登封王城岗发现了一座龙山晚期城址。这一消息传出后，学术界很受鼓舞。河南的同志为此在登封召开现场会议，介绍发掘情况。这对推动夏文化探索是很有意义的。

　　安金槐先生在会前曾到北京，向夏鼐所长介绍了王城岗龙山城的发掘情况。夏先生接到邀请后，决定参加这个讨论会。他要我编一个夏文化研究书目，我抽空编了一个，后以考古研究所资料室的名义在会上散发。同时，通知在二里头和东下冯工作的同志做准备，好在会上交流。《考古》编辑部派周永珍同志参加，了解会议讨论情况。

　　我所参加会议的同志大多从工地直接去登封，夏先生和我们几个在所的人则从北京出发，先到郑州，再去登封。夏先生在郑州期间参观了展览室，然后乘汽车前往登封。北京去的还有中国历史博物馆的史树青先生、北京大学的邹衡先生等。河南方面请了不少人，开封师院的孙作云教授也参加了会议，河南省博物馆、郑州大学以及郑州、洛阳等市、地一些单位都派人参加了会议。

　　会议组织得很好，日程安排也很紧凑。先组织代表们参观龙山城发掘现场，后在会上介绍发掘情况，接着是发言讨论。登封政府很重视这个会议，动用了不少力量。参观的那天早上，一路用清水洒地、黄土垫道。发掘工地搞得挺干净，地层关系也很清楚。夏先生对发掘工地的工作很满意，只是对会场上挂的会标所写的"夏代遗址现场会"等字颇有微词，私下说，岂不是要我们默认王城岗龙山小城是夏代遗址吗？！不过，他从大局出发，充分肯定发掘成绩，对会议的组织工作也给予很高的评价。他对每个人的发言都认真听讲、仔细记录。后来，他应邀在大会上发了言，就会上提出的一些问题谈了他的看法。他对夏文化问题十分重视，用他的话说，大概是由于姓夏的缘故吧！他在这次会上讲的中心思想是，夏代文化的认定，必须要有强有力的证据。在还没有发现有力的证据前，有关夏代文化的各种意见只是推论。他在私下的谈话中讲道，夏文化最终只有在取得物证（如文字）后才能解决。他的发言后来刊登在《河南文博通讯》上。这些看法无疑是正确的。

　　我应安金槐先生之邀，第二天在会上发了言。有感于几家不同说法中所用的方法不同，所以就如何探索夏文化问题谈了自己的认识。如有人认为二里头遗址是夏代遗址，它的四期文化遗存都是夏文化，理由之一是在第三期遗存中发现了宫殿遗址。因为宫殿的出现表明这时已出现国家，而夏代是有国家的，所以它应是夏文化。我则认为二里头遗址是否为夏代遗存应由它的文化性质决定？因此应该用文化分析的方法先论证它是夏文化，然后再论定它是夏代遗址。它是否已出现国家，应以在文化性质论定是夏还是非夏（商）的基础上才能进行讨论。夏代是否出现国家，学术界本来就有不同的看法。用二里头第三期已出现国家来认定这个遗址是夏代遗址，在方法上难免有倒果为因之嫌。另外还谈到龙山文化与二里头文化的关系等。我在发言中指出，我们在夏文化探索中要解决的问题，从另一个角度看是哪一个考古学文化是夏文化的问题。那么答案中所指的考古学文化只应是一个而不应是两个，因此，如果河南龙山文化和二里头文化都是夏文化，就应先论定它们是一个文化。这些看法后来写入《有关夏文化探索的几个问题》一文中。

　　登封会议后，一部分代表要求去二里头遗址参观。夏鼐先生因很久未到二里头工地考察，也提出绕道去一次二里头工地。这样，散会后第二天清晨，我们驱车前往偃师二里头，看了2号宫殿的发掘现场。夏先生就2号宫殿的清理过程、地层关系、年代、大墓与宫殿的关系等，详细询问了发掘者，并作了记录。仅在工地停了一个多小时，就取道偃师、巩县（今巩义市），直奔郑州。在路过巩县时，他对宋陵的情况十分关心，提了一些问题。我因在这里做过调查，就宋陵及其石雕的保存情况作了介绍。因时间关系，我们只在路边停了一会儿。

　　登封会议的直接结果是有关夏文化问题的各种意见渐渐见诸报端，展开讨论。从此，夏文化问题成了学界同人关心的热点之一。

四、您在夏文化研究方面的代表作《二里头文化探讨》是在登封会议后不久发表的，请介绍一下这篇文章的写作过程。

这篇文章是应《考古》编辑部之约而撰写的。

登封会议前，《考古》编辑部的周永珍同志找我，说明年第一期《考古》上将组织一组有关二里头类型遗址的简报，所里希望配合这组报道，要我写一篇有关二里头文化方面的文章。我答应了。因时间很短，要在登封会议结束后一周内交稿，加之许多材料尚未公布，所以我要求写短一些。她同意了。

从登封回到北京后，我赶紧写了这篇文章。在较短的时间内能赶出这篇文章，当受益于在二里头的四年里对出土遗物的反复整理。当时，每年发掘的东西，我都要整理一遍，加之广东省博物馆杨式挺同志带领黄玉质等一批年轻人在队内进修学习；北京大学李伯谦同志带领许玉林等同学在二里头毕业实习，我作为辅导员，从发掘到整理、写报告，整个过程都要参加，所以曾反复触摸发掘的遗存，进行排比与分析。1964年时，我把在这一过程中积累起来的收获作了总结，写了两篇文章。"文化大革命"开始后，业务中断，两年后，我把手头的十多本小本子找了出来，又进行整理，作再认识。有了这些基础，动起笔来就松快多了。虽然很多材料是自己挖的，但因所领导规定未发表的材料任何人不得随意使用，所以我的文章写得很拘谨。这就是《二里头文化探讨》一文写作的经过。文章发表以后，我继续思考这个问题，又写了一篇文章，对上一篇文章中的一些问题作了阐述。这就是1982年9月出席在檀香山召开的商文化国际学术讨论会时提交的《二里头文化再探讨》一文。鉴于二里头第三、四期遗存应属商代范畴，文中提出了广义、狭义说，即目前所说二里头文化包含二里头第一至四期的说法是广义而言，狭义的二里头文化应指目前所认识的二里头第一、二期文化遗存。

五、您在《二里头文化探讨》中主要讨论了夏代晚期文化，而对夏代早期文化涉及很少，能否说明一下您对夏代早期文化的认识？

　　科学的认识过程，是从已知扩大到未知的过程，它是一步步向前推进的。在这个探索过程中，允许研究者提出假设或推论，但研究者必须在探索中找到证据证明自己的假设或推论成立时，才能向新的未知领域推进。科学的探索就是这样一步一步向前推进，促使科学不断发展的。我认为夏文化探索应在夏人活动区内，在早于商代早期的诸考古学文化中以强有力证据推定某一文化为夏文化。这个过程应包括这样几个环节：（一）探索工作应在传说有夏人活动的地域内进行；（二）搞清这个地域内的哪一种文化遗存是早商文化；（三）确认比早商文化更早的考古学文化有几个；（四）以有力证据论证其中哪一个考古学文化是夏文化。我认为这几个环节必须一个一个解决，要循序渐进。用考古方法能否解决呢？我以为是能够识别与完成的。但应在前一个环节中的问题解决后，再着手解决后一个环节中的问题。否则，前一个环节中的问题还没有解决，后一个环节中提出的认识便难以确立，充其量都是推论而难以达成共识。如果把自己的结论建立在一个又一个推论的基础之上，那么这个结论的可靠性就很值得怀疑了，因为结论的可靠性是结合证据通过论证来说明的。正是基于这样的认识，我在那篇文章中用已知的二里冈期中商遗存推定二里头遗址第三、四期遗存为早商文化，进而提出二里头第一、二期文化可能是夏代晚期遗存的推论。

　　讨论中出现的分歧是：持二里头第三、四期遗存为早商文化说的学者觉得二里头第一、二期的年代较短，于是提出河南龙山文化晚期为夏文化说；持郑州二里冈期为早商文化说的学者认为郑州是亳，则二里头第一至四期为夏文化，这四期的年代与夏代纪年大体相当，故否认河南龙山夏文化说。这里关键的问题是应该搞清上面提到的第二个问题，即夏人活动的地域内哪一种文化遗存是早商文化？这个问题不解决，夏文化探索的课题势必受影响。事实上，这个问题比夏文化问题容易解决，原因是由已知的中商文化去论定未知的早商文化，用考古方法是可以做到的。对安阳殷墟、郑州二里冈的商文化大家的认识是一致的，那么，从这个已知因素出发，可以对目前有争议的二里头第三、四期遗存中是否有商文化因素作出论断。我在已发表的《早商文化的推定及其相关问题》一文中就明确指出，目前围绕二里头遗址四期遗存的性质展开的讨论，表面上看是哪些属夏文化之争，实际上则是哪些遗存为商文化之争。夏文化的问题目前难获共识，但二里头遗址的四期遗存中是否有商文化以及哪些是商文化则是可以论定的。因此，只要大家面对材料，充分讨论，把商代早期文化肯定了，对夏文化问题的研究就可以推进一大步。该文中对这一工作的必要性与可能性等比较详细地谈了自己的看法，这里就不多说了。

对河南龙山文化晚期为夏文化的说法，我也是很重视的。但有个问题应予解决，即它与二里头文化第一、二期的关系，究竟是一个文化还是两个文化间有"一脉相承"的关系。目前有几篇文章提到二者存在"一脉相承"的关系，所以认为它们都是夏文化。但"一脉相承"说仍然以它们是两个考古学文化为前提的。我们在探索夏文化中需要回答的是"哪一个考古学文化是夏文化"而不是"哪两个"考古学文化。所以，主张河南龙山文化也是夏文化，而仅仅提出它与二里头文化"一脉相承"的说法是不够的，若能进而论证河南龙山文化与二里头文化是一个文化，就可说通了。

上面两种意见都是从把目前对河南龙山文化与二里头文化作为认识

很全面的对象这一基点出发的，其实，在过去的几十年间对河南龙山文化的工作虽然做了不少，但与仰韶文化相比要差得多，因而究竟它有几个文化类型，它们之间存在何种关系，与二里头遗址第一、二期之间是什么关系，等等，都还有待进一步研究解决。对二里头文化的工作虽然做了不少，但晚得多，第一、二期的东西出土较少。就二里头遗址而言，也是以第三、四期遗存为主，第一、二期遗存并不丰富。目前已知的第一、二期遗存比较丰富的遗址有巩义稍柴遗址、洛阳锉李遗址等。其中以稍柴遗址的面积最大、堆积也厚，史学家中有人指其地望与文献中所记斟郡甚为一致，很有必要作进一步发掘。这次"夏商周断代工程"夏时期年代学课题组的计划中，原本将稍柴遗址列入发掘计划，却因种种原因而未去发掘，很是可惜。

科学研究中允许假设与推论。每个假设与推论的提出虽说可能都有一定道理，但它是否合理与科学却需要证据证明。因此，前面提到的几种推论都还存在证实的过程，否则争论将长期存在。同时，科学的认识是逐步推进的。如果早商文化能获共识，那么在目前情况下对夏文化探讨将是一大推进。对夏文化的认识从论证其晚期入手，进而讨论其早期文化，这样是合理的。商文化的认识就是先认识安阳殷墟的晚期商文化，然后再认识郑州的中商文化，这其间经过了二十多年的时间。

六、偃师商城发现后，很多学者立即指认其为早商的亳都或别都，而您却比较冷静，能否谈谈您对偃师商城的看法？

偃师商城的发现是近10年间商代考古最重要的几项发现之一。由于二里头遗址的文化遗存全是夏文化还是有些属早商文化，在20世纪70年代末成为学术界的争论热点，所以在二里头遗址不远处又发现一个城址时，人们对它特别关注也是很自然的。

但是，学术界有一种倾向很值得注意：一个城址发现以后，在许多应该搞清楚的问题尚未搞清楚时，就匆忙地与文献中的某些记载对上号，似乎不把它说成亳或什么名字就显不出它的重要性似的。这是认识的误区，也反映了学术界存在一种浮躁情绪。结果，出现某些观点一变再变的现象。这种做法显然是不宜提倡的。

一个城址的重要性主要是由它的内涵决定的，并不取决于它叫什么名字。偃师商城至今仍不能判断它是西亳还是桐宫，或是什么重镇与别都，它的重要性却是客观存在的。偃师商城发现后的第一个简报，对年代的判断和对它的评价是适当的。可是在讨论过程中，有些朋友为了说明自己的观点而随意改变它的年代，这种做法是不可取的。遗憾的是类似做法后来又波及对郑州商城年代的判定，目的是说明它比偃师商城的年代更早，它才是"亳"。实事求是的态度是科学的态度，年代的判定应根据客观存在的材料。它的价值是由它包蕴的内涵及在历史上的地位决定的，考古工作者要揭示其真实价值需要做大规模的发掘与多方面的系统研究。讨论与争鸣虽可以从对方与他人的思路中获得某种启示，若想解决问题，还是要靠田野工作中找到证据和进行深入研究。

我没有撰文参与讨论，但对发表的文章及提出的各种说法始终是很注意的。为了推动课题研究，解决讨论中提到的某些问题，我从 1988 年起对偃师商城队的同志提出要求，请他们依据商城的地层叠压与打破关系进行分期研究，提出商城自身的分期系列。在此基础上回答以下四个问题：这个遗址当年出现居民活动的年代，偃师商城开始建城的年代，城址废弃的年代以及遗址废弃的年代。由于人们开始在这里活动时并不马上建筑城垣，城垣废弃时，人们不一定马上都迁走，所以把这些年代搞清了，也就不会把古代居民出现在这里的年代当作商城建城的年代了。

经过偃师商城队同人多年的努力，地层叠压与遗迹间打破关系越来越多，特别是城内三个时期的建筑遗存的发现与分期研究相结合的结果，使商城的分期更具说服力。1991年，刘忠伏同志在发掘南城城墙时，发现20多米宽的城墙墙体内包裹一个7米宽的夯土墙体的现象。1995年，在西城墙又见到同样现象。到1997年时终于搞清了大城内还有一个小城，说明这里曾经两次筑城：先筑小城后筑大城。这就把偃师商城的发掘与研究向前推进了一大步。进一步工作，若能对小城的性质提出有说服力的证据，那么对商城遗址的价值的评估将会比初期的说法更合理。

七、与夏文化密切相关的二里头遗址、偃师商城遗址、陶寺遗址、东下冯遗址都是考古研究所二室发掘的，作为长期领导各遗址工作的室主任，请您回顾一下各遗址的工作情况。

徐旭生先生从先秦文献中找出河南西部的洛阳平原、颍水上游的登封、禹县（今禹州市）一带和山西南部的汾水下游地区是传说中夏人活动的两个地域，指出夏代都邑和一些重要的历史事件，大多同这两个地区有关。为此，考古研究所在这两个地区差不多同时开始了夏文化探索工作。二里头遗址在1959年发现后，除因"文化大革命"而一度中断外，一直在进行发掘工作。"文化大革命"前后集中力量发掘了1号宫殿，20世纪70年代后期又清理了2号宫殿。在这40年间，这里或主动发掘，或配合农村建设，做了不少工作，积累了相当丰富的资料。所分的四期遗存的内容也因材料积累而得以充实。特别是铸铜、制骨等作坊遗址的发现和一批青铜制品的出土，表明二里头遗址在第三期时，正处于繁盛时期。这期间最大的缺陷是发掘报告久久不能出版，这对学术讨论的正常开展不能不产生一定影响。东下冯遗址是跟二里头遗址差不多同时开始发掘工作的，它的文化面貌与二里头遗址有很多相同或相似之处，也有一定差异，但因遗址的面积较小，文化内涵远不能与二里头遗址相比。它的附近还有一个城址，有一段城垣还高出地面，年代为二里冈时期，但总体保存状况不算很好，所以山西队同人把工作重点转向陶寺遗址。有关东下冯的工作情况已有报告发表，这里就不多说了。陶寺遗址是东下冯遗址之后，考古研究所山西队发掘的又一个重要遗址。调查中看到它的陶器很有特色，为过去所未见，所以决定对它做些工作。发掘结果证明它确实是龙山文化中很有特色的一种文化遗存。在墓地的发掘中发现当时的居民两极分化严重，大墓中还出土了一些绘有彩色盘龙的陶盆及陶鼓等其他同类遗址中罕见之物，引起人们的强烈兴趣。陶寺类型文化的年代比二里头文化还早，山西队有同志认为夏代的年代有可能早到公元前 24 世纪，所以对陶寺类型文化的发掘研究，当时也放在夏文化探索的范围之内。虽然对陶寺类型文化是不是夏文化，大家在讨论中议论得不多，但在夏人活动地区内究竟有几个比商代更早的考古学文化，是应该搞清楚的。陶寺遗址出土的铜铃虽是红铜制品，但说明当时居民已重视铜金属，并将它制成乐器。此外，还出现了文字。这些发现都是很重要的。至于偃师商城的工作情况，上面已经提到。总之，上述这些地点连同河南省文物考古研究所发掘的登封王城岗、禹州瓦店等遗址，为夏文化的探索工作提供了可以比较研究的极好素材。

八、夏鼐先生在登封会议上对"夏文化"的界定，在后来的夏文化探索中影响甚大。当时他认为已有的材料还不足以证明哪一个文化是夏文化。请您谈谈此后夏先生对这个问题的认识。

　　夏鼐先生在登封会议上对夏文化的界定，我认为是很重要也是很及时的。他之所以要谈这个问题，是由于他发现有些同人在这些方面的阐述时有混淆。他的讲话还对探索夏文化的步骤提出了很好的意见。他说"夏"可以包含族、国家、王朝、地域和文化等不同概念。现阶段的任务是从物质文化的角度去确认夏人活动区域内哪一种遗存为夏文化遗存。它的时空观念比较具体，是指夏禹至桀这一特定时期，即文献记载包括十四世十七王，约400余年时间的夏王朝，或者说是夏代文化。如果夏代文化搞清楚了，那么夏人建立王朝以前的文化遗存也比较好确认了。你说这一讲话在后来的夏文化探索中影响甚大，我想那是因为他使大家认识到探索中应该明确哪些方面，并使探讨的问题相对集中，这对这个课题的探索进程是有指导意义的。他在会上还指出已有的材料尚不足以说明哪一个文化是夏文化，这也是针对会上出现分歧以及有人声称夏文化已经找到、夏文化问题已经解决而说的。在登封会议上至少有两家声称夏文化已经找到，但他们所指的夏文化内容却很不一样。这一事实本身就说明夏文化问题没有解决。他认为当时提出的有关夏文化的几种看法都是推论，并无实据可以证明，当然也难以取得共识。所以夏先生说：公说公有理，婆说婆有理。没有实实在在的证据，哪一种看法都无法证明它可以成立，更谈不上解决了。这一说法当然是科学的。

以后，夏鼐先生曾多次谈起这个问题，强调证据在解决夏文化问题中的重要作用。他有一次说道：如果考古工作中挖不到文字之类的证据，夏文化问题恐怕在很长时间内都不可能解决。

九、您在几次学术会议上都谈到探讨夏文化的方法问题，请您谈谈这方面的感受。

我们做什么事情都有一个方法问题。夏文化探索是个严肃的学术课题，探索的过程是个研究的过程，那就必须坚持科学的研究方法。所谓"外行看热闹，内行看门道"，这门道指的就是方法。研究的方法对不对头，直接影响到结论的正确与否，如果方法不对头，即使结论对了，也会被人说是蒙的。所以学生上学时，老师要求大家特别注意方法。不管数学还是物理，你运用的方法错了，即使你的答案是对的，老师也不会给你判分，原因就在于此。我多次讲到方法问题，其目的就是想提醒大家重视这个问题，以便把夏文化问题及早解决了。

目前在夏文化探索过程中出现的诸多分歧，其原因与各家立论的出发点及占有资料的多少等因素有关，但各家所用方法不同也是原因之一。例如，我写的《二里头文化探讨》发表后，有人对我借二里冈期中商文化推断二里头第三、四期是早商文化的方法提出商榷，说我用这种方法是"无源之水""无本之木"。按他的意见是只有先判定哪些遗存是先商文化，才可推定早商文化，那样才是有源之水。这里可以看出，方法不同，结论也不会一样。他用这种方法研究，必然是先认识先商文化，再认识早商文化；先认识先夏文化，再认识夏文化。读他的文章，可以看到他把这些文化都"找到"了。可是，这样做的结果是一切都被颠倒了。因为科学的认识方法只能由已知达于未知。打开一部科学技术发展史，里面充满了这样的实例。就黄河、长江这些大河而言，人们都是先认识其支流，然后才找到它们的源头的。"无源之水"只说明世上没有无源头的水流，却不说明人的认识必须先认识源头才能认识支流。马克思说，人体解剖是猴体解剖的钥匙。这话是很有道理的。自中世纪出现人体解剖学以来，科学家对人体的结构、各种器官及其功能、特点等都有了全面认识，因有了人体解剖的知识，对全面、正确地认识猴就便捷得多了。在科学研究中从已知的认识出发，通过探索，逐步认识一些未知的东西，这是人们普遍遵循的原则。如果从先商文化去认识早商文化，那么必然是从未知到未知。因为，你说的先商文化怎能证明是对的呢？用这种方法"研究"出来的结果怎能叫人信服呢？其实考古学上已有实例证明，由已知达于未知的认识方法是可行的。例如，郑州二里冈的遗存发现后，人们就凭借对安阳殷墟遗存的认识确认它也是商代文化。当时有人认为它比殷墟文化要晚，可是地层学提供的证据是殷墟文化层叠压在二里冈期文化层之上，证明它比殷墟商文化要早。这个结论充分说明，由已知到未知才是认识的必然之路，认识过程中证据起到关键的作用。所以，郑州商文化发现后虽有些人不接受它比殷墟早的说法，等以后证据越来越多了，他们也就接受了。

又如有人主张二里头遗址是夏都斟鄩，因此它的四期遗存都是夏代文化。这种说法听起来似乎很有道理，可仔细一琢磨就会发现很有问题。因为并没有多少证据可以证明此说有事实依据，无论是文献还是考古材料都没有这种证据。这种方法是试图用考定它是夏都斟鄩去推定夏文化，这是借传统史学的研究方法去解决考古学上的问题。似乎考古学的方法解决不了这个问题似的。其实，这种方法的缺陷在于它把问题的因果关系颠倒了。作为考古学上的问题，二里头遗址是否为夏都斟鄩，应先认定它的文化遗存是夏代文化，然后看看它的年代是否处于夏代晚期，再考证其地望与文献中记载的斟鄩是否一致。研究任何问题都要讲究方法，如把因果关系颠倒了，其结论也就有问题了。过去，我所山西队的同人也曾尝试使用这种方法。他们在调查禹王城时，也希望用这个方法去找到夏文化，结果发现那里最早的遗存是东周时期的。由于东周遗存的年代太晚，所以谁也不会把它说成是夏文化。但若由禹王城之名而把东周遗存说成是夏文化，有谁会相信呢？反之，由于发现的是东周文化遗存，它的年代距夏代相去甚远，只能说明禹王城的名称是晚出的，它与夏禹没什么关系。由此可以说明，方法是否对头，对我们的研究工作实在是极重要的。

十、您对 40 年来的夏文化探索做何评价？

回顾 40 年来夏文化探索工作，或可用一句话来概括：成绩不小，问题不少。

我于 1980 年在《人民日报》发表的一篇文章中说过：夏文化探索这一课题的提出，表明中国考古学已经跳出证经补史的范畴，敢于对中国历史上的重大课题独立地进行研究了。对这一估价，今天看来还是合适的。

尹达先生曾对 1949 年以前的中国考古学做过评价。他说新中国成立前的中国考古学还没有建立起自己的体系。如果说有的话，那也是支离破碎的。他的说法是很有道理的。20 世纪 50 年代以来，中国考古学获得了突飞猛进的发展，大量发现使考古学上的许多空白得以填补。以商代为例：到 20 世纪 50 年代末，人们的认识已不再局限于安阳殷墟，对郑州二里冈期商文化也有了较全面的认识，它的分布地域也远远超出河南省境。在这种情况下，于 1959 年提出夏文化探索是很及时的。

自从夏文化探索的课题提出以后，在有关单位的推动下，发现了一大批与二里头遗址第一至四期遗存类似的遗址，其中不少已做了试掘。特别是对一些重点遗址，都曾做过规模不等的发掘，出土了大批遗物，积累了相当丰富的资料。尽管迄今尚无有力证据证明哪个考古学文化是夏文化，但这些资料的积累为探索工作所必需，因而是十分可贵的收获。同时，大家在探索过程中发表的各种意见，多有其一定合理的成分。从某种意义上说，它为最终解决这个问题准备了条件。对 40 年间探索工作的反思与总结，也是一种收获，它为今后进一步开展探索工作指明了方向。

像夏文化探索这样的大课题在考古界毕竟是第一次被提上日程，如何探索对大多数人来说是缺乏准备的。人们对这个课题既有兴趣，又陌生，因为没有现成的经验可供参考。各单位之间虽有联系，但既无具体的规划，也无联合攻关方面的措施。各挖各的，各自做出自己认为合理的解释。迄今发表的讨论文章总数约有四五百篇之多，反映了大家对这个问题的重视。从另一个角度观察，在系统资料尚未发表的情况下能写出这么多文章，提出那么多观点，不能不说是个有趣的现象。夏文化探索作为考古学上的问题，照例应该用考古方法去研究与探索，有些同志在这方面做了不少工作。但也有人采用传统史学常用的考订城址名称的方法，进而用城址作为划分文化或朝代的标志。这种方法有其明显的缺陷，却出现了试图用它去统一各家观点的做法。我想时间会对各种观点、各种方法做出判断的。每个研究者大概都希望自己的观点是正确的、合理的，可是，究竟是否正确，却并不是由人们的主观愿望来决定的，而是由科学的特定内容判定的。当我们回顾 40 年探索过程时，强调用严肃的态度、严密的方法，严格地按科学规律操作，去获取强有力证据或许是必要的。因为科学是来不得半点儿虚假的。科学的价值在于求真，在于它的真理性。我深信夏文化问题是一定能够解决的。如果这一代人解决不了，那就靠下一代人去努力。希望有志于从事夏文化探索的年轻人，能在总结前人经验的基础上，踏实勤奋地向前攀登，去攻下这个难题。

主要著述

1.《二里头文化探讨》，《考古》1978 年第 1 期。

2.《二里头文化再探讨》，《考古》1984 年第 4 期。

3.《有关夏文化探索的几个问题》，《文物》1984 年第 2 期。

4.《早商文化的推定与相关问题》，《中国商文化国际学术讨论会论文集》，中国大百科全书出版社，1998 年版。

5.《三代年代学研究的新突破》，《考古》2001 年第 1 期。

郑泰祥

郑杰祥

郑杰祥，1937 年出生，河南新蔡人。1961 年毕业于北京大学历史学系考古专业，长期从事先秦考古学、历史学和古文字学的研究工作。已出版著作 3 部，发表论文 30 余篇，总计百余万字。所出《夏史初探》一书，曾获 1991 年度「河南省优秀社会科学论著」一等奖和同年度《光明日报》「光明杯优秀哲学社会科学著作」三等奖；所出《商代地理概论》一书，曾获 1995 年度「河南省社会科学优秀成果」三等奖。现为河南省社会科学院研究员，享受国务院政府特殊津贴。

一、您是什么时候开始研究夏文化的？参加过哪些与探索夏文化有关的田野考古工作？

　　夏文化又称夏代文化，是指夏王朝时期夏部族创造和遗留下来的遗物、遗迹，它是属于考古学范畴的文化。探索夏文化在我国有着悠久的历史，20世纪50年代末，前辈学者徐旭生先生率先亲赴田野调查"夏墟"，开创了我国科学探索夏文化的新纪元。自此以后，河南省文物部门也陆续开展了探索夏文化的考古工作。1977年，我有幸在安金槐先生领导下参与了"禹居阳城"的考古调查，由此开始了我的探索夏文化的学术生涯。关于"禹居阳城"所在，文献记载颇不一致，但多数文献记载在今河南省登封市告成镇一带，而且根据考古调查，发现这里分布着众多的古代文化遗址，我们正是根据前人提供的线索，于1977年的上半年，首先在告成镇以西的八方遗址即现在被称作王城岗遗址处进行了试掘，在这里发现了一处石砌台基遗址。我们希望最好能够找到城址的遗迹，因此又转移到石砌台基的东侧进行发掘。大约是6月底的一天，在T16、T17两个探方中发现有一边是熟土，另一边是生土形成南北走向的直线遗迹，大家被这条遗迹深深吸引，但是弄不清它是一种什么现象。正值此时，上级指示我们回去参加运动，在这种情况下，我请求能晚回去几天，以期搞清这条直线遗迹的性质，安先生当即同意了这个请求，得到上级批准之后，我被暂时留下来和中国历史博物馆董琦先生一起，继续进行发掘工作。记得那是7月上旬的一天，虽然赤日炎炎，但大地充满着生机。

我与董琦先生在 T16、T17 探方以南，分别开了两个探沟（T23、T22），似属偶然，或又联系着必然，我们真的在这里找到一条南北走向的城墙基槽。原来那条直线遗迹，正是这条城墙基槽的一段西部边缘。以后通过整体发掘，得知这是一座河南龙山文化晚期的城堡基址，即现在所称作的"王城岗城堡基址"，我们所发现的城墙基槽，乃是属于这座城堡西城墙的一段基槽。其后不久，我又陪同安金槐先生和贾峨先生调查了文献记载的阳城旧址，城址尚存，规模宏伟，从春秋，经战国，到汉代的层层城墙夯土清晰可见。城址位于告成镇东北隅阳城山的南麓，与文献所记古代阳城的位置恰相符合，特别是当时在这里实习的辽宁大学的同学们，还在阳城旧址内发现不少战国和汉代印有"阳城仓器"和"阳城"的陶器文字，确凿地证明这里就是战国和汉代的阳城旧址，这是我国迄今所发现的唯一的一座确凿的春秋、战国时期的阳城旧址。王城岗城堡基址是当时我国所发现的第一座被确认的河南龙山晚期的城址，它位于古代阳城旧址的西南隅，其存在年代与文献记载的夏禹时代基本符合，而"禹居阳城"的记载又最早见于战国文献，因此，这座城堡基址的发现，就为寻找"禹居阳城"之所在提供了重要线索。这个发现立即轰动了当时海内外的学术界，于是国家文物局在考古发掘现场召开了我国第一个研讨夏文化的盛会。到会学者百家争鸣，畅所欲言，充分地阐述了自己对夏文化的看法。就是在这次会议上，邹衡先生首次提出了郑州商城为汤都亳邑、二里头遗址为夏代王都和二里头四期文化为夏文化的新说，此说是邹衡先生根据新出土的考古资料，经过数十年的潜心研究所建立的夏商考古学新体系的核心内容，因而引起了与会者的强烈反响。我参与筹备和参加了这次会议，聆听了各位专家的高见，那段时间可说是我学习上充满着收获的一个金秋季节，也是我从事夏文化研究的一个良好开端。

二、您编选的《夏文化论文选集》有助于夏文化的探讨，请谈谈编选这本书的起因、过程及其在学术界的影响。

俗语云："前事之不忘，后事之师。"人们在从事任何一种工作的时候，都需要总结他过去所经历的成败得失，以利于推动这项工作的顺利开展，所谓"瞻前"就必须"顾后"，这是事物发展的辩证法，历史学总是在社会急剧发展变化的时刻兴旺发达起来，其根本原因就在于此。因此，当进入 20 世纪 80 年代，学术界掀起探索夏文化热潮的时候，人们也同样希望对这项工作以往的研究状况有所了解。为适应这个客观发展的需要，我在许顺湛先生的支持下，于 1985 年编辑出版了《夏文化论文选集》，该书是从我国近代考古学产生以来，学术界所发表的 50 多篇探索夏文化的论文中，选出有代表性的 26 篇，按发表时间先后为顺序排列，最后附有历年来发表的研究夏文化的论著目录索引。它大致勾画出半个多世纪以来我国夏文化研究工作的发展历程，也体现了当时我国学术界在探索夏文化中所持的各种观点。该书出版后，颇受学术界欢迎，被认为是一部"学术水平较高"的著作，对有志于探索夏文化的热心读者起到了良好的借鉴作用。

三、作为第一部夏史专著，《夏史初探》全面而系统地论述了夏史和夏文化的有关问题，请谈谈此书的出版过程及其在学术界的影响。

探索夏文化虽然属于考古学范畴的工作，但是它实际上是在为研讨夏史准备实物资料，考古学本质上是历史科学的一个重要组成部分，探索夏文化的根本目的就在于以科学的实物资料为主要依据，去恢复夏朝一代的真实面貌。基于这个认识，我在由田野发掘转入室内研究的时候，就立即着手根据考古资料，结合文献记载，写出一部研究夏代历史的著作，这部著作后来定名为《夏史初探》，它于 1988 年正式出版。首先，该书运用历史唯物主义观点，根据文献资料，对夏部族的起源、夏王朝的建立和兴衰过程，以及对夏代的社会形态问题进行了全面而系统的论述，认为夏王朝是我国历史上第一个奴隶制的国家政权，它的建立，标志着我国若干万年的原始社会至此结束，数千年的阶级社会自此开始，这是我国历史上的一个转折点。其次，该书通过对河南龙山文化和二里头文化内涵的分析，认为二里头文化很有可能就是夏文化。二里头文化以二里头典型遗址而命名，它位于今河南偃师西南伊洛平原之上，这里是二里头文化密集分布的地区，也正是文献所记夏王朝长期的政治中心区。二里头遗址所发现的大型宫殿建筑基址，是迄今为止我国最早的大型宫殿建筑基址，从而也是我国最早出现的王权的标志；该遗址出土的青铜器群，也是我国迄今所发现的最早的青铜器群；所出土的铸铜、制骨和大型烧陶手工业作坊，也是我国迄今所发现的最早的铸铜、制骨和大型烧陶手工业作坊基址。所有这些都和文献所记夏王朝时期的社会形态相符合，因此，从现有资料而论，二里头文化遗址显然应是夏朝一座王都的遗迹。说来有趣，这处遗址原是当年徐旭生先生专程调查"夏墟"时所发现，但是徐先生却认为它更有可能是商汤所都的"西亳"所在，此说在整个 20 世纪 60 年代和 70 年代的学术界一直处于主导地位，直至 70 年代末，邹衡先生才翻了这个历史的旧案，认为二里头遗址确是真正的"夏墟"。邹衡先生此说已被越来越多的考古资料所证实，在当前的学术界也已基本上达成了共识，作为客观存在，徐先生可说是完成了自己寻找"夏墟"的历史使命，因而是功不可没的。最后，该书还对商汤都亳所在和偃师商城的存在年代和性质问题进行了讨论。

四、邹衡先生提出"郑亳说"之后，您不但完全赞同，而且补充了不少的文献和古文字学的证据，请道其详。

众所周知，夏王朝最后被商王朝所取代，而且"殷因于夏礼"，商文化在相当大的程度上又是在夏文化的基础上继承和发展起来的。因此，探索夏文化，就必须研究商文化，特别是需要研究早商文化，早商文化的论定，就解决了夏文化的下限问题，也就是从考古学上解决了现在所称作的夏、商分界问题，它是探索夏文化的理论基石之一。早在 20 世纪 70 年代，邹衡先生提出了"郑州商城即汤都亳说"，我赞同并从文献和古文字两方面的资料补充论证了此说。《国语·周语上》："商之兴也，梼杌次于丕山。"古人认为，商族兴盛始于成汤居亳，其时有梼杌神灵在丕山之上预兆吉祥，可知亳与丕山必当相距不远。丕山又称"大伾"，大伾所在，《尚书·禹贡》云："导河积石，至于龙门；南至于华阴；东至于厎柱；又东至于孟津，东过洛汭，至于大伾。"《水经注·河水》："河水又东，径成皋大伾山下。……《尚书·禹贡》曰：过洛汭至大伾者也。……成皋县之故城在伾上，萦带伾阜，绝岸峻周，高四十许丈。"古成皋县即今河南省荥阳市汜水镇，大伾位于镇北黄河南岸，东距郑州商城约 40 千米，商族兴起的亳邑应当就在郑州商城地区，商王朝从第十位国王中丁才开始离开亳都，"自亳迁于嚣"。虽迁新都，但旧都尚存，文献和考古资料表明，终商朝一代，这里仍称作亳邑。《国语·楚语上》云："昔殷武丁能耸其德，至于神明，以入于河，自河徂亳，于是乎三年，默以思道。"韦昭注：武丁"迁于河内"，"从河内往都亳也"。三国时的河内郡治在今河南省武陟县西南古怀城，此地位于黄河北岸，隔河南岸与郑州商城相望，可知郑州商城显然应是商王武丁"自河徂亳"的亳地。商代亳邑也见于殷墟卜辞，它与商地和鸿地相联系，如卜辞云：

□□［卜］，［在］商，贞……于京亡灾。

甲午王卜，在京，今日□□唯亡灾。　　　《甲骨文合集》36555

乙卯王卜，在唯，贞今日……于蓏亡灾。

□□王卜，在商，贞今日于京亡灾。

甲寅王卜，在京，贞今日□［于］唯亡灾。　　《甲骨文合集》36567

　　从第一版卜辞可知，商王于戊子日在商地卜问前往亳地有无灾祸，至迟于第七日甲午到达亳地并在此贞问前往鸿地有无灾祸，而于次日乙卯到达了鸿地。这里所说的商地当指朝歌在今河南淇县，鸿地当指《战国策》所说的鸿沟乡、鸿沟亭，在今河南尉氏东南，郑州商城北距朝歌100余千米，东南距古鸿地60余千米，正在商地和鸿地之间，与卜辞所记亳地地望相符，因此，它也应是卜辞所记商代的亳地。另外，自20世纪50年代以来，考古工作者曾在郑州商城的东北隅发现了成批的印有"亳"字的战国陶器文字，特别是发现印有"亳丘"二字的战国陶文（图一），并在今郑州市的西南隅发现印有"亳聚"二字的秦汉时期的陶器文字（图二）。丘者，墟也，亳丘即亳墟。可见战国时期的人们仍然知道这里原是古代亳邑的废墟。聚即作为居民点的城镇村落，聚落以亳命名，可见秦汉时期人们仍然知道这里原是古代的亳地。联系上述资料，"亳丘""亳聚"所以以亳命名，都

图一　郑州商城宫殿区出土的战国　　　　　　图二　郑州西南郊出土的
　　"亳"字陶文和"亳丘"二字合文　　　　　　秦代"亳聚"二字合文

应是沿袭了这里的商代亳邑的名称，正如同现在的郑州市有一条称作"商城路"的道路一样，它无疑是因为这里有座商代城址而命名。但是由于文献记载西周管叔封于此地，因此后世就管城名显而亳邑名隐，但是根据考古资料所知，既未在郑州商城之上发现西周城址，也未在城内发现大面积的西周遗迹，所以西周管叔是否封于此地是很值得怀疑的。相比之下，在今郑州西北的石佛寺一带，则发现有较多的西周文化遗址（《中原文物》1986 年第 4 期），而且文献记载这里至迟在北魏时期还有个管城，有管叔冢，据此我们曾认为西周管邑当在郑州西北石佛寺一带，到了战国时期才逐步迁至今郑州市区，在春秋以前直至夏末商初，这里都应当被称为亳邑（《中州学刊》1994 年第 4 期）。

五、偃师商城发现不久，您提出了该城的性质为"军事重镇"一说，此说在学术界有较大影响，后来您又有哪些补充？

20 世纪 80 年代初，考古工作者在河南偃师又发现一座早商文化时期的城址，这就是现在学术界所称作的"偃师商城"。该城位于偃师西郊尸乡沟一带，东距郑州商城约 90 千米，西南距二里头"夏墟"约 6 千米。该城自发现以来，许多学者认为它应当就是文献中记载的"西亳"即商汤所都的亳邑，但是根据历年来的考古发掘资料可知，该城的存在年代比郑州商城稍晚，其规模也比郑州商城至少要小了三分之一（图三、图四），城址建筑的结构分宫城、内城和外城三重城垣，正如发掘报告所说："有着浓厚的军事气味"，特别是该城距二里头"夏墟"仅仅 6 千米，因此，我以为从该城的始建年代、规模结构和所在地理位置来看，偃师商城显然是商人在灭夏以后为镇压夏遗民的反抗，于"夏墟"旁侧所建立的一座军事重镇，而不可能是作为商初王都的亳邑。诚然，偃师

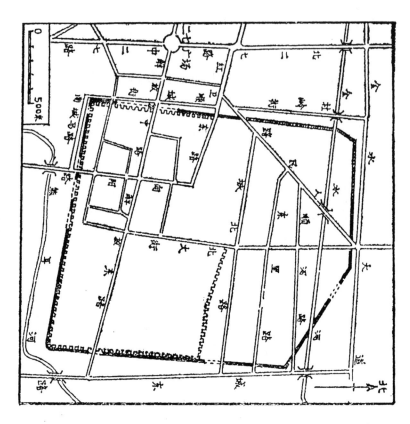

图三　郑州商城实测图

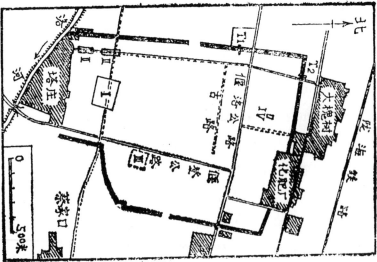

图四　偃师商城实测图

商城的地望与东汉以来有些文献所记汤都"西亳"的地望相符，但值得注意的是，在东汉以前所有文献记述此地地名时，皆称此地为"尸""尸氏"和"尸乡"，从无将此地称作为亳者（见拙作《关于偃师商城的几个问题》，《中原文物》，1995年第3期）。由此可见，此地称"亳"，乃东汉以后事，不足以证明这里就是商都亳邑。按"尸"与"夷"古本一字，故相通用，因此偃师"尸乡"又称作"夷乡"，"尸氏"又称作"夷氏"。殷墟卜辞多记有"夷"或"夷方"，该族曾是商王朝的敌对方国，也曾臣服于商王朝（见上引拙作）。卜辞"夷方"以往又释作"尸方"或"人方"，郭沫若《两周金文辞大系考释·畺卣》释文云："古金文凡夷狄字均作尸，卜辞屡见尸方亦即夷方，揆其初意盖斥异族为死人，犹今人之称为鬼也。后乃通改为夷字。"孙海波《甲骨文编》云："人、尸、夷通用。"早期卜辞所记的夷方（尸方）当生活于今偃师尸乡一带，饶宗颐《殷代贞卜人物通考》云："按'尸'又称'尸戎'及'尸方'，武丁曾挞伐，后又臣服于商，故它辞云：'尸其臣商？'《汉书·地理志》：'偃师有尸乡'，其地当以尸戎得名。春秋曰尸氏，《左》昭二十六年：'刘人败王城之师于尸氏'是也。它辞又云：'……伐尸于函'，函即函陵，《左》僖三十年：'晋侯、秦伯围郑，晋军函陵。'在今新郑县北。今以尸及函诸地证之，尸方当在今河南境。"饶说是可信的。按卜辞、金文夷字写作♀，隶定作"尸"，实像人低首躬身屈膝之形，应是商人对被征服或敌对部族的贬称。"夷"有贬义，《尚书·泰誓》："受有亿兆夷人，离心离德。"孔颖达曰：夷人"平人为凡人"，即有贬义。夷有伤义，《左传·成公十三年》："芟夷我农功。"杜预注："夷，伤也。"夷有杀义，《后汉书·班固传》："禽兽殄夷。"李贤注："夷，犹杀也。"夷有灭义，《广雅·释诂》四："夷，灭也。"《国语·周语下》："是以人夷其宗庙……"，韦昭注："夷，灭也。"商人或贬称夏人为夷。夏人称作夷也见于文献记载,《史记·六国年表》"集解"引皇甫谧曰:"《孟子》称:'禹生于石纽,西夷人也。'"《太平御览》卷82引《帝王世纪》曰:"伯禹夏后氏,姒姓也。……长于西羌,夷人。"《孟子·滕文公下》:"汤始征,自葛载,十一征而无敌于天下。东面而征,西夷怨;南面而征,北狄怨。曰:'奚为后我?'民之望之,若大旱之望雨也。归市者弗止,芸者不变……民大悦。"《吕氏春秋·慎大》云:汤伐桀,"故令师从东方出于国,西以进。未接刃而桀走……夏民大说,如得慈亲,朝不易位,农不去畴,商不变肆,亲郼如夏"。这两段文字内容相同,可见《孟子》所说的"西夷"就是《吕氏春秋》所说的"夏民",也就是说到了战国时期,人们仍称夏人为西夷,这大致是沿用了商人的习语。早在20世纪40年代,郭沫若先生曾认为商人对夏人或不称"夏",而是称作卜辞所记的"土方",我们以为卜辞中的土方位于商王朝北方今燕山南北一带,此地距夏人聚居地相隔甚远,不足为信。比较大的可能是商人对夏人贬称为"夷",也就是后世所称之"西夷"。它应位于夏人聚居的伊洛平原之上,具体地说,当位于今河南偃师的二里头、尸乡沟一带。这大致是由于商人灭夏,在"始屋夏社"的同时,又在夏都旁侧建立新邑迁夏遗民以居之,这座新邑就是现在所发现的偃师商城。商人称被降服的夏遗民为"夷",故新邑当称作"夷"邑,"夷"与"尸"本为一字,后世就称此地为"尸"邑。如果此释不误,尸地一名当源于商初,偃师商城最早当称作"尸"邑。另外,如果认为偃师商城是汤都亳邑,也违背了这样一些史实,《尚书序》和《史记·殷本纪》:"汤始居亳,从先王居。"就是说,商人在灭夏以前,已经把亳邑建成为灭夏的基地,而偃师商城正位于二里头"夏墟"的近郊,可说是正处于夏王朝的"天子脚下"。俗语云:"卧榻之侧,岂容他人鼾睡?"夏人会允许商人在自己的王畿以内建立灭夏的基地吗?所以,仅此而论,就不可能是汤都的亳邑。总之,偃师商城的发现和性质的论定,不仅大大丰富了商代前期考古学文化的内涵, 更为重要的是有助于对郑州商城为汤都亳邑和二里头遗址为"夏墟"的论定, 它在夏商考古学文化探索和研究中的学术意义是不言而喻的。

六、在"夏商周断代工程"中, 您承担了其中的"夏及商前期都城文献及考古资料的搜集与整理"专题, 请问通过这项研究, 您有哪些新的收获?

近年来, 随着新的考古资料的不断出土, 特别是由于国家重大社科项目"夏商周断代工程"的启动, 推动了夏文化探索和商文化的深入研究, 取得了重大进展, 其中对二里头遗址为"夏墟"的认识趋于一致就是"夏商周断代工程"启动以来探索夏文化所获得的重要成果。我在从事这方面的专题研究工作中, 如果说有所收获的话, 就是进一步认识到整体地把握文献资料和整体地把握考古资料具有相同的重要性, 只有对文献记载和考古资料进行综合分析, 才能更好地说明问题。基于此点, 在认识早期夏文化的问题上, 我相信夏王朝国家政权最初建立于今河南嵩山以南的颍水流域地区, 这不仅是因为文献记载"禹居阳城"(《竹书纪年》)、"夏启有钧台之享"(《左传·昭公四年》) 说得比较明确, 而且根据近年来的考古调查可知, 这里密集地分布着河南龙山文化晚期的遗址, 其文化内涵也比其他地区的龙山文化内涵丰富和典型, 例如在现已发现的 6 座河南龙山文化晚期的城址中, 有 4 座城址 (登封王城岗、新密古城寨、郾城郝家台、淮阳平粮台) 分布于颍水流域; 在现已发现的 5 处出土炼铜或铜器遗物的河南龙山文化晚期遗址 (汝州煤山、登封王城岗、郑州牛砦、杞县鹿台岗、淮阳平粮台), 全部分布于颍水流域及其周围地区; 在禹州瓦店遗址、登封王城岗遗址中所发现的陶觚、陶盉、陶鬶等, 也是属于河南龙山文化中最精美的陶器。所有这些都说明, 颍水流域应是河南龙山文化晚期社会、经济最为先进的地区，这种社会、经济的先进性质，构成了夏王朝国家政权赖以形成的强大的物质基础，也就是说，我国历史上第一个国家政权产生于这个地区是势所必然的，因此，分布于这个地区的河南龙山晚期文化属于早期夏文化，也应当是可信的。

夏王朝从太康时起，迁都于嵩山以北伊洛河流域的斟鄩地区，《古本竹书纪年》："太康居斟鄩……桀又居之。"《国语·周语上》："昔伊、洛竭而夏亡。"斟鄩应当就是现在的二里头文化遗址，直至夏王朝灭亡，这里一直都是夏人的政治中心区。考古调查表明，伊洛河流域密集地分布着二里头文化，它是在河南龙山文化基础上继承和发展起来的一种新型文化，属于夏文化是可以论定的。

夏王朝最后被商王朝所取代，商初的王都称为亳，关于亳都所在，文献记载颇不一致，但是考古学上的重大发现，为我们解决这个问题提供了重要依据。新中国成立以来，考古工作者在中原地区发现了二里冈文化，该文化现已分为四期，其中第一期与二里头第四期文化同时并存，属于夏王朝时期的商文化，又称为"先商文化"，第二、三、四期则属于早商文化。迄今为止已经发现了7座二里冈早商文化时期的城址，即河南郑州商城、偃师商城、沁阳商城、焦作府城商城、山西垣曲商城、夏县东下冯商城和湖北盘龙城商城。这7座商城中，以郑州商城时代最早、规模最大，文化内涵也最为丰富，而且正位于二里冈文化分布的中心区；其他6座商城则分别位于郑州商城以南、以西和以北地区，对郑州商城呈拱卫之势。这些资料都进一步表明，郑州商城显然应是王都亳邑，其他6座商城则应是商人为保卫自身安全而建立的军事重镇，都不可能作为商代王都的亳邑。考古学上的这个基本事实，有助于我们对文献记载的正确理解，如在商汤定居亳邑之后，以此为基地积极向外发展，对周围敌对方国展开了一系列的征伐活动，《史记·殷本纪》："汤征诸侯。

葛伯不祀，汤始伐之。"《今本竹书纪年》：成汤"二十六年，商灭温"。《诗·商颂·长发》："武王载旆，有虔秉钺……韦、顾既伐，昆吾、夏桀。"据前人考证，葛地一说在郑州以东的宁陵县境，一说在郑州西北郊；温地在郑州西北的温县境；韦地在郑州以北的滑县境；顾地在郑州以北的原阳市境；昆吾在郑州以南的许昌市境。它们大多位于郑州商城的周围，成汤灭掉这些敌对方国，就进一步巩固了以亳邑为中心的广大地区，这是商人灭夏的前提条件之一。

商汤在消灭周围敌对方国之后，即从亳邑出发，西向进攻夏王朝，首先与夏人战于郕地，《吕氏春秋·简选》："殷汤良车七十乘，必死六千人，以戊子战于郕，遂禽推移、大牺。"按成与郕，古今字，郕之原字当作成。此成地当指古成皋，在今河南荥阳市境。西周小臣单觯铭文云："王后返，克商，在成师。"郭沫若《两周金文辞大系考释》云："此武王克商时器……成乃成皋，一名虎牢，在古乃军事重地。"此地东距郑州商城约 40 千米，西距二里头夏墟约 50 千米，正位于商汤西伐夏桀的路线之上。成地古称虎牢关，又称汜水关，为夏王朝的东方门户，形势险要，夏王桀在此一战失败，门户洞开，遂使商汤乘机进入伊洛平原，最后终于推翻了夏王朝。

《史记·殷本纪》："汤既胜夏，欲迁其社，不可，作《夏社》。"成汤推翻夏王朝之后，不可能把夏王朝统治集团斩尽杀绝，甚至不敢摧毁夏人的社稷，可见夏遗民的力量还是比较强大的。面对这种形势，成汤一方面"始屋夏社"，以安抚人心；另一方面又在夏墟以北"作宫邑于下洛之阳"，作为军事据点，以镇压夏人的复辟，这座"宫邑"应当就是现在的偃师商城，偃师商城就是在这种历史背景下建立起来的。值得注意的是，"作宫邑于下洛之阳"是西汉前期董仲舒的创说，董氏乃是当时著名的学者，但他在这里只说是"作宫邑"，而不说"作亳邑"，可见他尚不知道这里有座亳邑，就是说迟至西汉前期，这里尚不存在一座亳邑。

商汤推翻夏王朝班师回亳之后，路过卷地。《史记·殷本纪》："汤归至于泰卷陶。""集解"引徐广曰："一无此'陶'字。""泰卷"，我以为即古卷县，《史记·秦本纪》：昭襄王三十三年"客卿胡阳攻魏卷"。"集解"引《汉书·地理志》："河南有卷县。""正义"引《括地志》："故卷城在郑州原武县西北七里。"唐代原武县即今河南省原阳县原武镇，古卷地当在今原武镇西北隅，此地南距郑州商城约 30 千米，商汤当是沿着古黄河南岸东行而到达此地。

商汤回归亳邑之后，"乃践天子位，代夏朝天下"，建立起商王朝政权。他在这里大规模地扩建商都亳邑，郑州商城二里冈文化第二期的城墙、新建的外廓城墙、大型宫殿群和手工业作坊基址，大约就是在这个时候扩建起来的。值得注意的是商汤为争取民心，声称所建立的商王朝政权，乃是奉行上天的旨意，继承大禹的基业，因而居处的地方也曾经是大禹所经营的土地。春秋齐器叔夷钟铭云：商汤"翦伐夏祀……咸有九州，处禹之堵（土）"。《诗经·商颂·殷武》："天命多辟，设都于禹之绩。"（绩，迹的假借字）有些学者据此认为商人设都的"禹迹"所在，应是以二里头"夏墟"为中心的伊洛河流域，从而认为商都亳邑不在郑州商城而在偃师商城。但是，实际上商汤所说的"禹迹"所在，并不在伊洛河流域，而恰恰是指以郑州商城为中心的地区。《史记·殷本纪》引成汤所作的《汤诰》云："古禹、皋陶久劳于外，其有功乎民，民乃有安。东为江，北为济，西为河，南为淮，四渎已修，万民乃有居。"由此可见，《汤诰》所说的"禹迹"范围乃在江、河、淮、济之间。众所周知，以二里头为中心的伊洛河流域，南面无淮水，北面无济水，而郑州商城地区正位于黄河以东（古黄河由郑州西北折而东北流）、济水以南和淮河以北。至于《汤诰》所说的"东为江",不能确指,按"江"与"鸿"同音相假,《左传·文公十八年》:"帝鸿氏有不才子……天下之民谓之'浑敦'。"《山海经·西次三经》天山条下:"有神焉其状曰黄囊……浑敦无面目,是识歌舞,实为帝江也。"毕沅"集解"云:"江读如鸿,《春秋传》云:'帝鸿氏有不才子'……此云'帝江',犹言帝江氏子也。"徐旭生《中国古史的传说时代》又以为"'鸿'从'江'音,古字义符常常省减,径作'江'"。因此,《汤诰》所说的"东为江",也可称作"东为鸿","鸿"应指为鸿沟,《史记·河渠书》以为是夏禹所开,是古代分流黄河的一条重要水道,从郑州以北黄河南岸溢出,东经今中牟、开封等地,向东南流去,正位于郑州商城以东。可见《汤诰》所说禹治理的四水,实际上都是在郑州商城的周围,他在这里建立王都说是"设都于禹之绩",旨在希望这座王都不仅为商人所拥戴,而且也争取为夏人所承认,这显然是为在今郑州建立王都亳邑制造理论上的依据。

以上根据考古和文献资料,从新的角度论述了郑州商城的性质,并且运用这些资料试图勾画出一幅商汤伐夏的历史画面,我想这会有助于我们从考古学的角度解决夏商分界问题,即夏、商两个王朝在考古学上的主要界标点应是二里冈文化第二期扩建起来的郑州商城,因为商初王都亳邑正是在这个时期形成起来的。这个界标点的论定,我想同样会有助于解决历史学上的夏、商断代问题。

主要著述

1.《二里头文化商榷》,《河南文博通讯》1978 年第 4 期。

2.《河南龙山文化分析》,《开封师范学院学报》1979 年第 4 期。

3.《夏部族起源的探讨》,《河南师范大学学报》1980 年第 5 期。

4.《商汤都亳考》,《中国史研究》1981 年第 4 期。

5.《"甘"地辨》,《中国史研究》1982 年第 2 期。

6.《卜辞所见亳地考》,《中原文物》1983 年第 4 期。

7.《试论夏代历史地理》,《夏史论丛》,齐鲁书社,1985 年版。

8.《夏文化论文选集》,中州古籍出版社,1985 年版。

9.《关于王城岗城堡的性质问题》,《中州学刊》1986 年第 2 期。

10.《释礼、玉》,《华夏文明》第一集,北京大学出版社,1987 年版。

11.《夏史初探》,中州古籍出版社,1988 年版。

12.《建国以来的夏文化探索》,《中原文物》1989 年第 3 期。

13.《释亳》,《中原文物》1991 年第 1 期。

14.《关于二里头文化的性质问题》,《中国文物报》1991 年 10 月 17 日。

15.《关于郑州商城的定名问题》,《中州学刊》1994 年第 4 期。

16.《关于偃师商城的几个问题》,《中原文物》1995 年第 3 期。

17.《论禹、戎禹和九州的关系》,《中原文物》1997 年第 3 期。

18.《郑州商城和偃师商城的性质与夏商分界》,《中原文物》1999 年第 1 期。

李伯谦

李伯谦

李伯谦，1937 年出生，河南郑州人。1961 年毕业于北京大学历史学系考古专业，曾任北京大学教授、博士生导师，北京大学考古文博学院院长、北京大学赛克勒考古与艺术博物馆馆长、北京大学古代文明研究中心主任。中国考古学会常务理事、中国殷商文化学会理事。主攻田野考古学、夏商周考古学及中国古代青铜器研究，发表学术论文几十篇，出版《中国青铜文化结构体系研究》等。曾参加和主持过河南偃师二里头、河南安阳小屯、北京房山琉璃河、江西清江吴城、湖北黄陂盘龙城、青海柳湾、山西曲沃曲村等重要遗址的发掘。曾担任国家『九五』重大科研课题『夏商周断代工程』首席科学家、专家组副组长。

一、您是何时开始研究夏文化问题的？20 世纪 60 年代初您曾带学生在二里头实习，能否回忆一下当时的情况？

如果以徐仲舒先生 1931 年发表在《安阳发掘报告》第 3 期上的《再论小屯与仰韶》一文提出仰韶文化即夏文化的论点作为从考古学上探索夏文化的开始，研究夏文化的历史至今已经 70 个年头了。学术研究像接力赛跑一样，在代代相传的研究队伍中，我是 20 世纪 60 年代初才"入伍"的新兵。虽然上大学期间，我的老师邹衡先生在"商周考古"课上讲到夏文化，曾引起我对夏文化的浓厚兴趣，并暗暗立下毕业后回河南专门搞夏商考古的决心，但真正接触夏文化研究这个课题却是从 1963 年秋带学生到中国科学院考古研究所偃师二里头遗址发掘工地实习才开始的。

由我带队到偃师二里头参加发掘实习的是北京大学历史系考古专业 60 级学生，他们班一半由白璜基老师带领去安阳殷墟，一半由我带领到偃师二里头。来偃师二里头的有许玉林、陈文血、李绍连、张江凯、杨权喜、徐寿群、梁晴卿 7 位同学。当时考古研究所二里头工作队成员有方酉生、殷玮璋、高天麟、李经汉等诸位先生，方酉生任队长，殷玮璋是考古研究所指定专门负责指导学生实习的辅导老师。我们和考古研究所的几位先生都住在二里头村南的四角楼，专为学生实习开的发掘工地就在四角楼村东。我于 1961 年毕业留校任教后，这是第 3 次带实习。考古发掘的程序虽说比较熟悉，但参加发掘与探索夏文化有关的遗址还是首次，所以我一天到晚和同学们一样蹲在探方里，一方面辅导学生，动手教他们如何划分地层，如何找灰坑的边，如何记发掘日记填写发掘记录；一方面琢磨学术问题：我们发掘出来的这些东西究竟有什么特点？它和河南龙山文化、二里冈商文化究竟有何不同？方酉生、殷玮璋是我的学长，李经汉是我的学弟，参加二里头发掘都比我早，高天麟无论发掘还是拼对陶片都是公认的高手，我常向他们请教问题，和他们在一起工作让我学到了不少知识，受到了不少启发。发掘工作持续了两个来月，之后又进行了野外调查和室内整理。至今我还清楚地记得试掘的情景，我和几个同学白天顶着寒风发掘，晚上挤在一间储藏牲口草料的小黑屋里睡觉，尽管条件很差，但大家有说有笑，过得十分愉快。学生实习就像上战场，一仗接着一仗，野外工作的结束即是室内整理阶段的开始。同学们分成两个小组，殷玮璋先生和我各带一个组，我不但要整理自己负责发掘的探方的资料，还要整理其他同学发掘的探方的资料。室内整理工作表面上看似乎不像野外调查发掘那样辛苦，其实经过实习的同学都有体会，它绝不比野外工作轻松。就拿对陶片来说，要将一个单位成千块破陶片按质地、纹饰、器形逐一归类最终分到个体，再对有可能复原的器物粘对复原，不仅要动手，而且要动脑子。陶片按单位摊在地上，人蹲在旁边，低着头一片一片地摸，一片一片地拼对，一天下来，腰酸腿疼，上眼皮便会自动耷拉下来。这时候，谁要是复原粘对成一件完整器物，一切疲劳便一扫而光，不仅他痛快，大家都跟着高兴。

1963年秋天的实习，同学们在几位老师的辅导下，通过田野发掘和室内整理，根据文化层叠压关系和各层出土器物的特征，将文化堆积分成早、中、晚三期，并探讨了其与河南龙山文化、山东龙山文化及二里冈早商文化的关系。同学们不仅熟悉了从调查、发掘到整理、写报告的全过程，而且学会了如何从原始材料中发现问题、分析问题、解决问题。这次发掘虽未发现青铜器，但诸如鸭形尊、鱼纹盆、一头双身龙纹陶片等（《考古》，1965 年第 5 期《河南偃师二里头遗址发掘简报》图版贰，5；图版叁，3、10）也是极其少见的精品。

二里头遗址的实习生活使我终生难忘，如果说我对二里头文化有些见解的话，那是与我参加这次实习有着密不可分的关系的。

二、二里头文化"很有可能是'太康失国''后羿代夏'以后的夏代文化"的观点影响很大，请问这一观点是如何形成的？

自 1959 年二里头遗址发掘以来，围绕着二里头文化的族属问题在学术界引起广泛的讨论，产生了种种的推测。二里头文化是"太康失国""后羿代夏"以后的夏文化这种观点不是我首先提出来的，最早提出这个看法的是田昌五先生，大家有兴趣可以去看看他发表在《文物》1981 年第 5 期上的文章《夏文化探索》。1986 年，我撰写《二里头类型的文化性质与族属问题》提出了同样的论断，我的观点和田文的不同之处是更多着眼于从考古学上对二里头文化的材料进行分析。我之所以产生这种看法，并非突发奇想，而是有一个过程。最初我是赞同二里头遗址为西亳，二里头文化是早商文化、河南龙山文化是夏文化说的，后来邹衡先生相继提出了郑州商城亳都说、二里头文化夏文化说，经过认真思考，我认为邹先生做出的论断论据有力，论证充分，非常有说服力。1983 年，发现了偃师商城，考古材料表明，偃师商城和郑州商城基本同时，这就为邹衡先生的论断增加了新的论据，既然郑州商城、偃师商城是基本同时的早商都邑，那么早于它的二里头文化当然只能是夏文化了。我接受了二里头文化是夏文化的观点，但对二里头文化第一期遗存是否为最早的夏文化仍存有疑虑。

第一，碳十四测定的二里头文化第一期年代在公元前 1900 年左右，与据文献记载推定的夏王朝始年最晚一说公元前 21 世纪要晚约百年；碳十四测定的二里头文化四期的总年数约为 300 年左右，比文献记载的夏积年最少一说 431 年要少 100 多年。两个数据都与文献记载相差很多。

第二，二里头文化和河南龙山文化（王湾类型）分布地域基本重合，时间上紧相衔接，但文化面貌却明显有别。根据文献记载，夏王朝的建立不是异族入侵所致，而是部落联盟的首长禹破坏禅让制度传位于自己的儿子启实现的，是在本族内发生的事情，是社会自然发展的结果。夏王朝的建立似乎不应在物质文化上引发如此大的变化。

我带着这些问题反复琢磨、反复思考，觉得还是应该从考古材料与文献史料中去寻找答案。正当我苦闷彷徨、百思不得其解的时候，先秦文献中"太康失国""后羿代夏""少康中兴"等记载和《考古》1965年第 5 期《河南偃师二里头遗址发掘简报》中"二里头类型应该是在继承中原的河南龙山文化的基础上，吸取了山东龙山文化的一些因素而发展成的"论断，像是两块燧石在我脑海中突然发生碰撞，爆出了耀眼的火花。二里头文化中存在相当数量来自被认为是东方夷人文化的山东龙山文化因素的事实和文献中"代夏"的"后羿"又称"夷羿"，其居地又恰在山东龙山文化范围之内的记载两相结合，使我顿悟到两者绝非巧合，作为夏文化的二里头文化之所以与河南龙山文化（王湾类型）有别，之所以出现东方夷人文化因素，不正是夏初夷、夏两族冲突的结果和反映吗？我认为，做出二里头文化是"太康失国""后羿代夏"之后的夏文化的论断，既可解释二里头文化中为什么会含有山东龙山文化的因素，又可解释二里头文化四期的总积年为什么少于文献记载的夏积年，只有三百来年，而围绕二里头文化性质和年代提出的其他种种看法，似乎都还有难以给予圆满解决的矛盾。

三、"二里头文化东下冯类型"提出后，您曾公开支持这一提法，并进行了全面分析。东下冯遗址的正式报告发表之后，有些学者对东下冯类型的性质产生了怀疑，不知您对这一文化实体的看法有无变化？

　　"二里头文化东下冯类型"的名称是 1977 年 11 月在河南登封召开的登封告成遗址发掘现场会（第一次夏文化讨论会）上东下冯考古队代表介绍山西夏县东下冯遗址发掘情况时首次提出来的，邹衡先生在发言中肯定了这一提法（《河南文博通讯》1978 年第 12 期）。我是会议的参加者，有幸聆听了他们的报告。拙作《东下冯类型的初步分析》（《中原文物》，1981 年第 1 期）就是在他们的启发之下，在研究了东下冯考古队发表在《考古》1980 年第 2 期上的《山西夏县东下冯遗址东区、中区发掘简报》之后写成的。当时之所以敢写这篇文章，一是 1963 年带学生实习到考古研究所二里头工作队发掘过二里头遗址，整理过二里头遗址发掘资料；二是 1979 年随邹衡先生带学生到山西省曲沃县实习，在曲村清理过一处东下冯类型的堆积，整理过同学们在翼城县南石、苇沟调查试掘的东下冯类型的材料，调查报告也是最后由我写成的（见《翼城曲沃考古勘察记》、《考古学研究》（一），文物出版社，1992 年版），我还趁在山西实习的机会参观过东下冯遗址发掘的实物资料，对其情况比较熟悉。这篇文章只是在前贤研究成果基础上做了点发挥，没有提出什么新颖的观点。如果说还有什么参考价值的话，我倒觉得我摸索着将文化因素分析方法运用于对具体考古材料的分析，并结合有关文献记载的研究做出独立判断的路子或有可借鉴之处。至于说到"夏县东下冯"考古报告出版以后有学者对二里头文化东下冯类型的性质产生了怀疑，问我的观点是不是有什么变化，我可以肯定地说，我还是坚持我的老看法。

　　位于山西夏县的东下冯遗址，是晋南地区发现的一处以晚于当地龙山文化、早于当地二里冈期商文化堆积为主的重要遗址，自 1980 年《考古》第 2 期那篇简报发表以后，对其文化性质就有不同认识，并不始自《夏县东下冯》正式发掘报告的出版。我记得当时至少有三种不同的意见：一是主张东下冯这类遗存是先商文化，二是主张东下冯这类遗存是当地一支独立的考古学文化，三当然就是东下冯这类遗存是二里头文化的一个类型这种观点了。尽管东下冯遗址从开始发掘到现在已有 25 年的历史，正式发掘报告出版也已历十年，但我估计原来持这几种观点的学者均未轻易改变自己的看法。我之所以还坚持东下冯一类遗存是二里头文化的一个类型的观点，是基于对照《夏县东下冯》正式发掘报告对我原来所作东下冯遗存内涵分析结果的重新审视，我在《东下冯类型的初步分析》小文中实际上是将东下冯一类遗存的文化构成因素分析为四个部分：其一是与二里头文化二里头类型相同或相似的因素，诸如陶器中的扁足鼎、錾耳深腹盆、大口尊、瓮、罍、簋、豆、器盖、折肩罐、四足方杯等皆属此类；其二是继承当地陶寺类型龙山文化发展下来的因素，诸如高领中粗绳纹鬲、斝、甗、单耳罐等；其三是像卵形三足瓮和敛口三足瓮等类器物，是受了北方曾被称为"光社文化"的龙山晚期遗存影响而出现的因素；其四是东下冯类型晚期始出现的以无领细绳纹卷沿鬲为代表的那种由太行山东麓传播来的先商文化因素。当时由于正式发掘报告没有发表，对各类因素在其中所占比例大小估计得会不很准确，但大体还是看得出来，前两类较多，第三类、第四类较少，这和《夏县东下冯》正式发掘报告的统计结果（见报告附表三）并无根本的冲突。在诸多因素中，与二里头类型相同或相似的因素时代均在二里头类型中出现的较晚，显然是从二里头类型传播而来，在《夏县东下冯》正式发掘报告中定为第Ⅲ期的和二里头一样以爵、盉等器物随葬的 M401 在东下冯的出现，更说明当时应有二里头类型的居民徙居此地生活。如果这一分析不违背事实，那么就不能不承认，在东下冯遗址中占重要地位的此类因素和二里头类型是基本一致的，东下冯一类遗存的性质和二里头类型一样都属于一个考古学文化——二里头文化。只是因为除这类因素之外，尚有第二、第三、第四类等不见或少见于二里头类型的因素存在，才将之加以区别单称为东下冯类型。二里头文化是夏文化已成为多数学者的共识，东下冯类型分布的晋南地区是古代文献所指称的"夏墟"所在，如果我们认为该地区存在的时代相当于夏，又将面貌与典型的夏文化关系极其密切的东下冯一类遗存视为与夏文化无关的一支独立的考古学文化，或者视为二里冈早商文化的前身先商文化，那么夏文化在晋南地区存在的可能性将被彻底排除，古代文献中关于"夏墟"在晋南的大量记载将被彻底否定。看来，对东下冯这类遗存性质的判定事关重大，还有深入研究的必要。

四、作为"夏商周断代工程"的首席科学家，您主持制定了考古方面的课题、专题。请问考古学对夏代年代学研究有什么重要作用？在夏代年代学课题中设立有"早期夏文化研究"专题，能否谈谈当初的设想及现在的进展情况？

国家"九五"重大科研课题"夏商周断代工程"是多学科联合攻关的一个科研项目，它涉及历史学、考古学、古文字学、天文学、测年技术科学等多种学科。考古学的任务是通过考古发掘和研究寻找并确认各时期的考古学文化遗存、确立相对年代分期标尺、采集系列测年标本供测年学家测定年代，最后与其他学科研究成果相整合提出夏商周年表。在"夏商周断代工程"的9个课题40个专题中，考古学专题无疑都是打基础的工作，占有重要地位。就夏代年代学课题来说，4 个专题中考古学专题占了两个：一个是"早期夏文化研究"，一个是"二里头文化分期与夏商文化分界"。另两个专题，一个是"《尚书》仲康日食再研究"，一个是"《夏小正》星象和年代"。大家一看就明白，4 个专题中的两个考古专题都是想要确认何种考古遗存是夏文化及其分期。假如我们不能找到夏文化遗存，或者找到了夏文化遗存，却不能确定它的时代（指认这些遗存只是一段时间），我们就不能采集到从早到晚的测年标本，即使采集的测年标本中包含了早晚各段，测出来的数据也难以判定是否可以代表夏的年代。夏代年代学课题的目标是建立夏代年代学的基本框架，很显然，假如没有一系列新的发现，不能从考古学上确认夏文化及其分期，这个目标是难以达到的，夏代年代学的基本框架是搭不起来的。实际上，我们之所以敢于提出建立夏代年代学的基本框架，是因为在提出这个课题之前，考古工作者已经做了很多工作，在文献记载的夏族的活动中心中原地区，从新石器时代晚期的仰韶文化经河南龙山文化、二里头文化至商早期二里冈文化之间已经没有什么缺环，夏文化不是有没有的问题，而是如何从上述诸多文化遗存中辨认出来的问题。在夏文化讨论过程中，尽管意见分歧严重，但基本上都把目光集中到河南龙山文化和二里头文化上了。我认为，只要从考古学上能够确认夏、商文化的分界，夏代年代学框架的确立就有了起点，就有了基础，提出"二里头文化分期与夏商文化分界"专题正是要解决这个问题。

　　至于为什么要设立"早期夏文化研究"这个专题，如同"二里头文化分期与夏商文化分界"专题一样，它也是根据夏文化研究的现状和建立夏代年代学基本框架的目标提出来的。大家知道，在围绕何种考古学遗存是夏文化的讨论中，已经提出了各种各样的看法：二里头文化第一、二、三、四期是夏文化，其他都不是；二里头文化第一、二期是夏文化，第三、四期是早商文化；二里头文化第一、二、三期是夏文化，第四期已入商纪年；二里头文化第一期和河南龙山文化是夏文化；二里头文化第一、二期和河南龙山文化是夏文化；二里头文化第一、二、三、四期和河南龙山文化是夏文化；二里头文化第一、二、三、四期和河南龙山文化晚期是夏文化；等等。当然，还有提出陶寺类型龙山文化是夏文化，夏文化萌生于东南，夏文化起源于西南，夏文化发轫于西北等观点的。可以说各种可能性都提到了，谁要想再提出一种新看法，恐怕是很难很难了。如前所述，"夏商周断代工程"关于夏代年代学的目标是建立夏代年代学的基本框架。夏文化当然不等同于夏代年代学的基本框架，但谁也不能否认建立夏代年代学基本框架要依赖于夏文化的确立，要依赖于测年学者对夏文化系列样品的测定。在众说纷纭的情况下，确认夏文化并非易事，其中最关键的，第一是确认夏、商文化分界，第二就是确认早期夏文化了。如果这两个问题解决得比较好，何种考古学文化是夏文化也就清楚了。夏文化一经确认，建立夏代年代学基本框架也就有了希望。这就是当初设立"早期夏文化研究"的初衷。

　　"早期夏文化研究"专题的承担者是河南省文物研究所的方燕明同志，方燕明是一位十分刻苦、善于钻研的青年学者，围绕这个专题他做了大量工作。为从考古学上确认早期夏文化，经过专家论证，最后确定对登封王城岗遗址、禹州瓦店遗址、巩义稍柴遗址和二里头遗址第一期遗存重新进行发掘，采集测年样品。从1996年5月16日"夏商周断代工程"启动以后，在方燕明主持下，已经重新在王城岗遗址和瓦店遗址发掘了几百平方米，采集了几百份测年标本。巩义稍柴遗址因时间关系暂时未能动土，二里头遗址第一期遗存已由"二里头文化分期与夏商文化分界"专题做了新的发掘，并采集了丰富的测年标本。应该说，围绕该专题的田野工作开展得已经不少，采集的测年样品也足够测年专家测定之用了。

目前，资料整理和碳十四测定工作正在进行，方燕明已经对王城岗和瓦店做了新的分期，一旦测定数据出来，方燕明一定会和测年专家共同研究，提出自己的一个看法出来。不过我认为，要解决早期夏文化问题，除了重新对上述几处关键遗址进行新的发掘，积累更加丰富的资料，并对含碳十四样品系列测定，还需要从理论上探讨政治事件与考古学文化的关系问题：什么样的政治事件会在很短时间内促使考古学文化面貌发生急剧的重大的改变？在什么情况下，政治事件只能促使考古学文化缓慢变化而不会产生"中断"？夏王朝的建立，无疑是重大的政治事件。夏王朝建立的过程是怎样的？夏王朝建立后的夏文化与其渊源的"先夏文化"是一种什么样的关系？夏文化与"先夏文化"能否从总体面貌上明显分开？如果通过讨论，能对这些问题从理论上予以澄清，将理论与实际相结合，对具体考古材料进行认真分析研究，并参照碳十四测定结果加以整合，什么是"早期夏文化"是可能在学术界形成共识的。

五、您认为几十年的夏文化探索有哪些主要收获？目前急需解决的问题是什么？

这个问题，看似容易回答，实则很难，我只能谈点个人的看法，可能很不全面、很不准确。

谈到夏文化探索的主要收获，我首先要强调这样几个观点：

第一，夏文化探索是一个过程，是学术研究的接力赛跑，在不同时期、不同阶段都涌现出了代表当时最高水平的研究成果，而今天达到的成果正是夏文化探索过程中各时期取得成果的积累和升华。

第二，夏文化探索取得的主要收获是几十年来几代人共同努力的结果，在探索夏文化过程中每一处新的发现，提出的每一种观点，即使是今天看来不正确的观点，对形成今天的研究成果都发挥了自己应有的作用。

第三，夏文化探索涉及考古学、历史学、测年技术科学等不同学科，夏文化探索取得的主要收获，是考古学和其他相关学科研究成果的综合。

依据以上三点认识，总结 20 世纪夏文化探索的主要收获，我认为至少可以归纳为八个方面：

（一）通过对文献记载的与夏有关的材料的梳理、考证，确认夏族活动的中心地区在豫西和晋南，为从考古学上探索夏文化指明了空间范围。

（二）中原地区仰韶文化—河南龙山文化（王湾三期文化）—二里头文化—二里冈早期商文化考古学文化发展序列的确立，缩小了探索夏文化的时间范围，河南龙山文化（王湾三期文化）和二里头文化成为探索夏文化的主要对象。

（三）依据大量的地层叠压关系和丰富的遗迹、遗物，将二里头文化分为连续发展的四期，确认二里头文化第一、二、三、四期俱属夏文化。

（四）根据豫西和晋南地区二里头文化遗存的差异，将二里头文化分为豫西以偃师二里头遗址为代表、晋南以夏县东下冯遗址为代表的二里头类型和东下冯类型。

（五）郑州商城、偃师商城的相继发现及二者基本同时、二者均为早商都邑的确认，为夏商文化的分界找到了界标。

（六）根据对二里头文化各期系列含碳样品的碳十四测定和研究，二里头文化第一至四期的年代为公元前 1900 年左右至 1600 年左右，基本落在据文献推算的夏纪年范围之内。

（七）碳十四测定的二里头文化第一至四期总积年少于文献记载的夏积年 100 多年，也明显少于文献记载夏有十七世应有的总积年（以通常一世25年至30年计），二里头文化第一期不是最早的夏文化，早期夏文化应在嵩山南北的河南龙山文化晚期遗存中寻找。

（八）通过对二里头遗址规模、地望和出土青铜器、宫殿基址等的研究证实，二里头文化是青铜文化，二里头文化时期已进入文明社会，建立了国家，二里头遗址是夏桀的都城遗址。

经过半个多世纪的努力，几代人的辛劳，取得的丰硕成果足以告慰已逝的夏文化探索的先行者，更值得仍在为探索夏文化奋斗的各位学人骄傲。但学无止境，围绕夏文化需要继续探究的问题还有很多，在新的探索过程中也还会提出新的需要探索的问题。就目前来说，我认为急需解决的问题是早期夏文化问题。这个问题不能取得共识，夏代年代学的基本框架便难以建立。夏代年代学的基本框架立不起来，必将影响对早于夏代的史籍称为"五帝时代"的文明发展程度乃至文明起源的探索。当然，其他诸如夏代其他都邑的地望、夏文化与邻境其他考古学文化的关系，夏文化的来源、夏文化的类型、夏文化反映的夏代的礼制、夏文化反映的夏代国家形态、夏代的文字、夏族居民的体质特征等都需要继续深入研究。

我相信，只要我们有正确的理论指导，运用行之有效的方法，采用先进的手段，孜孜以求，锲而不舍，在21世纪，夏文化探索一定会取得比现在更加丰富、更加辉煌的收获。

随着新千年的来临，夏文化探索的新赛程亦将启动，我愿意继续做一个探索者，在夏文化探索的新赛程中再跑一程。

主要著述

1.《东下冯类型的初步分析》，《中原文物》1981年第1期。

2.《论造律台类型》，《文物》1983 年第 4 期。

3.《二里头类型的文化性质与族属问题》，《文物》1986 年第 6 期。

4.《先商文化探索》，《庆祝苏秉琦考古五十年论文集》，文物出版社，1989 年版。

5.《夏文化与先商文化关系探讨》，《中原文物》1991 年第 1 期。

6.《中国文明的起源与形成》，《华夏考古》1995 年第 4 期。

7.《考古学研究与"夏商周断代工程"》，《寻根》1996 年第 5 期。

8.《关于早期夏文化——从夏商周王朝更迭与考古学文化变迁的关系谈起》，《北京大学古代文明研究中心通讯》1999 年第 2 期。

9.《关于夏王朝始年的一些思考》，《北京大学古代文明研究通讯》1999 年第 3 期。

李徳良

李经汉

李经汉，1937 年出生，河北深泽人。1957 年 9 月，考入北京大学历史学系。1958 年 9 月，分到考古专业。参加周口店北京猿人遗址第一地点发掘工作。1960 年春，进行教学实习，参加洛阳王湾遗址发掘工作，到西安、宝鸡参观。1961 年秋，进行毕业实习，在考古研究所洛阳工作站整理东干沟遗址资料。1962 年 10 月，北京大学历史学系考古专业毕业，分配到中国科学院考古研究所。1963 年至 1964 年 7 月，参加二里头遗址发掘。1973 年至 1975 年，继续参加二里头遗址发掘，整理二里头遗址发掘资料。赴河南济源、汝州、禹州、平顶山等地进行考古调查。1976 年 2 月，调天津市文物管理处工作。1984 年 2 月以后，在天津市历史博物馆工作。

一、您是何时开始接触夏文化问题的？

夏代的历史和文化，是近代史学界和考古学界十分关注的问题。1957年，我考入北京大学历史学系后，可以说一踏入考古学的门槛，对这个领域就发生了兴趣。1961年毕业实习时，我选在洛阳，有幸整理东干沟遗址的发掘材料。东干沟遗址位于洛阳市区东周城的西北部，1956年被发现（比二里头遗址被发现早），1958年、1959年共进行三次发掘。遗址文化堆积厚，内涵丰富。整理工作从1961年9月开始，1962年1月完成。我和同班同学马长舟参加，郑振香先生主持和辅导。我们虽整理同一批材料，但每个人独立进行，最后独立写出发掘报告。通过整理，我基本掌握了东干沟遗址的发掘资料和这一文化的基本特征。它可分为早、中、晚三期，与二里头遗址吻和。这一考古学文化目前多数学者认为是夏文化，所以我接触夏文化问题是从1961年秋季毕业实习时开始的。整理过程中，在研究材料分期的基础上，我重点研究了遗址晚期与郑州二里冈下层商文化的关系。我的结论是尽管两者之间尚有缺环，但基本上可以衔接起来。这种不把东干沟遗址的全部材料作为一个整体，笼统地与郑州二里冈下层商文化比较，而是分期后用与之最接近的晚期材料进行比较研究的方法和所得出的结论，据说受到苏秉琦老师的好评。这次实习对我一生的学术研究影响极大。顺便说明一点，这批材料在我们整理之前，郑振香先生已做过整理。作为实习，整理这样的材料有利有弊。不利的方面是，一些基础工作，如对陶片、根据地层进行器物排队，受一定影响。有利的方面是，节省一部分基础工作时间，可以接触更多的材料，研究更多的问题，这对时间很短的实习来说，应该是利大于弊。

二、您是什么时间在二里头遗址工作的？都做过哪些工作（包括田野和室内）？

1962 年，我大学毕业后，被分配到中国科学院考古研究所，由于我个人的志趣和工作需要到二里头工作队工作，一直到 1976 年离开考古研究所，我一直在二里头遗址工作。1976 年离开后，我又先后两次被借调回所参加二里头报告（1959—1978 年发掘资料）的编写，每次半年时间。

1963 年春季我正式到二里头遗址做田野工作，参加工作的人员有赵芝荃、方酉生、殷玮璋、高天麟、关甲堼、吕友全、曹延尊等。在 20 世纪 70 年代后，郑光、张国柱参加。那是我和曹延尊到考古研究所后初次下工地，有见习性质。我由方酉生先生指导，曹延尊由殷玮璋先生指导。我们 4 人挖四区，各开 5 米 ×5 米探方两个。作为刚刚参加考古工作的新人，我比较幸运，在我挖的两个探方内，地层有中晚期叠压关系，各种遗迹现象较丰富，发现房基、小柱子洞、灰坑、墓葬等，其中几座中期墓随葬品丰富，均出鼎、爵、盉、盉、豆、盆等成组陶器，并且有艺术价值很高的新器形发现，如黑陶直壁深腹长袋足盉，造型独特，制作精良，是遗址到目前仅见器物（《考古》1965 年第 5 期，图版贰，8）。下半年独立工作，与高天麟、关甲堼同志一起挖五区 1 号宫殿西南部遗址。我先后开 5 米 ×5 米探方四个。此次发掘，我们有幸在二里头遗址首次发现了龙纹和蛇纹。纹饰饰在器座形器的外壁，分两种形式：一种为线刻，线条细而流畅，龙利爪、巨眼、周身起鳞。另一种为浅刻浮雕状，一首二身，头朝下,眼珠外凸,在浅刻的线条内涂朱,眼眶内涂翠绿色,富有神秘色彩,是件很好的艺术品。龙蛇纹虽在不同的陶片上,但我们发现,这些陶片质地颜色相同,厚薄一致,当时估计是一件器物。故我们千方百计想多找些陶片,把整条龙对完整,把器物复原,可惜没办到。时过35年,每当想起这件器物的发现情况仍如昨日(《考古》1965年第5期,图版叁,10、15)。

1964年春季,我参加发掘1号宫殿。二里头遗址1号宫殿是目前我国已发现的时间最早、保存最好、规模最大的宫殿遗址。宫殿构思深远,结构缜密,开我国礼仪建筑之先河。1号宫殿位于遗址五区中心,经钻探得知,宫殿建在一个夯筑成的方形台基上,约10000平方米。宫殿遗址的全面揭露是多年完成的。先期选择不同部位作试探性发掘,逐步推开。到1964年春季共发掘6000平方米。初步搞清了夯土结构,发现了一些柱子洞、础石和呈曲尺形的一段墙基,但对宫殿的整体布局仍不清楚。当时我参加了台基中间和东部边缘部分的发掘。台基中间即宫殿的广庭,除夯土面外无任何遗迹现象,但从晚期坑的剖面和我们主动对台基夯土面解剖的结果看,夯层较薄,厚约4—5厘米,夯窝清晰,呈半球状,直径4—5厘米。夯层与夯层间似撒细沙,极易剥落。在台基东部边缘部分开10米×10米探方两个,此方正卡住台基边缘。台基面已毁,边缘部分呈缓坡状,在斜面上铺一层坚硬的料姜石面,此处是保存较好的一段。1964年下半年工地停工。

1973年春季,阔别8年后,我又回到了二里头工地,仍参加1号宫殿发掘,直至1976年离开考古研究所。这一时期是1号宫殿发掘的收获期,搞清了宫殿的布局,搞清了夯土台基的结构,搞清了一些重要的有关工程问题,还发现了一些与宫殿建筑奠基、祭祀有关的埋葬,以及生活必备的水井等。我先后承担的任务有以下几项:

（一）参加台基西部大面积发掘。1. 发现了数量较多的柱子洞、柱础石和墙基。柱子洞和墙基是复原建筑物布局的依据，也是宫殿基址发掘难度最大的工作之一。柱子洞，顾名思义，就是柱子腐朽后留下的洞，但这个洞后来又被周围的土填实，所以它又不是以空洞的形式保存下来。这样洞中填土和洞壁仅是较软的填土和夯实的硬土的区别。找柱子洞实际是在土中找土，直径大的仅 40—50 厘米，小的仅 14—17 厘米，其难度可想而知。因为难，乐也就在其中了。建筑物是有严格设计的，故建筑遗迹也是有规律可循的，所以在一组建筑中找到几个柱子洞后，按其排列规律，其他的柱子洞就比较好找了。柱子洞的底部均有柱础石，多是没有再加工的毛石，呈不规则的方块形状。大柱础石仅铺垫一块，一般的柱础石则铺 3—5 块不等。柱子洞和础石又置于一个形状不同的挖槽中。多方形、圆形、长圆形。槽壁坡状，础石放置在槽底。这些清楚以后，1 号宫殿的立柱、筑墙的程序也就清楚了。在台基筑好之后，根据建筑物的总体设计，每个单体的建造，必在立柱的部位先挖槽，在槽内置础石，在础石上立柱，并按立柱的需要调整础石，使柱顶达到平齐。然后填土，夯实，立柱完成。1 号宫殿的墙为木骨泥皮墙，故其墙基也是先挖槽，后置础石，再立柱夯实。只是基槽是长条形，础石按一定距离放置，因柱子细，故础石较小。把相邻探方中找到的柱子洞、墙基和以前找到的柱子洞、墙基连起来，1 号宫殿西面、北面、南面西段的廊庑就完全复原了。这里必须讲一下，找到西面廊庑的墙基，郑光先生功不可没。大家可以翻开《考古》1974 年第 4 期图版贰看 1 号照片。这是 1973 年 7 月照的，拍完就收工了。7 月中州，骄阳似火，每天下午上工都要咬牙往地里走。收工后大家松了口气，但人们心里并不轻松。台基边缘只一排柱子洞，构不成一组建筑。这时南面和北面两段已发现墙基，西边就没有吗？尽管下力气找过仍没有发现，但大家并不死心。这时郑光主动请缨，要杀回马枪，把西面的墙基找出来。

说干就干，土干泼水，找不到现象，就全面往下挖。决心感动天地，西墙基找到了。所以在柱子洞的外侧，靠近边缘部分，还应有一排墙基槽。可惜无法补拍了，但图上可以完完整整地画上。2. 在台基西南侧发现水井一口，按灰坑编号 H 79，长方形，四壁光滑，东西壁挖对称的脚窝。发掘到 4 米深至地下水面止，没挖到底。此井位于台基范围内，应是宫殿使用时期的用井。其填土是宫殿废弃后的堆积，陶片属第四期遗物。但使用时掉在井底的汲水器，无疑应是宫殿使用时的遗物。因地下水发掘没做到底，很可能一批绝好的宫殿断代资料没能得到。回想起来，当时抽水并不难解决，只因认识水平低，考虑欠周到而没做。以后每想到此事，都后悔万分。

（二）全面揭露 1 号宫殿的正殿（简报称殿堂）。正殿的发掘，同整个宫殿挖掘一样，也是逐步展开，逐步认识的。到 1973 年基本规律已经找到，我的任务是把正殿全部揭露出来。1. 正殿小台基的范围全部找清楚了，小台基为长方形，东西长 36 米，南北宽 25 米。2. 找清了正殿的檐柱和挑檐柱的布局。檐柱南北两排各 9 个。南排现缺 2 个，北排现缺 5 个。东西两排各 4 个，每面现缺 1 个。我印象最深的是挑檐柱清理。在檐柱外侧，距离 60—70 厘米的地方，都能找到两个小柱洞，相距 1.5 米左右。开始不知为何物，甚为奇怪，只是按规矩，把它做清楚。后来发现两个小柱洞很有规律地附衬着一个檐柱，在檐柱外面又形成一个大圈，这时豁然开朗，它应是挑檐柱。以后被斗拱替代。3. 在正殿前面偏西的地方，恰在西起第二檐柱的外面，发现一座圆坑墓（M60），填土经夯打，仰身直肢葬式，足部高，头部低，南向。应是与正殿奠基或祭祀有关。正殿的清理也留下了很大的遗憾，在室内即檐柱之间，没有发现与承重有关的遗迹现象，在一个面阔八间（30.4 米）、进深三间（11.4 米）的大建筑中，室内不设柱或承重墙是不可思议的。尽管做了极大努力，仍无发现。现在只能有两种解释：一是没找到；二是原为础石，已完全破坏。

正殿、廊庑、大门各组建筑搞清楚后，整个1号宫殿的布局也就清楚了。在10000平方米的夯土台基上，正南为略凸出的大门，四周为封闭式廊庑，东北部设旁门，中间为广庭，偏北设正殿。整座建筑布局严谨，气势宏大，它的发现和发掘，确立了二里头遗址的王都地位。

（三）1973年秋季，解剖1号宫殿夯土台基的发掘给我留下的印象太深了，至今历历在目。为了了解台基的结构和有关建筑技术问题，我们在台基中部稍偏西的地方开了一条南北长70米、宽2米的探沟，北端切掉正殿小台基的一部分，南端跨出大台基的边缘。当大探沟挖到底时，1号宫殿的大台基完全敞开了，它的五脏六腑完全祖露，让人们一览无余。此次发掘除了再次验证了台基夯土结构，还发现大台基和正殿小台基是分别先后筑成的，而且规格结构不同。小台基上小底大呈坡状，底部已潜入地下水中，水面以上夯土厚3.1米。小台基近底部铺垫有3组鹅卵石层，用以加固基址，据建筑学家称，此举还有切断毛细现象的作用。小台基筑成后，再在其四周垫土施夯，筑成整个大台基，一般厚2米，边缘部分仅1米左右。

室内工作可分为两种：一是边发掘边整理。值得一提的是1973年秋季编写《河南偃师二里头早商宫殿遗址发掘简报》时，我提出二里头遗址第四期的划分。当时1号宫殿的发掘已近完成，我对二里头文化的认识也有提高，在这个基础上，二里头工作队的同志们对打破台基单位的陶片给予特别注意，经认真比较发现，与第三期遗存确有区别，因此提出了二里头遗址第四期的划分。简报发表以后，即被学术界认同。二是参加二里头遗址1959—1978年发掘资料的整理和报告的编写工作（详后）。

三、除了在二里头遗址，您是否在其他遗址做过与夏文化探索有关的田野工作？

基本没有。但是做过些调查。二里头文化早期有浓厚的龙山文化因素，但在 20 世纪 70 年代初它与龙山文化还衔接不起来，有缺环。再有，龙山文化晚期应是夏文化的一部分，也为队里同志们接受。为了解决龙山文化与二里头文化的渊源关系，也为了找到大型龙山文化遗址，解决夏文化早期问题，二里头工作队的同志们在河南、安徽进行过多次调查，我参加了赴济源的调查，参加过汝州、平顶山和禹州等地的调查。

四、您离开二里头工作队到天津工作之后，做过哪些与夏文化探索有关的研究？

到天津工作之初，我的兴趣仍然是二里头文化研究。随着我在天津考古工作的开展和行政工作加重，对二里头文化的研究受到很大影响。到天津工作之后，我做过二里头遗址性质，即二里头文化与郑州二里冈下层商文化的研究，写出论文《郑州二里冈期商文化的来源及相关问题的讨论》发表在《中原文物》1983 年第 3 期上。我首先把郑州地区这一时期的洛达庙、南关外和二里冈遗址的基本材料梳理清楚，并提出二里冈下层可以分成两段，而郑州商城的时间属晚段。其次用十分翔实的资料，论证出二里冈下层商文化与二里头文化第三、四期关系密切，并且可以衔接起来。二者之间的关系远比与豫北、冀南同时期遗存密切得多。因此，二里冈期商文化的主要来源是二里头文化。最后由此得出两个结论：（一）郑州二里冈下层商文化是安阳殷墟商文化的前身，二里头文化第三、四期是郑州二里冈期文化的前身，故二里头文化第三、四期应是商文化，从它所处的时间和分布的地域看，它又应是早商文化。而且二里头遗址很可能是商灭夏后的都城。（二）早商文化存在着两个系统、一是在原商人活动的地区，由先商文化直接发展来的；二是在原夏人活动的地区，以夏文化为主体，吸收和融合先商文化的一些因素而发展起来的。文章发表以后，有许多考古新发现，尤其是偃师商城的发现，震动了学术界，让人们重新认识二里头文化和二里头遗址的性质。我认为我对材料的分析无误。但二里头文化第三、四期是早商文化还是夏文化，二里头遗址是西亳还是斟鄩，值得认真思考。若想对这些问题做出结论，材料还不充分，但我倾向于二里头第三期是夏，二里头遗址是斟鄩。

五、据说您是二里头遗址第一阶段发掘报告的主要执笔者之一，您在此项工作中承担了哪些任务？

　　二里头遗址第一阶段（1959—1978 年）发掘报告的编写人员据说是由夏鼐所长决定的。由赵芝荃先生主持，方酉生先生和我参加。当时方先生和我均已调离考古研究所，都是借调回来做这项工作。借调共分两次，第一次是 1978 年上半年，第二次是 1979 年下半年，共用一年时间完成这项工作。第一次我承担的任务是整理陶片，在过去整理的基础上，一个单位一个单位地核查期别，选标本，对陶片复原器物。第二次是整理编写第一、二期文化的部分发掘资料。全部工作是按考古发掘报告的编写程序进行，可说的东西不多，值得多说几句的是我们对二里头遗址的认识。虽然当时对二里头遗址有不同看法，但我们三人的观点是一致的。（一）二里头遗址分四期。（二）二里头遗址第一、二期是夏文化，第三、四期是早商文化。（三）二里头遗址是一处王都，即汤都西亳。我们这些认识的形成，有一个共同基础，这就是相信《汉书·地理志》班固注"尸乡，殷汤所都"的记载是可信的，且诸多历史文献有关偃师汤都西亳的记载亦可信。二里头遗址第一阶段报告初期就是在这些认识的指导下进行编写的。我交稿后，再没有接触过报告的稿子，也没有看过报告的定稿。报告的出版拖了很长时间，中间又有许多新资料发现，尤其是偃师商城的发现和发掘，对二里头报告的编写影响极大。从已发表的论文看，主持人赵芝荃先生和方酉生先生均修正了自己的观点。这些虽然改变不了对发掘材料本身的认识，但对报告编写的影响是很大的。

六、最近几年与夏文化探索有关的几处大遗址都有一些新的发现，其中影响最大的是偃师商城的，您对这些新材料有何认识？

这些新发现和新材料进一步丰富了夏商文化的内容，解决了一些问题，也提出了一些问题，无疑都推动了夏文化探索和商文化研究的深入。尤其是在《汉书·地理志》中有明确记载的偃师尸乡，找到了规模宏大的商代城址和宫殿建筑，是划时代的发现，对探索夏文化和早商文化有决定性作用。由于城址的发掘还在进行，正式报告还没发表，所以对偃师商城的认识，可说是仁者见仁，智者见智。特别是对城的始建年代和性质更是认识不一，说法很多。我的认识是从已发现的遗物观察，它的总体面貌接近郑州二里冈期商文化，而与二里头文化差别较大。目前虽有材料说明该城有可能始建于二里头遗址第四期，但太单薄，而且在城址发现的遗物中所占比例极小，似乎该城在使用过程中没有第四期的地位。所以就目前的材料看，它的始建年代不会早于二里冈下层。规模宏大的城址和宫殿建筑的发现，说明它是一座商代都城。是西亳还是盘庚殷亳？是桐宫还是军事重镇？这里是汤都西亳有众多历史文献提及，从考古资料看，年代也比较接近，似乎顺理成章。本人确也倾向此说。但有些问题尚难以解释，有问题必有文章可做，与其在问题解决之前就做结论，不如把问题解决后更接近历史的真实。这些问题有：（一）偃师商城的始建和使用年代。如前所述对这个问题是有争论的，而且各种观点的依据都是有道理的。（二）从商代积年看。商代积年一般认为不少于500年，有的学者主张为600年。偃师商城的始建年代最早的主张是定在二里头遗址第四期（可能还有主张更早的）。这样商的积年也不足500年，时间过短。（三）二里头遗址第二期和第三期之间变化确实很大，这种变化理解为自然发生，似不大合理。理解为是在一定社会变革影响下发生的突变，似乎更合理。所以我认为，就目前的材料看，把偃师商城定为西亳，依据尚欠充分。若主张此处为盘庚殷亳，就必须证明该城比郑州商城晚，可这不大可能。所以偃师商城性质的确定，一是还需新资料的发现，二是要对已发掘资料进行认真、细致、科学的整理。

七、现在您对夏文化的总体看法如何？

夏文化分为历史上夏民族文化和夏王朝时期夏民族的文化两种概念。我认为二里头文化是夏民族文化意义上的夏文化应无问题。因为：（一）二里头文化上与豫西龙山文化晚期有区别，又密切联系；下与郑州二里冈下层商文化不同，但关系也十分密切。它与周边同时期诸多考古学文化也有明显区别。这样一支具有鲜明文化面貌，并为一个地域内、一个历史阶段的主体考古学文化，应是历史上一个民族或一个王朝的物质文化。（二）二里头文化不论是相对年代还是绝对年代，其主体部分都在夏积年的范围内。（三）其地域分布也是在夏人活动的中心区域内。（四）二里头文化考古材料反映的社会物质文化发展水平也与夏代相当。

关于夏王朝时期的夏民族文化的研究，需要找出哪种考古学文化的哪一期是夏王朝的肇始；哪种考古学文化的哪一期是夏王朝的终结。把王朝的始终与考古学文化对号，在没有文字材料的情况下是困难的，正在进行的"夏商周断代工程"或能促进这一问题的解决。而认真、细致、科学地整理几处大遗址的发掘材料，则是完成这项重大学术任务的基础。如果表明倾向性的意见，我认为夏文化肇始于河南龙山文化晚期，结束于二里头文化第三期。

主要著述

1.《河南偃师二里头早商宫殿遗址发掘简报》，《考古》1974 年第 4 期（合作）。

2.《河南陕县七里铺遗址内涵的再分析》，《考古》1982 年第 2 期。

3.《郑州二里冈期商文化的来源及相关问题的讨论》，《中原文物》1983 年第 3 期。

4.《偃师二里头遗址 1959~1979 年发掘资料》，大百科全书出版社，1999 年版（参加部分章节编写）。

杨育彬

杨育彬，1937 年出生，吉林长春人。1961 年毕业于北京大学历史学系考古专业，随后分配到河南从事文物考古工作至今。曾任河南省文物局副局长、河南省文物考古研究所所长、《华夏考古》主编。现为河南省文物考古研究所研究员、国家社科『九五』规划考古学组成员、国家文物局田野考古领队培训班考核委员、国夏商周断代工程『商前期年代学』研究课题组副组长、国化学院客座教授、中国殷商文化学会理事、河南省文物考古学会副会长兼秘书长。先后参加或主持过山西侯马晋国铸铜遗址、三门峡汉唐墓地、新郑郑韩故城、郑州商城、黄河小浪底水库、焦作府城等地的考古发掘。多年来一直致力于夏商文化研究和其他考古学研究，著述甚丰。其中有 5 项成果分别获河南省社会科学优秀成果一、二、三等奖。被评为文化部优秀专家和全国文博系统先进个人，享受政府特殊津贴。

一、您是什么时候开始研究夏文化的？您参加过哪些与夏文化有关的田野工作？能顺便谈一些您学考古干考古的经历吗？

众所周知，中国是世界上最著名的文明古国之一，中国文明独立起源，自远古以来绵延流传，没有中断，令海内外中华儿女引以为豪，对全人类的发展和进步做出了极为重要的贡献。对于夏代积年，比较可靠的是《竹书纪年》的记载："自禹至桀十七世，有王与无王，用岁四百七十一年。"史学界通常以此为据，把夏代定在公元前21世纪至公元前16世纪之间，这就是说，夏初距今约4000余年，前后有5个世纪。由于脍炙人口的大禹王治水的故事，妇孺皆知有一个夏王朝，说起来倒很容易，但真正找起夏王朝来却十分困难。过去，国内有些疑古派否认夏王朝的存在，西方一些学者也持怀疑态度。时至今日，青年旅美学者沈帼帧先生在1998年8月4日写给"夏商周断代工程"项目办公室江林昌先生的信中还提到："但是在西方学者眼中，夏朝仅是一个传说的朝代；即使有考古证据显示中国的文明在商朝建国前即已萌芽，仍然认为所谓的夏朝并不是一个所谓'政治国家'（Political State）。"（参见《夏商周断代工程简报》第42期，1998年9月25日）

100年前发现的殷墟甲骨文，其内容不但涉及当时的国家架构、宗教—宗法等级制度、阶级关系、农牧生产、周边方国、战争、信仰与祭祀等许多方面，更重要的是从中考释出殷王名谥10余人，与《史记·殷本纪》所记载的商代帝王世系大致相同，从而证实了《史记·殷本纪》

的可靠性，由此推之，《史记·夏本纪》也是有一定根据的。夏王朝的建立，标志着夏王朝在我国社会发展史上具有里程碑的地位，所以，研究夏王朝的历史，对于揭示我国私有制、阶级和国家的产生，对探讨中国历史的发展规律，都是十分重要的。但由于有关夏王朝的文献资料相当贫乏，连2000多年前的孔老夫子都说"夏礼吾能言之，杞不足征也；殷礼吾能言之，宋不足征也。文献不足故也，足则吾能征之矣"，感叹文献之不足，因此考古学的作用就显得更加突出和无可替代了。也正因为记载夏商的古文献太少，所以我们就应该更加珍视它、运用它，绝不能在肯定考古学的价值和作用时，有意无意去贬低或否定历史文献的价值和作用。考古工作者对此更应慎之又慎。

从考古学角度去探索和研究夏文化，是新中国成立后提出的新课题之一。20世纪50年代初期发现了郑州二里冈商代遗址，进而又发现了同时期的郑州商城，这比安阳殷墟要早约一二百年，从已知推导未知，这大大扩展了人们的视野，增强了寻找夏文化的信心。文献中关于夏人活动的记载，主要集中在豫西嵩山周围和伊洛平原一带，以及晋西南汾水下游和其他一些地方。根据这些线索，从1953年开始，考古工作者相继在河南郑州、登封、巩县（今巩义市）、临汝（今汝州市）、禹县（今禹州市）、密县（今新密市）、偃师、洛阳、渑池、陕县（今三门峡市陕州区）等地，进行广泛的考古调查和重点发掘，尤其在登封玉村、郑州洛达庙和上街、巩县稍柴、偃师二里头和灰嘴、洛阳东干沟、渑池鹿寺、陕县七里铺等地，发掘出早于郑州二里冈商代文化、晚于河南龙山文化的一种新型文化——二里头文化。再具体一些说，作为二里头文化命名地的偃师二里头遗址，应该是坐落在伊洛平原夏王朝中心地域的都邑遗址，地下淹埋着许多夯土建筑遗存。这里已经发掘出两座大型宫殿基址，还发掘出大量中小型房基、灰坑、水井、一些祭祀遗迹和数百座墓葬，还有规模很大的铸铜等手工作坊遗存。出土完整或复原的陶器已达3000余件，其中不少堪称精品。还出土有不少玉器，包括圭、璋、钺、戚、戈、多孔刀等，造型优美，雕琢精细，抛光光洁，五彩纷呈。出土漆器有觚、豆、盆、钵、鼓等，绘有繁缛的图案纹饰，显得富贵华美。更值得重视的是出土了大量的青铜容器、兵器、工具和牌饰等，展示了气势恢宏的王者风范和高度发展的青铜文明。从考古发现看河南龙山文化—二里头文化—二里冈文化一脉相承，中间没有什么缺环。而二里冈文化被公认为是商文化，这样就把夏文化限定在河南龙山文化至二里头文化的范围内，这是探索夏文化的重大进展。

通过上面简单的回顾，就足使我这个在河南已经工作了38年的老考古者激动不已。我与夏文化结缘应该说是很早的。远在1956年考入北京大学历史学系考古专业学习的时候，讲授中国古代史的老师讲的是炎黄、唐尧、虞舜、夏商周……讲授考古学通论的老师讲的是旧石器时代考古、新石器时代考古、仰韶文化、龙山文化……但这些考古学文化怎样能与古史传说及夏代联系起来，老师们也讲不出圆满的答案，学生们自然也有些不明白，至少我自己就有这种感觉。即使是讲授"商周考古"的邹衡先生，也只把重点放在商代，对夏文化只是一笔带过。到了20世纪50年代后期，我们已是高年级学生的时候，除了系里讲授断代考古，还请到了校外著名的考古学者讲授考古专题课。比如说请胡厚宣先生讲授"甲骨学与商代史"、夏鼐先生讲授"田野考古学"、郭宝钧先生讲授"商周青铜器"、徐旭生先生讲授"古史传说与夏文化"。学生们印象很深的是，依次讲课的先生一个比一个年岁大，而后面两位老先生，一个比一个胡子长。先生们的博学使我们受益匪浅，尤其是徐旭生先生的讲课，引发了学生们对夏文化的浓厚兴趣。徐老先生的课时约是每周两节，也没有讲几次。讲述中国古代部族的分野即北方的华夏集团、东方的东夷集团、南方的苗蛮集团，他们之间时而相互斗争，时而和平共处，三者势力的消长、融合、同化，最终形成了后来的汉族。讲述探索夏文化的问题，指出要明确夏文化的含义，包括夏族文化与夏文化两个概念。二者既有区别，又有息息相关的联系。前者指夏族本身的文化，其地域范围较小，但年代较长，包括禹之前和桀之后；后者则指夏王朝时期的文化，地域范围较广，但年代较短，始于禹而终于桀。徐老先生特别指出中原地区有两个地域与夏的关系最为密切：一是豫西伊、洛、颍水流域，二是晋南汾、浍、涑水流域。这些已被日后的考古实践所证实。上述表明，徐老先生最早提出探索夏文化，远见卓识，功不可没，这是我们今天所有研究夏文化的学者均不应该忘记的。无论是哪一位先生研究夏文化取得多么巨大的成就，也都是在徐老先生为我们铺就的奠基石上起步的。

与此同时，也就是在 1959 年 11 月，在当年第 11 期《考古》上，我读到了徐旭生先生撰写的《1959 年夏豫西调查“夏墟”的初步报告》，文章的第一部分论述了文献记载中夏代的活动时间和活动区域，其中一部分就论及夏都阳城的地望。第二部分论述了 1959 年 4 月 14 日—5 月 26 日在河南登封、禹县（今禹州市）、巩县（今巩义市）、偃师等地进行考古调查的情况，着重介绍了登封告成八方遗址和石羊关遗址、禹县阎寨遗址和谷水河遗址、偃师二里头遗址。这 5 处遗址均可在中国考古学上书写一笔，其后都又做了不少工作。其中告成八方遗址就是后来著名的王城岗龙山文化城址，只是城墙基槽埋在地面之下，当时未发掘没有发现而已。石羊关遗址是登封告成镇（其东侧有战国阳城遗址）顺颍水东下通向豫东大平原的要道，为丰富的仰韶文化遗址，其上层有龙山文化遗存。阎寨遗址为龙山文化遗址，面积约 2.7 万平方米，发现有成排的方形房基和灰坑等。谷水河遗址面积约 18 万平方米，有丰富的仰韶文化、大汶口文化和龙山文化遗存。二里头遗址如同前述，其重要性不言而喻。

文章第三部分是后话，也就是结语，虽然没有作什么结论，但老先生却明确指出："告成、八方、石羊关、谷水河三遗址都有仰韶和龙山的陶片，阎寨遗址也有龙山的陶片。我们觉得这种相类似的性质应当引起注意。此后对此河南偏西部、山西西南部两重点应当作较大规模的调查或复查以便能早日制定科学的发掘计划。"这里面一是强调了龙山文化对探索夏文化的重要性，二是强调了探索夏文化必须与考古调查和发掘相结合。从徐旭生先生亲自到豫西调查"夏墟"的本身也可看出来，探索夏文化对于一个考古专业的学生是多么诱人，尤其是对在河南长大的学生更是如此。

1961 年 9 月，我从北京大学历史学系考古专业毕业，满怀喜悦被分配到河南省文化局文物工作队工作。当年 10 月至年底，就到洛阳参加古墓葬资料整理工作。1962 年全年参加全省碑刻调查，这是河南省文化局文物工作队当年的中心任务。我的足迹走过许昌、鄢陵、扶沟、禹县（今禹州市）、襄城、郏县（今三门峡市郏州区）、鲁山、平顶山、叶县、宝丰、长葛、邓县（今邓州市）、南阳等县市。那时候还是生活十分困难的年月，饿肚子似乎是常事，但这并没有影响我对工作的全身心投入，一年之内整整有 10 个多月都在外面调查。奔波于深山之间去摩挲石刻，徘徊在古庙之中望碑而兴叹！偶遇古遗址虽与夏文化无缘，但也令人心驰神往。同年年底，读到了徐旭生先生所著的《中国古史的传说时代》，这本书凝聚了徐老的心力，蕴含着他独到的学术见解，尤其是提出探索夏文化的学术问题，鼓励后学者努力攀登。

1963 年春，配合豫西农田水利工程建设，我第一次参加偃师的古文化遗址调查。这次发现了宫家窑遗址、南蔡庄遗址和夏后寺遗址。其中宫家窑遗址位于县城西南 20 千米的沙河东岸台地上，面积约 10 万平方米，文化层厚约 0.2—1.4 米，发现有灰坑、墓葬，采集了一批泥质红陶或夹砂红陶的小口尖底瓶、钵、罐、釜等陶片，还有彩陶钵片和磨光石斧等，为仰韶文化遗存。夏后寺遗址距县城南 20 千米，西距著名的灰嘴遗址 5 千米，面积约 2 万平方米。灰坑甚多，并列或叠压相当密集。采集有一批二里头文化的罐、缸、盆、大口尊、瓮、器盖等陶片。南蔡庄遗址位于县城西近 9 千米，与二里头遗址隔河相望，面积约 3 万平方米。采集有罐、豆、三足皿、器盖，扁鼎足和一些饰绳纹、篮纹或方格纹的陶片，其文化内涵与二里头遗址相同。这是我首次调查二里头文化遗址，尽管当时还被认为是商代早期。我带着采集的文物标本，喜气洋洋返回郑州，心情很像是农民丰收的喜悦。随后，认真整理了调查记录，并对采集的陶片进行观察研究，写出了一篇题为《河南偃师仰韶及商代遗址》的考古调查简报，配以线图发表在 1964 年第 3 期《考古》上。这也是我第一次把考古调查所获变成了铅字，虽然篇幅不长，也着实让我高兴了好几天。这篇小文还曾被中国社会科学院考古研究所录入夏文化考古资料编目之中。

1963 年 8 月 1 日，新婚第三天，我就告别爱妻奉命急切赶到山西侯马参加文化部文物局组织的全国性考古发掘大会战，这段经历至今还刻骨铭心！当年由于河北大水，京广线正在抢修，为了赶时间只好西走陇海线，夜宿潼关，再步行到黄河边，坐船渡河，颇有一番惊险，最后在风陵渡小停，再坐南同蒲线火车到侯马。直线 225 千米的距离，走了两天多。侯马考古工地除山西本省的人员之外，还有来自北京、上海、天津、陕西、河北、山东、河南、甘肃、广东、福建等地数十位考古专业人员，集中发掘晋国都城新田的铸铜遗址。这里文化层堆积丰富，发掘出房屋、水井、灰坑、窖穴、作坊活动面、窑址等遗迹，文化层与各种遗迹之间有许多组叠压打破关系。出土大量的陶器，一些器物的早晚变化及特点十分明显。根据地层关系和陶器演变，并结合其他遗迹遗物的变化，遗址的时代可分为三期六段，涵盖了春秋中期到战国早期，即公元前 6 世纪初至公元前 4 世纪初的 200 余年间。遗址发现铸铜陶范 5 万多块，其中完整或能配套的近千件，还有熔炉和鼓风管残片 2 万多块，以及大量炼渣等。除了可以看出其规模巨大，还可了解当时从选料、制范到合范、浇铸等工艺流程和技术水平。在数千块陶范上刻有各类精美的纹饰达 25 种之多。几何纹饰类似剪纸，风格雅朴，甚有特色；动植物纹饰，雕刻精细，形态逼真，堪称艺术珍品。上述考古发现为研究遗址的年代、地望、晋国文化的特点、青铜铸造工艺以及当时手工业生产的分工和产品的商品化等问题提供了重要资料。这是我大学毕业后首次参加大型遗址的考古发掘，由于地层叠压打破关系非常复杂，在分析遗迹现象时遇到不少困难，但这也是极好的锻炼机会，大大提高了我的田野发掘技术水平和分析遗迹现象的能力，为日后的考古工作奠定了良好的基础。在那些繁忙紧张的日子里，偶尔也有难得的一天假日，与两三知己沿着汾河河谷的阶地进行考古踏查，时而采集到一些龙山文化或类似二里头文化的陶片。漫步在这被《左传》称为"夏墟"或"大夏"的故地，真令人心旷神怡，忘记了一切的疲劳，用当时的话来讲，"快乐得像自由的鸟儿一样"！后来的日子就不那么美妙了，由于时间紧张，在 12 月中下旬，发掘还在进行，考古工作的艰苦就显现出来，晋南刺骨的寒风，覆盖大地的白雪，使我至今难以忘怀。

　　从 1964 年到 1966 年年初，我曾参加豫北地区和南阳地区的文物普查，发现若干处仰韶文化、龙山文化、二里头文化和商周文化的遗址；参加三门峡一些工厂基建工程的考古发掘，多是一些战国、汉、唐墓葬，有的墓葬四周有围墓沟，有的墓是大墓道小墓室，出土一批典型秦人风格的陶器和铜器，有些陶器肩部或底部印有"陕亭""陕市"等陶文，这不仅是器物产地的标志，也是研究当时社会手工业生产和商品经营管理的重要实物资料。还有一批东汉墓内的绿釉陶器和建筑模型，唐墓内制作精美的铜镜和三彩器，都是重要的考古收获。三门峡墓葬的发掘，由于赶工期和文物安全，每一座墓葬必须在当天发掘结束，时值盛夏，骄阳似火直射竖穴土坑墓内，40多摄氏度的高温，让人挥汗如雨。炎热让我想起侯马发掘时的寒风，要是能平均一下该多好！后来，我又参加了新郑郑韩故城的调查、钻探和发掘，大致了解了这座面积约22.5平方千米的东周郑国和韩国都城的平面布局，为日后划分文物区，制订城市发展规划，加强文物保护创造了条件。还参加了渑池县仰韶村遗址考古调查和文物分布图的测绘，仰韶村遗址是仰韶文化的命名地，远在1921年就首次进行了考古发掘，现为全国重点文物保护单位，被誉为中国的"考古圣地"。上述这些考古工作都与后来探索夏文化直接或间接有关。20世纪60年代末，配合焦枝铁路的修建，我和一些同事又开始参加河南境内从焦作经济源、洛阳、宝丰、鲁山、南阳、邓州的考古调查和发掘。为了抢工期，除济源境内发掘一批很有价值的汉墓外，其余多半是跟着工程捡文物。

二、您曾长期主持过郑州商城的考古发掘，请介绍一下您在郑州商城做过哪些发掘与研究工作。

1972年，我开始参加郑州商城的考古发掘，一直连续干了10多年。其中在1979年年初，我以42岁的"高龄"被任命为相当于副科级的考古部副主任，这在当时本单位的同辈人中是难得的殊荣。

在郑州商城进行考古发掘的日子也是令人难忘的。1972—1976年，针对某些专家对郑州商城年代的怀疑，在郑州商城东城墙、西城墙和南城墙，分别开挖了探沟，再一次证实了郑州商城是一座早于安阳殷墟的商代前期城址。随即还在郑州商城内东北部发现了多处面积较大的夯土建筑基址，在东里路1号院发掘出大型房基（C8G10），在黄委会水利科学研究院发掘出另一座大型房基（C8G15），在河南省中医研究院发掘出又一座大型房基（C8G16），成排的石柱础赫然在目，说明这一带是郑州商城的宫殿区。与此同时，在郑州商城西城墙外约300米处的张砦南街发掘出一座商代青铜器窖藏坑，出土一对大型铜方鼎和1件铜鬲，方鼎通高分别为0.87米和1米，造型浑厚，气势磅礴，当为王室所用之物。在东里路发掘的一条商代壕沟内，出土近百个奴隶的头盖骨，不少头骨上有明显的锯痕，可能是制作人头器皿的遗存。在河南省中医学院家属院和黄河中心医院内，也发现有夯土建筑基址和墓葬，墓内随葬有一些青铜器。在郑州商城北约500米，即新华社河南分社院内，配合基建进行发掘，出土大量陶片、骨器、废骨料、砺石、铜刀、铜块、铜渣等遗物，说明这里属于商代制骨和铸铜手工作坊遗址的范围。同时还发现有被绑缚的弓身屈肢人骨架、无首人骨架，还有杂乱人骨和猪骨掷埋在一起的现象，这可能与祭祀有关。从1977年到1983年，在东里路又发掘出商代铜器墓；在郑州商城北城墙中部缺口以南，即紫荆山百货大楼范围内，发掘出商代文化层和窖穴；在郑州商城中部偏南处，即郑州变压器厂家属院内，发掘出面积约250平方米的商代夯土基址，这是当时发现最偏南的一处大型房基；为打通东里路与城东路相接，需通过一段东城墙，经过发掘知道这段城墙修建在较高的沙土岗上，这沙土岗就是当今紫荆山的一部分。在郑州商城中部偏西处，发掘出一座商代窖穴，出土能复原的陶器20余件，还出土有骨匕和卜骨等。在大口尊口沿或颈部外侧，刻有十字陶文符号、鸟字陶文或目字陶文，颇为罕见。还有1件瓮的腹壁当时曾用白灰面修补过。在郑州商城西城墙中段外侧500余米处，即德化街商业大楼下，发掘出两座相近的商代灰坑，靠北的一座为东西向长方形，出土有二里冈下层较完整的盆、罕、甗、大口尊和石器、骨器等；靠南的一座为南北向长方形，出土有二里冈上层较完整的鬲、仿铜器和饕餮纹簋等。上述有些陶器不用修复就可在标本室展出。在郑州商城东南角外侧，即向阳回族食品厂院内，又发现一座商代青铜器窖藏坑，内置大方鼎 2 件、大圆鼎 1 件，还有尊、罍、卣、小圆鼎、盘、瓿等 10 件，造型别致，纹饰精美，实为千古不朽的杰作。在郑州商城南城墙外 700 余米处，即郑州市木材公司院内，发掘出一座商代窖穴，坑内有 1 件折沿大口绳纹罐，罐内放置石镰 19 件，刃部均较锋利。在郑州商城西城墙外约 500 米处，即北二七路中段路东，发掘出 4 座商代墓，其中 3 座随葬有青铜器。总之，自 1972 年至 1983 年，我参与的郑州商城考古发掘，年年月月都有考古新发现，直到奉调到河南省文物局任副局长之后，方才离开商城工地。但每每回想起这十余年的考古生活，还是那样让人激动，让人留恋。

与此同时，我还积极整理考古发掘资料进行夏商考古研究。先后发表了 10 多篇郑州商城的考古发掘简报和报告，20 多篇研究论文。郑州商城的考古发掘成果，稍向前推，就与夏文化的探索有密切关系。如果把探索夏文化比作考古学上的"哥德巴赫猜想"，商代前期距此也就是一步之遥了。这是多么艰难的一步啊！为此，考古学者、历史学者用了大约数十年的时间，还没有完全跨过这一步。

在我参与郑州商城考古发掘的过程中，并非一帆风顺，也遇到不少矛盾。除了经常与基建部门打交道，宣传文物政策法规，解释考古发现，有时还要进行争论，甚至变成唇枪舌剑。此外，在学术界也时而有些不同看法。例如，1978 年第 2 期《文物》发表邹衡先生《郑州商城即汤都亳说》，第一次提出来郑州商城是汤都之亳，改变了过去认可的隞都说法。1980 年第 1 期《郑州大学学报》刊登荆三林先生《郑州故城址时代问题商榷》，提出："所谓的商代古城，不是一个城垣，也不是建于商代，更不是'中丁迁嚣'的嚣都。""现在郑州旧城的创建时代，只可说是在唐代。""现在郑州旧城城基及其主要部分，似是隋唐及其以后的建筑物。"邹衡先生在我上学时讲授"商周考古"，是受人尊敬的老师；荆三林先生是郑州大学德高望重的教授。前者把郑州商城的年代提前，后者把郑州商城的年代拉后，干脆认为是隋唐城。这两位老先生的一提前一拉后，就使我们在郑州商城进行考古发掘的人处于十分尴尬的境地。几位年轻人坐不住了，他们对我说："杨老师，你说郑州商城是嚣都，北大邹衡教授说是亳都。你说是郑州商城，郑大荆教授说是隋唐城。人家写文章你不吭声，是不是默认了？"对此，我一笑了之。我的态度是，你说你的，我干我的，避免争论，息事宁人。随着年轻人说的次数多了，又听到外界同行的同样反映，我也就心动了。于是，在 1980年第 4 期《河南文博通讯》上发表一篇《谈谈夏代文化的问题——兼对〈郑州商城汤亳说〉一文商榷》，文中论述了龙山文化晚期和二里头文化第一、二期属于夏文化，郑州商城可能为嚣都。最后一段是这样写的："目前看来，郑州商城'亳都'说和'嚣都'说都有一定的理由，但也都不充分。因此，还有待于今后对郑州商城继续进行发掘，这个问题和对夏代文化的争论一样，终究会得到解决的。"在 1980 年第 3 期《郑州大学学报》上发表一篇《对〈郑州故城址时代问题商榷〉一文的商榷》，用考古发掘资料详细论述了郑州商城何以为商城的理由。荆三林先生随即又发表了《再论郑州故城址的年代——答杨育彬同志》，文中强调了"郑州的大城是在大业间建成的，它是在隋代恢复重建郑州地区政治经济地位时而创建"，"紫荆山是隋朝郡治城垣荒废后一段遗迹。因此，实际今日郑州旧城为宋元之后城池"，对郑州商城再次给予全盘否定。我只好又写了一篇《是郑州商城还是郑州隋唐城？——拜读荆三林先生大作

"再论郑州故城址的年代"》，刊登在《河南省考古学会论文选集》（《中原文物》，1983 年特刊）上，从考古学上断代等七个方面进一步阐明郑州商城年代的可靠性。这个争论一直持续到 1983 年 5 月在郑州召开"中国考古学会第四次年会"（会议主题是夏文化探索、商文化研究和各地出土的青铜器）时，与会专家所写的论文中。现在看来，这些学术争论虽然有些益处，但倒不如只论自己的对，而不提对方的错，尤其不提名字，也许会更好一些。这实际上也是 1983 年后，我在考古研究中所遵循的信条。

三、郑州商城性质的判定，直接关系到夏文化的推断，作为隞都说的主要代表之一，您是怎样接受这种观点的？

让我们再回到 20 世纪五六十年代。众所周知，郑州商城的发现是安金槐先生对中国考古学的重大贡献。这也关系到夏文化的推定。1961 年，我从北京大学历史学系考古专业毕业分到河南之后，学术界正在开展关于郑州商城的年代和性质的争论。1959 年 7 月 4 日，史学泰斗郭沫若先生来郑州视察时，不但仔细看了郑州商城考古发掘工地和出土的文物，还亲笔为河南省文化局文物工作队题诗：

> 郑州又是一殷墟，疑本中丁之所都。
>
> 地下古城深且厚，墓中遗物富而殊。
>
> 佳肴仍有黄河鲤，贞骨今看商代书。
>
> 最爱市西新建地，工场林立接天衢。

诗中提到郑州商城可能就是中丁所迁的隞都。1961 年第 4、5 期合刊的《文物》杂志上发表了安金槐先生的文章《试论郑州商代城址——隞都》，从地层叠压关系和遗迹、遗物的分析看，我认为郑州商代城址的时代没有什么问题。再联系到安先生在文章中列举的文献记载，看来郑州商城是商王中丁的隞都也没有大差。其实早在 1954 年进行整理、1955 年完稿的《郑州二里冈》考古报告中，安先生就指出："郑州在商代当不是一般的小村落，很可能是一个人口密集的大城邑。""郑州在殷代应属隞。"而 1956 年，邹衡先生在他那篇著名的《试论郑州新发现的殷商文化遗址》（《考古学报》1956 年第 3 期）论文中也曾认为"郑州商代在当时确是一个规模不小的城市"，虽未明确指出是中丁的隞都，但紧接着就引用了 7 条与中丁隞都有关的文献记载，其意不言自明，只是后来改变了观点。

1977 年上半年，在登封县城（今登封市）东南告成镇西侧，安金槐先生发现了一座河南龙山文化晚期的城址，位于颍河与五渡河交汇处名叫"王城岗"的高台地上，为东西两城并列，东城残存南墙西段长约 30 米，西墙南段长约 65 米，它们垂直相交，构成略呈弧形的西南城角，东墙已被五渡河水冲毁；西城保存较好，它的东墙即东城的西墙，北墙西段残长 29 米，西墙长约 92 米，南墙长 82.4 米。南墙东段有一宽约 10 米的缺口，很可能是西城的南门。东西两城筑法相同，都是先挖城墙基槽，然后填土逐渐夯筑。城内西部和中部较高的地方，发现有继续的夯土建筑遗存，其下填有多具人骨架，可能与奠基或祭祀有关。城内还发现有青铜器的残片，以及刻字的黑陶薄胎平底器残片。登封王城岗龙山文化晚期古城址，经碳十四测年距今 4010 ± 85 年，应在夏初积年之中。据古文献记载，这里的地望在"夏都阳城"的范围之内，城址虽小，城墙基槽夯土的夯筑方法也很原始，但这正符合中国古代城垣建筑由小到大，从原始趋向成熟的发展规律。这对探索夏王朝中心区域的文化，可算是一次突破。为此，1977 年 11 月 18 日至 22 日，国家文物局在登封主持召开了一次"河南登封告成遗址发掘现场会"。这是"文化大革命"结束之后文物考古界一次重要的学术盛会，实属不易。这次会议是围绕登封告成王城岗遗址的发掘，探讨夏代文化问题。参加这次会议的除国家文物局之外，还有中国社会科学院考古研究所、中国历史博物馆、北京大学历史学系、河南省博物馆等中央及有关省市的文物考古部门和大专院校的代表共计32个单位110人，其中包括国家文物局文物处陈滋德处长、中国社会科学院考古研究所夏鼐所长和佟柱臣先生、中国历史博物馆史树青先生、北京大学历史学系邹衡教授、河南大学历史系孙作云教授、河南省博物馆安金槐先生等领导和著名考古学者。会议期间，安金槐先生向大家介绍了王城岗遗址的发掘情况，代表们参观了发掘工地现场和出土文物标本室，并进行了多次学术座谈，对有关夏文化的问题各抒己见，提出问题，研究问题，求同存异，为今后进一步研究夏文化起了一个良好的开端。我有幸参加了这次盛会，并作为材料组的成员整理大会资料。会后以"余波"的笔名，写了一篇《国家文物局在登封召开告成遗址发掘现场会》的会议报道，发表在1978年第1期《中原文物》上。当时对待夏文化的看法主要有三种不同的意见：其一认为河南龙山文化晚期和二里头文化第一至四期是夏文化（夏鼐：《谈谈探讨夏文化的几个问题——在〈登封告成遗址发掘现场会〉闭幕式上的讲话》，《河南文博通讯》1978年第1期）；其二认为河南龙山文化晚期不是夏文化，只有二里头文化第一至四期才是夏文化（邹衡：《关于探索夏文化的途径》，《河南文博通讯》,1978年第1期）；其三认为河南龙山文化晚期和二里头文化第一、二期是夏文化，而二里头文化第三、四期则属于商代早期文化（安金槐：《豫西夏代文化初探》，《中原文物》1978年第2期）。我认同第三种意见。这实际与郑州商城为中丁隞都说是密不可分的。

　　前面已提到，邹衡先生在1978年第2期《文物》上发表《郑州商城即汤都亳说》，向郑州商城隞都说发起挑战。1980 年邹衡先生在其《夏商周考古论文集》中又提出隞都有可能在山东。这些虽有一定道理，但并未动摇郑州商城隞都说的地位。其后，到了 1983 年，在偃师发现了尸乡沟商城，1995 年发现了郑州小双桥遗址，这些重要的考古发现开阔了研究者的视野，对郑州商城亳都说和郑州商城隞都说都有所冲击，旧案未了又出现新的问题。郑州商城亳都说者认为偃师商城为太甲所放逐的桐宫或监视夏遗民的重镇，郑州小双桥则为中丁自郑州商城所迁到此的隞都。郑州商城隞都说者认为，偃师商城为汤所居的西亳，郑州小双桥则为郑州商城王室的祭祀遗址。这似乎又进入了新一轮的争论。这种争论对学术研究来说是很正常的。关于郑州商城隞都说的问题，下面还要详细谈。

四、在"夏商周断代工程"1997 年工作汇报会上，您提到对某些资料的认识，研究者往往与发掘者的意见不同，请谈谈您在这方面的感受。

近些年来，在考古研究中的这种争论现象，在郑州商城遗址、郑州小双桥遗址、偃师二里头遗址和偃师商城遗址都曾经发生过。如郑州商城城墙的始建年代，发掘者认为：由于夯土城墙下压有二里冈下层的遗迹，如东城墙 CET7 和西城墙 CWT5 的下面均压有二里冈下层的小灰沟，而在夯土城墙内包含最晚的陶片属二里冈下层陶片，并且还发现有二里冈下层遗迹叠压在夯土城墙内侧根部，因此郑州商城城墙始建年代不早于也不晚于二里冈下层时期。但有的研究者却认为郑州商城城墙下面所压的二里冈下层时期的小灰沟值得存疑。城墙内包括的少量二里冈下层陶片，其出土的层位、坐标也不明确，这样，它到底是城墙始建时的包含物还是后期的掺入物就值得存疑。再者，城墙的夯土层很薄，夯窝很密，夯打非常坚实，一般说来包含的陶片多被夯打成碎片，而且又是少量，对于这少量的碎陶片，其文化年代的断定是否准确，也还是个问题。同时，依据南城墙破坏了南关外期文化层，因此把郑州商城城墙的始建年代定为南关外期，即早于二里冈期下层。又如偃师商城，通过对大城、小城、宫殿基址和大灰沟的发掘，发掘者认为，偃师商城至迟建于二里头第四期晚段，即早于郑州商城。但有的研究者认为始建年代不会那么早。退一步说即使始建于二里头第四期晚段，也要比始建于二里冈下层早段郑州商城晚。其逻辑是二里冈下层早段与二里头第四期晚段有相当的并存时期。因此，郑州商城的二里冈下层早段有可能早于偃师商城的二里头第四期晚段。其实，从历年来的考古发掘中可以看出，无论是在河南或山西南部，只发现多处二里冈下层叠压或打破二里头第四期的情况，而没有发现哪怕是一处二里头第四期叠压或打破二里冈下层的情况。与此相同的是，在偃师商城北城墙东段附属堆积下面叠压的几个小灰坑，明明不晚于二里冈下层第一期，但有的研究者在看其陶片时随口就说出这属于二里冈上层，大约是他把折沿罐看成折沿鬲了。这些也都应该是正常现象，可能因为站的角度不同，思考的方法不同。相互争论既能相互启发，也能相互促进，只不过是发掘者接触实际更多一些，应该多听听他们的意见。

五、"夏商周断代工程"启动之后，在您参加的商前期年代学研究课题中有哪些进展？请具体谈一下偃师商城、郑州商城、郑州小双桥遗址的年代和性质问题。

　　"夏商周断代工程"开始进行之后，属于考古学的商前期年代学研究课题组，在安金槐先生领导下，对偃师商城、郑州商城和郑州小双桥遗址做了大量的考古发掘工作，加上过去考古成果和积累，为综合探讨商代前期的文化分期，以及这些城址遗址的年代和性质提供了有利条件。

　　通过对偃师商城西城墙、西城门和北城墙的发掘，可以见到一批二里冈下层的文化层、路土、墓葬，叠压或打破城墙的附属堆积。与此同时，在西城墙和北城墙夯土内出土有一批陶片，有罐、瓮、鬲、盆、大口尊等，从其形制看多为二里头文化第一、二期，也有一些二里头文化第三、四期的。此外，在北城墙东段发现有被夯土城墙基槽打破，同时又被城墙附属堆积所叠压的文化层，文化层内所出的陶片不晚于二里头文化第四期。在城墙附属堆积下面还发现有几个小灰坑，坑内出土有一批陶片和与青铜铸造有关的木炭、铜液凝固块和小块陶范等遗物，其陶片也不晚于二里冈下层第一期。这样可以证实偃师商城始建年代不晚于二里冈下层第一期。近年，在偃师商城西南部发现一座内城，平面大致呈长方形，南北长 1100 米，东西宽 740 米。已知北墙中段和东墙局部有曲折，墙宽6—7 米。其南墙、西墙和东墙的南段同偃师商城（可称为外城）城墙重合。通过南墙和西墙的发掘证明，内城的始建要早于外城。当扩建外城时，曾利用内城的南墙、西墙及东墙的南段，将其内外两侧加宽并加高，即将内城墙包在外城城墙之内，以至外城墙宽 17—19 米。而外城的西墙北段、北墙的全部和东墙的大部则为新建。这样，偃师商城的宫城就正位于内城的中轴线偏南部位。考古发掘资料又显示，最初的宫殿和宫城甚至比内城还要早，如 4 号宫殿呈长方形，包括正殿和东、西、南庑及庭院等遗迹，属三面封闭式宫殿建筑。从打破 4 号宫殿的灰坑 D4H29 的碳十四测年看，其年代为距今 3380±75 年，树轮校正为距今 3630±125年，这与二里头文化第四期的年代一致。而 6 号宫殿（原称为 5 号宫殿下层基址）平面呈口字形，北面基址较宽，其余三面较窄，构成方形庭院。在宫殿内发现有二里头文化第四期文化层。而打破6号宫殿的灰坑D5H19的碳十四测年为距今3395±80年，树轮校正为距今3650±130年，这也和二里头文化第四期的年代相一致。宫城的建筑，是偃师商城最初出现的标志性建筑物，由此可以推断，偃师商城的始建年代应在二里头文化第四期。在偃师商城范围内的其他发掘表明，偃师商城建城之后，历经了二里冈下层第一、二期和二里冈上层第一期的断续繁荣之后，到二里冈上层第二期时，就已经衰落甚至废弃了。

　　配合旧城改造纵穿南北紫荆山路及横贯东西的顺河路打通工程，以及一些工厂、学校的基建项目，在郑州商场南城墙、东城墙和宫殿区等处进行考古发掘，再结合以往的考古收获，发现有二里冈下层一些文化层等遗迹，叠压或打破夯土城墙。在西城墙和东城墙下，压有少量二里冈下层的灰沟。夯土城墙内包含最晚的陶片亦属二里冈下层。城内虽然也发现少量的二里冈下层第一期甚至洛达庙期的遗迹，但其规模较小，形不成气候。由此推断郑州商城始建年代不早于二里冈下层第一期偏晚阶段，也不晚于二里冈下层第二期，这要比偃师商城晚一个阶段。此外，从郑州商城东城墙夯土层的碳十四测年看，距今为3235±90年，树轮校正为距今3570±135年，要比偃师商城晚数十年。通过对郑州商城内外的发掘，可以看出其在二里冈下层第二期时已初具规模开始使用；在二里冈上层第一期时已达到繁荣阶段；到了二里冈上层第二期时，一些手工作坊仍在使用，在城墙外侧发现与祭祀有关的青铜器窖藏，出土大量王室使用的青铜重器，在宫殿区内多处发现目前我国最早的绳纹板瓦，这自然与宫殿建筑有关。其他遗迹和遗物也发现不少。这表明郑州商城在二里冈上层第二期时虽然没有前段繁荣，但绝非是被废弃的时期。

测年专家认为，用碳十四常规法精度优于千分之三，用加速器质谱法精度优于千分之五。这也就是说，常规法更为准确。自"夏商周断代工程"启动以来到 1999 年 8 月 6 日为止，我仅获知一个碳十四测定的年代数据，即郑州电力学校商代二里冈上层第一期水井 J3 井框圆木的年代。测年专家在此圆木上采集 8 组样品，经用常规法系列测定拟合，该圆木外轮年代为公元前 1400 年，亦即距今为 3400 年，误差仅 8 年，十分精确。在 J3 井底发现的陶器为相当数量的直领方唇或圆唇捏口罐、方唇颈部弦纹和同心圆圈纹鬲、卷沿弧腹盆、高领圆鼓肩壶、方唇高领折肩瓮等，属二里冈上层第一期；在井坑即 H10 夯土内最晚的遗物也是二里冈上层第一期陶片。证明 J3 为二里冈上层第一期遗存无误。由此可知，二里冈上层第一期为公元前 1400 年。J3 的测年数据，已为测年专家中国社会科学院考古研究所仇士华研究员和北京大学考古系原思训教授共同确认。有些专家曾推断二里冈上、下层第四期文化约 200 年，每一期约 50 年。据此推断二里冈上层第二期约为公元前 1350 年，二里冈下层第二期约为公元前 1450 年，二里冈下层第一期约为公元前 1500 年。鉴于郑州商城始建年代约在二里冈下层第一期晚段，则不会超过公元前 1500 年，即不超过距今 3500 年。还有学者把商代始年估定为公元前 1622 年，但若以已经确定的二里冈上层第一期为公元前 1400 年来推定，公元前 1622 年说不定会相当于二里头文化第三期，这为一些学者认为夏商分界在二里头文化第二、三期提供了一些信息。同时，商代始年为公元前 1622 年，依《今本竹书纪年》商汤到外壬各王的在位年数近 200 年，这样郑州商城在二里冈上层第一期时作为王都，即公元前 1400 年时作为王都，与中丁、外壬之时相差不远。

郑州小双桥遗址是近年来新发现的重要商代遗址。发掘出一些夯土台基、多座牛头及牛角的祭祀坑、埋有人骨或狗骨的奠基坑，出土一批陶器、石器、青铜器、玉器及朱书陶文，还有孔雀石、炉壁残片、铜渣、残范块等遗存。这些遗物少量属于二里冈下层第二期或二里冈上层第一期，大量为二里冈上层第二期。据此推断，郑州小双桥遗址属于第二里冈上层第二期，但某些遗迹的时代也可能会早一些。

如上所述，偃师商城的始建年代要早于郑州商城，它们之间的繁荣与衰落，发展与停滞，高潮与低谷是相互交错的。当偃师商城始建时，郑州商城尚是一个聚落；当偃师商城进入繁荣期时，郑州商城才开始修建；当偃师商城停滞时，郑州商城进入使用和发展时期，成为一座防御东方的重镇；当偃师商城又稍有恢复时，郑州商城更加辉煌，进而发展成为一代正都；当偃师商城废弃时，郑州商城又维持了相当一段时间后才逐渐衰落下去。一些学者认为，偃师商城是商灭夏后所建最早的都城，至迟在二里头文化第四期晚段已经完成了夏商王朝的更替，偃师商城成为夏商文化分界的界标。至于郑州小双桥商代遗址，在其出现时，郑州商城早已存在；其废弃时，郑州商城仍在维持，有相当长的并存时间。

说起夏商文化分界的界标，这是个形象化的比喻。商灭夏就其时间而言，在商王朝的版图内应该能找到不少证据，但作为界标只能有一个。近年来，有的学者坚持把郑州商城也列为界标，似乎不妥。说偃师商城是界标，那是因为该城建立在夏都的旁边，是夏王朝已灭亡和商王朝已建立的标志。而郑州商城的建立先不说其早晚，仅与夏王朝灭亡的联系就远没有偃师商城那样紧密。就实际情况讲，商灭夏应在偃师商城建立之前，只不过是用其作个标志。若把郑州商城或其他什么都作为界标，那就没什么意义了。

偃师商城、郑州商城和郑州小双桥遗址的时空框架的确定，为探讨它们的绝对年代即商前期年代奠定了基础。在田野发掘中，依据考古学文化分期，对各个典型单位，连续层位采集了一大批包括从二里头文化到二里冈文化各个时期的含碳测年标本，通过碳十四高精度的测定，得出较准确的商前期日历年代。与此同时，还要与夏代年代学研究和商后期年代学研究两个课题相结合，为建立夏商编年提供方便。将上述两种途径得出的结论与文献中关于商年的记载以及天文学研究成果相对比，最终可以建立起商代前期比较详细的年代框架。

同样，偃师商城、郑州商城和郑州小双桥遗址的时空框图架的确定，为探讨它们的性质创造了条件。对于偃师商城来说，从其始建年代、地理方位、规模和形制来看，它是商代最早的一座都城。结合文献记载，可以认定是商汤灭夏后在这里所建的亳都。《汉书·地理志》河南郡偃师条下班固自注："尸乡，殷汤所都。"从偃师商城西墙和北墙的发掘来看，商代夯土城墙之上均有汉代文化层叠压，说明至少在汉晋时期城墙还矗立在地面之上，而班固一定也曾目睹了这座城址，并以汉代地名转述前人旧说。虽未直言亳都，但汤都为亳则是人所共知的事情。

从历史发展看，这一带是夏王朝的辅畿地区，商灭夏后出于政治上的需要，为了维护和巩固政权，为了加强控制迅速扩大的商代疆域，为了镇抚夏王朝的残余势力，成汤就在这里建立都城。《诗·商颂·殷武》记有"天命多辟，设都于禹之绩"，春秋齐器叔夷钟铭说成汤"咸有九州，处禹之堵（土）"，《春秋繁露·三代改制质文》（卷7）云"汤受命而王，应天变夏作殷号……作宫邑于下洛之阳"，均可提供佐证。

还要指出的是，在偃师商城中部有一条东西向的低洼地带穿城而过，当地群众世代相传称之为尸乡沟或尸乡洼，今发掘出的偃师商城亦被称为尸乡沟商城即由此而来。这与文献所记的"尸乡"相同，当非巧合。而近年来在这一带的吓田寨、杏园村、槐庙村等处发掘出一批唐代墓葬，从其墓志记载看，有唐一代这里就称为"亳邑乡""薄台里""西亳""尸乡""景亳"等。这些有的是唐代建制的乡名，有的是别的地名，但都是沿袭古代的旧称，应与偃师商城有关。这就从另一个侧面证明偃师商城是汤都西亳。

而郑州商城规模宏大，布局有序，无可置疑是一座商代前期王都。从商代历史看，汤都亳在前，中丁迁隞紧接其后。前已论述，偃师商城为商灭夏后所建最早的都城，即汤之亳都。郑州商城比其要晚，繁荣期可能就是中丁的隞都。

一些文献记载说得较为明确，如《诗·小雅·车攻》记有："东有甫草……搏兽于敖。"郑玄注："敖在郑地，今近荥阳。"甫草就甫田之草，在今郑州东郊圃田一带。把"甫草"与"敖"并列于诗内，说明二都相距不远，且"敖"在"甫草"以西。由此可知，"敖"就在郑州一带。

从郑州商城修建的背景和中丁迁都的情况看，有商一代在商王朝东西南北时而有些战事，如对西部的羌方、北部的土方、西南的巴方、东部的夷方等。但战事最频繁的还是在东方，而且贯彻商代始终，直到殷末还曾是"纣克东夷而陨其身"（《左传·昭公十一年》）。夏部族与东夷既有婚姻关系，也有政治联盟，这不能不对商王朝构成重大威胁。因此，商灭夏后在偃师建都，待大局平定国力恢复之后，就在郑州修建城池，为日后平息东方威胁作准备。到"中丁即位，元年，自亳迁于器"。当时迁都的最主要原因是对付外部敌人。而中丁即位之时，就有征伐东方蓝夷的战争，《竹书纪年》记有："中丁即位，征于蓝夷。"《后汉书·东夷传》亦曰："至于中丁，蓝夷作寇，自是或服或畔……"而蓝夷是古代东夷族的一支，约在今鲁南、苏北一带。中丁迁都主要是为了便于征伐蓝夷，也只能从偃师商城东迁到郑州商城，即从亳迁都至隞。

近些年，在郑州商城南城墙外 900—1200 米处和西城墙南段外700—900 米处，发现有一大段属于商代二里冈期的夯土墙，可与 20 世纪 50 年代在二里冈北部即东城墙南段外侧发现的夯土墙相连，断续长度约在 5000 米。这应是起防御作用的外城墙。在内外城墙之间有铸铜作坊遗址、窖穴、房基、青铜器窖藏坑和多处墓葬。而在外城之外，商代遗迹就非常少了。这样就把郑州商城的范围扩大了近一倍。商汤灭夏后不可能立即兴建这样大的都城，而只能定都在偃师商城并经过一长段时间休养生息之后才可办到。这就为郑州商城是中丁所迁之隞都提供了新证。

从目前的考古资料看，偃师商城要早于郑州商城，郑州商城不可能是商代最早的都城亳都。而郑州小双桥遗址兴衰的全过程，均与郑州商城始终并存，绝不是郑州商城废弃后郑州小双桥遗址才兴起来，即所谓年代上"一兴一废"的前后衔接关系。从前面提及的《竹书纪年》等方面记载可知，中丁即位之后，蓝夷作寇，外患不安。又据《史记·殷本纪》所记："自中丁以来，废适而更立诸弟，弟子或争相代立，比九世乱，于是诸侯莫期。"这又反映了中丁后期政治动荡，内忧严重。在这种形势下，若郑州小双桥遗址作为隞都，则势必要有城墙等防御设施。但时至今日，尚未发现线索，这一点要用当时没有修建城墙为理由是难以解释的。

废旧都迁新都，对于每一个国家、每一个王朝来说，都是一件大事。主要都是因为政治和军事原因。从最早的夏商周迁都到北魏孝文帝迁都，以及辽金元明清诸朝迁都都是如此，而且新都离旧都相距甚远，从几百千米到上千千米者，比比皆是。但郑州小双桥遗址与郑州商城中心部位相距仅 20 千米，若以边缘计算，尚不及此数。看不出有什么必要废掉郑州商城，在其远郊耗费大量人力、物力、财力再建新都。有人反驳说，西周初文王都丰邑，而武王又建镐京，两者不是相距很近吗？其实这不是什么迁都。从考古发现看，沣水以西的客省庄、张家坡一带是丰邑，沣水以西的普渡村、花园村、斗门镇一带是镐京，二者基本连成一体。从文献记载看，《史记·周本纪》："成王在丰，使召公复营洛邑。"《史记·鲁周公世家》："成王七年二月乙未，王朝步自周，至丰，使太保召公先之洛相土。"这说明，虽然周武王建镐京，但成王时还经常在丰发号施令，且成王可以自镐步行至丰。丰邑在整个西周时期仍然起到祭祀宗庙和政治中心的作用。丰邑和镐京实际上是一座扩大了的国都，而被连称为丰镐，绝非废丰兴镐，犹如今天襄阳和樊城组成了襄樊，武昌、汉口和汉阳组成了武汉一样。

再从郑州小双桥遗址发掘的考古内涵看，有一些夯土台基、牛头牛角祭祀坑、少量奠基坑和一些陶器、石器、青铜器、玉器及朱书陶文，没有发现明显的居住生活的迹象，即没有发现考古学者一般所称的"生活垃圾"。这表明，郑州小双桥只是一处商代王室祭祀遗址，而不是一座王都。

还要提及的是，郑州小双桥遗址最初调查是15万平方米，目前已扩大到144万平方米，那是把发现的若干遗址点连线而成，据说类似的点还在增多，那么遗址面积还可能扩大。但是它们不同于一个大城垣之内的若干遗址点，这些遗址点的时代和内涵是否完全一样，是否属于同一个大型遗址，还需要做更多的工作来证实。

六、您认为目前夏文化研究的主要问题是什么？

对于夏文化研究来说，目前的主要问题是要解决夏代的起始年代和夏商的分界年代。按目前情况看，偃师商城为夏商文化分界的界标有可能逐步达成共识，那么夏代的起始年代就显得更加突出和重要了。

有些学者认为，夏代起始于二里头文化第一期，而止于二里头文化第四期，再早再晚均不是。而在偃师二里头遗址和偃师商城进行考古发掘的一些学者则认为，二里头文化第一期时，偃师二里头一带遗迹遗物较少，尚属于一般聚落。第二、三期为其繁荣阶段，夏王朝在这里建都。到了二里头文化第四期时，这里已经衰落，至迟到了第四期晚段，二里头遗址旁边已出现了偃师商城，完成了夏商王朝的更替。这又是前面说过的田野考古发掘者与一些考古资料研究者意见的不同。据碳十四测定，二里头遗址的年代最早距今不超过 3900 年，其繁荣期也不过 200 年，这与整个夏代来比，可能太短一些。有的学者称，二里头第一至四期为夏文化，但并不包括夏禹王在内，且二里头第一期虽然遗迹甚少，但也应该是王都所在。其理由是：由于二里头第一期时间早，受破坏就很严重，所以遗迹留下就少；由于二里头第二、三期宫殿基址等未发掘到生土，所以其下可能压有二里头第一期遗存，因此所见遗迹就少；由于二里头第一期为夏初王都初建阶段，本来遗迹就少一些……即使这样，二里头文化作为夏积年还是有一定差距。鉴于至迟二里头文化第四期晚段属于商文化，那么夏文化就不能向后延续，只能向前面追溯。早于二里头文化而又与之紧密相连的是河南龙山文化晚期，它们时间早晚衔接又有明显的传承关系。二里头文化第一期陶器中的鼎、盆、罐等的形制和纹饰还遗留着河南龙山文化的风格，以至于在 20 世纪 50 年代进行考古发掘时，就把二里头文化早期归入河南龙山文化之内。考古学文化的名称本来就是根据发掘情况人为确定的，河南龙山文化是二里头文化的渊源，二里头文化也可以说是河南龙山文化的归宿。如果把二里头文化早期归于河南龙山文化晚期之内，或把河南龙山文化晚期纳入二里头文化早期之内，也实在不算大错。有的学者也认为在偃师二里头遗址的二里头第一期文化不是夏代的早期，但却提出要去寻找所谓比这里的二里头第一期文化还要早的二里头第一期文化。最近有的学者观点稍有松动，认为在新密市新砦遗址发掘的龙山文化向二里头文化过渡的阶段，即被称为新砦期的阶段，可以划归到夏文化早期，相当于夏初启在位的时期。其实新砦实际上已是龙山文化晚期的范畴。这还是要追溯到河南龙山文化晚期，不过不提河南龙山文化晚期的名称而已。"夏商周断代工程"中的夏代年代学研究课题组的早期夏文化研究专题，在邹衡先生的领导下，自 1996 年至今，已经在登封王城岗、禹州瓦店等河南龙山文化遗址继续进行考古发掘，取得了第一手资料。在河南龙山文化晚期之时，已经出现了诸如登封王城岗、淮阳平粮台、郾城郝家台、辉县孟庄、安阳后岗等城邑，已经能够铸造青铜器，发明和使用文字，并有了较为复杂的礼制遗存，这都为夏王朝的建立创造条件。到了距今 4000 多年的时候，夏王朝开始建立，中国历史上第一次出现了一个西起华山之东、东到豫东平原、北自济水之南、南抵淮河沿岸方圆千里的奴隶制王国。

夏商是我国文明国家的形成时期，也是我国文化底蕴的奠定时期，其年代问题的解决，对深入阐发中华文明的源流，展示中华文明的成就有重要作用。我们相信，通过国家"夏商周断代工程"的启动，通过多学科的联合攻关和学术界坚持不懈的努力，夏代及商代的年代和历史面貌必将大白于世人。这必将大大增强我们民族的凝聚力，提高我们民族的自信心和自豪感，面向世界，开创未来。

主要著述

1.《河南偃师仰韶及商代遗址》，《考古》1964 年第 3 期。

2.《郑州商代城址试掘简报》，《文物》1977 年第 1 期。

3.《郑州二里冈铸铜基址》，《考古学集刊 6》，中国社会科学出版社，1989 年版。

4.《对〈郑州故城址时代问题商榷〉一文的商榷》，《郑州大学学报》1980 年第 3 期。

5.《谈谈夏文化的问题——兼对〈郑州商城汤亳说〉一文商榷》，《河南文博通讯》1980 年第 4 期。又《夏文化论文选集》，中州古籍出版社，1985 年版。

6.《郑州二里冈期商代青铜容器的分期和铸造》，《中原文物》特刊（1）1981 年。

7.《关于郑州商城的两个争论问题》，《中原文物》1982 年第 4 期。

8.《是郑州商城还是郑州隋唐城？——拜读荆三林先生大作"再论郑州故城址的年代"》，《中原文物》特刊（2）1983 年。

9.《河南的夏商古城》，《中州今古》1985 年第 5 期。

10.《从建国后的考古发现来探讨夏文化的始末》，《夏史论丛》，齐鲁书社，1985 年版。

11.《从考古发现探索夏文化的上限和下限》，《华夏文明（一）》，北京大学出版社，1987 年版。

12.《从龙山文化城址谈起——试论中国古代文明的起源》，《华夏考古》1994 年第 2 期。

13.《文明起源·夏文化·河南古城新发现》，《先秦史研究动态》总 27 期 1995 年。

14.《夏文化的上下时限——兼论郑州商城的属性》，《寻根》1995 年第 1 期。

15.《关于偃师商城的几个问题》，《洛阳考古四十年——1992 年洛阳考古研讨会论文集》，科学出版社，1996 年版。

16.《关于夏文化的几个问题》，《夏文化研究论集》，中华书局，1996 年版。

17.《偃师尸乡沟商城与郑州商城若干问题的再探讨》，《河南文物考古论集》，河南人民出版社，1996 年版。

18.《中国青铜器全集·夏商卷》，文物出版社，1996 年版。

19.《20 世纪河南考古发现与研究》，中州古籍出版社，1997 年版。

20.《"夏、商前期考古年代学研讨会"记略》，《寻根》1997 年第 6 期。

21.《偃师商城若干问题的再探讨》，《考古》1998 年第 6 期。

22.《从考古发现谈夏、商前期年代学研究及其相关问题》，《徐中舒先生百年诞辰纪念文集》，巴蜀书社，1998 年版。

23.《夏商周断代工程·商前期年代学研究课题·郑州商城专题结题报告》，1999 年 3 月。

24.《河南考古五十年回眸》，《华夏考古》1999 年第 3 期。

高天麟书

高天麟

高天麟，1937 年出生，浙江慈溪人。1955 年 4 月到中国科学院（今中国社会科学院）考古研究所工作。同年 6 月至 8 月，参加第四届全国考古工作人员训练班。1955 年 9 月至今，曾参加过多个重要遗址的发掘并整理相关资料，择其要者有：奉赵芝荃先生之命在二里头遗址的发掘；在汾河下游对夏商遗址的调查；在汝州煤山遗址的发掘；主持山西襄汾陶寺遗址的发掘和资料整理；参加中美联合考古队在商丘及柘城县山台寺遗址的发掘；参加北京琉璃河中美联合考古队发掘资料的整理等。

一、您是何时在二里头遗址工作的？曾参加或主持过哪些工作？

　　1959 年春，徐老（指徐旭生先生）率周振华（当时是徐老的助手）、方酉生等去登封、禹县（今禹州市）调查，夏初回到洛阳。他们向洛阳队的同志们介绍调查的情况，这当中令人难忘且记忆犹新的是介绍二里头遗址。徐老说，他本不想到偃师调查，但又觉得文献多处提到偃师为汤都西亳，故顺道做些调查。他们沿塔庄、新砦往西行，渡河至二里头，在村南沿路沟两边（当时的地貌是路两侧高，路在中间呈路沟状，这种状况现已不复存在）皆是灰层，转到村西南，在当时的集体养猪场一带见到被翻起来的大片大片灰土，一种既不同于龙山文化，又与二里冈商文化有一定差别的陶片俯拾即是，他们兴奋至极，预感到这或许与汤都西亳有一定联系。听了他们的介绍，我们无不受到感染。我们又看了他们采集自二里头遗址及其他遗址的陶片，与我们 1958 年在洛阳东干沟遗址发掘所得陶片诸多相似。是年秋季，当时洛阳队队长赵芝荃先生责成我和吕友全（后调至洛阳玻璃厂工作）、丁振宇（后调至洛阳博物馆）、邓德宝（据悉，后调至北京门头沟区委工作）、董金现（后回伊川）、宁景通（现在三门峡市文物队工作）、李明星（后回陕州）、王洪民（炊事员，后调洛阳关林博物馆，因车祸遇难）8 位同志去二里头开展发掘工作。我们到二里头村时，正值秋收秋种大忙季节，抽不出民工，我们就先对遗址做踏查。从踏查中我们感受到这个遗址规模之大、地望之特殊，确实无与伦比。与此同时，我们又伸展到伊河南岸，到苗湾、段湾、半个寨、高崖、大口、李村等处调查，发现沿岸一带从仰韶文化至二里头文化的遗址分布相当密集，但规模都不及二里头遗址。1959年秋季的发掘工作，主要发现了二里头文化早、中、晚三期的地层叠压关系，也发现了个别殷墟时期的灰坑打破二里头文化第三期的房子等。根据叠压和打破关系，结合对陶片的观察，给人的印象是，最底层的陶片从陶色、纹饰到陶质、器形都和龙山文化有割不断的联系。中层陶片较底层有明显的变化，但又有明显的承袭关系，上层陶片显然有中层的延续因素，但也可以看到若干商文化的因素，据此，我们将它划分为三期。发掘期间安金槐先生参观了我们的发掘现场部分标本，他对以地层关系为依据所分的三期表示认同。上述材料发表于《考古》1961年第2期。1960年，殷玮璋先生主持二里头遗址的发掘工作，我也参加了这个队的工作。是年秋季，二里头探出大面积夯土，本人当时被临时抽调去晋南参加汾河下游的古文化遗址调查，重点调查与夏文化探索相关的遗址。

　　1961年，赵芝荃先生回洛阳队继续任队长，二里头遗址春季暂停发掘，转入室内整理。当时的分工是：殷玮璋先生负责遗迹部分，钟少林（已故）和戴复汉（已故）两位先生负责小件，我和关甲堃（已故）女士负责陶片整理。这次整理历时五个多月，除做卡片外，还撰写了相应的文字资料，这次整理使分期更加具体明晰，为尔后全队的发掘奠定了较好的基础。

　　1961年秋以后，全队由赵芝荃先生主持转入二里头遗址夯土台基的发掘，直至1962年秋，发掘基本上没有遇到柱洞等与建筑相关的现象，大家不免有些扫兴。1963年春季，全队分成两摊，方酉生、殷玮璋、李经汉、曹延尊（已故）同志发掘四区，分配我发掘夯土台南沿西段，就是这次发掘，在东西两个探方内发现三个柱洞，柱洞底部均有础石。这一突破性的发现，使大家无不为之振奋。适值这季度临收工期间，郭宝钧老先生也兴致勃勃地来工地参观，当他看到夯土台南沿斜坡气势及面上新发现的三个柱洞时，盛赞这些现象的重要，赞叹遗址规模非同一般。写到这里，想起一段小插曲：在柱洞发现之后，回到洛阳，队里开始总结工作，大家在肯定柱洞的重要性的同时，对柱洞底部的础石是如何埋入的问题展开热烈的讨论，当时有两种说法，并且都有支持者，双方各执己见，有时争得面红耳赤仍各不相让，这主要也由于当时为保持柱洞的完整，未予解剖，因此大家所持的都是一种推测，自然各不相让。为解决这个争论，同年秋季赵芝荃先生责成我解剖一个柱洞，来验证大家的推测，一经解剖，立见分晓：它是在整个夯土台筑成后，在台上进行设计，规划宫殿坐落的位置、宫门的位置、廊庑的宽窄及走向，然后再在夯土面上挖槽，槽内置放础石，再在础石上立木柱，最后往槽内层层填土夯实，这样，木柱被近米把深的土砸实，其牢固程度自然可想而知。这个问题今天看来已不成什么问题，但在当时还真让人揣摩不透，由此深感考古学是一门实践性很强的学科，来不得半点假设和臆测。记得那次解剖柱洞，张忠培先生曾在方酉生先生的陪同下来工地参观，他也看到这一我们为之激烈争论过的问题是如何解决的。

随着柱洞的发现，队里集中力量大面积发掘这座夯土台及台上的建筑基址。1964年春季，开创夏文化探索工作的徐老已70多岁高龄，还亲临工地和我们一起栉风沐雨参加了一个月的发掘工作。初来时，他要执锹翻土，我上前劝阻说："这使不得。"老先生面有愠色地说："有什么使不得的！"正是在徐老的鼓舞下，大家心往一处想，劲儿往一处使，试图尽快地把这座沉睡了3500多年的宫殿基址揭示出来。

不料，1964年秋季全队成员奉召回北京参加"四清"，分期分批地到大连郊区、山西永济搞"四清"，留下个别不去参加"四清"的同志也难以支撑发掘工作。1966年"文革"开始，到1970年春至1972年夏，大部分干部下"五七干校"。这期间除河北满城发掘是考古研究所的一项业务活动外，其余发掘工作全部停止。二里头遗址也不例外。

1972 年秋，赵芝荃先生牵头恢复了二里头遗址宫殿基址的发掘。虽然中断了八年，但对我们来说仍可谓轻车熟路。经过两年多的发掘，终于于 1975 年春季将拥有 10 万平方米面积的 1 号宫殿基址全部发掘完毕。这一殊为重要的考古资料本可在 20 世纪 60 年代末面世的，结果却迟至 70 年代中期才得以面世。尽管这样，它在"文革"以后，对促进和活跃夏文化探索的学术氛围依然起着不可替代的作用。

1975 年，刘仰峤（已故）同志来中国科学院哲学社会科学部（中国社会科学院的前身）参与领导工作，他分管史学、考古学。他对考古研究所在中原地区开展夏文化探索工作十分支持，多次来我所研究如何开展这项工作。正是在这种背景下，除考古研究所的二里头工作队在豫西继续从事夏文化探索工作外，又增设了晋南的东下冯发掘队。我作为二里头工作队的老队员，尽管 1975 年以后的几年里分担了所里的部分行政工作，但还是参加了 1976 年夏巩县（今巩义市）稍柴和小胥殿遗址的钻探和崖边龙山文化灰坑的清理工作。这两个遗址河南省文化局文物工作队做过发掘，在河南省博物馆陈列过一件小胥殿遗址出土的既别致又具有"王器"气象的簋形器，是在龙山文化中未曾见过的。1963 年，队里有同志去稍柴遗址做过调查，对遗址有不同的评估，有同志说有夯土。这次去这两处遗址继续调查钻探，也曾试图有更深入的了解。结果是稍柴遗址不曾探到夯土，遗址面积远不如二里头遗址；小胥殿的灰坑掏出来不少器形，但总的印象所体现的年代较一般龙山文化略晚些。另外，1975 年秋，全队同志大都在临汝（今汝州市）发掘，只有我和屈如忠（已故）同志在二里头遗址再次开展较大规模的钻探工作，旨在寻找大中型墓和相关的建筑基址，以便在探索工作上有所突破。这次钻探，探明了后来发掘的第2号宫殿和四座中型朱砂墓，其中二里头大塚东侧的一座，我和老屈当时就进行了发掘，这是一座完好的有很厚的朱砂覆盖的墓，清出时坑内一片鲜红。这一带老乡盛传的朱砂墓，终于被我们找到了，真是百闻不如一见，不胜欣喜！该墓出土有铜礼器、铜兵器、玉器、石磬等（资料已刊于1976年《考古》第6期），其余三座均在圪垱头村北，第二年春季发掘时都已被盗过。

二、您是何时在陶寺遗址工作的？曾参加或主持了哪些工作？

1977年秋，考古研究所领导责成我和高炜同志去晋南再选一些与夏文化探索有关的遗址，考虑准备扩大在晋南的夏文化探索工作。我们在翼城、曲沃、襄汾诸县原普查遗址的基础上选了若干较大遗址进行复查，最后选择了襄汾的陶寺遗址，提请所领导定夺。当时选定陶寺遗址的主要着眼点是：（一）遗址面积大，尽管现时已被冲击得比较破碎，当时未必是这样；（二）堆积厚而丰富，在断崖暴露的文化层厚度和广度绝不亚于二里头遗址；（三）地势高又广，利于古人的生息繁衍、发展。1978年春，经所领导和山西队共同研究决定，组建考古研究所山西队和临汾地区文化局联合发掘队，开展陶寺遗址的发掘。陶寺遗址发掘队隶属于山西队，由张彦煌先生负总责，陶寺的发掘工作所领导提名由我主持。1978年春季我们单一地发掘遗址，后来发现遗址的东南部有大片墓地，即采取遗址和墓地兼顾发掘。1979年秋开始发现大型墓，这样对墓地的发掘就有所侧重了。到1980年年底我们已发掘五座大型墓，但多残破。1981年春季我们发掘了M2001，这是我们在陶寺遗址发掘的唯一一座完整大型墓。这座大型墓的发掘，对于我们解释已挖的若干座大型墓的结构、葬俗、葬式是非常有益的。当时挖这座大型墓也有过一段小插曲，就是有同志主张成片地由西往东揭，而这点，我并无异议。但新的情况是有关同志在头年秋冬组织探工在墓地探出 12 个红点，并向全所汇报称有可能是 12 座大型墓。因此，我以为不妨先挖一座大型墓，以便尽快弄清楚大型墓的结构、葬俗、葬式。1981 年春天我到工地之后，即带领探工对 12 个红点进行复探，结果只探明完整者一座，稍有破坏的一座，其余 10 座已探不出墓形，它们当中有的已遭破坏，有的原本未必是墓。探明唯一完整的 M2001 之后，我和已到工地的张岱海、李健民两位同志商量，准备对原计划稍作改动，先挖这座大型墓，并从已开方的西端量过来，中间暂空几个探方，先在大型墓位置上开一个 10 米 × 10 米大方，将大型墓套在方内，先行发掘，待大型墓发掘完毕，再回过来发掘中间暂留的几个探方，这样仍然遵循着大面积成片发掘的原则。张、李两位同志都表示同意。我们即行布方发掘。与此同时，我把这个和原计划稍有改动的发掘计划写信告诉北京的同志，没过几天北京来人否定了我的计划，并劝我放弃大型墓发掘，继续按原计划进行发掘。以我的脾气，我自然不会采纳这个意见，何况当时大型墓已露出墓圹，完好无损，我们怎能忍痛放弃呢！我们坚持将大型墓发掘完毕。通过对 M2001 大型墓的发掘，我们对已挖的若干座残破大型墓的葬俗、葬式的研究有了可以参照的资料，并发现 M2001 与 M3002、M3015、M3016、M3072、M3073 等大型墓在随葬品上是存在差别的。如果当年不发掘这座大型墓，按后来成片揭过来的速度，大概要到 1984 年春才能发掘到 M2001，也即是说这座大型墓的新鲜资料要推迟近三年才能面世。因此，我至今认为那次"抗命"无可厚非。

M2001 出土了一批极为稀罕而珍贵的随葬品，像龙盘、木案（案上置薄胎陶斝）、木几（其上置大型厨刀）、木俎（其上置小型厨刀）、木盆、木豆、木仓形器，还有一批颇具特色的陶器，像系列陶豆、系列陶斝、陶灶、彩绘陶壶、彩绘三足壶等。所有木器皆涂红，有的施彩绘；陶器也多施红彩。所有木器胎骨早已朽毁，只剩原依附于器表的彩皮。经王振江等同志精心剔剥，这批埋藏地下4300多年的漆木器清晰地展现在我们面前。整座墓清出时，既古朴鲜艳又蔚为壮观。我凭借自己的照相技艺，拍了彩色照片和幻灯片，当年岁末向全所同志和所领导汇报时放映并介绍，获得好评。后来我们队的代表拿着M2001发掘幻灯片到郑州考古学会年会上放映、介绍，也获得一致好评。对此，我倍感欣慰。

我在陶寺遗址主持发掘期间，解决遗址边沿墓葬的墓圹问题时，曾留下一段挥之不去的记忆。1978年秋，我队有同志先我到达陶寺工地，并在遗址沿边开了一个探方，挖至距地表0.4—0.5米深就遇人骨，有的是无头骨，有的是缺下肢，有的是缺身躯，有的则是半边骨架。这使发掘者颇为伤神，一时找不出造成这种现象的症结，大家只能以社会发展到一定阶段的特殊埋葬来聊以自慰。后来该同志在方中又开了一个1米×1米的小方，想看看剖面。有一次我走到那里，坑下撂上来的土中正好带出一个玉琮，这分明是墓葬随葬物，我立刻叫工人停止撂土，自己下到坑底寻找墓圹。找到平面的墓圹后，又顺着圹边走向找挂在方壁上的坑边线，结果将小方的四壁清刮一遍，找出多条土色微有不同的线。再回到小方上面的大方平面上清刮这些微有不同土色的线的走向，找出了若干组的墓葬打破关系。顺着这些确定的关系清下去，所见到的就有上面提及的那些现象了。原来，这是由于墓葬互相切破造成的啊。至此，才解开了这些"特殊葬式"之谜。

当然，要解开这些"谜"也并非易事。1980年春，南京大学两位老师带学生在遗址边沿开探方实习，两位老师原以为比较简单，所以同学们的实习辅导就没有叫我们。后来，发掘遇到的现象实在复杂难辨，两位老师无奈之下求助于我们。除此之外有两座墓的发掘，我也为自己在其发掘过程中出的主意而感到得意。一座是 M1650，另一座是 M3231。
这两座墓在清理到板灰时，感到有些异样。此时，我建议清理者先停下，
不妨先把墓口和板灰痕迹的平面图绘下来，然后将墓口的一侧加宽往下
挖，挖至板灰处将板灰一侧留出十余厘米，外侧继续下挖至几十厘米，
直至一个人能蹲下，然后从侧面往下清剔侧板灰外余留的十余厘米填土，
清剔时填土和侧板自然脱边，这样就可以将整个棺的形制及棺外的装饰
全部清拖出来。运用这种方法，M1650 木棺的形制及棺外所罩的用绳索
一类编织的棺束全部显现出来了。M3231 在墓坑内是采用榫接和槽口插
板相结合的木棺，即先在墓底放置一个用榫卯结合的长方形方木框，木
框的四角凿出榫口，然后将四根与棺等高、两端有榫、两侧刻槽的圆木
分别插入底框四角的榫孔内，槽口短的一边与短的一边相对，长的一边
与长的一边相对；然后将一大致与底框宽窄相近的、四角掏出与四根圆
木粗细相当的圆孔的木板，从四根圆木柱的顶端往下套，直至落实到底框，
接着再按预设的槽口分别插入两端的短板和两边的侧板。这样立棺接插
起来，就可以入殓；入殓后，再装一块与底板结构相同的木板于棺顶部，
作为棺盖。最后，在棺盖的两端，露于棺盖之上顶端设有榫头的圆木之间，
再压一块两端预制有与圆木榫头接合榫孔的方木，至此，整个棺就制作
完毕。M3231 棺的结构我们就是采用发掘 M1650 的清理方法才得以将其
搞清楚的。M3231 清出后，李仰松先生来工地参观，我们也陪他参观了
此墓，他对我们的这种清法表示赞许。上述两座墓清出之后，我都照了
立体感较强的照片或幻灯片，效果相当不错。就我所看到的新石器时代
墓葬发掘材料，还不曾见刊出过这样的照片，一般所见到是平面的板灰
或草席痕，再好一点是平面有圆木朽痕的，更多的则是一副骨架。这样
就失去了本来可以了解到的结构及棺外有无装饰等情况。于此，我以为
我们所采用的上述那种方法，也不失为一种值得一试或可资效仿的方法。

我在陶寺主持发掘工作期间，还遵照夏鼐所长的嘱托，为追索陶寺文化的源流对垣曲丰村遗址和襄汾大柴遗址进行了发掘，前者是为寻找陶寺文化的源，后者是试图解决陶寺文化的流向。这两个遗址的发掘时间都不长，前一个遗址用了 40 余天，后一个遗址只用了 17 天，而所获材料却比较丰富，基本文化面貌都得到了反映。这两个遗址的发掘资料均已发表，并相应地发表了我们的一些肤浅看法。

三、中美合作在豫东地区探索先商文化的工作，引起中外学术界的广泛关注。您作为中美联合考古队的主要成员之一，能否介绍一下田野工作的有关情况？

1990 年，在完成了陶寺发掘报告由我承担部分的编写任务之后，我离开了该队，转到了中美联合考古队工作。1990 年 3 月，奉考古研究所领导之命，我去豫东为张光直先生赴豫东考察做联络和选点工作；同年 4 月，和考古研究所有关领导及河南省文研所所长杨育彬先生一起陪同张光直先生赴豫东商丘、永城、柘城、夏邑等县（今均属商丘市）参观、考察；同年 11 月，又陪同美国明尼苏达州立大学教授小乔治·里普瑞普先生及其研究生荆志淳赴豫东为开展地质考古钻探做实地考察；1991 年 8 月初至 9 月中旬，陪同里普瑞普先生和荆志淳在商丘县南郊地区用荷兰铲进行地质考古钻孔，并到柘城山台寺、虞城杜集两遗址做零星探孔；1992 年秋，陪同张光直先生率领的专家组在商丘县城南、老南关村及其东西两侧地区进行磁力仪测试和地质考古钻孔，上述工作旨在寻找早商和先商时期城址或大型聚落。1993 年春，我和郑若葵同志又在头年秋冬美方学者工作的基础上对老南关村北进行复探，因黄泛淤积很深，钻探工作不仅进度慢，钻探效果也不佳，现在看来，当时钻探的部位正好是在明代弘治十五年（1502）淹没于黄泛的商丘县城。同年秋，又和荆志淳一起继续在老南关村东西两侧进行地质考古钻孔（有关这方面的工作成果报告刊于《考古》1997年第5期）。

1994年春，中美联合考古队正式成立，中方领队是张长寿先生，队员有我和唐际根，另外我把原在陶寺发掘队工作的技术较全面、素质较好的张官狮邀请来与我们一起工作。美方领队自然是张光直先生，队员有冷健、戴维·柯恩、罗伯特·慕容捷。中美联合考古队成立之后，经过研究决定，首先必须建立豫东地区考古文化编年序列，在此基础上再来确定工作的侧重点。当年春天选定在商丘县南高辛乡的潘庙进行发掘，该遗址有龙山文化、岳石文化，还曾见到有零星的后来在马庄发掘中所遇到的仰韶文化一类遗存。因遗址是个大型堌堆，故此，东周、汉代又把这处辟成墓地，两个时期的墓葬层层相叠或相切。我们所开的5米×5米探方内，少者有三四座，多者五六座，整个遗址被墓葬割得七零八落，我们只能在清去墓葬之后，对残留的文化层逐层进行清理。这季度的发掘虽不十分理想，但找到了岳石文化叠压龙山文化的地层依据。同年秋，我们转移到虞城县沙集乡马庄进行发掘，参加发掘的中方队员没有增减，美方增加了李永迪。马庄遗址的发掘，使我们了解到该遗址除了龙山文化，还有具有地方特点的一种仰韶文化。我们清理了这一文化的若干座墓葬，获得一些随葬玉石器和陶器。豫东有仰韶文化的说法，我是从商丘市博物馆孙明馆长处获悉的，后又从虞城县文化馆刘荣光先生处得到证实。刘荣光先生曾在营廓这个地方采集过这一文化的陶片，但商丘市博物馆并没有这一文化的任何展品，这次发掘验证了他们两位的说法，并表明这类遗存在豫东地区恐怕还不只是少数几处。除上述文化内容外，马庄还有商代晚期的灰坑和遗物。

1995年春，我们按照预定计划又转移到柘城县申桥乡山台寺遗址进行发掘。该遗址我们共开 8 个探方或探沟,发掘面积约 370 平方米,除个别探沟未清到底外,其余大部分都清到接近生土处。该遗址文化内涵有东周、商代晚期、岳石文化和龙山文化。以龙山文化的堆积最为丰厚。清出龙山文化排房六间;清理龙山文化夯土台两座,其中一座全部清出,另一座清出一部分,其余部分经钻探卡出其边际,两座夯土台所处深度一致,两者南北相距十余米,并且是平行的;还清理了一座有着 9 头大致完整牛骨架和 1 头鹿骨架的坑、1 口有井亭的水井、70 余座灰坑;复原陶器 160 余件,较完整小件标本 320 余件。

在发掘上述 3 处遗址的同时,商丘县城南地区的地质考古钻孔、磁力仪和地质雷达的测试也不曾间断,参加这方面工作的中方和美方人员除前已提及的外,还有美方的莫非、雷根、瑞地、希思、杜仁杰五位,中方考古研究所科技中心的王增林、高立兵和刘建国同志。1996 年春,钻探方面增加了人力和配备,用地质荷兰铲、洛阳铲、汽车冲击钻协同进行,终于在商丘县城西南的胡楼与郑庄之间首先探出一堵夯土墙,又经两个季度的钻探,把一座完全淹埋在黄沙土下的古城址,以及另一座坐落在古城址东部,亦已淹没的明代弘治十五年前的城址大致加以探明。为了解古城址的准确年代,又于 1997 年秋和 1998 年春分别开了三条探沟,其中 T2 探沟系利用当地挖水渠挖破的一段西墙加以刷直并下挖至一定深度。通过三条解剖探沟的发掘,了解到城址的西墙中段和南段,南墙的西段,均由三块夯土组成,而三块夯土中最早的一块即第三块,挖至距地表约 4 米才露头,土色呈深褐;其余两块均在外侧,像后来增补修筑的。其中最靠外侧的第一块夯土,在 T1 探沟内,可见其被一座唐代烧砖窑和一个埋放豆青瓷四系罐的隋代小坑打破,表明这一块夯土不会晚过隋、唐。这块夯土内所出遗物最晚的为汉代筒瓦、板瓦等,未见晚过汉代的遗物,由此可证第一块夯土的年代约当汉代。第二块夯土,在下方挖到近 7 米处见有一文化层，内出两大块战国时期橙红色的陶鬲口沿，而这一文化层恰恰打破第二块夯土，第二块夯土内色含陶片不多，但从少量陶片可以断之主要是东周时期的，故第二块夯土约当东周时期增补修筑的。至于第三块夯土，在T1、T3探沟内几乎不见陶片，而在T2探沟中出土许多陶片，从出土的陶片来看，主要是商末的陶片，未见晚于该时期的陶片，因此可以推定第三块夯土即始建的城墙，应在商末周初，或许就和微子封宋相联系着。（有关东周城址的勘查简报刊于《考古》1998年第12期）

通过这几年中美联合考古队在商丘地区的工作，结合我所河南二队1977—1978年在该地区开展的工作，以及河南省文研所、郑州大学等在该地区开展的工作，基本上已梳理出该地区的考古文化序列，但作为探索总目标的先商和早商文化仍无着落。现在没有做过工作的还有相传是南亳的谷熟等地，我们仍然对此抱有一线希望。

豫东这个地方因黄河屡次泛滥，较平坦一点的遗址，像偃师二里头、偃师商城这样的遗址，必已淹埋很深，地面上殊难看到当时的遗物，这就是探索工作所面临的实际困难。我们不能因这几年的探索、实践没找到早商和先商文化，就把该地区排除在早商和先商文化探索区之外，因为在豫东这块广袤大地上，我们所做的工作毕竟有限，有些深埋的遗址尚未被发现，这样的可能性并不是不存在。如马庄的仰韶文化遗存，1990年以前只知这里叫杏岗寺，根本不知道这里有古文化遗址。1989年秋冬村民挖土，挖出一个大坑并露出几十厘米灰土，上报到地区文物科，经他们现场勘查，确定为龙山文化遗址。1990年初春，我为张光直先生赴豫东考察选点时，和安森昕科长又到马庄实地查看，清楚地看到这是村民近期取土时才揭露出来的一个遗址，其文化内涵当时只看到有龙山文化陶片，可是1994年秋发掘时，竟然发现了仰韶文化，从而使豫东存在仰韶文化的说法得到证实。对早商和先商文化来说，也不能排除存在这种情况的可能。再则，通过山台寺遗址的发掘及初步整理，这里的龙山文化从早到晚有一个较长的发展过程，并形成自己的特点，与海岱地区龙山文化既有关系又有区别，但它绝不是海岱地区龙山文化的一支，它当有自己的源和流，豫东仰韶文化很可能是它的源，经龙山文化早期到龙山文化晚期，尽管它们之间尚存在缺环，但从已存在的文化现象来看，确乎有这种可能。豫东地区龙山文化之后，现实情况是：有岳石文化，而没有找到一支与二里头文化相应的文化，而岳石文化就目前所刊布的资料，都是些堆积不厚、遗迹现象贫乏、器群又极为简单的遗址。所以岳石文化能否取代它，的确也让人生疑。反过来再看豫东地区龙山文化，其发展水平绝不比周边地区逊色，何况岳石文化是否就是它的后继者，我以为还须审慎地考察研究，故此，我仍将拭目以待豫东会再有新发现。

四、在考古学界，您对陶片研究是非常著名的，能否谈谈您研究陶片的方法师承何人？自己在研究过程中有何感受、体悟？

谈到我对陶片有什么研究的问题，这确实有点恭维我了。我认得一些陶片，但谈不上有什么研究。只是因我参加的发掘工作较多，因而认得的陶片也稍微多些。在我们单位分住房时，对野外发掘人员照顾一分。我说，这一分含金量可高着哩！因为自打我参加考古工作以来，除有特殊原因有两三个季度没参加发掘外，其余时间无一漏缺，所以称得上是个发掘"匠人"，我认陶片，也得益于这个身份。但话要说回来，我绝不是无师自通的人，而是受一代名师苏秉琦先生的启蒙和指点。事情要追溯到 1958 年，这一年，我所在的洛阳队发掘了东干沟遗址，这个遗址的文化面貌既有别于龙山文化，也有别于二里冈期商文化，对于这样一个特殊文化阶段，赵芝荃先生已敏锐地感觉到它或许和夏文化有关。为此，他特地邀请苏秉琦先生到洛阳工作站来看这批新资料，并希望他发表真知灼见。我们和苏先生尽管同在一个所，但也很难聆听到他的学术见解，我只是在北京大学四届训练班学习期间听过他的课，这次苏先生到洛阳来，赵芝荃先生责成我陪苏先生看标本。我们为苏先生选择了一处既宽敞又较豁亮的地方，置一张三屉桌供放陶片和茶杯。苏先生在洛阳的几天，我每天为他开门，打一壶开水，然后就在房间恭候。他每天按作息时间到工作室，我根据他提出的要求，为他挑选出有打破关系的若干单位出土陶片，他几乎把器物口缘逐一摩挲、比较。在他未形成看法时，聚精会神一声不语，偶尔低声自言；待他形成看法后，他就指点给我看，分析器形以及它的变化趋势。我这个当时还没有入门的小青年，经先生拿着标本指点、启发，茅塞顿开！苏先生在洛阳的数天，整天摩挲陶片而不忍释手，他对陶片的独钟之情让人感动。我正是在这短短的几天里，从先生身上学到了他热爱考古工作，对陶片无比钟爱的品格，更学到了他摩挲比较陶片的科学方法，这为自己以后从事野外发掘和识认陶片方面奠定了基础，让我获益匪浅。

1959年秋天，我们在二里头遗址进行首次发掘，根据Ⅱ区的地层叠压和灰坑打破关系，我能很快分出早、中、晚三期，这完全得益于苏先生的启蒙、指点。在以后的发掘中，我对出土陶片也有了浓厚的兴趣，有时在发掘的灰坑边拿出土陶片来对，有时利用饭前饭后在院子里拿已经刷过晾晒在苇席上的陶片拿来对，也往往小有收获。1986年春，大柴发掘的陶片运回陶寺，摊在住处的大院内，技工张官狮和我对了近两个星期，凡能对的陶片几乎都对了一遍，对出不少能复原或复原大半的器形。通过自己亲手对陶片，就能较快地认识和掌握遗址出土的器形、器群，如有早晚演变关系，也大致会有一定印象。

出于对陶片浓厚的兴趣，我不仅对自己所经管探方出土陶片拿来摸对，有时也到其他探方看看有没有出土陶片丰富的灰坑。1984年春，陶寺遗址出土的扁壶残片上的朱书文字就是这样对出来的。当时我看到临方一座灰坑出土的大块陶片堆在坑边上，我过去蹲在坑边就随手拿几片来对，这中间发现有三四块陶片表面有鲜红的道道，仔细察看相似笔迹，我喜出望外，拿着这几块陶片回到住处，找来刷子，刷去周边泥巴，再经大家辨认，一致确认是朱书文字。陶寺的文字是在不经意间发现的，如果本人无此癖好，那么这带字的陶片便有可能随大流装入包内，然后刷陶片时，一起倾入盆内浸泡，民工洗刷时再不留意，就很可能是另一种结局。所以，多认点陶片，对陶片产生点兴趣，有时还真会有意想不到的收获。

在这里我还想说一件往事。1980年秋，我们陶寺队的同人以及帮助我们鉴定人骨的潘其凤同志，一块到吉林大学的太谷白燕遗址发掘现场参观、学习。张忠培、黄景略、许伟等几位先生对我们十分热情，陪我们参观，介绍情况，招待我们吃中午饭。饭后，张忠培先生领我们到他的寝室，他弯腰取出床下一盘高领折肩罐残片，罐的形制颇像陶寺大中型墓出土的，唯其肩部彩绘是烧成的，而陶寺则多为后来涂绘上去的。这件残器张先生他们也对过，大概费时不多，没对上多少，何况这件残器陶色又不纯，因此是不是一件器物也还是个问题。我接过盘子仔细观察了一番，觉得还像是一件器物，只是由于受火不匀导致陶色不纯。我就找大片来对，没多时，这件残罐从口沿到底部竟然基本都对上了，张忠培先生看后十分高兴，并投过赞许的目光。我想，我的认陶片如果小有名气，恐怕和这些先生们对我有所褒扬是分不开的。我总觉得认陶片的捷径是不存在的，主要是多挖、多摸、多对，非此，殊难熟练掌握。这就要求我们最好是坚持亲临发掘现场，随时注意地层和灰坑出土的陶片。不同考古学文化的陶片容易区别，但同一文化的不同期段就不容易区分了。如果坚持亲临现场，既注意地层叠压和灰坑间打破关系，同时也注意不同单位出土的陶片，这样两者结合起来就比较容易区分了。

我在参加中美联合考古队的发掘中，始终遵循先搞清楚叠压和打破关系，在此基础上先挖晚的，再挖早的。当然这样挖出的探方有时会高低不平，坑坑洼洼。因此，个别美方学者认为这样的探方不好看。但是，在整理陶片时，就出现了质的差别。我挖的探方基本可作为分期断代的依据。

多看、多摸、多对是认陶片的关键因素，那么参加发掘以及进行陶片的整理，是认识陶片的又一关键途径。因为平日发掘，不可能把陶片全部摊开，也不可能把所有陶片全摸一遍。只有通过整理，才能将有打破关系的单位和有地层叠压关系的探方出土的陶片的口沿进行排比，这样你既有了感性认识，又可上升到理性认识。不同期段的主要器形，从纹饰到陶质的变化都会有所反映。通过整理，认陶片的能力自然就会随之提高。一个人如果总是参加发掘而不给机会或自己不争取参加整理的机会，这样对陶片的认识总是含含糊糊，不能准确作出判断。创造条件、争取机会参加发掘、整理，是认识陶片的有效途径。

五、偃师商城的发现是夏文化探索历程中的一件大事，您对偃师商城是如何认识的？它的发现对您的学术观点有无影响？

谈到对偃师商城的认识，我曾以愚勤的笔名写过一篇讨论文章，刊于《考古》1986 年第 3 期，后来在 1995 年偃师商文化国际学术讨论会上又写了一篇《二里头文化陶鬲管窥》。在这两篇文章中我都表达了赞同偃师商城是汤都西亳的说法。但对偃师商城的年代，我把它推断在二里头文化第三期，我还认为二里头第三期的两座宫殿是与商城相呼应的、有意配置的一些礼制性建筑。近年，随着"夏商周断代工程"的启动，偃师商城工作的同志们为此精心组织发掘了一批遗迹和文化堆积层，提出了夏商之分界就在二里头文化第三、四期之间，我的认识与之有一期之差。最新而具权威性的结论让人信服，但属于二里头第三期的 1 号和 2 号宫殿，叠压第二期偏晚的灰坑的事实是客观存在的。那么，这一客观事实所折射的二里头文化第三期，其兴也勃也，其亡也忽也的现象，就不免给人留下了一个难解的疙瘩。

六、您曾与李健民先生联名发表文章，论述"二里头文化东下冯类型"为早商文化而非夏文化的观点，请介绍一下这篇文章的形成过程。

　　谈到我与李健民同志联名写过一篇关于二里头文化东下冯类型的文章（《考古》1987 年第 7 期），这篇文章的形成过程大致是这样的。诚如前面所述，已故夏鼐先生对陶寺类型文化的源流问题十分关注。1984 年初春他曾问起过我，晋南特别是陶寺周围地区有没有比陶寺龙山文化稍晚的遗存。我回答说，襄汾县城西南、汾河西岸有一大柴遗址。夏先生即表示，你们不妨试掘一下。这样，我们就在 1985 年报了试掘计划，但后来因工作安排产生了冲突而未能进行，到 1986 年夏先生去世近一年后才安排发掘。我们将大柴发掘所获资料与陶寺类型晚期进行比较，发现它们之间缺乏延续性和继承性，可以看出它们之间远没有二里头文化早期和河南龙山文化之间那样的亲缘关系，由此，我们得出它们是两个不同的文化，这是第一点。晋南的运城盆地和临汾盆地在龙山文化时期两者的文化面貌是存在明显差异的，其分界线大致在侯马峨嵋岭。然而到了二里头文化阶段，我们粗略地将东下冯出土陶器与大柴遗址出土陶器进行比较，发现它们之间的相同之处远远多于不同之处，表明两者之间基本属于同一文化类型，这就是说在龙山文化时期未能达到的统一境界，在二里头文化阶段却实现了，这种进步现象虽不足以说明它的文化属性是夏是商，但是如若把这一现象与东下冯遗址所分六期（第一至四期为东下冯类型，第五、六期为商文化）一脉相承的结论相联系，我们便得出它是商文化，这是第二点。第三点，也是最主要的一点，即晋南素有"夏墟"之称，而我们发掘陶寺大型墓整理出的资料所反映的情况，似乎都可以和尧都平阳的记载相印证。那么陶寺早期约当帝尧陶唐氏阶段，陶寺晚期则已进入夏纪年范围内，相传尧舜禹时期尚是禅让制，那么它的地域至少不会有很大的变化，而陶寺类型恰好又分布在素有"夏墟"之称的晋南，这样，这一文化类型所处的空间和时间本应与夏文化息息相关。但东下冯类型却不像这一文化的自然延续，而另具特点。因此，我们以为它是后来深入晋南取代夏的早商文化。以上是我们那篇文章的形成过程。

七、现在您对夏文化是如何认识的？

限于水平，我对夏文化还没有成熟的看法。至今，我仍然认为晋南的陶寺类型龙山文化中、晚期和中原地区的二里头文化，以及这一地区的龙山文化晚期都应在夏文化之列。至于何者为夏族文化，何者又为夏代文化，这是一个更深层次的问题，本人缺乏研究，也只好免谈了。如果把夏文化仅限于二里头文化，这样夏积年显然不够，故应包括河南龙山文化晚期，及至中期。如果是这样的格局，那么把豫东地区的龙山文化排斥在先商文化之外似乎还为时尚早，尽管该地区现在尚未找到与二里头文化相应的先商文化。但是商丘东周城址的始建年代可推至商末，这和周公"乃命微子开代殷后，奉其先祀，作《微子之命》以申之，国于宋"（《史记·宋微子》）的记载正合。宋是商人后裔，有关商人早期在商丘这一区域活动的记载相当多，而考古发掘证实文献不错的情况亦已屡见不鲜。为此，我以为对先商文化的探索现时还不宜放弃豫东这个区域。

主要著述

1.《东干沟遗址发掘简报》，《考古》1959 年第 10 期。

2.《1959 年河南偃师二里头试掘简报》，《考古》1961 年第 2 期。

3.《河南偃师商代的西周遗址调查简报》，《考古》1963 年第 12 期（合作）。

4.《河南偃师二里头早商宫殿遗址发掘简报》，《考古》1974 年第 4 期（合作）。

5.《河南偃师二里头遗址三、八区发掘简报》，《考古》1975 年第 5 期（合作）。

6.《山西襄汾陶寺遗址发掘简报》，《考古》1980 年第 1 期（合作）。

7.《关于陶寺墓地的几个问题》，《考古》1983 年第 6 期（参与）。

8.《试论河南龙山文化"王湾类型"》，《中原文物》1983 年第 2 期（合作）。

9.《龙山文化陶寺类型的年代和分期》，《史前研究》1984 年第 3 期（合作）。

10.《也谈客省庄二期文化性质及其年代》，《史前研究》1984 年第 4 期（合作）。

11.《略论二里冈期商文化的分期及商城年代——兼谈其与二里头文化的关系》，《中原文物》1985 年第 2 期。

12.《关于偃师尸乡沟商城的年代和性质》，《考古》1986 年第 3 期。

13.《陶寺遗址的发掘与夏文化探索》，《中国考古学会第四次年会论文集》，1986 年版（参与）。

14.《黄河前套及其以南部分地区龙山文化遗存试析》，《史前研究》1986 年第 3—4 期合刊。

15.《山西襄汾县大柴遗址发掘简报》，《考古》1987 年第 7 期。

16.《就大柴遗址的发掘试析二里头文化东下冯类型的性质》，《考古》1987

年第 7 期。

17.《龙山文化陶寺类型农业发展状况初探》，《农业考古》1993 年第 3 期。

18.《黄河流域龙山时代陶鬲研究》，《考古学报》1996 年第 4 期。

19.《二里头文化的陶鬲管窥》，《中国商文化国际学术讨论会论文集》，中国大百科全书出版社，1998 年版。

高炜

高炜原名高家鑫，1938年出生，河北安次人。1962年毕业于北京大学历史学系考古专业（五年制本科）。当年10月分配到中国科学院（今中国社会科学院）考古研究所，其后30余年一直在考古研究所任职，历任研究实习员、助理研究员、副研究员、研究员。又受聘担任中国社会科学院研究生院考古系副教授、教授，东方文化研究中心常设研究员。1988年至1998年曾任考古研究所第二研究室（1994年后称『夏商周考古研究室』）副主任，1989年至1993年兼任山西工作队队长。1992年起享受国务院颁发的政府特殊津贴。

一、您是何时开始在山西做田野工作的？当时的工作是否以探索夏文化为目的？

1962 年，我从北京大学历史学系考古专业毕业，被分配到中国科学院考古研究所（1977 年以后隶属中国社会科学院）。起初，所里安排我做苏秉琦先生的助手，参加苏先生提出的项目"战国、秦汉陶器图谱"的内容编纂工作。由于在毕业实习和写毕业论文的过程中，深切领悟到田野工作的科学性至关重要，感到自己田野工作能力不足，我便提出希望去工地实习半年，这个想法得到苏先生和所里的支持。20 世纪 60 年代初，正值文化部组织侯马晋国遗址考古大会战，为配合牛村古城南平阳机械厂基建，1960 年至 1964 年，先后对厂区内的 2 号和 22 号地点的东周铸铜遗址进行大面积揭露，并对其附近与铸铜或祭祀有关的遗址进行不同规模的勘探、发掘，考古研究所有近 20 位同志前后参加过铸铜遗址的发掘。1963 年春季派出八九个人支援侯马，由林寿晋任领队，在林先生的积极鼓动下，我便也到侯马工作。原定半年，实际从 3 月初一直干到 12 月中旬。记得除 9 月份连阴雨天外，我不分寒暑一直坚持在现场参加发掘。这一年的田野工作虽与探索夏文化无关，但对我这个刚刚跨进考古学殿堂大门的年轻人来说，收获是巨大的。

由于发掘对象是春秋、战国间连续使用 200 多年的大型铸铜工场遗址，与铸造有关的文化堆积非常丰富，各种遗迹叠压在一起，地层关系十分复杂。好在那时年轻，一心扑在工作上，求知欲强，凡刮地层、解剖现象、测绘、记录无不亲自动手，按照操作规程，从严从细，一丝不苟。同时，不耻下问，向包括技工在内的一切有学问、有实践经验的人请教，并把每天看到的、听到的、学到的点滴收获，凡是感到有启发的事，都记录到田野工作日记中。当年的发掘面积很大（总计2600多平方米），揭露出一块数十米长的铸造工作面及其两侧大量的房子、灰坑、窖穴、水井、窑，出土大量陶片和陶范碎块，还有熔炉、鼓风管的碎块等，参加发掘的除山西和北京的人员外，还有天津、河南、山东、陕西、甘肃、江西、福建、广东的同志，其中包括一些有相当丰富田野工作经验和较深造诣、当时已具知名度的考古学家，这都为我创造了一个非常有利的学习环境。经常主动参加各种形式的现场讨论，使我不仅在自己负责的探方内学会如何处理具体现象，而且有可能对更大范围内的遗迹现象有所了解，并促使我去思考偌大范围内诸多现象与现象之间的关系，并逐渐领悟和掌握大规模发掘的一些必备知识。因平时对整个工地的情况比较关心，年底回京后在全所大会上我做了关于1963年侯马发掘情况的汇报，受到所领导和前辈学者的鼓励。可以说，自己做田野考古的基本知识、基本技能，在学校时学到过一些，而真正的独立工作能力，则是1963年在侯马练就的，终生受用不尽。1963年参加侯马发掘的许多往事，成为我无法磨灭的记忆，对曾经帮助过自己的诸多师友，我一直怀着感念之情。

　　1964年夏天，我把头年散记在田野工作日记本上的有关内容，分门别类地整理成比较系统的田野工作心得。至1978年陶寺发掘之初，我又以此为参照，拟出《田野调查、发掘要点》先后出油印本和打印本，队内同志反映该《田野调查、发掘要点》比较简单、明了、实用，后来它被用作来陶寺实习的大学生的田野教材。再后来，国家文物局编写《田野考古工作规程》时，也曾索去作为参考。

二、您在山西南部工作期间，做过哪些与夏文化有关的田野工作？

1964 年春季参加京郊通县（今北京市通州区）"四清"后，所学术秘书组负责人王伯洪通知我，要我服从所里的安排继续留在山西工作队工作。当时，对我们来说，服从组织决定是天经地义的事。苏先生虽然希望我按原计划继续"战国、秦汉陶器图谱"的工作，但也无可奈何。这样，我便成了山西工作队的正式成员。

考古研究所山西工作队原是黄河水库考古队山西分队，由胡谦盈负责，曾在黄河沿岸的平陆、永济、芮城境内，以新石器时代为重点做过一些调查或试掘。1959 年正式组建山西工作队，由张彦煌任队长。听老队长张彦煌先生说，考古研究所曾把"夏文化探索"和"商文化研究"作为重大研究课题，列入《十二年科学发展远景规划（1956—1967）》中。山西工作队建立之初，夏鼐交付山西工作队承担的主要学术任务就是"探索夏文化"。建队以后所规划的第一阶段工作便是在晋西南进行普遍调查，目的是了解这一区域的古代文化面貌，并寻找探索夏文化的遗迹。1959 年至 1963 年间，除了投入较多的人力、时间参加侯马发掘，张彦煌率队先后在中条山南麓的黄河沿岸、运城盆地的涑水流域、临汾盆地的汾河下游及其支流浍河、滏河流域进行过四次较大规模的地面踏查，足迹遍及芮城、永济、临猗、运城、夏县、闻喜、绛县、侯马、新绛、稷山、河津、曲沃、翼城、襄汾、临汾等 15 个县、市 8000 余平方千米范围，共发现仰韶文化至北朝时期的古代遗址（含古城址、墓地）306 处，并对芮城东庄村和西王村、南礼教做过发掘，对永济东马铺头、翼城县感军和开化遗址做过试掘。在此基础上，1964 年初夏，张队长陪王伯洪先生主要围绕同二里头面貌相近的一些遗址做复查，并选定感军作为下半年正式发掘的地点。因此，我到山西工作队后，与夏文化有关的第一项田野工作便是感军的发掘。感军遗址的面积为 20 万平方米，在晋西南已知的二里头文化遗址中，当数面积较大的一处，又未发现其他时代遗存，堆积比较单纯，1962 年试掘仅开 4 米 × 4 米探方一个、6 米 × 3 米探沟一条，即获相当丰富的资料，如大型卵腹三足瓮、带三足的磨光黑陶敛口瓮等，文化特点十分突出。若能进行较大面积的发掘，肯定会有前所未知的收获，大家都抱有很大希望。

我奉命参与筹备，包括用地、住房、用工等。当时，什么事都要讲计划，仅发掘用工一项就需从科学院计划局开公函，然后经山西省、地、县、公社的计划、劳动部门层层转批，十分麻烦。不料，待一切准备就绪，开工第一天下午便被迫鸣金收兵，原因是接到考古研究所的电报，命令全队人员立即返京，准备去辽宁金县（今大连市金州区）。这次发掘虽未能进行，但当年夏天为发掘做准备期间，我在解州关帝庙山西工作队驻地阅读到徐旭生先生提供的古文献中有关夏文化史料 100 多条（其中重要的有 30 多条），一一转录成卡片；同时，我对感军和东马铺头的试掘材料做了详细观摩，又同偃师二里头、灰嘴、郑州洛达庙、上街、陕县（今三门峡市陕州区）七里铺等相关遗址发表的资料作比较，一一做成器物卡片，使自己对这一类遗存有了初步认识，为时隔多年后重操旧业、继续从事探索夏文化的课题奠定了基础。

1972 年夏天，哲学社会科学部（中国社会科学院前身，原是中国科学院在 1956 年建立的四个学部之一，其后划归中宣部领导，行政上直接隶属国务院，同中国科学院渐无实质联系）的各所从干校撤回，考古研究所下放人员也一道返回北京。在这之前，《考古》《考古学报》和《文物》等逐一复刊。在长沙发现马王堆一号墓的消息更是轰动全国。在要求恢复业务工作强烈愿望的驱动下，越来越多的同志奔向田野第一线。二里头 1 号宫殿的发掘于 1972 年秋季恢复，接着，其他一些田野队也陆续恢复工作。山西工作队恢复工作的第一项活动，便是 1973 年秋季的晋南复查，参加者有张彦煌、徐殿魁和我，还邀山西省文物工作委员会叶学明共同工作。

1966 年以前已对晋南做过大范围调查，并掌握了从仰韶文化以来的300 多个遗址点，现在要从头开始，究竟如何着手呢？队内当时有两种意见：一种意见认为应先着力于建立晋南仰韶—龙山—二里头—二里冈以至殷墟、西周时期的考古编年序列，才好从上、下两头向中间"挤"——甄别出夏文化遗存；另一种意见则主张借助已有的认识，从相关的重要遗址直接切入，在工作过程中逐步解决序列问题。两种意见各有各的道理，我个人持后一种观点。为了解决工作方法上的分歧和惶惑，我们请教了几位著名学者，得到宝贵启示。其中，苏秉琦先生的意见给我们留下极深刻的印象。

苏先生讲："古代有国、野之分，解决重大历史问题，仅靠一般聚落不行，只有城市、都城才集中反映那个时代的本质。"因为我们刚从干校回来不久，他打比喻说："比如在息县，农民至今还住在低矮、简陋的草房中，同北京有天壤之别，你能说息县的样子代表当今中国的发展水平吗？当然不能。"通过这个例子，苏先生告诉我们，要把工作目标对准古代的都、邑。他曾特别点明："换句话说，就是田野调查中发现的像二里头那样的大型遗址，而不是一般村落遗址，特别注意有夯土（可能是宫殿等大型建筑基址）、出铜器、出文字的地点，在比较早的遗址中尚未出现铜器，类似巩县（今巩义市）稍柴小芝田出的大型陶器、特殊陶器也是王器，同样说明问题，同样值得重视。"当时的中国考古界尚未提出聚落形态研究，而苏先生的上述谈话，提醒我们注意古代遗址的等次性，注意寻找最高规格的大型中心聚落遗址或都址，无疑已渗透着他后来提出"古文化、古城、古国"理论的某些基本思路。

苏先生的意见给予我们重要启示，有助于参加调查的同人统一认识、明确目标。我们从 306 处遗址中筛选出临汾、襄汾、翼城、曲沃、侯马、新绛、稷山、闻喜、夏县境内的 26 处作为复查对象。1973 年 10 月底，在夏县招待所做总结时，通过对这些遗址的时代、文化特征、规模、保存状况等通盘比较，经过热烈讨论甚至激烈辩论，最后一致同意以襄汾县中梁（即陶寺遗址一部分）、曲沃县方城（即方城—南石遗址）、夏县东下冯和翼城、曲沃间的天马–曲村遗址四处，作为日后大规模考古发掘的首选地点。其中，有龙山文化遗址二处、二里头文化遗址（并含龙山和二里冈遗存）一处。至于天马–曲村遗址，虽其主体堆积并不属夏文化探索对象，但鉴于解决晋国始封地对确定"夏墟"地望具有前提性意义，我们也将其列为首选重点之一。经过四分之一世纪，以上几处遗址都相继取得重要发掘成果，也为探索晋西南"夏墟"（按："夏墟"有狭义和广义两种解释。狭义是指夏王朝都城遗址；广义则指夏人主要活动区域。晋西南"夏墟"属于后一种概念）提供直接或间接的研究资料。再回过头去看，我们 1973 年复查时所做的结论是颇具学术眼光的，也成为其后工作的良好开端。

由考古研究所会同中国历史博物馆、山西省文物工作委员会联合组队进行的东下冯发掘，始于 1974 年。我只是 1977 年秋、冬季参加了中区第三、第五地点的发掘。那年，东下冯的发掘面积很大，参加人员很多，需要研究、讨论的问题也很多。关于遗址第Ⅲ期内、外两圈围沟的性质，成为争论的焦点。相当长一段时间内，不少人曾把围沟认为是城墙基槽，但队内、外都有人对此提出怀疑，并引起夏鼐所长和其他所领导的关注。在我和高天麟去东下冯之前，我们被派去登封王城岗参观，目的是为鉴别东下冯是否存在城墙基槽寻找对比材料。张队长也曾邀请著名田野考古学家石兴邦、马得志到现场考察，并举行多次现场论证，由于过去在其他遗址外围未曾发现过如此整齐的双重围沟，沟内堆积土层硬度也大，一时未能做出结论。但我感觉通过一系列讨论，对于提高大家田野工作水平很有益处，也为继续探索有关遗迹的性质开拓了思路。这个问题终于在 1979 年因沟壁发现许多窑洞式居室和储藏室而得以明了。

　　1977 年秋、冬还有两件值得回忆的事情：一是 11 月份参加登封告成遗址发掘现场会，并在会议期间再次到王城岗发掘现场观摩；二是为了从时间和空间上扩大研究、探索的范围，在 1973 年复查基础上，分别同张彦煌、高天麟等调查了东下冯附近的西阴村、崔家河、埝掌、小王村等遗址；同高天麟、郑文兰调查了襄汾的大柴、陶寺、中梁遗址；同张岱海、黄石林、王晓田（中国历史博物馆）、解希恭（临汾行署文化局）调查了翼城西石桥、西王村、感军，翼城与曲沃间的天马 – 曲村、北赵、方城、古巨遗址（原所说的古巨遗址，位于方城东北、南石村北，是方城 – 南石遗址东部偏北的一部分，调查时已涉足古巨村南、南石村北一片，因临近天黑未到南石村南面，也未提出南石遗址的命名。南石遗址是 1979 年北大邹衡先生调查时首次提出的，经 1982 年山西工作队复查，确认同方城、古巨同属一个大遗址，更名为方城 – 南石遗址）。除小王村东下冯类型遗址属新发现外，其余大多属于复查性质，但通过这次工作，对有关遗址的内涵和规模有了更清楚的了解。对调查资料进行初步整理后，1978 年年初，张彦煌和我向夏鼐所长做了汇报。当时在场听取汇报的还有苏秉琦和安志敏先生。山西工作队提出同临汾行署文化局合作发掘襄汾陶寺遗址的方案，获得夏所长批准，当即决定拨经费 3 万元，在征得山西省文物主管部门同意后，于 4 月初开工。当我汇报中提到方城和天马 – 曲村两处遗址时，引起夏鼐先生重视，他曾要求山西工作队在当年发掘陶寺的同时，同地方文物部门合作开展对上述两处遗址的勘探、试掘。在这件事上，使我又一次深深体会到这位大学问家学识之渊博、目光之敏锐。1979 年后，我的母校北京大学和山西省考古研究所合作，开展对天马－曲村遗址的持续性发掘，取得举世瞩目的成绩。方城的发掘则是 1984 年至 1986 年间由山西工作队（张彦煌、张岱海、赵慧民）同临汾行署文化局联合进行的。

陶寺遗址的发掘，是获得国内外公认的重要学术成果，也是我个人田野工作最重要的一段经历。1978 年至 1985 年上半年前后 15 次发掘，我实际参加了 9 次。当年工地负责人是高天麟，我和张岱海参与主持，许多事情都是一起商量决定的。1980 年以后，我侧重于墓地的发掘。其后，又主持发掘资料的整理研究和报告编写工作。

在陶寺发掘期间，为了解这类遗存的分布与来龙去脉，它同邻境诸龙山文化遗存的关系，尤其是它同二里头文化东下冯类型之间是否存在传承关系，我们曾在 1978 年、1980 年、1982 年和 1983 年先后在陶寺遗址周围的襄汾、临汾境内以及垣曲、霍县、浮山境内做调查。在陶寺附近新发现襄汾邓曲、汾城南关和临汾上樊等遗址。汾城南关遗址面积 40 余万平方米，是汾河西岸一处以陶寺中期遗存为主的大型遗址，相当重要。也就是在汾城南关遗址调查临近结束时，我突感全身极度乏力、胸闷、憋气、心慌，心脏出了毛病，从此成为痼疾。1979 年和 1980 年徐殿魁曾到垣曲调查，依他提供的线索，我同张岱海 1982 年在亳清河、沇西河两岸等地调查，共发现遗址 20 余处（简报见《考古》1985 年第 10 期），直接成果是开始对丰村和龙王崖进行发掘。这两处遗址的资料不仅使我们看到龙山时代（公元前 3000—2000 年）垣曲地区的文化特点，在丰村所获庙底沟第二期文化晚期遗存（与后来在垣曲关东的发现一致），还使我们能借以建立起晋南庙底沟第二期文化的分期序列（参见《史前研究》1984 年第 2 期），找到了仰韶文化西王村类型经由庙底沟二期文化同陶寺文化之间的传承谱系（见《试论陶寺遗址和陶寺类型龙山文化》，《华夏文明》第 1 集）。通过上述工作，使我们对陶寺文化的分布与纵向来源都有了比较确切的认识，只是关于陶寺文化的去向，迄未找到答案。

三、您与队友在中国考古学会第四次年会上提出陶寺类型可能是夏文化，请谈谈这一看法的形成过程。

首先，需从方法论谈起。田野工作是考古学的基础。"探索夏文化"是一个考古学课题，最终要寄希望于田野考古有重大突破。至于具体的研究方法，主要有两条：其一曰"从已知求未知"，从已知求未知本是科学研究之通则，具体到我们面临的这个课题，就是从安阳殷墟的晚商文化，经二里冈期商文化再往前推；其二曰"时间、空间和相关考古学文化相互对证的方法"，是指将与文献记载中夏王朝的年代和活动地域大致相符的考古学遗存列为研究对象。因为在同夏文化有关的重要遗址中，很难发现（或确切地说，迄今尚未发现）像殷墟甲骨卜辞或商周铜器铭文一类记载着当年史实的确证材料，在这样的条件下，从年代、地望、社会形态、文化特征诸方面将文献记载同已发现的考古遗存相互对证、检验，遂成为探索并确定夏文化的可行途径。按照以上两种方法，至 20 世纪 70 年代，探索夏文化的研究对象已局限在豫西、晋南的龙山文化和二里头文化，各派观点没超出这一范围。就探索晋西南"夏墟"来说，研究对象同样如此。在地域上需兼顾临汾盆地（汾河下游及其支流浍河、滏河流域）和运城盆地（涑水流域）两个小的地理单元。1973 年复查时提出的几个首选遗址，以及其后在发掘东下冯的同时，又在陶寺开展工作，都是源于这样的初衷。

从 1977 年冬登封会议到 1983 年 5 月在郑州召开以"探索夏文化"

为主题的中国考古学会第四次年会，隔了 5 年半。其间东下冯的发掘于
1979 年冬结束，1980 年转入整理，山西工作队田野工作重点转移到陶寺。
1980 年上半年在《考古》杂志上相继发表陶寺、东下冯（中区和东区）
以及晋南二里头遗址调查的 3 篇简报，标志着我们对于晋南范围内龙山
文化的两个类型（陶寺类型和三里桥类型）及二里头文化东下冯类型已
经能够做出比较清楚的分辨。在此基础上，1980 年夏天，山西工作队同
人又集中于解州关帝庙，对以前调查到的 300 多处遗址的陶片逐筐进行
翻查、鉴定（由我做了详细记录），从而对相关各类古遗存的面貌、分
布形成更清晰、完整的概念（参见《晋南考古调查报告》，《考古学集刊》
第 6 辑）。

　　与此同时，我们对晋西南可能的夏文化遗存渐渐形成一种倾向性看
法。对东下冯类型为夏文化说渐渐失去信心，有以下几方面的原因：

　　其一，从陶器群反映出的文化面貌看，鼎、深腹罐、大口尊、小口尊、
深腹盆、卵形瓮等器类同该遗址二里冈商文化有明显的连续性，作为对
这种连续性的一种解释，认为二者似应属同一文化系统（《夏县东下冯》
报告仍持这种观点）。

　　其二，20 世纪 70 年代至 80 年代初，大家都比较相信二里头遗址第
三期是汤都"西亳"，郑州商城是中丁所迁之隞。而从陶器看，一般又
认为东下冯遗址的开头要略晚于二里头文化第一期。由之遂得出东下冯
类型的主体是商文化，只其开头部分可能是夏文化的认识。

　　其三，从古史年代学来说，张彦煌、黄石林先生对夏年都估计得较早、
较长，同郑光的看法接近，即估算为公元前 23（或公元前 24）世纪至公
元前 18 世纪。以上三位都有相当深厚的文献功底，郑、张二位尤其在年
代学方面下过一番苦功，我很相信其说。依上述年代学说法，则东下冯
遗存的开头赶上夏代晚期；按当时掌握的碳十四数据，陶寺遗址的年代

概算为公元前 2500 年至公元前 1900 年（其后校正为公元前 2600 年至公元前 2000 年），则陶寺中、晚期已进入夏纪年范围。

其四，从遗址的规模来看，东下冯遗址总面积 25 万平方米，若除去以庙底沟第二期文化和龙山文化堆积为主的西区（计 7 万平方米上下），则该遗址东下冯类型的范围不足 20 万平方米，并且没有发现相当夏代的重要遗迹，显然并不具备都邑规格。通观晋南的二里头文化遗址总共不过 30 余处，除东下冯、感军外，其余大都在 10 万平方米以下（在同一遗址中又往往有仰韶、龙山或两周遗存），属一般聚落。按遗址的数目、规模和繁荣程度来说，似乎同夏墟、大夏的地位不相称。

照我们当时的看法，同夏墟、大夏地位相称的遗存，恰恰是中原龙山文化陶寺类型（20 世纪 90 年代命名为陶寺文化）。

在临汾盆地发现陶寺类型遗址 80 余处，是当地二里头文化东下冯类型遗址数的二倍半，其密集区则同"河汾以东""汾浍之间"的夏墟中心区相重合，陶寺遗址面积 300 多万平方米（后实测为 430 万平方米），其规模在中原地区史前遗址中实属罕见，它同著名的天马－曲村晋国遗址仅一山之隔，直线距离不过 20 千米，在曲村附近还有翼城开化和地跨翼城、曲沃两县的方城－南石遗址，规模都在 100 多万平方米甚或 200 万平方米以上。陶寺的墓葬区发现五座具方国首领身份的显贵大型墓（早期），还有一批不同等级贵族的中型墓，出土王室重器鼍鼓、特磬，以及由各类玉、石器、彩绘陶器、彩绘漆木器构成的礼器群，显示出陶寺所达到的空前辉煌、灿烂的文化面貌，表明至迟在陶寺早期（公元前 2500 年前后一二百年）已经进入具备国家架构的文明社会。由之引申出一种推断：已经跨入夏代纪年范围的陶寺中、晚期的生产力水平和社会发展状况，应同夏代开国前后一致。

还有一点十分重要，即大型墓出土的蟠龙陶盘一度被看作族属标志，在此之前，著名学者如闻一多、郭沫若、孙作云等都曾将龙同夏族相联系。这样，就形成一种看法，如我们在提交第四次年会的《陶寺遗址的发掘与夏文化的探索》一文（同高天麟、张岱海合作，敝人执笔）所言："从陶寺遗址的年代，古史地望、生产力水平和社会形态、遗址规模及蟠龙陶盘所提供的族属信息诸方面，综合起来考虑，我们认为：在探索夏文化的课题中，陶寺遗址和陶寺类型文化应列为重要研究对象之一。"

我们在这里只是说：应把陶寺列为探索夏文化的研究对象。在那前后发表的其他论文中，也至多提到陶寺"很可能是夏人遗存"。而且，还曾提到陶寺也有可能是同龙有关的其他部族，如尧舜时期的龙和豢龙氏以及稍后的御龙氏等，提到"也不排除这里是与夏人居处邻近的另一部落"（《关于陶寺墓地的几个问题》，《考古》1983 年第 6 期）等。当时即有学者注意到我们的提法颇有分寸，尚有余地，并没有把话说死。那时，我个人已意识到，陶寺的收获，至多是探索晋西南夏墟过程中跨出的一步，离真正解决夏文化问题的目标尚远，还有许多历史谜团有待我们去破译，例如陶寺文化的去向、它同二里头文化东下冯类型的关系等，都是我们必须弄明白而又一时弄不明白的问题。

我们在第四次年会提出的论文，还在于向学术界发出呼吁，引起学者对晋西南夏墟的重视。

四、1997 年 11 月在偃师的"夏商周断代工程"之"夏代、商前期考古年代学研讨会"上，您谈到在偃师商城发现后，对夏文化的看法有了很大的转变，能否详细谈谈？

夏文化研究课题中提出的任何一种假说，包括对夏商文化分界持任何一种观点，都不可能孤立地就事论事，尽管在一篇论文中，往往只能论证某一两个问题，但实际上不可避免地要瞻前顾后、左顾右盼，乃至对建构夏商文化体系有一个整体考虑，对文献记载中夏人活动主要区域内龙山文化、二里头文化乃至二里冈商文化，包括一些重要的都城遗址，做出系统解说。我们在1983年提出陶寺遗址和陶寺类型可能是夏人遗存（包括早于夏代的先夏遗存），主张把陶寺列为探索夏文化的重要研究对象，也面临着同样的挑战。

首先是我们向自己提出了一系列问题。诸如：（一）在陶寺类型本身的分期序列基本建立后，还需回答它的来源和去向问题。（二）陶寺类型同被视为二里头文化源头的中原龙山文化王湾类型之间是什么关系？（三）陶寺类型同晋南当地二里头文化东下冯类型之间有无源流关系？对于上述问题，有的通过我们的工作得到了解答，但往往又随之引出了一系列更深层次的问题。若以陶寺中、晚期为夏文化遗存，但从年代上说它又不能涵盖整个夏代，即便把夏年下限定在公元前18世纪，仍有100—200年要延续到二里头文化时期。但我们逐渐认识到陶寺类型同二里头文化东下冯类型之间并不存在直接的传承关系，同豫西的二里头文化类型更谈不上有这层关系，那么，夏文化是否可能包括前后不相连贯、不同系统的两支考古学文化呢？

我们当年提出"陶寺说"一个重要的思想基础，从史学观点来说，便是信从"二里头西亳说"和刘歆以来的传统古史年代学，认二里头第三期宫殿（或第三期殿址下面的第二期宫殿）为商初成汤遗迹，二里头文化第一、二期或仅一期为夏代晚期，夏文化主体当在龙山文化。1983年偃师商城发现后，当即证明该城年代同郑州商城大致平行，是一座商代前期的都城遗址，从地理方位来看，更符合汉晋以来史家所称的"西亳"，考古研究所内诸多师友转而主张"偃师商城西亳说"，对原来"二里头西亳说"及由该说为基点构建的夏商文化体系形成致命冲击。我个人的观点不可避免地要经受这一新的重大考古发现所带来的震荡，经历从困惑到思考的过程。

1984 年春季，山西队同人到偃师商城参观，看到黄石林发掘的探方（即宫城北部灰沟的一部分）堆积中有大量二里头晚期陶片，曾经产生过一种推测，即这座商城或始建于二里头第三期，其上限同二里头宫殿（宗庙）平行。同时，相距不远的两座大遗址可能功用不同，一边是宫殿施政区，一边是宗庙祭祀区。有对二里头陶片十分熟悉的朋友还曾撰文提出类似看法（《考古》1986 年第 3 期，愚勤文）。若此说成立，我们原来所持夏商文化体系还说得通。但从后来报道的材料看，很难证明偃师商城能早到同二里头第三期宫殿平行，似乎此路不通。

1985 年，张长寿先生从偃师考察归来，他得出"商城同二里头的陶器是两套东西"的认识，并提醒我注意这一情况。调到商城队工作的友人徐殿魁和刘忠伏也屡屡向我介绍上述观点，他们曾以陶鬲在两个遗址出现的频率和数量为例，强调其文化特征的不同。由于我没有在二里头和商城工作过，不掌握第一手资料不敢轻易发表意见。但已清楚地意识到：二里头和偃师商城两处都址文化性质的论定，将成为厘清夏商分界、建构夏商文化科学体系的基点。在对一些关键问题没搞清楚之前，关于晋西南夏文化问题我不再发表意见，从此将近 10 年，没再写过有关夏文化的文章（《华夏文明》第一集，1987 年版，载于该文集的论文实际写作于 1983 年），而将主要精力放在整理、研究陶寺出土材料并转向中国文明起源的研究。需补充说明的是：对于探索夏文化，我虽沉默将近 10 年，但并未停止有关的思考。一方面，对原持"陶寺说"从不同角度反复提出诘难，再由自己试图做出合理解答，结果是信念逐渐发生动摇；另一方面，继续关注有关学术动态。也许一段长时间有意"置身事外"，头脑能更清醒一些，有利于摆脱某些成见，有利于仔细考虑各家的道理，取其所长，这对于我以后形成夏商分界新观点是十分重要的。

1994 年至 1995 年，因筹备 1995 年偃师中国商文化国际学术讨论会，有机会多次到二里头和商城工地仔细观摩陶器标本，终于对两处文化遗存应属不同文化系统有了明确的看法，并形成"二里头遗址的主体为夏文化"的认识。

从 1983 年郑州召开第四次年会到 1995 年偃师商文化讨论会之间 12 年，论战各方都在继续阐述自己的理由，焦点集中在夏商文化分界应卡在二里头的哪一期以及"郑亳说"与"西亳说"的论争中。如何走出这种胶着状态，取得突破呢？这也是我一直在思考的问题。如前文所述，实际上在 20 世纪 80 年代中、后期，我已逐渐意识到偃师商城同二里头遗址文化性质的论定，将成为解决夏商分界、进而建构夏商文化科学体系的基点。但由于对二里头和商城两遗址文化面貌同与异的程度拿不准，又为"郑亳"与"西亳"的矛盾所困扰，理不出一个清楚的思路。1995 年偃师讨论会期间，赵芝荃先生提出一批商城初期的陶器标本，薄胎细绳纹陶鬲同郑州 C1H9 同类标本相似，同邯郸涧沟等地所出土先商文化陶器已相当接近，他的观点给我留下深刻印象。许顺湛先生提出"郑亳""西亳"商代早期两京说，也使我从中受到启示：原来历史是复杂的，郑州和偃师两城并非互相排斥，相反，应看到它们相辅相成的关系。进而悟到偃师商城出现于夏王朝京畿腹地，应是夏商之际重大历史事变直接的具体反映。同年 7 月，当《中国考古学》编委会在京郊怀柔开会，要求拿出对夏、商文化的系统看法时，经同杨锡璋先生讨论，我们便明确提出"偃师商城之始建为夏、商王朝交替界标说"，并以此为基点谋求解决早商文化同夏文化、早商文化同先商文化的分界。经过半年时间的等待、讨论和辩论，经过有关人士的审慎思考，至 1996 年春，"偃师商城界标说"得到编写组诸位同人的接受和支持，遂成为《中国考古学·夏商卷》的重要理论支点。

应该说明的是，后来系统翻阅各家著述时，发现田昌五、李伯谦先生在20世纪80年代中期已分别指出偃师商城对"解决夏商断限"的价值，或说偃师商城提供了"区分夏商文化新的界标"。我们晚出的"界标说"同上述提法可谓不谋而合。只是当年或因限于材料，他们二位对这个问题并未做专题论证，因此没有引起学术界应有的反响。1996年7月，在北大赛克勒考古与艺术博物馆参加"夏商周断代工程"夏代考古年代学课题论证时，我提出"偃师商城之始建为夏、商王朝交替界标"之说，并论证以此为基点来解决夏、商文化界定具有形成实施方案的可行性，得到与会几位著名考古学家的赞同。其后，我们同"夏商周断代工程"首席科学家李伯谦教授在不同场合多角度对此说做系统阐述，因其立论具有说服力，遂得到许多学者重视，并逐渐形成趋同认识。

在对夏、商分界重新思考后，对陶寺文化又怎样看呢？鉴于陶寺文化的中心区同后来的晋国始封地大致重合，根据《左传·昭公元年》《左传·定公四年》记载，这一地域应即史传"大夏""夏墟"的中心区，又是"唐墟"所在。若仅从地域考虑，陶寺遗存族属最大的两种可能，一是陶唐氏，一是夏后氏。若从考古学文化系统来看，既已判断二里头文化主体为夏文化，而陶寺文化同二里头文化的两个类型又都不衔接，则将其族属推断为陶唐氏更为合理。谓其为陶唐氏遗存，与陶寺早期的碳素年代也较为契合。1994年，我在丁村文化与晋文化考古学术研讨会上发表《晋西南与中国古代文明的形成》一文已持此观点，唯认为：陶寺晚期遗存同夏文化的关系，仍值得进一步思考。

五、最近几年，作为《中国考古学·夏商卷》的主编之一，您组

织了一系列的学术活动，其中与夏文化探索相关的有哪些？都有哪些收获？

1996 年至 1998 年间，《中国考古学·夏商卷》编写组先后组织过十多次不同规模、不同形式的学术研讨活动，中心内容是在"偃师商城界标说"的理论前提下，结合偃师商城考古勘探、发掘的进展，着重解决偃师商城的布局与年代，尤其是城址的始建年代问题。还有，与之相关的，诸如郑州商城的年代，小双桥遗址的年代与性质、先商文化的认定、辉卫型文化性质之分析、中商文化研究、商文化的地方类型等问题，都是通过参观考古发掘现场、观摩实物标本，边看边议，在充分交换观点的基础上，使认识达到深化和统一。

在这些活动中，同夏文化相关的内容，主要有两项：

其一是关于二里头陶器分期问题。众所周知，自 20 世纪 60 年代发表第一个《河南偃师二里头遗址发掘简报》以来，关于二里头遗址分期的认识已有很大发展和变化；对于从考古地层学和类型学角度掌握分期标准，阐释陶器群演变规律，学者间亦见仁见智。我们通过多次到二里头标本室观摩实物，请有关学者讲解讨论，编写组同人逐渐形成一种占主导地位的看法。

其二，主要是解决夏、商文化界定问题。如大家所熟知，夏、商文化界定之所以成为一个疑点甚多的难题，作为考古学文化现象来说，主要是二里头文化同二里冈商文化之间既有区别，又有联系，并不是那样泾渭分明。举其要者，如二里头文化第三、四期和二里冈文化中有一批前后相承的器物，如鬲、斝、大口尊；二里头文化第四期晚段中包含有薄胎细绳纹鬲、平底深腹夹砂罐、束颈盆等典型源自先商文化的因素；在偃师商城建城伊始的堆积中，既有典型的商文化系统遗物，又有圜底深腹罐、侈口圆腹罐、捏口罐、卷沿深腹盆、缸、瓮、器盖、擂钵等大量二里头文化因素与之共存，以致常使人迷惑不解，看法歧异，众说纷纭。对此做出正确、合理、符合历史实际的解释，乃是解决二里头都址废弃时间、偃师商城始建年代以及两遗址文化性质——实质上关系到夏、商文化界定——的关键。为深入剖析二里头与偃师商城文化面貌的联系与区别，我们徘徊于两遗址的标本室，一遍又一遍，反复看，反复讨论。1997 年 11 月，承河南省文物考古研究所诸位先生和本所郑光先生盛意，将郑州商城和二里头遗址相关典型单位的陶器标本运到偃师商城标本室，使大家能共同对三个遗址出土实物进行面对面的比较研究，对于澄清一些认识上的歧异，获益良多。通过一系列研讨，使我们最终判明：以宫城北部灰沟底层堆积为代表的偃师商城第一期遗存，包含有大量二里头文化因素，应是历史的真实面目，它反映出商王朝建立之初，原偏于一隅的商人势力急剧膨胀，在继承先商文化传统的同时，又大量吸收夏族先进文化成果所产生的文化重组现象。并进一步判明偃师商城第一期遗存的时代，大致同郑州二里冈 C1H9 一类遗存为代表的二里冈下层文化第一期相当；又同二里头遗址五区打破 1 号宫殿基址的 H53 以及三区 H23 等单位为代表的二里头第四期晚段遗存相当。上述遗存所标志的年代，应是二里头夏都被毁与偃师商城始建年代的下限。因从商人攻占夏都，扫灭夏王朝，到在亳阪一带择地营建新都，再到宫殿区北侧大沟中出现成层的废弃物堆积，其间有一段过程，要经历一段时间，故不难理解：偃师商城第一期遗存所标识的年代，只是二里头被毁与偃师商城始建年代的下限。就是说，至迟在二里头第四期晚段，已经完成了夏、商王朝的更替。而夏、商王朝交替考古学年代坐标的建立，使以偃师商城第一期为代表的最早的商文化得以认定；同时，关于二里头文化的性质也有了明确看法：二里头第一至四期是同一文化系统，一脉相承，唯其第四期已经进入商代早期，应视为融合了商文化因素的夏遗民的遗存。这样，就为认定二里头文化的主体是夏文化及其年代框架，并为探索早期夏文化打下了基础。上述研究成果集中体现在编写组几位同人合作，见于由敝人执笔的《偃师商城与夏商文化分界》一文中（《考古》1998 年第 10 期；摘要刊登于《光明日报》1998 年 7 月 24 日第 7 版）。

　　我注意到：最近有学者提出偃师商城小城的始建为划分夏、商文化的界标。我认为，小城作为偃师商城的早期遗存，或者说是扩建大城前的偃师商城，以其始建作为夏、商的界标，同我们提出的"偃师商城之始建为夏、商王朝交替界标说"是一致的。但正如我们在上举论文中所指出，偃师商城的发掘资料表明"大城（甚至包括小城）城墙的修筑年代，并不代表该城的始建年代。只有最初的宫殿和宫城，才是该城始建年代的真正标志性建筑物"。按照这种观点，可断定灰沟底层堆积所代表的第一期早段，是偃师商城出现于洛阳平原接近实际的年代。发掘者也已指出，小城的修建和初始使用不晚于第一期晚段，可能在早、晚段之间，并认为"商人在偃师建都未必始自小城，而极可能是从宫城入手的"（《考古》1999 年第 2 期）。

六、"二里头文化东下冯类型"提出以后，在学术界影响很大，据说当时是您首倡，并经全队讨论通过的，能否谈谈当时的情况？

　　考古研究所山西工作队同人对晋南地区的二里头文化遗存有一段认识过程。如果说从 1959 年永济东马铺头试掘结果并未分辨出同豫西二里头文化的不同，那么，1962 年对感军遗址的调查和试掘，从出土的卵腹空三足瓮、磨光黑陶敛口三足瓮、灰褐陶占较大比例，以及盆、罐多圜底内凹的作风，均使人一眼看出它的若干特点，自然引发研究者的兴趣，于是产生了拟议中的 1964 年感军发掘。就我个人亲历的情况来说，

1964 年夏秋间，队内筹备感军发掘期间曾非正式讨论过，主要是拿感军材料同河南境内已发表的二里头文化材料进行比较。1973 年秋在晋南复查后，我随张彦煌先生到洛阳工作站重点看"文革"前二里头和东干沟的陶器，又到安阳站看梅园庄第一期的陶片，目的仍然是对晋南的相关遗存做出判断。我还记得，20 世纪 70 年代中期曾将东马铺头和感军试掘标本运到北京，摆在考古研究所四合院西屋山西工作队办公室器物架上，随时观摩，并向夏鼐先生、苏秉琦先生、石兴邦先生和佟柱臣先生等几位前辈请教过。

1974 年秋开始的东下冯遗址发掘，为我们认识晋南的二里头文化面貌、掌握其特征提供了丰富的资料。我虽未参加东下冯遗址头三年的发掘，但在所内多次参加关于东下冯遗存的讨论，直到 1977 年 10 月在东下冯工地，还曾参加山西队几位同人的讨论。这些讨论的中心议题，是企求对晋南地区以东下冯为代表的这类二里头文化遗存有更全面、深入的认识，并力图对其文化特征做出科学概括。

在山西队内部，"东下冯类型"的概念大约形成于 1975 年或 1976 年，至 1977 年 11 月登封会议上，徐殿魁所作"夏县东下冯遗址工作情况汇报"和张彦煌的发言中正式使用"二里头文化东下冯类型"来概括东下冯遗址的新发现。当初是否由我首倡使用这一术语，已记不太清。重要的是"东下冯类型"的提出符合实际，一方面，很快在山西队内部取得共识，并得到考古研究所高层学者的认可。如《山西夏县东下冯遗址东区、中区发掘简报》（《考古》1980 年第 2 期）、《夏县东下冯》（文物出版社，1988 年版）正式报告，以及《晋南二里头文化遗址的调查与试掘》（《考古》1980 年第 3 期），都将有关资料概括为"东下冯类型"并对其特征做出必要讨论，认为同豫西地区的二里头文化比较，晋南这类遗存的面貌大同小异，应是同一文化系统下的两个不同的地域类型。另一方面，关于"东下冯类型"的提法，也很快得到学术界的广泛认同。如邹衡先生随即指出："二里头文化……可以暂分为两种类型：黄河以南地区可称为二里头类型，黄河以北地区可称为东下冯类型。这两个类型的共性是主要的，区别是次要的。"（《关于探索夏文化的途径》，《中原文物》1978年第1期）与1980年发表的《夏商周考古论文集》说法相同。

　　《晋南二里头文化遗址的调查和试掘》一文是在张彦煌《晋南调查报告》1964年稿的基础上，经张岱海整理，其后由我执笔定稿的。文末所署"高彦"即张彦煌同我合用的笔名。在整理这篇简报时，我们注意到东马铺头能否归入"东下冯类型"的问题，因该遗址并未发现卵形瓮，鬲也罕见。但鉴于在黄河折曲处的涑水下游同类遗址很少，东马铺头试掘面积也只50平方米，出土材料能否有足够代表性尚值得怀疑，我在1980年夏曾去该处复查，希望再做些发掘，以便对其面貌有进一步了解，但可惜遗址已全部压在村庄下。只能根据既有材料的分析，认为"从器物群整体观察，与东下冯十分近似"。从"陶质、陶色、纹饰和器形的特点看，则更近于东下冯早、中期"（《考古》1980年第3期）。有学者认为东马铺头属二里头类型，是一个可以继续探讨的问题。

七、关于何为夏文化，苏秉琦先生似乎一直没有公开发表自己的观点，作为他的学生，您能否谈谈他对夏文化探索的看法？

　　的确，苏先生生前很少就探索夏文化问题发表观点。据我所知，20世纪60年代初，他在洛阳工作站看过二里头和东干沟的标本，1979年春、夏之交曾在陶寺和东下冯工地各考察一周以上，1985年冬又一次到过陶寺遗址。在先生晚年的多篇著作中都涉及陶寺，有时也提到二里头、东下冯，但都是从考古学文化角度，从中原同其他区系文化交会、碰撞角度，从古文化、古城、古国角度，从中国文明起源和中华国家形成的角度进行讨论，唯很少直接指明孰为夏文化、孰非夏文化，甚至在1983年中国考古学会第四次年会闭幕式上所做学术总结性质的讲话中，着重谈的是方法论，而避免对会上和会前提出的各种观点做出评判。

在苏先生的著作中，对何为夏文化的唯一表述，见于1991年发表的《重建中国古史的远古时代》一文中，这篇文章是先生当年连续发表的三篇重建古史的著名论文之一，最初刊于《史学史研究》1991年第3期，后来作为序言收入白寿彝担任主编、苏先生任分卷主编的《中国通史》第二卷（上海人民出版社，1994年版）。该文中说："从有关夏纪年的各种说法与碳十四年代的比照来看，从夏人活动区域的考订与考古学文化分布范围的比照来看，从夏的文物典章制度与考古学文化内涵的比照来看，从夷夏关系、夏商关系与考古学文化关系的比照来看，二里头文化更像是夏文化。"

我虽没有专门就此请教过，但从关于考古学文化和中国古代文明的一些论述中，已感觉到先生上述观点倾向。例如《中国文明起源新探》一书，在谈到"4000年前在辽西地区崛起的夏家店下层文化"时，曾说"仿铜器的陶爵、陶鬶、成组玉器，反映社会等级、礼制的完全形成、青铜文化的高度发达和与中原夏文化的直接来往"，反映有一个"凌驾于若干早期国家之上称霸一方的'方国'，是曾盛极一时、能与夏王朝为伍的大国"（香港商务印书馆，1997年版）。这段话也间接表露出该书作者心目中的"夏王朝""夏文化"的角色是由谁来承担的。但该书中又说："夏文化是什么样子，还有待进一步探索。"可见苏先生至多是倾向于认为"二里头文化更像是夏文化"而已。

苏先生曾发表过关于二里头文化渊源的看法。1970 年他在河南息县东岳公社干校"业余考古"时，发现当地有相当二里头遗址早期的堆积，据此推测说："看来，探索'二里头文化'的渊源问题，最有希望的途径应该是沿着淮河主要支流，例如：汝河（包括南北两支）走向去找。"（《七十年代初信阳地区考古勘察回忆录》，《中原文物》，1981 年第 4 期）或正是对二里头文化渊源的这种看法，导致后来在《中国文明起源新探》一书中进一步说："夏则有源于东南方的线索。"这里并未明说"东南方"是否指长江下游，但作者在同书中曾特别强调淮河流域（苏鲁豫皖）对连接中原与长江中、下游"不可低估的重要性"。

这里，还必须提到苏先生的一个重要观点，即认为夏、商、周不同源。从 20 世纪 30 年代参加宝鸡斗鸡台发掘，抗战时在昆明随徐旭生研究古史传说起，先生便笃信中国文化之始源为多元说，至晚年更把这种观点建立在考古学区系类型理论的科学基础之上。在《中国文明起源新探》中曾谈到"夏、商两族……交错存在""夏、商、周三者在文化面貌上各具特征以及各有渊源和其发展序列""大约先周与西部有关，夏则有源于东南方的线索，商人则认东北为老家"。在其他论文中，先生曾强调"夏商周三代文化传统不同。夏未亡而商已成大国，商未亡而周已成大国"（《谈"晋文化考古"》，载《文物与考古论集》，文物出版社，1987 年版）。"夏朝文明并不是一花独放的。大家知道，夏王朝时期，'执玉帛者万国'，先商、先周也各有国家，实际上是夏、商、周并立局面；更确切地说，是众多早期国家并立，齐、鲁、燕、晋以及若干小国，在西周分封前都各有早期国家。"（《关于重建中国史前史的思考》，《考古》1991 年第 12 期）同样的观点也贯穿在第四次年会的讲话中，强调考古学研究的是"具体的历史"，"河南虽然是夏和商两大国家角逐（"逐鹿中原"）的场所，但这里还应有'诸夏'，或什么其他群体"。"就我们现有的考古材料看……河南龙山文化……二里头文化……两者文化面貌实际上都很复杂"，仅依靠已知的考古学年代序列，简单地"对号入座"，按年代早晚区分哪些是夏、哪些是商或先商在理论上是软弱无力的，对学科发展也不利。（《苏秉琦考古学论述选集》，文物出版社，1984年版）会下，苏先生又把将考古编年序列同王朝体系简单对号入座的方法比喻为"串糖葫芦"，多次语重心长地告诫说："复原古史哪有串糖葫芦那么简单？！"

八、现在您对夏文化是如何认识的？

考古学上所讲的"夏文化"和"商文化"有特定含义。夏文化是指夏王朝时期在其统治地域内以夏族为主体创造的物质文化和精神文化遗存，核心内容是关于夏王朝（国家）的史迹。因此它限定在一定时间、地域和族属范围内，既不包括夏代各地其他族的文化，也不是指夏族从始至终的文化遗存。夏族在建立王朝前的遗存，可称为"先夏文化"；王朝灭亡后一段时间内夏族遗民的遗存尚无恰当命名，或可称为"夏遗民文化"。

按照我们对夏文化定义的理解和"偃师商城之始建为夏、商王朝交替界标说"，并根据现已证明的偃师商城始建于二里头第四期的事实，则二里头文化第一至三期为夏王朝后期的遗存，二里头遗址第四期（至迟其晚段）已经进入商代早期，它的特征是以继承二里头文化第一至三期的传统为主流，同时吸收、融合了一部分商文化（以及少量岳石文化）因素，属商代初年的夏遗民的遗存。对夏年保守估计，采《古本竹书纪年》471年说，则夏王朝前期应有150—200年尚处于龙山文化阶段，以伊洛嵩山地区而言，相当王湾第三期文化的晚期。当前对夏文化前期的认识，尚远不及对二里头文化认识之具体，关键是缺乏多数学者认可的夏前期都城遗址材料。

九、您对目前的夏文化探索工作作何评价？

用考古学方法探索夏文化，目的是以科学发掘的实物史料为基础，证明、确定夏王朝的历史存在，复原夏代社会面貌。对此，几乎所有中国学者（包括中国血统的外籍学者）目标是一致的。据我所知，有些外国学者，对我们探索夏文化持怀疑态度，或是讥讽我们仅仅是出于民族感情，先主观设定一个夏代框架，再寻找材料去填充它，等等。1990年洛杉矶夏文化讨论会，曾为此发生激烈争论。1993年在日本大阪以"中国王朝的诞生"为题的学术讨论和公开演讲会上，我曾同日本朋友进行过辩论。在这里，我不必重复中国历史上曾经有过一个夏王朝以及我们提出夏文化探索这一科学课题的基本依据。我只是联想到近年一些外国学者常常抱怨中国考古学家为什么把考古学定位为广义历史学的一部分，而不像美洲那样归入人类学的范畴呢？或批评中国考古学的"历史编年倾向"等。这类问题的提出，当然包括观念和方法的不同，但我认为一个很主要的原因是一些国外学者对中国历史和文化缺乏更深的了解。事实上，正如郭沫若曾说过的："中国的史料，中国的文字，中国人的传统生活，只有中国人自身才能更贴切的接近。"（《中国古代社会研究·自序》）在探索的路上坚持不懈地做下去，总有一天，也许是经过几代人的努力，我们找到的"夏墟"会像安阳殷墟或至少像偃师商城、郑州商城那样令世人折服。

若从1959年徐旭生踏查"夏墟"算起，有目的、有计划地从田野考古方面进行夏文化探索，已整整40个年头；以1977年登封会议为标志，基于田野工作成果对这一课题的广泛讨论，已持续 20 余载。在这个课题带动下所做的大量田野工作，取得的一系列考古新发现和相关研究成果是有目共睹的。可以说，无论在实践上、认识上都大为前进了。国家重大攻关项目"夏商周断代工程"启动以来，以偃师商城的出现作为划分夏商文化界标，已成为大多数学者的共识。夏文化同早商文化的界定，又是进一步朝前追寻夏文化的基点。由之，学者们关于夏文化的观点比以往更趋接近。从整体上说，研究水平比 10 年、20 年前有大幅提高。

应该说，"夏商周断代工程"对夏文化研究起到重要推动作用。但到工程结项时，仅仅是能对夏代提出一个基本年代框架，对二里头文化主体是夏文化为大多数学者所认同，至于夏代前期的文化面貌仍若明若暗，这并非仅仅靠地层、分期和碳十四年代能一概解决，还需对登封以王城岗为中心的告成八方、禹州瓦店等大遗址及其附近的遗址群从聚落形态角度进行全面勘探和有重点的大面积揭露。

在《左传》《国语》等先秦文献和《史记》中，晋西南被明确指为"夏墟""大夏"。西周初年距离夏代并不遥远，封唐叔时规定"启以夏政"的方针，确系因地制宜，并非捕风捉影。"探索夏文化"本身就是从文献史料中提出的课题，因而轻易否定先秦基本文献的不止一条记载，认为晋西南本无夏文化，臆断为夏桀败亡途中经过此地，留下的夏遗民为怀旧才将"夏墟""大夏"的名称移植于此的说法，未免不够慎重。"夏商周断代工程"夏代课题中未把晋西南包括进去，不能不说是个遗憾。给晋西南"夏墟"以应有的重视，并在已有调查、发掘基础上，对考古学文化呈现出的一些矛盾给予科学的澄清，设法走出困境，争取突破，是今后应着重注意的问题。

在探索夏文化的过程中，除了年代问题成为拦路虎，还遭遇到一系列理论问题，如考古学文化同古代族属的对应关系就是一个相当复杂的问题，涉及考古学和古代民族学，存在一系列不确定的因素，有些是目前学科理论尚无法解答的，如夏族是单源还是多源，夏族仅有一支，还是存在"诸夏"——并表现为分布地域不同，相互间具有一定差异的不同考古学文化或不同的文化类型？对这类问题尚缺乏在个案研究基础上，作为理论性课题，做出系统的、有深度的专门研究。目前还未见到一种符合中国历史实际、清晰并得到广泛认同的理论解说。理论研究的薄弱，已给夏文化探索带来明显的负面影响，希望有志之士在这方面做出努力。

主要著述

1.《晋南二里头文化遗址的调查与试掘》，《考古》1980年第3期（合作）。

2.《1978—1980年山西襄汾陶寺墓地发掘简报》，《考古》1983年第1期（合作，主撰）。

3.《关于陶寺墓地的几个问题》，《考古》1983年第6期（合作，主撰）。

4.《龙山文化陶寺类型的年代与分期》，《史前研究》1984年第3期（合作）。

5.《探索晋西南"夏墟"的重大考古发现》，《人民画报》1985年第3期。

6.《陶寺遗址的发掘与夏文化的探索》，《中国考古学会第四次年会（1983）论文集》，文物出版社，1985年版（合作，主撰）。

7.《试论陶寺遗址和陶寺类型龙山文化》，《华夏文明》第一辑，北京大学出版社，1987年版。

8.《晋南考古调查报告》，《考古学集刊》第6辑，中国社会科学出版社，1989年版（合作，主撰之一）。

9.《〈中国商文化国际学术讨论会〉述要》，《考古》1995年第9期（合作，主撰）。

10.《殷商与龙山时代墓地制度之比较》,《中国商文化国际学术讨论会论文集》,中国大百科全书出版社,1998 年版(合作)。

11.《偃师商城与夏商文化分界》,《考古》1998 年第 10 期(合作,主撰)。

12.《关于夏商分界研究的补白》,《中国文物报》1999 年 7 月 7 日。

李先登

李先登

李先登，1938年出生，北京人。曾任中国历史博物馆研究员，文物鉴定委员会委员。兼任北京科技大学研究员、北京大学分校（北京联合大学）客座教授、中央民族大学客座教授、国家文物局泰安培训中心教授。1961年毕业于北京大学历史学系考古专业。1961年至1975年在天津艺术博物馆做古代青铜器陈列保管工作，1976年至1977年在《天津师范大学学报》编辑部任《历史与考古》栏目责任编辑，1978年后在中国历史博物馆做考古研究工作，同时在北京大学分校、中央美术学院、中央民族大学、国家文物局泰安培训中心等讲授「中国古代青铜器」「考古学基础」等课程。1978年至1983年参加河南登封王城岗遗址考古发掘与编写考古发掘报告工作。1984年至1985年赴河南新乡、安阳、濮阳、商丘以及山东菏泽、安徽亳州等地区调查夏商文化遗址。1985年至1987年主持河南济源苗店龙山文化遗址发掘与编写发掘简报。

一、您是何时开始接触夏文化问题的？

这要从我学考古谈起。1955 年我从北京四中高中毕业，当时报考大学时，填写的志愿是清华大学建筑系，因为自幼生活在北京，对中国古代建筑很喜欢。但是，当我的父亲李万成先生知道以后，他力主我报考北京大学历史学系考古专业，而这又是父亲的好友容庚先生的建议。最后我同意容先生的建议，重新填写了志愿，并以华北考区第一名的优秀成绩考上了北京大学历史学系考古专业。

家父一生主要从事中国工艺美术史研究，深知考古学的重要，并和考古学界、历史学界许多专家如容庚、唐兰、于省吾、郭宝钧、张伯驹、嵇文甫等先生为挚友。我的名字李先登即为嵇文甫先生所起。家父为了培养我，在我上中学时，每次来北京，总要带我去故宫等处参观，亲自给我讲解，并令我经常拜谒各位前辈及写信请教，接受教诲。1974 年容庚夫妇最后一次来北京，就是唐兰先生、家父带我到北京站迎接的，随后唐兰先生在森隆饭店设宴招待，出席的还有于省吾先生、罗福颐先生等，当时的情况我至今记忆犹新。家父和各位前辈的指引和教诲对我一生从人品到治学都有着极为深刻的影响。因此，在北京大学高年级时，我就确定了我的专业化方向是夏商周考古学，并侧重于中国古代青铜器。

1961 年我从北京大学毕业以后，被分配到天津艺术博物馆，从事青铜器的保管与陈列工作。1976 年被调到《天津师范大学学报》编辑部，任《历史与考古》栏目的责任编辑。由于工作的关系，我能经常获得一些新的考古信息和工作动态。当年我在约请中国科学院考古研究所研究员王世民先生写作《"文化大革命"以来我国考古工作的新收获》时，了解到1974年以来正在河南偃师二里头、河南登封王城岗、山西夏县东下冯进行的夏文化探索工作的情况，令我十分向往。这也就是我最初接触夏文化的开始。

二、请您介绍一下开始参加登封王城岗遗址发掘的工作情况。

我从1977年起开始办理调往中国历史博物馆的手续，但直至1978年年初才办好，这使我错过了参加1977年11月河南登封告成遗址发掘现场会的机会。不过，1978年开春河南省博物馆文物工作队和中国历史博物馆考古组又继续在登封王城岗遗址发掘。3月初，我被派往河南登封，参加王城岗遗址的考古发掘工作，这是我正式参加王城岗遗址发掘工作的开始，也是我正式参加夏文化探索考古发掘工作的开始。这次发掘至当年7月结束，主要是继续探明王城岗遗址城墙的总体情况，并开始在城址内开方发掘。

1978年，中国历史博物馆决定创办《中国历史博物馆馆刊》（以下简称《馆刊》），我参加了《馆刊》的具体筹办工作。1979年9月第1期终于面世。1979年10月，中国历史博物馆召开第一次学术讨论会，我又承担了具体的组织工作。同时我也向会议提交了《关于探索夏文化的若干问题》的论文，这是我写作的第一篇关于夏文化探索的论文。

三、请您介绍一下发现河南龙山文化晚期青铜容器残片的经过及其重要意义。

登封王城岗遗址的发掘工作至1979年已将城墙的情况基本探明，表明王城岗城址是由东、西相连的两座小城组成。东城大部分已被五渡河水冲毁，仅剩西南城角及西墙的一部分。西城呈方形，以东城的西墙为东墙，西墙长约92米，南墙长约82.4米，东端有一个宽约10米的缺口，可能是城门之所在。

下一步是弄清城内的文化遗存情况，这对判明这座城址的性质乃至整个夏文化探索工作都是至关重要的。为此，王城岗遗址考古发掘工地负责人安金槐先生于1980年夏天来到北京，在我的陪同下，向中国社会科学院考古研究所夏鼐所长汇报工作并征求意见。夏鼐先生对前一阶段工作予以肯定，并对今后工作寄予很大期望。夏所长同意在今后王城岗遗址的发掘工作中，对属于夏代的遗迹（河南龙山文化晚期至二里头文化第三期以前）在发掘中保留二分之一到三分之一，供今后继续发掘和检验，这在考古工作中是一个创举。

经过充分的准备，1980年秋天，对王城岗遗址又一次大规模的发掘工作开始了。除河南省博物馆文物工作队和中国历史博物馆考古部的工作人员以外，郑州大学历史系考古专业的老师率领两个班的学生加入，登封、安阳、淅川的文物干部也都前来参加发掘，加上当地的发掘民工共有一二百人之多。上工时队伍浩浩荡荡，整个告成镇为之震动，工地上热气腾腾，令人欢欣鼓舞！

当时我同安金槐先生住在告成镇北元代观星台西院登封考古工作站院内北面第一排平房西头第一间宿舍里。安金槐先生告诉我，王城岗城址内经过长期自然与人为的破坏，大部分地区遗存较贫乏，仅西城内中部偏西南一小块地方因地势较高，遗存较丰富，决定让我带几个熟练工人去发掘。安金槐先生再三嘱咐我，要细作，不要赶时间。

1980年10月11日，我在西城内西南部地势较高的地方开了探方T196。此探方为正方向，面积5米×5米。当清理完第二文化层之后，在探方北部露出了王城岗第四期（河南龙山文化晚期中较晚一期）的灰坑 H617 的椭圆形坑口，口径 2.14 米。根据安金槐先生的意见，先发掘北半部，到 11 月 2 日已将北半部清理到底，距地表 2.8 米。出土了石铲、石斧、石刀、纺轮、骨笄等；陶器有侈口折沿方格纹鼎、罐、甑、澄滤器、碗、钵、豆、圈足盘、盆、斝及小口高领瓮等。陶色以黑灰色为主，纹饰以篮纹、方格纹为主；在一件陶罐的底部还发现了烧制前刻划的陶文符号"ᛣ"。像这样丰富的龙山文化晚期灰坑在王城岗遗址是不多见的。

由于 H617 打破了王城岗第二期（河南龙山文化晚期中较早的一期）的灰坑 H353，而已发掘的 H617 的北半部尚不能完全弄清与 H353 的关系，因此，安金槐先生让我再将 H617 的南半部继续发掘一部分。

1980 年 11 月 4 日 14 时 25 分，发掘到距坑口约 40 厘米深的南半部中层填土时，用小三齿手耙向下一把，掀掉了一块填土，一片绿色的铜片显现在我的眼前。我先是一怔，随即高兴得跳了起来。我们已经在王城岗发掘几年了，大家多么希望能发现铜器啊！终于发现了，怎能不令人兴奋呢？但我马上冷静下来，意识到必须立即保护好现场。过去各地出土的早于二里头文化的铜器，因为种种原因，未能得到考古界确认，至今聚讼纷纭，致使这些资料不能很好地运用于研究。于是我一面将铜片保持在原位不动，一面派本探方民工立即请安金槐先生与郑州大学历史系考古专业贾洲杰先生、李友谋先生等前来参加现场鉴定。

安金槐先生、登封考古工作站站长李京华先生、老技工王明瑞先生等接到报告以后，几乎是一路小跑从观星台考古工作站赶到现场，亲自下到 H617 灰坑之中，观察地层情况，亲自用手铲刮，进行分析研究。这时铜片出土的消息已经传遍了整个工地，大家暂停发掘，围拢在 T196 探方四周，安金槐先生让大家充分发表意见，有什么问题都摆在现场研讨。当时的气氛十分热烈，你一言，我一语，提出了各种质疑，诸如是不是地层错了，是不是鼠洞等。大家经过两个多小时的现场观察、分析、讨论，最后一致确认，这件铜片确系河南龙山文化晚期灰坑 H617 所出，层位可靠，没有问题。

于是负责摄影的郭民卿先生等对放在原位未动的铜片拍了彩色及黑白照片，我测量了坐标：距 T196 探方西壁 1.89 米，距探方南壁 2.97 米，距地表深 1.92 米。然后小心地取出了铜片，铜片下面土上微凹的痕迹也很明显。当我把铜片送到安金槐先生手中时，他拿在手中反复端详，眼睛都有些湿润了。

晚上，我们在登封考古工作站对铜片进行了测量绘图。铜片残高 5 厘米，残宽 5.5 厘米，厚 0.11—0.15 厘米，重 35 克，表面有绿锈及褐色土锈。铜片略呈圆弧状，下部有转折，大约是铜鬶的腹底部残片。在安金槐先生的主持下，大家又一起对 H617 出土的陶片逐片进行了认真的审查，再次确认这个灰坑属于王城岗第四期，时代无误。经研究决定，为慎重起见，将铜片出土现场予以保留，H617 不再继续发掘。

这时已是深夜 12 点了，但安金槐先生毫无倦意，他提笔给国家文物局、中国社会科学院考古研究所和河南省的有关先生写信汇报这一重大发现。11 月 10 日夏鼐所长写来复信，信中写道："十一月四日来信已收到，知道你在告成工作又有新收获，甚喜。……我将赴武汉参加考古学年会，听说你也将前往参加，一切容面谈。"

11 月 15 日，中国考古学会第二次年会在武汉召开，夏鼐先生亲自安排安金槐先生在大会上发言，向与会代表报告王城岗遗址出土铜器残片这一重大发现，在会上引起轰动。会后，许多代表专程赴王城岗遗址参观。

铜片出土以后，我按照安金槐先生的意见，将 H617 出土铜片的现场用颍河的细沙小心地覆盖了一尺多厚，然后将 T196 全部回填。1983 年 5 月，中国考古学会第四次年会在郑州召开，为迎接全体代表来王城岗遗址参观，我们又将 H617 重新挖开。5 月 12 日，当代表们参观 H617 现场时，在出土铜片的位置上原来微凹的痕迹仍然清晰可辨。

这件铜器残片经送请北京科技大学中国冶金史研究所做扫描电子显微镜及金相分析，系含锡约 7% 并含有一定量铅的青铜铸造产品。H617 出土的木炭经送交中国社会科学院考古研究所实验室做碳十四年代测定，距今 3555±150 年。树轮校正为距今 3850±165 年，属于文献记载的夏代初期。

王城岗遗址出土的青铜器残片虽然不大，但牵动了整个学术界。这是因为它是目前中原地区出土时代最早的青铜薄壁容器残片，它与用单范或双范铸造的小铜刀、小铜饰之类不同，它是用多合范法铸造的，无论在制范和浇铸上都需要较为复杂、成熟的技术。它的出现说明我国青铜冶铸技术已经发展到了成熟阶段，此时已不再是金石并用时代，而确已进入青铜时代。它不但关系着中国古代青铜器的起源，而且关系着中国古代文明起源与形成，关系着夏文化的探索和研究。王城岗青铜鬶残片的出土说明河南龙山文化晚期确已进入青铜时代，这就为我们论证河南龙山文化晚期为夏文化初期提供了重要的证据，为夏代初期已经进入青铜时代提供了重要的物证。它的出土也为我们判断王城岗遗址的性质有可能是"禹都阳城"提供了有力的证据。

从 1981 年起，王城岗遗址的考古工作从发掘工作转入室内整理工作，并开始编写考古发掘报告。我被分配整理王城岗第三期的遗迹与遗物，并执笔编写这一部分的发掘报告。

四、请您介绍一下你们对河南济源苗店遗址的考古发掘工作情况。

1983 年，登封王城岗遗址考古发掘与报告编写工作基本结束，为了继续进行探索夏文化的考古工作，根据古代文献记载的夏人、商人等的活动地域，1984 年 10 月下旬我应山东省文物考古研究所所长张学海先生的邀请，首先到新发现的寿光县（今寿光市）边线王龙山文化城址考察。我认为其夯土基槽的夯筑情况和登封王城岗类似，应予确定；此后又经山东省及北京各位专家考察，得到确认。然后，11 月上旬我即途经兖州西吴寺国家文物局第一期考古发掘领队培训班工地，转赴菏泽地区进行考古调查。在菏泽地区文展馆郅田夫、张启龙的大力支持下，实地考察了安邱堌堆及官堌堆等夏商时期的遗址。

11 月中旬我到达河南新乡，在新乡市文化局文管办张新斌陪同下调查了济源原城遗址、轵城遗址、苗店遗址，以及孟县（今孟州市）义井遗址、温县上苑村遗址、武陟商村遗址、辉县丰城遗址等，调查时由各县干部分别参加（如济源文管所卫平复、郝生贵，温县文管所王再建，武陟博物馆千平喜等）。

1985 年 5 月上旬，我专程赴河南商丘地区进行考古调查，在文化局文物科阎根齐、博物馆孙明等人的陪同下，调查了商丘坞墙遗址、柘城心闷寺遗址和山台寺遗址、永城造律台遗址、虞城营郭集（今营郭镇）遗址等。然后一起到安徽亳县（今亳州市），在亳县（今亳州市）博物馆李灿馆长陪同下，调查了付庄遗址及大寺遗址等。

5 月中旬我到达濮阳市，市文化局杨浩月局长、孙德萱副局长热情支持我的工作，将当时市文化局仅有的一辆小汽车派给我使用。由濮阳市博物馆赵连生馆长陪同，我调查了台前县玉皇岭遗址、范县顾城遗址、滑县冢后（韦城）遗址、唐姑寺遗址、白云观遗址及大刘营遗址等。

通过上述考古调查，我对豫东、鲁西南及皖东北地区的自然地貌以及夏商时期的遗址有了亲身感受，收获很大，为我的学术研究打下了深厚的基础。

　　1985年6月，根据当时各个方面的具体情况，经与河南省文物局协商，经文化部国家文物局批准，选择了"帝宁居原"（《路史》后纪十三注引《纪年》）所在的河南济源苗店龙山文化遗址进行试掘。由中国历史博物馆考古部和新乡地区文管会、济源县（今济源产城融合示范区）文保所联合组成考古发掘队，由我任发掘队领队。1985年10月至11月进行了考古发掘。发掘面积100平方米，发现了河南龙山文化晚期的房址2座及奠基坑、灰坑等22个，出土了一批陶器、石器、玉器、骨器、蚌器等文物，除与王城岗遗址具有共性外，也具有一定的地方特点。

五、请您谈谈您对夏代文字的看法。

　　1981年我在整理王城岗遗址出土的龙山文化遗物时，在T195H473出土的一件属于河南龙山文化晚期的王城岗第三期的一件泥质磨光黑陶平底器的外底上，发现了一个烧制前刻划在陶胎上的"㣃"字，像两手有所执持，属于会意字，可能是"共"字，可能代表器物所有者的族氏。其构形与甲骨文和金文中的"共"字构形相近。例如《殷墟文字乙编》3443："贞共□戊媚。"又如西周师晨鼎："司马共、师晨入门立中廷。"与西安半坡等遗址出土的仰韶文化刻划符号、山东莒县陵阳河等遗址出土的大汶口文化刻划符号已有了质的区别，应当已是真正的文字了。而王城岗遗址第三期属于夏代初期。因此，我认为这是夏代已有了文字的重要证据。为此我先后在《文史知识》《天津师范大学学报》等刊物上进行了介绍和论证。我认为文字是记录语言的书写符号，是人类社会重要的交际工具，文字的发明使人类文化得以更好的积累和传播，对人类文化的发展有着巨大的促进作用。上述王城岗遗址发现的陶器上的刻划文字说明夏代确已有了文字，文字是中国古代社会发展进入文明时代的重要标志之一。而且夏代文字与其后的甲骨文、金文是一脉相承的，汉字是中国古代文明的重要的文明因素与根本特点。那种认为夏代文字发现少，尤其是一件器物上仅有一个字，从而否定夏代已有文字的看法是不对的。决定考古发现的陶文是不是文字，主要应看其形体结构，而不是看一件器物上发现一个字还是几个字。一个字也是字，这是文字的本质。并且，到目前为止，夏文化探索已作了相当多的考古工作，但一直没有发现像商代甲骨文那样的遗物。看来，夏人可能与商人不同，占卜之后不在甲骨上刻辞记事。因此，那种认为只有在夏文化中发现商代甲骨文那样的文字方能承认夏代有文字的看法，是不符合中国古代历史实际的。

还有，我认为文字是在夏代时，由知识分子将原始社会抽象的符号与概括式的图形符号去粗取精、归纳整理、改制创制、整齐划一，逐步得到大范围的社会公认而产生的。这是中国古代社会发展进入文明时代、有了脑力劳动与体力劳动的分化才产生的。因此，文字是进入文明社会的重要标志，文字是夏文化的重要的文化内涵之一。现在偃师二里头遗址也已发现了刻划在陶器上的文字，这也是夏代已有了文字的重要实证。

六、您参加过哪些探索夏文化的会议？在各次会议上都有哪些收获？

1983 年 5 月在郑州召开了中国考古学会第四次年会，会议的主题是"夏文化的探索与商文化的研究"。我作为会议的代表参加了这次会议，并在会上宣读了论文《登封告成王城岗遗址的初步分析》。在会议期间代表们专程赴登封王城岗遗址参观，我们还重新挖开 T196H617 青铜鬶残片出土现场，请全体代表参观审查。当时我在现场向大家作了介绍，在现场没有一位代表提出异议。此次会议澄清了过去个别人对此问题的非议，王城岗遗址出土的河南龙山文化晚期青铜鬶残片及陶器上刻划的"共"字等开始得到学术界的普遍承认。通过这次会议，探索夏文化这个中国考古学研究的重大课题得到了普遍的重视。

1985 年 3 月在北京大学举行了中国考古学会第五次年会，会议讨论的重点是中国古代城市问题，也涉及了登封王城岗城址及夏文化问题。我作为代表参加了这次会议，并在会上宣读了论文《偃师尸乡沟商城与登封王城岗》。针对 1983 年新发现的偃师尸乡沟城址，我赞同"西亳说"，其始建年代早于二里冈下层也是可信的。我认为尸乡沟商城的发现对研究夏商文化之间的关系具有重要意义。我发言时，夏鼐老师和张政烺老师等均在场，至今回忆起来，都是对我的莫大激励。

1990 年 5 月，由美籍华人李汝宽先生赞助、美国加州大学洛杉矶分校"环太平洋研究中心"和"东方语言文化学系"主办的"夏文化国际研讨会"在美国洛杉矶举行，来自中国、美国、英国、加拿大、日本、苏联、澳大利亚的 30 余名学者参加。会前李汝宽先生几次来北京时都当面邀请我参加，并给我发来正式邀请函。但是最后由于不能克服之原因，我未能出席。1998 年年底，李汝宽先生又给我来信，继续和我探讨夏代文字等问题。洛杉矶会议是首次举行的世界性的夏文化与夏史学术讨论会，对于夏文化和夏史研究走向世界无疑起了重大推动作用。

此后，由于王城岗遗址发掘工作的结束，二里头遗址发掘报告尚未发表，没有更多的新资料发表，使探索夏文化的讨论趋于沉寂，文章发表也较少。又由于学界重点转入中国五千年文明的研究，因此，在这几年我主要转入中国古代文明起源与形成研究。我的思想是，探索夏文化是研究中国古代文明起源与形成问题的基础与关键，必须把二者紧密结合起来。在研究中国古代文明起源与形成问题时，忽视夏文化，贬低中原地区是不可能得出正确的结论的。

1994 年，由中国先秦史学会和洛阳市第二文物工作队在洛阳召开了
"全国夏文化学术研讨会"，国内考古学界和历史学界从事夏文化和夏
代历史研究的学者 80 余人参加。此次会议不仅规模空前，而且更重要的
是历史学家也参加了，这是探索夏文化研究工作的一个飞跃，这是深入
乃至解决探索夏文化任务的正确途径。过去探索夏文化首先是由考古学
界提出来的一个考古学的研究课题，而从洛阳会议开始，这一课题已成
为考古学界与历史学界的一个共同的研究课题，由考古学家和历史学家
联合协力共同进行研究。这是目前学术研究向多学科协作研究发展的一
个具体反映，必将对今后在更高的层面上、更快的速度上探索夏文化起
到深远的影响。本来考古学就是历史学的一个组成部分，探索夏文化课
题的最终解决，必须有赖于历史学界的积极参与。我出席了这次会议，
并宣读论文《再论关于探索夏文化的若干问题》，根据新发表的关于夏
文化的考古资料，对我赞同的河南龙山文化晚期和二里头文化第一、二
期为夏文化的观点作了新的深入的论证。

**七、请谈谈您对夏文化的系统看法，如对王城岗、二里头、偃师
商城等的认识。**

通过自己 20 年来参加探索夏文化的考古发掘和研究工作，我对夏文
化形成了自己的认识，下面作一简述，供学界同人参考。

第一，夏代为信史，这不仅为可靠的中国古代文献记载及多年来历
史学界的研究一再证实，而且也被 20 世纪 50 年代以来几十年探索夏文
化的考古工作所证实，即我们已在古代文献记载的夏代夏人活动的地域
内发现了这个时期的遗存，其文化性质和社会性质与文献记载相符合。
夏代不是传说时代，更不是神话。

第二，探索夏文化是研究中国古代文明起源与形成的基础与关键。夏代是中国历史上建立的第一个王朝，是中国古代社会进入文明的开始，即代表了中国古代文明的形成。而夏代之前的五帝时代是中国古代文明的起源时期。显而易见，必须首先把中国古代文明形成时期的夏文化研究好，才能进一步向前推衍研究好五帝时代的文化，即必须把中国古代文明起源的研究与夏文化的研究紧密地结合起来，这样才能很好地解决中国古代文明起源这一重大科研课题。而轻视夏文化的研究，将使五帝时代的研究失去基础与出发点。

具体来讲，在五帝时代末期，居处于"天下之中"的夏人，由于自然环境条件优越，在自身奋斗的历程中吸收了周围地区优秀的文化成就，率先进入文明时代，建立了中国历史上第一个王朝——夏王朝，成为中国古代文明的核心。自夏代开始，中国古代文明始终有一个先进的核心，这也是中国古代文明从诞生发展到今天，从未中断，富有极强的凝聚力的一个重要原因。中国古代文明是世界上最早独立产生的原生文明之一，因此，对夏代历史文化的研究，不仅对中国古代文明的产生、中国传统文化的形成、中国古代国家起源与形成的研究具有重要意义，而且对全人类文明和国家起源的规律与理论的研究具有十分重要的意义。

第三，在探索夏文化的研究工作中尤其应注意的是，夏文化是已进入阶级社会、文明时代的文化，与原始社会的文化不仅有量的区别，更重要的是已有了质的区别，这是我们观察分析夏文化的一个根本出发点。从物质文化发展史来说，夏代已进入青铜时代。在夏代以前冶铜业已经产生，但那是铸造小刀、小锥之类的小件铜器。而夏代已开始铸造青铜容器，尤其是礼器，如王城岗遗址出土的青铜鬶，这反映青铜冶铸技术已初步发展成熟，已运用于包括外范、内范在内的多合范铸造，已开始有意识地冶铸青铜器，并且产生了具有中国古代文明特点的礼器。

还有，通过王城岗遗址的发掘，说明夏人生活用器的特点是以用鼎为主，从此鼎成为夏、商、周三代最主要的礼器，"禹铸九鼎"的记载并非没有一点历史根据。

正因为夏代已进入文明时代，因此夏文化的一个根本特点是已产生了文字，文字是中国古代社会进入文明的重要标志，这也是必须予以坚持和强调的。过去有人根据"惟殷先人有册有典"（《尚书·多士》）否定夏代有文字，这是对古代文献的曲解。这句完整的话是："惟殷先人有册有典，殷革夏命。"说的是殷人的典册记载了商灭夏，"惟"字是发语词，不能理解为今天的"惟有"。《太平御览》卷六百一十八引《吕氏春秋·先识览》载："桀将亡，太史令终古执其图书而奔于商。"说明夏代已有文献记载，而王城岗遗址出土的陶文"共"字等更是实物证据。

第四，究竟哪些考古学文化是夏文化？这是探索夏文化这一课题的基础性题目，近 20 年来探索夏文化的研究也是集中讨论这个问题。我的看法大致是：首先，夏人至少从仰韶文化中、晚期时起已较稳定地居住在洛阳、登封到郑州这一带地区。从考古学上看，仰韶文化王湾类型可能就是夏人的文化遗存。王湾类型的炊具主要是陶鼎，尤以罐形鼎为主，这个特点一直被继承下来。这个时期早于夏代的建立，因此可以称为早夏文化。此后，通过亲自在登封王城岗遗址的发掘，我坚信河南龙山文化晚期豫西类型（或称煤山类型、王湾类型）为夏代初期夏人的文化，登封王城岗城址可能是鲧禹时期所筑，一直沿用至夏代。从 1996 年启动的"夏商周断代工程"来看，河南龙山文化晚期为夏文化初期业已得到学术界许多学者的赞同。夏代初期以后的夏文化则以偃师二里头遗址为代表的二里头文化成为学界集中探索的对象。夏文化从河南龙山文化晚期发展成为二里头文化，这可能是夏王朝建立以后，与周围各族的关系发生了质的飞跃，夏人能够更好地吸收周围文化的优秀因素，尤其是东夷的优秀因素（这也可能和羿、浞代夏有关），从而使夏文化从河南龙山文化发展成为二里头文化。

关于夏文化的下限，根据目前"夏商周断代工程"的报道情况来看，现以偃师尸乡沟商城的内城及宫城内最早的宫殿建筑的始建年代为夏商文化的考古学界标。从近年来中国社会科学院考古研究所在偃师商城的发掘来看，内城、宫城及最早的宫殿修建于偃师商城第一期，约当二里头文化第四期。因此认为夏商文化的分界在二里头文化第三、四期之间，即夏文化的下限为二里头文化第三期，而二里头文化第四期为商灭夏以后夏人的文化遗存，可称之为后夏文化。对于"夏商周断代工程"这一收获我表示尊重，对于各位学者的研究我表示敬意。我过去赞同夏商文化分界在二里头文化第二、三期之间，自然应当认真学习"夏商周断代工程"的收获。但是，我认为虽然二里头遗址的发掘工作已持续了40年之久，但仅仅是发掘了遗址的一部分；根据目前的发掘结果尚难对二里头遗址做出最后的全面的结论。譬如二里头遗址究竟有多少大型建筑基址，它们的始建年代与废弃年代又是怎样？目前尚不清楚。又据《史记·殷本纪》记载："汤既胜夏，欲迁其社，不可，作《夏社》。"说明汤灭夏后，夏都恐未立即遭到毁灭。因此，将二里头1号宫殿之废弃解释为商灭夏的结果，也是没有充足根据的。又如《史记·殷本纪》记载："汤归至于泰卷陶，仲虺作诰。既绌夏命，还亳，作《汤诰》。"这就是说汤灭夏以后，先回到商人旧都故亳。因此，我认为汤迁都西亳，可能是此后再由故亳迁至西亳的。因此，虽然偃师商城乃商人所建，为商文化，但是否汤灭夏以后立即建立了偃师商城，还是可以继续研究的。总之，考古学上文化的更替与王朝的兴亡是不同步的，这也是现在学术界许多学者的共识。那种把某一个考古学文化简单地等同于某一个王朝的兴亡是不符合中国古代社会历史发展实际的。

第五，关于夏商文化的异同问题。既然中国古代文献记载分别称为夏人与商人，我们认为他们的文化应当有所区别，但只是大同小异。因为根据文献记载夏人与商人均主要活动于黄河中下游地区，根据考古发现早在龙山文化时期黄河中下游地区的文化面貌已经趋同，即同属于龙山文化，各小区之间的差别仅是类型上的差别而已。再从考古发现来看，夏人与商人的显著区别之一是炊食器的不同，夏人主要用鼎，所以"禹铸九鼎"，而商人主要用鬲。商灭夏以后，一方面，夏文化经过一段时间逐渐融合于商文化之中；另一方面，"殷因于夏礼"（《论语·为政》）。殷人的礼器中依然用鼎，尤其是在高级贵族墓葬之中，这也是应当予以足够注意的。

八、请谈谈您对今后夏文化探索有何展望。

我相信今后夏文化探索工作将进一步深入地进行下去，取得新的成果。对于今后的夏文化探索工作，我有几点建议。

从考古学来说，第一，应加强考古学专业理论与方法的研究，这是深入进行探索夏文化研究的关键。没有正确的理论指导，没有正确的研究方法，材料愈多，则愈混沌。我认为在今天各色现代西方考古学理论与方法涌入的情况下，更应坚持用历史唯物主义理论做指导，更应强调实事求是。

第二，田野考古工作是探索夏文化的基础，而都城遗址最具有代表性。因此，在全面规划的基础上，应继续加强对偃师二里头遗址进行系统而又全面的发掘工作。过去已发掘的资料应尽快整理，发表正式的考古发掘报告，供广大学术界研究利用。登封王城岗遗址亦应继续进行发掘，扩大范围，不要局限于王城岗城址本身。其他的夏代都城遗址，如"帝宁居原"的济源原城遗址等亦应进行发掘。

第三，扩大夏文化考古工作的地域。目前豫西晋南地区夏文化研究已取得一定成绩，即已为其他地区提供了一个可资比较的标尺。因此，今后应当开展文献记载的其他夏代夏人及夏之与国所在地域的考古发掘与研究工作。诸如《世本》所载"夏后居阳城，本在大梁之南"的开封地区，韦、顾、昆吾所在的濮阳地区，英、六所在的安徽六安地区等。至于在河北邢台、河南商丘等地的先商文化研究已取得重要成果，今后仍应继续深入进行下去。这样可以从比较考古学的角度进行更加深入的研究。

从历史学来说，首先希望加强对历史文献的研究，如《古本竹书纪年》《今本竹书纪年》等，正确解释其中有关夏史的资料，以便更好地运用于探索夏文化的研究工作中去。在这里必须强调的是，文献史料是探索夏文化的依据和出发点，是分析考古学资料的主要根据，必须予以足够的重视。

今后必须开展多层次、多视角的历史学与考古学的综合研究，才能攻克夏文化这一课题，只有把夏文化探索与中国古代文明起源的研究紧密结合起来，即把夏文化探索置于中国古代文明起源与形成研究的总体之中进行观察分析，才能得出正确的结论。此外，今后还应尽量采用各种现代科技手段，进行更广泛的多学科协作。"夏商周断代工程"已提供了一个很好的范例。

主要著述

1.《关于探索夏文化的若干问题》,《中国历史博物馆馆刊》总第 2 期（1980 年）。

2.《探索夏文化的回顾与展望》,《天津师范大学学报》1981 年第 6 期。

3.《豫西地区与夏文化》,《河洛春秋》1983 年第 1 期。

4.《探索夏文化的新收获》,《北京日报》1983 年 8 月 19 日。

5.《王城岗遗址出土的铜器残片及其他》,《文物》1984 年第 11 期。

6.《试论中国古代青铜器的起源》,《史学月刊》1984 年第 1 期。

7.《登封告成王城岗遗址的初步分析》,《中国考古学会第四次年会论文集》,文物出版社,1985 年版。

8.《偃师尸乡沟商城与登封王城岗》,《史学月刊》1985 年第 3 期。

9.《夏代夏族地域初论》,《夏史论丛》,齐鲁书社,1985 年版。

10.《试论中国文字之起源》,《天津师范大学学报》1985 年第 4 期;《新华文摘》1986 年第 1 期转载。

11.《夏代有文字吗》,《文史知识》1985 年第 7 期。

12.《登封王城岗遗址铜器残片出土记》,《文物天地》1986 年第 4 期。

13.《探索夏文化讨论综述》,《文物天地》1986 年第 4 期。

14.《仰韶文化与夏文化》,《论仰韶文化》,《中原文物》1986 年特刊。

15.《试论中国城市之起源》,《天津师范大学学报》1986 年第 5 期。

16.《探索夏文化工作概况》,《江汉考古》1986 年第 3 期。

17.《对夏文化若干问题的看法》,《华夏文明》第 1 集,北京大学出版社,1987 年版。

18.《关于中国古代文明起源的若干问题》,《天津师范大学学报》1988 年第 2 期;《新华文摘》1988 年第 8 期转载。

19.《试论中国古代青铜器的特点》,《天津师范大学学报》1989 年第 6 期。

20.《河洛文化与中国古代文明》,《河洛文化论丛》,河南大学出版社,1990 年版。

21.《禹铸九鼎辨析》，《中国历史博物馆馆刊》总第 18—19 期（1992 年）。

22.《试论中国古代文明起源与地理环境之关系》，《河洛文明论文集》，中州古籍出版社，1993 年版。

23.《再论关于探索夏文化的若干问题》，《夏文化研究论集》，中华书局，1996 年版。

陳旭

陈旭

陈旭，1938年出生，北京人。1963年毕业于北京大学历史学系考古专业，同年分配到河南省文化局文物工作队（今河南省文物考古研究所）工作。1974年调入郑州大学工作，曾任郑州大学文博学院副院长、考古学系教授。

一、您是何时开始研究夏文化的？参加过哪些与夏文化有关的田野工作？

　　我研究夏文化起步较晚，是从 1977 年登封夏文化研讨会后才开始的，但参加夏商考古工作的时间较早，是从 20 世纪 60 年代初开始的。70 年代以后，因为我从事教学工作，搞田野考古的实践主要是带学生实习。

　　我 1963 年从北京大学历史学系考古专业毕业后，即分配到河南省文化局文物工作队（今河南省文物考古研究所）工作。在文物工作队工作期间，领导分配我参加郑州商城的钻探发掘，这是我从事夏商考古工作的开始。当时，我除参加郑州商城的发掘工作外，还整理发掘资料。后来又对郑州洛达庙遗址的发掘资料做了全面整理，写出了发掘报告的初稿。继之，又重新整理了二里冈遗址的部分资料。这些工作，使我既接触了田野考古工作的实际，也熟悉了郑州商代遗址的发掘资料，积累了一定的知识，为后来从事夏商文化的研究奠定了基础。这里必须提到的是，我从事夏商考古工作有幸得到了两位老师的教导：一位是我在北京大学读书时教我们商周课并指导我实习的邹衡先生；一位是我参加工作后在发掘郑州商城和整理洛达庙遗址时，指导我工作的安金槐先生。这两位老师对考古事业的敬业精神和学者风范令我敬佩，他们的教导使我受益匪浅。我对他们怀有深深的感谢之情！

　　1974 年，我被调入郑州大学任教。因工作变动，从事田野考古工作的机会相对减少，但我担任的课程是夏商周考古，专业方向并没有因工作的变动而改变，相反，却使我有机会收集夏商考古与文献资料，阅读研究成果和理论著作，积累更多的知识，从而为自己在夏商文化的研究打下了基础。

20 世纪 90 年代以后，我因带学生进行田野考古实习，又参加了与夏文化有关的田野考古实践。主要参加了两处遗址的发掘：一是郑州小双桥商代遗址，二是长垣宜邱遗址，并参与了对这两处遗址发掘资料的整理和报告撰写工作。其中宜邱遗址是新乡东部地区第一次做正式发掘的遗址，文化内涵包括有龙山文化、先商文化以及早商和晚商文化。我参加这个遗址的发掘之后，对豫北地区的夏商时期文化有了基本的认识。

此外，我还参观了各地所发现的夏商时期的遗址和文化遗存。多次参观安阳殷墟、偃师二里头、偃师商城遗址和文化遗存，还到过山西东下冯、河北邢台、湖北盘龙城、江西吴城、江西新干大墓、四川广汉三星堆等遗址。这些遗址的参观，不仅使我对各地的夏商文化及夏商时期其他的文化加深了感性认识，而且开拓了自己的视野。

我参加不同时期的考古实践，有不同的意义。20 世纪 60 年代至 70 年代的田野实践，只是接触实际，积累知识，并未进入研究夏商文化的角色。70 年代末开始，则是带着问题参加发掘或进行研究，以求解决一些自己想解决的问题。

我有意识地对夏商文化进行研究，是从 1977 年开始的。当时，河南省文化局文物工作队为寻找夏都，在登封告成镇王城岗遗址进行发掘，发现一座龙山文化时期的"小城堡"，有关部门即于是年 11 月在登封举办发掘现场会，专门研讨夏文化问题。参加会议的单位有国家文物局，中国社会科学院考古研究所，中国历史博物馆和河南、山西、陕西、安徽、山东、湖北等省的文博单位，以及北京大学、武汉大学、中山大学、西北大学、辽宁大学、郑州大学、开封师院等高校，还有光明日报社、文物出版社等新闻出版单位。与会代表共 110 人，其中有国家文物局文物处处长陈滋德，中国社会科学院考古研究所所长夏鼐，中国历史博物馆保管部主任李石英，河南省文化局副局长杜希唐、文物处处长傅月华等领导和多位著名的专家学者。

夏鼐所长在开幕式上做了重要讲话。他总结了中华人民共和国成立以来在探索夏文化中所取得的成绩，他指出，夏文化问题是考古界要解决的关键性问题，解决这一问题具有重大意义，并强调探索夏文化一定要坚持科学性。会议接着便介绍了几处正在发掘的遗址取得的收获，主要由安金槐先生介绍登封王城岗遗址，赵芝荃先生介绍偃师二里头遗址，张彦煌先生介绍山西东下冯遗址的发掘收获，随后参观了王城岗遗址发掘现场。

会议期间，与会代表围绕几处遗址的介绍和参观王城岗遗址发掘现场，对探索夏文化问题展开了热烈的讨论。大家本着百家争鸣的方针，各抒己见，会议自始至终洋溢着浓郁的学术气氛。有 10 多位专家学者在大会上做了发言，他们是黄石林、佟柱臣、邹衡、孙作云、史树青、张彦煌、殷玮璋、安金槐和郑光等先生。

从讨论的结果来看，大家对夏文化的认识很不一致，分歧颇大。提出的观点有四五种之多，其中主要观点有两种：其一，认为河南龙山文化和二里头文化第一、二期是夏文化，二里头文化第三、四期是早商文化；其二，认为二里头文化第一至四期是夏文化。对这两种观点，代表们普遍赞同前一种，后一种几乎只是"一家之言"。

会后，夏鼐所长做了总结。他在总结中，对夏文化提出了一条定义，明确指出"夏文化是指夏王朝时期夏民族的文化"。这一定义，对正确理解夏文化是有指导意义的。

登封会议，是考古界为探索夏文化而举办的第一次盛会。它集合了队伍，开展夏文化探索。通过会议的讨论，大家明确了方向，树立了目标。当时大家虽然对夏文化的认识意见相左，但基本上把探索夏文化的目标都集中到河南龙山文化与二里头文化上。会议结束之后，考古界即掀起了探索夏文化的高潮。因此，登封会议是探索夏文化的新的里程碑。

会后，部分代表还进行了参观考察，主要赴与探索夏文化相关的洛阳、山西两地进行参观考察。

在洛阳，主要参观了煤山、小潘沟、矬李和二里头遗址的遗物，同时还到二里头遗址发掘工地参观。当时，二里头1号宫殿建筑基址正在发掘，已被完整地揭露出来，我们真有先睹为快的感觉。

在山西，则赴夏县、侯马、翼城、临汾、太原、大同等地参观。在夏县参观了东下冯遗址并到夏后氏陵、涂山氏台、禹王城觅古。在其他地方则参观了不同时期的文物古迹。最重要的是晋国故城、霍山广胜寺、天马－曲村遗址、太原博物馆（陈列有别具特色的殷商铜器）、天龙山石窟、云冈石窟及具有精美建筑风格的华严寺、善化寺和饱经岁月沧桑的应县木塔等。在参观考察过程中，虽然一路奔波，很是疲劳，但我开阔了眼界，增长了知识，收获很大。

登封会议，是我第一次参加的大型学术会议。通过参加会议的讨论，听了大会上各位先生的发言，参观考察了发掘现场，我收益颇多。特别是在会上听了邹衡先生的长篇发言，提出二里头文化第一至四期都是夏文化之说，我颇有感触，思想上产生了共鸣。这是因为我整理过郑州洛达庙遗址的发掘资料，对二里头文化有了一定的认识，觉得把二里头文化第一至四期定属夏文化是很有道理的。

众所周知，1956年发掘的洛达庙遗址是一处重要遗址。因该遗址内包含的文化遗存与二里冈遗址商文化有别，因此当时被命名为"洛达庙类型文化"。后来我发现洛达庙类型文化叠压在二里冈期文化层之下，因此得知这类文化的年代早于二里冈期商文化。1959 年，在偃师发现二里头遗址，经过较大规模发掘后发现其内涵丰富，文化特点与洛达庙类型相同，但更具有典型性和代表性，因此该类型文化被命名为"二里头文化"。

我在整理洛达庙遗址发掘资料的过程中，把该遗址的文化遗存分为早、中、晚三期。这三期文化，和二里头遗址分期一样，各期之间虽有一定的区别，但从早到晚一脉相承，应是一种考古学文化的整体。因此，我在登封会议上听到二里头文化第一至四期是夏文化之说，即有同感，觉得很有道理。如果把二里头文化加以分割，将第一、二期文化定属夏文化，第三、四期文化定属早商文化，则不符合二里头文化是属同一性质文化的实际。因此，在登封会议之后，我便对夏文化问题作了思考，1980 年撰写了题为《关于夏文化问题的一点认识》《二里头遗址是商都还是夏都》的文章，表达了我对二里头文化和二里头遗址性质的认识。

对夏文化问题，我主要认为河南龙山文化不是夏文化，河南龙山文化中虽然有文明的因素，但未进入文明时代。二里头文化则已进入文明时代。二里头文化有其自身的特点，与二里冈期文化是属于两种不同性质的文化。在二里头文化晚期中，虽然在陶器上带有某些商文化因素，但不是主体，它是受先商文化的影响而来的，因此我认为二里头文化应是夏文化。关于二里头遗址的性质，我根据对文献记载的分析，认为把二里头遗址定属汤都西亳是不可靠的，而根据文献上有关夏都的记载分析，结合二里头遗址的考古实际，认为二里头遗址可能是夏都斟鄩。这样，在夏文化的讨论中，我比较早地支持了二里头文化第一至四期是夏文化的观点。

二、众所周知，您是郑亳说最有力的支持者之一，能否谈谈当初是如何接受这一观点的？

郑州商城汤都亳说，是邹衡先生首先提出来并详细论定的。他在登封会议上透露了这一新观点的信息，立即引起我很大兴趣，因此，会后对他在《文物》1978年第2期发表的《郑州商城即汤都亳说》一文和1980年出版的《夏商周考古学论文集》十分关注，并反复拜读，再结合我对郑州商文化和郑州商城的研究，进行综合思考后，逐步认为"郑亳说"的论据是扎实的、充分的，论证的方法也是科学的。同时还认为，"郑亳说"是邹先生探索夏文化中的一个关键问题，他对这个问题的解决不仅是可靠的，而且对与其相关的其他问题的解决，也都能解释得通，最后得出二里头文化第一至四期是夏文化的结论，我是赞同的，因此接受了郑亳说。在1983年发表的《郑州商文化的发现与研究》一文中，我就表达了对郑亳说的赞同。

大家知道，在郑州商城汤都亳说提出之前，考古界对郑州商城的性质问题，普遍都认为它是中丁之隞都。1961年，安金槐先生在《文物》第4、5期合刊上发表《试论郑州商代城址——隞都》一文，正式论证它是商代中丁之隞都。当时，虽然有学者对隞都说的论据提出过质疑，但并未产生影响，隞都说在考古界仍获得大家的认同。

当时，郑州商城隞都说之所以获得大家的认同，有其一定的原因。主要是20世纪五六十年代在郑州的考古发掘中，发现了二里冈期商代遗址，同时还发现有年代晚于二里冈期的人民公园遗址和早于二里冈期的洛达庙遗址。因此安金槐先生在文化分期上，把洛达庙遗址定属早商，以二里冈遗址为代表的文化定属中商，人民公园遗址定属晚商。同时把商代历史亦划分为早、中、晚三期，与此相对应。又根据文献上有关隞都的记载，认为郑州商城与隞都的地望基本相合，因此提出郑州商城是中丁之隞都。1959 年又发现了二里头遗址，并认为该遗址是汤都西亳，则二里头文化（即洛达庙类型文化）自然是早商文化，这样，将年代晚于二里头文化的二里冈期文化定属中商文化就合乎情理了。二里头遗址既然是汤都西亳，郑州商城之定属隞都就是顺理成章的。这就是大家接受郑州商城隞都说的主要原因。

郑州商城汤都亳说一提出就引起了考古界的关注。这不仅直接否定了多年来已为大家接受的隞都观点，同时也涉及对二里头遗址汤都西亳说的否定。在这种情况下，问题复杂化了，有些学者就提出了反对的意见，对郑亳说所提出的论据一一作了剖析，认为其论据是不可靠的，并且力主二里头汤都西亳说和郑州商城隞都说。学术界由此展开了辩论，在讨论中我赞同郑亳说，这是因为我认为郑亳说不仅论据充分、扎实，而且其论证方法也是科学的。

从论据上看，郑亳说有郑地之亳的文献记载，又有出土的"亳""亳丘"东周陶文的相互佐证等四条论据，其中最过硬的是郑亳说符合郑州商城的考古实际，郑州商城的考古实际与亳都历史实际又相符合。

郑州商城使用年代长，是郑亳说的重要证据之一。关于郑州商城的年代问题，最初我通过对郑州商城城墙年代的研究，认为发掘者把其始建年代断定在二里冈下层并不合适，而应属南关外期才合理。以后随着宫殿基址、铸铜遗址、铜器窖藏坑的发掘材料陆续发表，我对这些重要的遗迹年代相继作了系列的研究，进一步证明我对城墙始建年代的断定是可以成立的。进而又论证了郑州商城作为王都的年代当从南关外期开始，经历了南关外期，二里冈下层和二里冈上层期，至白家庄期进入废弃期，说明郑州商城建筑年代早、延续时间长，这和亳都的历史年代长相合，而与隞都历史年代短相悖。通过自己的研究与邹先生对郑州商城年代的论断大体一致，我就更坚信了郑亳说。

从论证方法看，邹先生首先从考古学文化的年代与分期研究入手，建立了商文化的考古学编年体系，论定了早商最早期。然后，又作了汤都郑亳说的论证，二者相得益彰。而且在郑亳说论定之前，他首先作了"四亳考辨"，通过对文献的考证和考古材料的检验，对杜亳、南亳、北亳和西亳等其他汤都亳说予以否定，并论证了郑州商城非中丁隞都，最后才论证了汤都亳当是郑州商城，他采用的这种纵横交叉的研究方法，具有严谨的科学性，我很信服。

三、您曾发掘过郑州商城，并进行过相当深入的研究，请问您对郑州商城与夏文化探索的关系是怎样理解的?

我认为郑州商城与夏文化探索有十分密切的关系。主要是因为夏文化探索必须要在商文化的研究基础上进行，而郑州商城及其内含的商文化，在年代上接近夏代，且郑州商城遗址的文化遗存相当丰富，因此是探索夏文化必须研究的对象。

郑州二里冈商文化与郑州商城是商代考古继安阳殷墟发现之后的又一重大发现，它是早于殷墟的商文化。它的发现缩短了殷商文化与龙山文化之间的距离，它更接近夏代，这对探索夏文化而言，无疑具有重要意义。再者，郑州商城的文化内涵丰富，延续时间长，是对商前期文化进行年代分期的典型遗址，而且这里还存在着多种文化遗存，既有二里冈期商文化，又有早于二里冈期商文化的遗存，在进行文化类型的研究上，具有独特的条件，这对夏文化的探索亦是很理想的。

邹衡先生指出："未知的夏文化必须在已知的商文化基础上进行探索……"郑州二里冈期商文化和郑州商城，是年代最早的已知的商文化，对它深入研究，才能为探索夏文化奠定基础。邹先生探索夏文化，就是以郑州商文化和郑州商城的研究为基础的。他在探索夏文化中，有两个最关键的问题，都是在郑州商文化与郑州商城的研究中得到解决的。

其一，解决了夏、商年代的分界问题。夏、商年代分界是解决夏文化的首要课题。他通过对郑州商文化的分期，并结合郑州商城即汤都亳的论证，进一步论定郑州二里冈下层偏晚为早商最早期，南关外期为先商期。先商期的绝对年代，约相当成汤灭夏以前，即属夏代。早商最早期和先商期的确定，即解决了夏、商年代分界问题。郑州商城就成为探索夏文化的立足点和出发点，由此向前，才能去探索夏代里的夏文化。

其二，解决了先商文化问题。先商文化的探寻，是探索夏文化的必要的研究课题。邹先生认为"在夏代年代范围内，并不一定就是夏文化。……至少还应该考虑与夏文化平行发展的先商文化问题"，"不明确指出何者为先商文化，而要分辨出夏文化几乎是不可能办到的"。可见，首先探索先商文化，对探索夏文化具有重要作用。

邹先生在研究郑州商文化中，论定南关外期文化为先商文化的一个类型，称南关外型先商文化。其独特的意义在于，它把郑州二里冈早商文化与豫北、冀南所划分的辉卫型和漳河型先商文化串联成一个系列，由此找到了二里冈早商文化的直接来源，以及商族由北南渐的发展轨迹，这不仅对商代考古与商史研究具有重要意义，更重要的是被确定的先商文化，就成为辨别夏文化时进行横向比较研究的对象。如果不先找出先商文化，而把二里头文化与二里冈期商文化直接进行纵向比较，则二里头文化晚期中出现有商文化因素，就很容易被误认为二里头文化晚期是早于二里冈期的商文化，而忽略了它只是受先商文化的影响，并未改变自身的文化性质，这就难于认识整个二里头文化当属夏文化了。

上述情况说明，郑州商城与夏文化探索有十分密切的关系。

四、小双桥遗址是新发现的一处重要遗址，您是最早提出其为中丁所迁之隞都，能否谈谈这种说法提出的过程以及在学术界的反响？若小双桥为隞都可以成立，对夏文化有何影响？

小双桥遗址的确是商代的重要遗址。该遗址的重要性，是于 20 世纪 90 年代初才被认识到的。20 世纪 80 年代，小双桥遗址曾出土过一件大型青铜建筑饰件，但并未引起人们的关注。80 年代末，这里再次出土了大型青铜建筑饰件，这才引起有关部门的重视，开始进行调查试掘，结果发现了大型宫殿建筑基址，同时还出土有象牙器、石磬、原始瓷器等珍贵遗物，而且确定其文化年代属于二里冈上层期，由此表明它是商代的重要遗址。调查试掘的收获发表于 1990 年 11 月 26 日的《光明日报》。

当时，我正在病中。看了《光明日报》登载的消息后，顿时眼前一亮，内心禁不住涌起一阵惊喜，随即闪出这样的念头：它莫非是隞都！之所以闪出这样的念头，主要是我注意到小双桥遗址的位置正处于隞都的地望内，且有宫殿建筑基址的发现，并有大型青铜饰件和其他重要遗物出土，因此它具有都邑遗址的条件和性质，尤其是宫殿基址是都邑遗址的重要标志。

当晚，我兴奋得久久不能入睡。联想起在郑州商城工作站曾看到小双桥出土的大型青铜建筑饰件，其器形和龙虎相斗的花纹，是前所未见的。只饰一层花纹和饰有饕餮纹是商代二里冈期铜器的作风，应属商代前期铜器。同时我还想到曾与文物研究所杨育彬同志联系研究生实习事宜时，他说到小双桥遗址试掘，文化内涵比较单纯，不适合学生实习。他说的单纯，与报道的消息所断定的年代只有二里冈上层一个文化期是一致的。报道所谓二里冈上层的年代，我想可能是二里冈上层偏晚阶段，这正是郑州商城废弃的年代，两者前后衔接，而郑州商城是亳都，小双桥则有隞都的可能，两者的关系就与"中丁自亳迁隞"的关系相合。再者，小双桥文化延续时间短，亦与隞都的历史年代短相合。经过一番思考之后，我基本上就构思出三条理由说明小双桥可能是商代隞都：一是小双桥遗址的位置与隞都的地望相合；二是小双桥遗址有宫殿建筑基址等重要遗存发现，具备都邑遗址的条件和性质；三是小双桥的年代与郑州商城废弃年代前后衔接，郑州商城属汤都亳，小双桥为隞都，两者的关系与"中丁自亳迁隞"的关系相合，且其文化延续时间不长，与隞都的历史年代短亦相合。

思考之后，我就把自己的想法与李友谋商量，他听后认为有道理，并鼓励我写成文章，发表观点，使我信心大增。后来我又把这一想法，告诉我的研究生李素婷，她听后说："我怎么就没有想到呢！"言下之意，亦是赞同我的想法的。为了慎重起见，我又给邹衡先生写信请教，他很快就回信，他在信中对我的想法虽然未直接表态，但说到他当初考虑隞都的问题，亦对河南敖仓说非常重视，并曾多次到荥阳一带调查，可惜未得收获。建议我可写成文章，"备此一说"。有了他的建议，我心里就踏实多了。经过近一年的反复思考后，我写成《商代隞都探寻》一文，发表在《郑州大学学报》1991 年第 5 期，提出了小双桥遗址可能是隞都的观点。

文章发表后，在考古界即引起反响，有人表示赞同，亦有人提出异议。许顺湛先生是最早赞同和支持小双桥隞都观点的学者，使我得到鼓舞。说到许先生，我想讲一个小插曲，我当初能从事夏商考古工作，还与许先生的帮助有关呢。那是 30 多年前，我从北京大学毕业，学校分配我到河南省文化局文物工作队工作，我满怀一颗火热的心来郑州报到，当时住在紫荆山北第一招待所，那里住满了来自各高校的毕业生，等待分配。初来乍到，听着河南人的乡音，品尝着河南风味的"甜汤"，游览当时还很萧条的郑州市，尽管有抹不去的乡愁，但还有一定的新鲜轻松感。没料到，聚在这里的大学生很快都被分到自己的工作岗位，而我的工作迟迟未定。20 多天过去了，秋雨连绵，凉气袭人，行李还存放在车站，真有饥寒交迫之感，心里十分焦急。终于等到省文化局的通知，却是改派我到洛阳龙门保管所，理由是省文物队是搞田野发掘的单位，不适合女同志工作。为此我感到不平，急中生智，想起文物队有一位曾提出过仰韶文化父系说的许顺湛先生，当即给他写了信，陈述我虽是女同志，但我有志趣且不怕吃苦，既有意愿又能胜任考古工作。并申辩，考古专业既然招收女学生，就表明我们能从事这项工作。此信一发，立刻奏效，第二天省文化局就通知我到文物队报到。这当然是任队长的许先生和安金槐、丁伯泉（已故）两位副队长一致同意的结果，我感谢他们当时的理解和支持，使我如愿以偿。好了，就此打住。我接着说，小双桥隞都观点提出后，非议的学者认为小双桥不是隞都，很可能是郑州商城的宗庙、祭祀场所或离宫。

1995 年，小双桥遗址又进行了一次较大规模的发掘。这次发掘，我因为带学生进行田野实习，亦参加了发掘，我想进一步了解小双桥遗址的情况，检验自己的观点是否可靠。通过发掘，又获得新的重要发现，诸如祭祀遗存、朱书陶文等。这些新发现，我深感与自己所持的观点，不但没有任何冲突，反而在论据上又有所充实。于是，我于 1997 年写出《郑州小双桥商代遗址即隞都说》一文，正式论证它是隞都故址。

现在，对小双桥遗址性质问题的讨论，似乎已得到不少学者的重视。

其中邹衡先生于 1998 年发表的《郑州小双桥商代遗址隞（嚻）都说辑补》一文中，肯定小双桥遗址隞都说，并在文献上做了重要补证。"夏商周断代工程"课题研究，把小双桥遗址列入研究的遗址之一。有的学者虽然未对小双桥遗址的性质表明看法，但把小双桥遗址的年代断定属中商，如中国社会科学院考古研究所高炜先生等，在《偃师商城与夏商文化分界》一文中，谈到商文化分期时就把白家庄期（小双桥）的年代列为商代中期之始，这与我的观点是相同的。但是，也有不少学者仍持不同看法。

关于小双桥遗址性质问题的讨论，我对有些学者提出的反证也进行了深入的思考。不过，就目前的发掘资料而言，我坚信它是商代隞都故址。它与郑州商城的关系，不是平行附属关系，而是前后衔接的新都与故里的关系。这个问题，我在《考古与文物》2000 年第 1 期上发表的《论河南早商都邑遗址的年代及相关问题》一文中做了说明。

我之所以对小双桥遗址比较敏感，提出它是隞都的观点，这与我参与了夏商文化研讨，特别是对郑州商城的研究相关。

首先是在郑州商城的性质问题上，我赞同汤都郑亳说，而非隞都。这样，隞都的问题又成为新的悬案，有待解决，因此我对隞都的所在地便比较关心。隞都之所在，文献记载有不同的说法，但最有影响的是河南敖仓说。因此，我对邙山地区发现的商周遗址就比较关注，小双桥遗址的一发现，就在我的脑海里引起反应，和隞都的问题联系了起来。对我而言，如果没有郑州商城亳都说的认同，隞都的问题也就不存在了。

其次是我对郑州商城的年代有较深的印象，尤其是认为其废弃年代属白家庄期。同时，我也知道，对白家庄期的年代，有的学者只把它归入二里冈上层期而不加以区分，因此，它含括了郑州商城作为王都的繁荣与废弃期。当时小双桥遗址的年代，在最初报刊公布的消息中虽然被定属二里冈上层期，但我把该遗址所处的位置以及发现宫殿基址等综合起来考虑，推断它的年代可能是二里冈上层偏晚即白家庄期，和郑州商城废弃的年代是一致的，两者之间是前后衔接关系，而不是平行关系。这一推断，经后来发掘材料证明是对的。

小双桥遗址的发现，与夏文化探索有没有关系呢？我认为这两者之间并没有直接的关系，但有连带关系。主要是现在考古界对郑州商城亳都说并未取得共识，有些学者认为它是隞都。若小双桥遗址隞都说可以成立，则郑州商城隞都说便被彻底否定，亳都说更加坚挺，而郑州商城亳都说的坚挺，则使二里冈期文化属早商文化，二里头文化第一至四期是夏文化之说自然也就更加坚挺了！所以，小双桥遗址性质的讨论，在这个意义上，对夏文化探索也会起到促进的作用。

五、您曾全面总结邹衡先生在夏文化探索方面的主要成就，现在能否介绍一下这篇文章？

我确实写了《邹衡先生与夏文化探索》一文。此文包括四个方面：一是夏文化探索的意义和历程，二里头第一至四期夏文化说的提出；二是邹先生在商文化研究上的成就；三是邹先生探索夏文化的途径和方法；四是邹先生的敬业精神、严谨学风和科学态度。原文有详细内容，在这里就毋庸赘述了。

我在这里谈谈写这篇文章的想法，先说说写此文的动机。1997年冬，在河南偃师"夏商周断代工程"举行的"夏、商前期考古年代学讨论会"上，绝大多数学者都赞同二里头文化第一至四期是夏文化。非常巧合，探索夏文化的登封会议也是冬季（1977年）召开，整整经历了20年，在这20年里，经过了一场大辩论的考验和考古新发现的检验，二里头文化第一至四期是夏文化的观点，终于由"一家之言"成为"众人共识"，说明这一观点的生命力和可靠性。由此我在想，夏文化探索犹如一道复杂的几何题，邹先生经过求解，已得出了正确的结论，说明他求解的过程和步骤是可行的和有效的。因此，有必要写文章总结一下邹先生是如何对夏文化进行探索的，其间走了怎样的途径，用了什么方法，解决了多少问题。对我自己而言，写的过程是个学习和思考的过程，有利于我提高认识水平。再者，当时"夏商周断代工程"正在进行中，对相关课题正在研究。这篇文章不但写的是邹先生的成就及理论方法，也反映了我的学术倾向和观点，我想以撰文的方式参与"夏商周断代工程"的研讨。另外，我在对研究生的教学中讲授了邹先生的学术观点，学生和我一样，都对邹先生很钦佩并且收获颇多。因此，把它写成文章，对后学者或许是有教益的。

六、您对夏文化的看法前后有无变化？现在的主要观点是什么？

我对夏文化的认识，从 1980 年发表观点至今没有改变，仍然认为二里头文化第一至四期是夏文化。但是，对有的与之相关的问题，则有认识上的反复。

我对郑州南关外期（即 C1H9 之时）究竟属先商期还是属早商期，有反复认识的过程。当初看到南关外期的陶器，与豫北属辉卫型先商文化的辉县琉璃阁 H1 和新乡潞王坟下层出土的陶器特征相同，而与二里头文化不同，即非常赞同邹衡先生把它归属于先商文化，即南关外型先商文化，属南关外期。但在我对郑州商城的年代研究后，认识上则发生了动摇。前面已谈到我认为郑州商城作为王都的年代应始建于南关外期。当时，我就对南关外期是否属先商文化产生怀疑，主要认为，如果商汤在先商时期，一方面大兴土木，兴建都城；另一方面又要动员民众，进行伐夏战争，从当时的人力物力考虑，似乎两者不可兼得，因此推测南关外期是灭夏之后的早商期，郑州商城是汤灭夏后所建的都城。我这一看法，发表在1987年写的《郑州商代王都的兴与废》一文中。

1990年，邹衡先生发表《西亳与桐宫考辨》一文，在注释中对南关外期属先商期做了进一步的解释，其中他列举了《史记·殷本纪》所云"伊尹去汤适夏……复归于亳。入自北门"，这说明在商汤灭夏之前已有亳，并建了城。因此，郑州商城始建于南关外期，即先商期，正好文献记载与考古实际相契合，证明把南关外期定属先商期是正确的，是有根据的。现在看来，先商期文化本身有一段延续时间，城墙的兴建和伐夏战争并非同时进行。我的怀疑只是一种主观推测，不能成立。

此外，邹衡先生在1988年发表的《综述夏商四都之年代和性质》一文中对夏商分界问题界定在南关外期与二里冈下层偏晚之间，进一步申论其理由有三点：一是南关外期的文化特征与豫北、冀南更早的商文化接近；二是南关外期在黄河以南的分布点极少，在郑州也不多，未达到商文化繁盛的阶段，正反映商人南渡不久尚未灭夏的情况；三是郑州商文化从二里冈下层偏晚开始，分布范围扩大，并大量吸收二里头文化因素而进入繁盛时期，这应该是反映商灭夏后建立商王朝的情况。这三点理由是符合考古实际的。重要的是，后来的考古新发现又可以做进一步的证明，如偃师商城的大城、东下冯和垣曲商城，均建于二里冈下层偏晚，这一兴盛之举，只有商王朝的建立才有可能实现，而此前的郑州南关外期当属先商期。

再者，南关外期商文化还具有一个特点，那就是它包含有较多的岳石文化因素，而岳石文化的性质，学术界多认为属夷人文化。这种情况，可能正是先商时期商夷联合伐夏在物质文化上的反映。

综上所述,我对郑州商文化南关外期属先商期的怀疑由此而消除了。

我现在的主要观点是,夏商文化研究是一个系统工程,不能孤立地看问题,而应当把夏商有关的考古学文化和城址进行综合研究,把它们之间的关系理顺,才能得出符合实际的结果。我认为郑州商文化南关外期属先商期,即夏代。辉卫型、漳河型、南关外型文化是先商文化。整个二里头文化是夏文化,二里头遗址是夏都。二里冈下层偏晚是早商最早期,二里冈文化是早商文化,郑州商城是汤都亳。偃师商城是早商陪都。商文化白家庄期至殷墟文化第一期(即盘庚、小辛、小乙之时)是中商,小双桥遗址是隞都。殷墟文化第二至四期是晚商,安阳殷墟是盘庚至帝辛之王都。

主要著述

1.《关于夏文化问题的一点认识》,《郑州大学学报》1980 年第 5 期。

2.《二里头遗址是商都还是夏都》,《夏史论丛》,齐鲁书社,1985 年版。

3.《郑州商文化的发现与研究》,《中原文物》1983 年第 3 期。

4.《郑州商城宫殿基址的年代及其相关问题》,《中原文物》1985 年第 2 期。

5.《关于偃师商城和郑州商城的年代问题》,《郑州大学学报》1985 年第 4 期。

6.《郑州商代王都的兴与废》,《中原文物》1987 年第 2 期。

7.《郑州商文化渊源试析》,《中州学刊》1990 年第 1 期。

8.《商代隞都探寻》,《郑州大学学报》1991 年第 5 期。

9.《关于郑州商城汤都亳的争议》,《中原文物》1993 年第 3 期。

10.《从殷墟到二里头——夏文化探索述略》(合作),《寻根》1995 年第 1 期。

11.《郑州小双桥商代遗址的年代和性质》,《中原文物》1995 年第 1 期。

12.《小双桥遗址的发掘与隞都问题》,《中国文物报》1996 年 12 月 8 日。

13.《郑州小双桥商代遗址即隞都说》,《中原文物》1997 年第 2 期。

14.《论河南早商都邑遗址的年代及相关问题》,《考古与文物》2000 年第 1 期。

15.《综论早商城址》,《河南文物考古论集》(二),中州古籍出版社,2000 年版。

16.《夏商文化论集》,科学出版社,2000 年版。

方孝廉

方孝廉又名方新庆，1939年出生，河南伊川人。1958年8月在中国科学院考古研究所任见习员。1964年至1981年在洛阳博物馆工作。1982年至1985年6月从洛阳市文物工作队借调到洛阳市文化局文物处工作，负责全市文物保护的基建报批，并主持了1984年的全市文物普查工作。1985年7月至1986年7月在洛阳博物馆工作，任业务副馆长。1986年8月至1989年10月参加组建洛阳市第二文物工作队，任副队长，负责文物保护和考古发掘工作。1989年11月至1991年年底在洛阳古墓博物馆工作，任馆长，负责全面工作。1992年回洛阳市文物工作队从事考古研究工作。1999年4月退休。

一、您是何时开始夏文化研究的？

　　我对夏文化问题的关注有一个较长的过程。开始是不自觉地，但随着时间的推移和工作的深入，则逐渐由被动变为主动。这个转变过程简单来说大约经过了三个阶段：一是对考古学的初步认识阶段；二是对考古学资料的积累阶段；三是深化认识阶段。

　　1958 年 8 月我初中毕业，应招到中国科学院考古研究所洛阳工作队工作，当时我对考古这行压根儿就不了解，完全是一张白纸。只知道服从工作分配，领导叫干啥就干啥，从来就没有自己的研究目的。大致是每年的春秋季节都要参加田野发掘工作，夏冬季节在室内配合整理绘图，或参加田野考古调查。队里二十几位同志中除我们几个新参加工作的年轻同志外，大部分都是大学生，是考古专业毕业的研究人员。当时队里除对我们年轻人采取以工作带学习、以工作促学习外，还经常利用晚上时间安排老先生为我们讲课，对从新石器时代到秦汉、隋唐等相关知识进行系统讲授。这些措施对我们来说很好，使我们很快地掌握了田野考古发掘技术和系统的考古学基础知识，这就奠定了后来我工作、学习和研究的基础。

　　据我粗略地回忆，从 1958 年我参加考古工作到 1964 年 10 月离开考古研究所，在洛阳工作队从事的主要工作，首先是 1958 年秋季住在洛阳西小屯参加对东周王城的发掘。当时工作队队长是赵芝荃先生，队里分配我跟随冯承泽同志开挖东城墙的 58LWT116 探沟。随后是发掘洛阳东干沟早商遗址，寻找郑州洛达庙类型的文化遗存。我们自己负责的58LEGT17探方，经过20余天的工作，发现了丰富的郑州洛达庙类型的文化堆积。这次在现场辅导我们工作的是高天麟同志，他从探方定位到划分地层，再到识别陶片和清理遗迹、遗物，再到绘图、照相以及最后整理和写记录等都非常认真负责。当然我们也非常认真地学习，仔细地划分地层，记录每一种现象，绘制每一张图纸。对每一块陶片我们也都仔细地观察其质地、造型和制作方法，一一做好工作记录。除白天工作外，每周还要安排几个晚上学习业务，由陈久恒和陈公柔等先生轮流给我们讲授从新石器时代到隋唐等专业课程。

田野发掘工作结束后我们都转入室内整理，我在郭义孚先生的辅导下学习考古绘图。1959年春，我跟随徐苹芳先生勘探隋唐东都洛阳城宫城西墙，继而随赵芝荃队长对东周王城的南半部进行考古普探工作。1960年春季随方酉生先生发掘洛阳西干沟（西涧沟）仰韶文化遗址。从1960年秋季开始多次参加偃师二里头遗址的发掘工作。其中1962年夏还参加了豫西渑池县的考古调查，与方酉生先生一起对渑池县的仰韶村、不召寨和西河杨、笃忠等遗址进行考古调查。这些田野考古工作的实践，使我增加了许多专业技术知识，也对洛阳地区的古文化分布有了初步的认识。与此相辅的是，我学到的室内考古绘图技术又帮助我加深了这方面的认识。那些年，队里的田野发掘、调查和专题报告中的绘图工作我都参与了，如西干沟遗址、东干沟遗址、豫西六县考古调查报告等。我还参与了北京大学考古专业班师生发掘并撰写的《洛阳王湾遗址发掘报告》和《偃师高崖遗址试掘简报》的器物绘图工作。绘图工作中我始终遵循郭义孚先生对绘图工作的要求，对每件器物从形制、纹饰和制作方法等都要进行认真仔细地观察；对每件器物的口沿、胖瘦、纹饰等变化特征，都要准确无误地表现出来。这些对我们系统研究考古学文化特征和分期是至关重要的。这些绘图工作对我系统了解和掌握洛阳地区各类考古学文化起到了重要作用。

　　夏文化探索是我国史学界多年来的重要研究课题。1959 年夏，徐旭生先生在"夏墟"考古调查时，根据文献记载，把嵩山周围地区和洛阳平原作为重要的调查对象。徐先生一行在河南偃师县二里头村一带发现了与郑州洛达庙和洛阳东干沟遗址文化面貌相类似的早商文化遗存。该遗址面积大，文化内涵丰富。采集到的陶片中有鼎、尊、罐、豆等残片，还有石斧、骨锥等遗物。遗址范围东西长约 3—5 千米，南北长约 1.5 千米。根据文献记载和文化内涵，认为该遗址可能与商都西亳有密切关系。因此，考古研究所于当年秋季指令洛阳考古发掘队组成以高天麟同志为负责人的发掘小分队，对二里头遗址进行试掘。发掘结果非常喜人，发现了从河南龙山文化晚期到商代早期连续发展的三层文化堆积，即早、中、晚三期。早期当属于河南龙山文化晚期，但与常见的河南龙山文化还不能衔接起来，尚有缺环；中期虽仅保留有若干龙山文化因素，但基本上接近于商文化；晚期则是洛达庙类型文化。他们发掘期间我曾数次到二里头发掘工地参观学习，看见了重要出土文物。发掘者认为河南龙山文化之后郑州商文化之前这一段，时间上大致相当于历史上的夏代，因而推测这一类的文化遗址可能属于夏文化。这就是我接触夏文化的开始。

二、您什么时间在二里头遗址工作的？都做过哪些工作（包括田野和室内）？哪些事情是您最难以忘怀的？

　　1959 年二里头遗址的考古发现，引起了考古研究所领导的高度重视，第二年，即 1960 年，考古研究所就投入大量的人力和物力开始对二里头遗址大规模地发掘。从这一年的秋季开始我就到二里头发掘工地工作，

至 1964 年 10 月离开考古研究所为止，我在二里头工作了 5 个年头。这
5 年中，田野发掘工作只限于每年的春、秋季节，而夏、冬季节都回到
工作站，配合全队资料整理、做室内绘图工作等。

　　1960 年秋季，我首次到二里头遗址参加发掘时赵芝荃先生主持全
面工作，当时我们住在二里头村北门里，正值农村大食堂的生活方式刚
刚结束，队里租用了一所较大的农民宅院居住，房间既黑暗又潮湿，居
住条件不算太好。这一年我先后在 Ⅱ 区挖 60YZLT120 探方，在 Ⅴ 区挖
60YLT1 探沟。Ⅴ 区位于二里头村正南，在圪垱头村和四角楼村之间，是
二里头遗址宫殿区的所在地。每天来往工地，费去不少时间，同志们都
觉得时间很紧张。后来发掘中心转入 1 号宫殿基址时，我们的生活基地
由二里头村迁到四角楼村，距工地较近，工作、生活都较方便。二里头
发掘工地是当时考古研究所重要发掘项目之一，来工作的同志较多，最
多时有十五六位。主要人员有赵芝荃、方酉生、殷玮璋、高天麟、李经
汉和我等。这期间我曾在二里头遗址 Ⅴ 区做过短期的普探工作，也曾在Ⅳ、
Ⅴ、Ⅵ区进行过发掘。Ⅳ、Ⅴ区主要是大型建筑遗址区，Ⅵ区是铸铜遗址区。
发掘 1 号宫殿建筑基址是当时的主要项目，因为这个大型夯土建筑基址
的面积达上万平方米，所以发掘的时间有好几个年度，参加人员也最多，
我的印象和收获也就最深最大。我记得 1962 年春季发掘 1 号宫殿基址
时，每个同志的发掘任务是 300 平方米。我分的探方编号是 62YLVT47、
62YLVT48、62YLVT49 三个探方，面积为 300 平方米。为了保证发掘的
科学性，每个探方又分成 5 米 ×5 米的四个小探方。发掘过程中每个探
方的地层、遗迹等现象都是共同研究处理的，力求做到清楚和完整。我
在诸位先生的辅导下，认真处理每一个现象并做好伴随出土物的记录工
作。5 年的工作磨炼和诸位同志们的热情帮助，使我对二里头遗址的文
化内涵和特征有了比较全面的认识，我印象最深的还有同志对工作认真

负责的态度。如我们首次发现夯土时，大家就共同研究夯层、夯窝和构筑方法等问题，有不同意见时也经常争论不休，各抒己见，最后达成共识。这些都为我后来的工作奠定了基础。

在二里头工作期间除紧张地发掘工作外，让我难以忘怀的还有一些生活花絮。1960 年至 1962 年"三年困难时期"，农民生活都是食堂化，多数人都吃不饱。当时参加发掘的 100 多号民工多是有气无力，不少人还出现浮肿现象，工效都非常低。中间休息，他们都争先恐后到处去挖红薯和红萝卜吃。如果去阻止，他们就集体与你起哄、辩论，非常难领导。我们虽然粮食定量比他们多一点，但粮食品种很差，百分之七八十都是粗粮，多数是杂豆面和高粱面，再加之副食品少，蔬菜也严重不足，所以生活很清苦。若我们想改善一下生活，有时请高天麟同志到河里去叉几条鱼，有时就请赵芝荃队长下厨房为大家做点兰州拉面吃。我年龄最小，身体也好，伙上没菜吃，有时就与别人一起拉架子车到 5 千米外的岳滩村买些包菜回来。数年间，我们这临时组合的"小家庭"生活、工作得非常融洽和快乐。

在考古研究所洛阳工作队工作期间，全国考古界有两件事对我具有引导和启发的作用。一是 1960 年徐旭生先生的《中国古史的传说时代》一书的出版，掀起了考古界探索夏文化的热潮。他为了方便普通读者，还将《中国古史的传说时代》一书中关于华夏民族的精华部分撰写成专文《略谈研究夏文化的问题》在北京市委主办的《新建设》杂志上发表。该文清楚地告诉读者嵩山周围地区是夏氏族活动的中心地区，洛阳平原与夏王朝有密切的关系。当时我在收入非常微薄的情况下也买了一本《中国古史的传说时代》，它点燃了我心中探索夏文化的欲望。二是 1964 年许顺湛先生在《史学月刊》上发表的《夏代文化探索》一文，对我具有较强的指导意义。他利用大量的考古发掘资料与二里头遗址作比较，列表指出："夏代前：龙山期，即眢兕王第四层，灰嘴第二层；夏代早期：龙山晚期，即二里头第五层；夏代：二里头期，即二里头第四层，上街文化层；商代早期：洛达庙期，即洛达庙文化层，眢兕王第三层，二里头第三层，灰嘴第一层，东干沟、七里铺等文化层……"这个结论，当时对我来说，这篇文章是对徐旭生先生《略谈研究夏文化的问题》一文在豫西地区的具体化，具有指导意义。

总之，在考古研究所洛阳工作队工作的六七年时间，对我来说是非常重要的。大量的田野发掘工作使我掌握了一套完整的田野考古发掘技术和方法；在诸多先生的培养下我初步了解到我国古代各个历史时期的考古学文化发展序列，比较清楚地认识到洛阳地区从仰韶文化、河南龙山到二里头等多类型考古学文化的特征和发展规律，这是我启蒙学习的重要时期。

三、您离开二里头到洛阳工作之后，都做过哪些与夏文化探索有关的工作？

1964 年 10 月，我离开考古研究所洛阳工作队到洛阳博物馆工作。当时洛阳博物馆址在关林庙，只办有一个洛阳"九朝古都史"陈列。田野发掘工作也只有一个北窑西周墓发掘工地。1966 年下半年到 1969 年 3 月因"文化大革命"的冲击，各项业务工作停止。1969 年下半年恢复部分业务工作，我开始配合基建搞发掘工作，直至 20 世纪 80 年代中叶的 10 余年间，我在夏文化探索方面曾做了这么几项工作：

（一）配合修建焦枝铁路试掘临汝（今汝州市）煤山遗址。1969 年 11 月，根据中央的部署由河南焦作至湖北枝城的焦枝铁路开始修建，河南省文物部门安排洛阳博物馆负责北起黄河南岸的孟津，南至宝丰长约

200 千米的铁路沿线的文物调查和发掘工作。这项工程一开始就是打"人民战争"全线动工，因此文物调查和考古发掘始终处于被动地位到处"救火"。11 月 3 日，我馆去临汝（今汝州市）一带调查的同志回馆反映说："焦枝铁路临汝火车站需用大量垫土，附近的煤山新石器时代遗址遭到了严重破坏。"馆领导当即派我和其他几位同志赶往那里对该遗址进行抢救性发掘。11 月 4 日下午我们赶到现场后，看到有数千人用架子车和手推车来往于遗址与火车站之间，近 2 米厚的文化层堆积的台地遭到了严重破坏，满地都是灰土，到处可看到石斧、石铲、石镰等生产工具和被打碎的陶器残片，惨不忍睹。我们的同志去找民工的负责人，但他们都推托不管。最后找到指挥部，经过多次协商，指挥部答应我们在遗址（台地）的北半部和中部分别进行试掘。另外，我们配合他们在遗址的南半部和西半部取土，记录重要遗迹、采集遗物等。

发掘工作是第二天开始的，我们分别在台地北边沿开探沟 T1（10 米×2 米），在中部开探方 T2 和 T3（均为 5 米 ×5 米），东西为邻。民工由指挥部派人协助，整个发掘工作历时约半个月。后来我又多次到现场和周围地区调查，从文化内涵看，该遗址的文化堆积年代是河南龙山文化晚期到二里头文化早期。经过认真对地层和遗物的分析比较研究，煤山遗址的文化堆积共分三期：第一期属河南龙山文化晚期；第二期为河南龙山文化向二里头文化转变的过渡期；第三期属二里头文化早期（第一期）。其重要性是我们找到了河南龙山文化向二里头文化发展过渡的地层依据，填补了河南龙山文化和二里头文化之间的缺环，证实了二里头文化是由当地的河南龙山文化直接发展来的。这样就把早商文化、夏文化和河南龙山文化之间的关系连接了起来，在考古界具有重要的影响。

1973 年我在整理这批资料时，专程到临汝煤山遗址周围进行了考古调查。遗址周围地区土地肥沃，地势平坦，北面不远处是箕山，与登封为邻，传说山上有许由墓。东面约 500 米是洗耳河，由北向南汇入汝河。南面约 1500 米处是汝河由西向东流过。周围分布的同类古文化遗址非常密集，主要有夏店、毛寨、马庙等遗址。据传说，许由是帝尧时代的重要人物，尧召由为九州长，由不欲闻之洗耳于此，故名洗耳河。洗耳河发源于箕山之阳，南流经县城（今汝州市）西关入汝河。巢文井在西关街南，其旁有许由庙。箕山在西门外路北洗耳河东岸上，是一处面积不大的台地。传说箕山是两个神仙在此下棋故名。当地群众传说这里雨后可以捡到圆形的"小棋子"，表面有的是方格十字形图案，有的是梅花图案，有的是素面。从颜色上讲，有乳白色，也有黑色。每个直径在 1—1.5 厘米，厚约 0.4 厘米。在此我征集到两枚，均为乳白色，一个稍大一个稍小，上面都印有小菱形网纹，均为手制，时代较早。

　　以上虽然部分源于历史传说，但它也可能反映了当地的历史沿革情况。我们根据洛阳地区古文化的发展系列，推判其遗址的年代应与煤山遗址的文化堆积相近。

　　（二）洛阳矬李遗址的发掘。洛阳矬李遗址位于龙门（伊阙）西山北麓的二级阶地上，北临洛河（故道），海拔 145 米，遗址面积 20 多万平方米，堆积也十分丰富，是洛阳平原西面的门户。1960 年 9 月，洛阳市人民委员会公布其为市级重点保护单位。1975 年秋，当地农民在"农业学大寨"中计划把该遗址的中心台地平毁变为自流灌溉田。当时我听到消息后就主动骑车到 10 余千米外的现场进行实地调查，看到部分被平毁的地方到处是石斧和石铲等生产工具，红陶片、灰陶片一堆一堆的，断面中的灰坑、窖穴和白灰面房基都历历在目，其状惨不忍睹。遗物中的不少陶片特征与二里头遗址和煤山遗址的遗物都十分相似。我带着部分遗物向领导做了详细的汇报，并自告奋勇前往发掘。

　　发掘工作是 1975 年 12 月 12 日开工，在遗址的中心台地（Ⅳ区）东边沿开挖了一条南北向 10 米 ×2 米的探沟，编号为 T1。1976 年 1 月 21 日发掘结束，历时 40 天。这次发掘是我孤身一人，当时正是农历的"十冬腊月天"，天寒地冻，还常刮西北风。因日照时间短，我每天必须 7 点骑车前往，在 8 点前赶到工地。下午 5 点下班到家已是黑天，有时晚上回不了家就住在工地的一间草窝棚里。寒冷常使人夜不能寐，屋里的水也常结成冰。生活是生产队里安排，轮流在社员家里吃饭，标准是每天 9 两粮票，3 角钱。这次发掘虽然面积不大，但收获非常丰富，发现了二里头文化、河南龙山文化和仰韶文化的地层叠压关系及丰富的物质文化遗存。

该遗址的第二次发掘工作是 1976 年 3 月 22 日至 5 月 8 日，随同工作的是刚来馆的隋裕仁同志。我们先后在遗址的 Ⅱ 区和 Ⅲ 区开挖了 T2、T3 两条探沟，面积都不算太大，T2 为 17 米 ×3 米，T3 为 6 米 ×2 米。这次发掘不仅进一步丰富了矬李遗址出土的物质文化内涵，还发现了一眼完整的河南龙山文化晚期的水井（编号 H16），这是当时全国发现的龙山文化时期的水井中最完整的一例。该水井为圆形，直径 1 米，深 6.1 米见水。水中出土的陶器有篮纹高领罐、方格纹小口折沿罐残片。

通过这两次对矬李遗址的发掘，我们对其文化内涵有了比较清楚的认识，可以断定它是洛阳地区一处新石器时代人类生存发展的大型村落遗址。我们根据其地层关系和遗物特征与其他遗址相比较，将矬李遗址的文化内涵分为五期：第一期为仰韶文化；第二期为河南龙山文化；第三期为河南龙山文化晚期，约相当于汝州煤山遗址的第一期；第四期相当于二里头遗址的第一期；第五期相当于二里头遗址的第二期。引起我注意的是该遗址的第三期（河南龙山文化晚期）地层中发现两座非正常死亡者的小型墓穴，这两座墓穴都是单人直肢，没有任何随葬品。其中 M1 的骨架下肢骨都被切为半截，没有脚骨，M2 的头骨与颈椎骨脱离，被放在墓室的西北角。很显然这两座墓的死亡者应该是当时一种刑罚的受害者。而我在整理洛阳东马沟二里头类型墓葬时发现除 1 座为迁葬墓没有随葬品外，其余 6 座均随葬有成组的酒器或礼器类，如白陶鬶、白陶盉以及爵杯、三足器、豆和平底盆等。这种明显的差别说明河南龙山文化晚期及二里头文化时期已经存在着阶级压迫和严格的等级之分。矬李遗址发掘过程中我在属于二里头文化一期的第四层内采集的木炭，经北京大学碳十四化实验室测定的年代为距今 3645±130 年，树轮校正为距今 3960±145 年，证明矬李遗址的第三期至第五期的年代都应在夏代的纪年之内。

（三）洛阳东马沟遗址二里头文化类型墓葬的整理。1975 年 3 月，我偶然在库房发现一大堆用竹筐、蒲包装的陶片，特征与洛阳临汝（今汝州）煤山遗址和矬李遗址的第四、五期非常近似，标签破碎看不清遗址名称和地点，经了解这批文物是 1966 年秋，洛阳市围绕西南周山修建防洪渠时，在东马沟村北配合挖渠工程清理发掘的。请示后，我对这批遗物进行了整理。根据记录，这批遗物是出自 7 座墓葬和部分窖穴中，是单一的二里头文化遗存。这里的墓葬均属小型墓，但有单人墓和双人墓之分，部分墓中出现木质葬具和随葬成组的礼器。这些随葬品造型美观都制作得非常精致，是不多见的，如白陶鬶、盉、爵、三足器、平底盆等，其时代与二里头遗址的第二期相当。这既反映出二里头文化的独特文化面貌，又反映出二里头文化遗存在洛阳地区的普遍性。

（四）1977 年春，河南省文物考古研究所在登封告成王城岗遗址发掘出两座东西并列的小城堡建筑遗存。根据文献记载，这里可能与"禹都阳城"有关，在史学界影响很大。同年 11 月，国家文物局在登封主持召开登封告成遗址发掘现场会。我参加了这次会议。与会者首先听取了安金槐先生关于王城岗遗址发掘情况的详细介绍，又亲临发掘现场参观和考察，都认为这是非常重要的考古收获，为探索夏文化增添了重要的资料。

这次夏文化座谈会对我来说非常重要。在会上许多同志根据文献记载全面论述了夏氏族与嵩山的关系，《国语·周语上》所载："昔夏之兴也，融降于崇山。"韦昭注曰："崇，崇高山也。夏居阳城，崇高所近。""崇山"即嵩山，在今登封境内。意思就是夏民族从很早以前就生活居住在嵩山周围地区。《古本竹书纪年》以及其他史书均载有"夏后氏，禹居阳城"。"禹都阳城""禹避舜之子于阳城""禹避舜之子商均于阳城"……关于阳城的具体位置，"集解"引刘熙曰："今颍川阳城是也。"这些记载又指明夏禹建立的我国第一个王朝——夏，其都城就是阳城。阳城的位置据《水经注》卷二十二"颍水条"记载："颍水出颍川阳城县西北少室山，东南过其县南。"郦道元注曰："昔舜禅禹，禹避商均，伯益避启，并于此也。"王城岗遗址位于嵩山南约 11 千米处，南有箕山，颍水由西北流向东南，在遗址南侧穿过。东面约 1000米处就是东周阳城的所在地，城内出土的一些陶器上都打有"阳城仓器"字样，可见这里自东周以来仍沿用阳城。应该说这与文献中"禹居阳城"的记载是有密切关系的。与会者的上述认识，我认为是很有道理的。在这次会上，我做了《对探索夏文化的一点看法》的发言。自这次座谈会后我一方面系统地对豫西地区河南龙山文化和二里头文化，在文化内涵和分布地域等方面进行系统研究，一方面根据省文物局的要求，于 1980年和 1984 年两次参加全市的文物普查工作，对洛阳市郊区及孟津、偃师和新安的古文化遗址分布及内涵加深认识。结合郑州、三门峡及原洛阳地区的考古调查资料，我认为以嵩山为中心的豫西地区是河南龙山文化的中心地区，这里分布的河南龙山文化中、晚期文化遗存和二里头文化遗存往往都是上下直接连续发展的，还有不少单一的二里头文化遗址，证明这一时期这一带的人类社会可能出现重大的变革。另一方面，我反复认真地阅读徐旭生先生的《中国古史的传说时代》中有关"华夏集团"的形成和活动地域等章节和《1959年夏豫西调查"夏墟"的初步报告》，以及丁山的《由三代都邑论其民族文化》、钱穆的《周初地理考》等著作，认为豫西地区是夏民族活动的中心地区，登封王城岗遗址应该是夏王朝的政治中心，也就是文献中的禹都阳城。由此我于1986年撰写了《夏王朝建都洛阳初探》一文。1992年我又撰写了《夏代及其文化》，全面阐述我对夏文化的认识，提出"煤山·二里头类型文化"为夏文化。这个认识是基于这样几点：一是历史文献《国语·周语》曰"昔夏之兴也，融降于崇山"，"崇山"即嵩山，在今登封境内，这是史学界公认的。嵩山在全国又找不出第二个。该书又记载曰："夏居阳城，嵩山在焉。"意思是夏王朝的国都阳城距嵩山不远。1977年河南省博物馆等单位在登封告成王城岗发现的同一时期的小城堡距嵩山仅有10多千米，与上述记载正相吻合。在王城岗东侧发现的东周阳城中，出土的陶文"阳城仓器"证明东周时期这里还是阳城的设置。应该说这里是古阳城不会有什么问题。二是以嵩山为中心的豫西地区是多山的丘陵地区，地势高，土地肥沃，气候四季分明，生态环境较好，适合人类长期生存和发展。在伊、洛、瀍、涧、颍、汝等河流域的河谷台地上发现的河南龙山文化遗址和二里头文化遗址有近千处。这些遗址中的文化层堆积，有的从裴李岗文化、仰韶文化到河南龙山文化和二里头文化都是连续发展的，证明这一地区早已是人类生存和发展的中心地区。三是登封告成王城岗遗址发现的两个并排的小城堡内，有夯土建筑遗存、殉人坑以及丰富的陶器、青铜器等文化遗物，有别于其他同类遗址。地层资料证明这个小城堡始建于河南龙山文化中期偏晚阶段。属于第二期城址灰坑内出土的木炭经碳十四测定，年代分别是：距今4000±65年，约为公元前2050年；距今3885±80年，约为公元前 1935 年，属于夏代纪年的前期阶段。偃师二里头遗址面积大，文化内涵丰富。目前虽然还没有发现城垣，但这里发掘出的两座大型宫殿建筑夯土基址，其中 1 号宫殿建筑基址面积达 1 万平方米。其他还有铸铜等作坊遗址以及众多的中、小型墓葬，出土了大量的随葬品，其中主要的是青铜器、玉器和精美的装饰品等，这些遗物从造型和制作工艺等方面看都是同类型遗址中所仅有的，非常罕见。该遗址大量碳十四测定的年代表明，它的上限为距今 3870 ± 115 年，下限为距今 3575 ± 130 年，前后共经历了 300 余年，是在夏代中后期的纪年之内。四是我们根据《古本竹书纪年》等文献中"夏后氏，禹居阳城""禹都阳城"的记载，认为登封告成王城岗小城堡是夏代早期的都城遗址。位于伊洛平原的二里头遗址，面积达 100 多万平方米，从规模和文化内涵看，绝非一般村落遗址，应是夏代中后期的王都。《古本竹书纪年》记载："太康居斟郡。"《今本竹书纪年》说，仲康也"居斟郡"。《史记·夏本纪》"正义"引《汲冢古文》说："太康居斟郡，羿又居之，桀又居之。"《尚书·虞夏书》云："太康失邦，昆弟五人须于洛汭。"此即太康所居，为近洛也。《战国策·魏策》在记述夏桀所居时曰："夫夏桀之国，左天门之阴，而右天溪之阳，庐睾在其北，伊洛出其南。"《史记·周本纪》和《逸周书·度邑解》也有类似的记载："自洛内延于伊汭，居易毋固，其有夏之居。"《史记·吴起列传》用汉代地名解释曰："夏桀之居，左河、济，右泰华，伊阙在其南，羊肠在其北。"这些记载都清楚地指出，太康、仲康、后羿和夏桀四帝之都斟郡是在洛阳平原的，而二里头遗址正好位于洛阳平原东端的古伊洛河北岸上，与文献记载"伊洛在其南"是完全吻合的。因此，我们认为二里头遗址应是夏代中、后期都城斟郡的理由是比较充分的。五是从文化关系来说，20 世纪 70 年代前期洛阳博物馆和考古研究所二里头工作队曾先后对临汝（今汝州）煤山遗址进行了科学发掘，获取了二里头文化是来源于豫西地区龙山文化的地层资料。该遗址的第一期文化面貌与豫西地区河南龙山文化晚期以及登封王城岗小城堡的文化堆积完全雷同。第三期为二里头文化第一期。由第二期过渡到第三期的叠压关系在洛阳矬李、西吕庙和孟津小潘沟等遗址都有发现。这类遗存的文化面貌既包含有豫西地区河南龙山文化的某些特征，又有二里头文化中某些新的因素，是二里头文化不可分割的组成部分。因此"煤山·二里头类型文化"面貌包含着上自王城岗小城堡，下至二里头文化的历史阶段，蕴含了夏王朝的整个历史过程。当然我对夏文化的认识还是很肤浅的，但我相信随着考古资料的不断丰富，这个问题会得到证实的。

四、各地都有很多关于当地历史的传说，洛阳地区有哪些关于夏代历史、文化的传说？

　　洛阳一带是夏氏族生息繁衍的中心地区，许多历史文献记载和村名传说都与夏代历史有关。

　　（一）历史文献记载

　　1. 关于大禹治理洪水

　　《淮南子·修务训》云："禹……凿龙门，劈伊阙，修彭蠡之防。"意思是由于夏禹凿通龙门，劈开了伊阙，排除了洪水，打通了从洛阳到荆楚一带的道路，沟通了南北往来与交流，促进了社会的前进与发展。这件事在《左传》中曾记载曰："（昭公元年）天王使刘定公劳赵孟于颍，馆于洛汭，刘子曰：'美哉禹功，明德远矣。微禹，吾其鱼乎！吾与子允冕端委，以治民临诸侯，禹之力也……'"刘定公的这些感叹，是说他被遣到登封、禹县（今禹州市）一带去慰劳赵孟（诸侯），住在洛阳的馆舍，望见伊阙而想到大禹治理洪水为后人造福的功绩。钱穆先生在《周初地理考》一文中说："禹之治河，上不及龙门，下不及碣石，当在伊阙、砥柱之间耳。"这里所讲的龙门当然不是洛阳的龙门，而是山西省河津市之龙门。伊阙则是指今洛阳市南郊之伊阙矣。

2.关于"禹会诸侯于涂山，执玉帛者万国"和"禹娶涂山氏女为妻"等

《左传·哀公十年》载"禹会诸侯于涂山，执玉帛者万国"及"禹娶涂山氏之女为妻"等问题，前人多认为涂山在今安徽省寿春，而钱穆先生认为"江淮非禹迹所到，寿春之说疑不然也……"而三涂山的位置，《水经注·伊水》曰："水出陆浑县西南王母涧，涧北山上有王母祠……伊水径其下，历峡北流，即古三涂山也。"《读史方舆纪要》云："三涂山在河南府嵩县西南十里。"钱穆先生认为："禹娶涂山氏之女，即此王母。"《吕氏春秋·音初》曰："禹行功，见涂山之女，禹未之遇而巡省南土。涂山氏之女乃令其妾候禹于涂山之阳，女乃作歌，歌曰'候人兮猗'，实始作为南音。周公召公取风焉，以为'周南'、'召南'。"《山海经》云："南望禅渚，禹父之所化。"《水经注·伊水》注云："陆浑县东禅渚……即《山海经》所谓南望禅渚。"禹娶涂山与鲧化羽渊地正相近。

3.关于有莘国

有莘氏，亦曰有莘国，是夏代早期的成员国之一。

关于有莘国的位置众说不一：一说在河南陈留；二说在山东曹县；三说在河南陕县；四说在河南嵩县。钱穆先生在《周初地理考·关于夏的记事》一文中说："鲧娶有莘氏之女而生禹，有莘国亦在河南嵩县，与伊地望相近。昔有莘氏女采桑于伊川，得婴儿为伊尹，其证也。"《河南府志·古迹志》对夏的按语写道："伊母化空桑事甚不经，然谓有莘女采桑得之，则有莘之女必近伊川。今陕州有莘原去嵩之伊川尚数百里，恐非是。"我们以为伊河流域是夏氏族活动的中心地区，涂山氏与有莘

氏都是夏代早期的成员国，他们之间理应相近，交往频繁，关系密切。如果相距数百里乃至数千里，在当时的历史条件下发生通婚关系是很难想象的，所以嵩县伊川一带为古莘国理之然也。

4.关于禹都

《国语·周语》曰："夏居阳城，嵩山在焉。"

《汉书·地理志·颍川·阳翟县》下引《世本》《纪年》都说禹居阳城。《孟子·万章》上篇也有"禹避舜之子于阳城"的说法。

《史记·夏本纪》"集解"引刘熙说："今颍川阳城是也。"我们认为夏氏族居地与禹都阳城都和崇高山（嵩山）有着密切关系。而山西阳城，或言平阳，或安邑，或晋阳，都去嵩山逾千里，禹不可能远离本氏族的支持去到那里。而《史记·封禅书》"正义"引《世本》曰："夏禹都阳城，避商均也。"所以禹为避尧舜势力在本氏族居地颍川阳城建国是比较符合当时实际情况的。

5.关于桀都斟鄩

见前引书。

（二）地名传说

多年来我们在进行地名调查时，不少资料和村民谈到自己村名的来历，其中有些村名与夏禹治水有关，现录于下：

1.甘棠村（寨）

位于洛阳市宜阳县城西的洛河北岸上。传说帝启甲申元岁征有扈氏大战于甘，或云昔夏讨伐有扈作誓于甘亭即此（宜阳县志）。

2.谷堆头

位于今偃师南岳滩乡。传说夏禹治水至此村，鞋脱落，被土所埋，久而久之，积土成堆，人们在土堆上修庙纪念。后河水把土堆南北冲开，形成两个土谷堆，西头大叫大土谷堆，后称大谷堆头；东头小叫小谷堆，后称小谷堆头。又按其方位分东谷堆头和西谷堆头，简称东谷和西谷。

3. 掘山

位于偃师县寇店乡（今属洛阳市洛龙区）的伊河南岸上。传说岸边有一石橛，大禹治理洪水时曾在石橛上缆过船只，由此取名橛栓。音转为掘山。

4. 水牛沟

位于偃师县寇店乡南的万安山下，是龙门山东端的一个大豁口，当地人又称其为"水溅口"或"水泉口"，后又称其为大谷关口。

传说是禹在洛阳一带治理洪水时，骑神牛沿着崎岖的山路由龙门口向东察看时，发现颖阳江（即龙门山南洪水）波浪滔天，怒吼着奔向大谷关口。夏禹面对这突如其来的情况，正在惊异之时，他骑的神牛不等夏禹下令，就腾空而起冲向洪水，张起大口喝了九九八十一口，把洪水全部喝进肚子里，洪水消退了，神牛也筋疲力尽了，它稍一松劲，把喝进肚子里的洪水从屁股后排泄出来，在地上冲了一道深沟，保护了两岸的生灵。大禹非常感动，上前慰劳神牛，见神牛气喘吁吁地卧在地上不动，大禹心里一酸，泪如雨下，泪水冲掉了牛毛，于是神牛就变成了石牛。自从有了这条沟，遇洪能排，遇旱能灌溉，使方圆多少里的土地旱涝保收，人们都纷纷迁居于此，称此地为"神牛沟"，后来又慢慢地传为"水牛沟"。

5. 仙人石村

位于汝阳县与伊川县葛寨乡（今葛寨镇）交界处。村西有一块近似一间房子大小的石头，上面密密麻麻地印着三寸来长的脚印，当地人传说那是给大禹送饭的仙女留下的。

传说在很早以前，洛阳龙门口还没有打开，龙门山以南的山泉、河流没有出路，形成一片汪洋大海，人称"五洋江"。江水淹没了良田、冲毁了村庄，逼得人们流离失所，都远走他乡。大禹受命到这一带治理洪水，住没住的，吃没吃的，非常艰难。

玉皇大帝的7个女儿久慕人间男婚女爱的生活，经常背着父亲到南天门观赏人间美景。一日她们看到龙门山南江水茫茫，巨浪滔滔，想到人间的生死存亡，劝父亲派神兵天将前往治理洪水。她们的父亲听后却不以为然，并斥责她们不要多管闲事。当7个仙女得知舜帝已派大禹去治理洪水时，就商量着要私下到人间去帮大禹的忙。帮什么忙？送饭。

汝阳县城东南有座云梦山，终年云雾缭绕，紫气升腾，是上界神仙下凡的立足之处。众仙女商量，为了不被父亲发现，她们轮流到这里做饭，再送到"五洋江"边给大禹。第一个下界到人间的是大仙女，她在云梦山的石洞里做好饭，就腾云驾雾到江边，站在那块大石头上张望，等待大禹的到来。也怨她们太粗心，没有把自己的心事告诉大禹，所以大仙女在大石头上急得团团转，三寸金莲在石头上踏遍了，也没有见到大禹。就在这时，天鼓响起，玉皇大帝发现大女儿私自下凡，派来天兵天将把她抓了回去。也就在这个时候，龙门山上一声巨响，山崩地裂，大禹劈开了龙门山，"五洋江"水也就泻了出去。而大仙女给大禹送饭站过的那块大石头人们就叫它"仙人石"，附近人们居住的村名就叫"仙人石村"。

6. 禹通镮辕关的传说

镮辕关位于偃师与登封交界的嵩山西端，是古洛阳的八关之一。在关外（登封）嵩山脚下有一块大石头，名曰"启母石"，传说与夏禹开凿镮辕关有关。

据《淮南子》记载："禹治鸿（音同洪）水，通镮辕山，为熊，谓涂山氏曰：'欲响，闻鼓声乃来。禹跳石，误中鼓，涂山氏往，见禹方作熊，惭而去。至嵩高山（即嵩山）下，化为石，方生启。'禹曰：'归我子！'石破北方而启生。"至今大石仍在，汉代人们在大石附近建有启母阙以示怀念。

7. 石门村

位于栾川县潭头乡。这里四周环山，气候宜人，物产丰富，是颇有名气的潭头盆地。传说在上古时候，这里是茫茫水泊，先民们都生活在四周的岭坡高地靠狩猎和捕鱼为生。每逢下雨山水涌入，祸及周围居民。后来大禹在这里治理洪水，白天他驾舟湖上摸水情，看地形，晚上到岸上同居民共商治水大计。当他了解到湖水是东部深而西部浅时，断定湖底是西高而东低。于是他就带领人们在东部山崖上劈山开凿了一条状似石门的豁口，让湖水东流入伊河，现出良田沃野。人们于是都下山造屋，定居于此，故取名石门村，现在村南还保存有龙山、二里头文化遗址。千百年来，当地人们都忘不了大禹治水的丰功伟绩。

8. 高山村、夏宝村

高山村、夏宝村，是伊川县东西两个非常古老的地方。高山村在县城西南，这里四周山丘蜿蜒，沟壑纵横，挺立于丘陵之中。夏宝村位于县城东南的伊河东岸上，村民传说不少有关大禹在这里治水的故事。

传说在很早以前，龙门山以南河水横流，积水成潭（湖），人们的生活十分困难。尧派鲧来治理水患，他采取"水来土掩"的办法，拦截各地水源，这不仅没有把水患治理住，反而使水越来越深，受害的人越来越多，民怨沸腾。于是又改换鲧的儿子禹来治水。禹吸取父亲的教训，采取疏导的办法，并亲自到各地去调查研究。当他来到洛阳龙门山南察看水情时，正遇天降大雨，洪水猛涨。他一连转了好几天都因找不到一片立足之地而一事无成。一天，夏禹举目远望，见龙门山西南有座高山，花木葱葱，祥云环绕，就不顾劳累地奔向那座山。到山前他测量了那座山的高度，兴奋地说："这座高山，洪水难以淹没。"谁知这句话，竟使这座本来就比较高的山变成了活山，水涨它也长，水落它不落。于是夏禹就在这座山上扎下大营，开采五色巨石，还用五昧真火炼成一艘石船。夏禹乘坐这艘石船，遍游龙门山南这片汪洋的每一个角落，认为龙门山这条东西横卧的"石龙"，是造成这片汪洋的大祸害。于是他就举起劈山大斧，使出全身力气向龙门山砍去，只听"轰隆"一声巨响，山摇地动，火光飞溅，龙门山被劈出一个大豁口，大水汹涌澎湃，通过豁口向北流去。夏禹采石炼石的那座高山就是今天伊川县的高山村。而迁居于伊河两岸的人们在给村庄起名字时，无不感念夏禹治水的功德，其中一个村庄就起名夏宝村，以示纪念。这就是今天高山村和夏宝村名的来历。

五、最近，洛阳市的两个队（文物队）都做过哪些与夏文化有关的田野工作？都有什么收获？

　　洛阳市的两个文物工作队，即洛阳市文物工作队和洛阳市第二文物工作队，在探索夏文化方面做了不少田野调查和发掘工作。洛阳市文物工作队（原洛阳博物馆），在 20 世纪 70 年代曾两次对洛阳市（不含县）范围内进行文物普查。1984 年春秋两季又在全市，包括偃师、孟津和新安进行更大规模的文物普查工作，基本上摸清了全市的古文化遗址分布情况。这次普查工作的重要收获是对河南龙山文化和二里头文化遗址的文化内涵有了比较全面的认识。在田野发掘方面，重点发掘的河南龙山文化晚期到二里头文化时期的遗址有东马沟、汝州煤山、西吕庙、孟津小潘沟、吉利东杨村和洛阳矬李、西高崖、关林皂角树等。

　　洛阳市第二文物工作队是在原洛阳地区文物工作队的基础上于 1986 年 8 月地市合并时组建的。组建前，地区文物工作队于 1979 年对全区的临汝（今汝州）、汝阳、偃师、孟津、新安、宜阳、伊川、洛宁、嵩县、栾川及渑池、三门峡市、灵宝和卢氏 14 个县市进行了较为详细的考古调查，对伊河、洛河流域的河南龙山文化和二里头文化等遗址分布有了比较清楚的了解。先后发掘的遗址有伊川白元、马回营、卢氏的祈村湾和洛宁谷县水库等重要遗址，特别是伊川白元、马回营等遗址的发掘，大大丰富了河南龙山文化晚期到二里头文化这一阶段的文化内涵。1987 年至 1989 年我在洛阳市第二文物工作队工作期间，该队配合修建 207 国道，又发掘了偃师高崖遗址，该遗址除发现丰富的裴李岗文化、仰韶文化和河南龙山文化堆积外，也有丰富的二里头文化堆积。近年来，洛阳市文物工作洛阳市第二文物工作队在上述地区共发现河南龙山文化和二里头文化遗址 330 余处，对我们深入研究夏文化的内涵和分布提供了宝贵的资料。

1992 年 10 月，洛阳市第二文物工作与中国先秦史学会联合组织的"全国夏文化学术研讨会"在洛阳市隆重召开，国内考古学界和历史学界从事夏史和夏文化研究的专家学者 80 余人云集洛阳，共同就夏文化研究的一系列课题展开了热烈而深入的讨论，提交大会的论文有 60 余篇，达到了预定的目的。

六、作为研究夏文化的专家，您对今后的夏文化探索工作有何建议？

夏文化探索和研究是我国考古学、历史学界一项非常重要的研究课题，可能需要相当长的时间才能解决。这个过程不是靠一个人或一个单位，而是要靠全体史学工作者，特别是要靠全体文物考古工作者，通过不断的考古调查和科学、认真的考古发掘，获取新的资料而达到最后解决。由此建议：

（一）全国应设立夏文化研究基金。夏文化研究是国家级的重点研究课题，需要做大量的考古调查和发掘工作，而且必须是有计划地大规模地发掘。发掘经费单靠地方是负担不了的。

（二）河南应设立夏文化研究中心。河南是全国的文物大省，又是文献记载中夏氏族活动的重要地区，因此我们河南的文物考古工作者在这方面肩负着非常重要的历史重任。20世纪50年代以来，中国科学院考古研究所、北京大学考古专业及河南省文化局文物工作队等单位做了不少田野考古调查和发掘工作，取得了一些非常重要的收获，如登封王城岗和偃师二里头等遗址的发现与发掘，为夏文化探索和研究提供了重要的线索和实物资料。但是，由于经费的不足和机构的局限性，使夏文化探索和研究长期处于踏步不前的状态。我作为一个老文物工作者，根据几十年来的工作经验认为，我们河南应率先在这方面建立"夏文化研究中心"，统筹全省的夏文化研究工作，把全省的夏文化研究者，包括各高等院校的专家学者组织起来，制订工作规划，分头实施，一定会大大促进对夏文化的研究和发展。

主要著述

1.《对探索夏文化的一点看法》，《河南文物通讯》1978年第2期。

2.《洛阳市1984年古文化遗址调查简报》，《中原文物》1987年第3期。

3.《夏代及其文化》，《夏文化研究论集》，中华书局，1996年版。

徐殿魁

徐殿魁

徐殿魁，1939 年出生，祖籍江苏无锡。1955 年毕业于北京二中，当年到中国科学院考古研究所当见习员，参加了北京大学与考古研究所联合主办的短期考古训练班培训。在 40 多年的考古生涯中，主要参加了庙底沟、三里桥、二里头、夏县东下冯、偃师商城、杏园汉唐墓地、安阳殷墟、三门峡虢国墓地、侯马晋国铸铜遗址和北京元大都的发掘。1982 年 7 月被中国社会科学院考古研究所评定为工程师。1983 年 8 月被考古研究所评定为副研究馆员。1997 年 7 月修完河南大学文博专业两年制大专的全部课程，领取了毕业证书。

一、您是何时参加有关夏文化的田野工作的？都参加过哪些与夏文化有关的考古工作？

我是 1959 年开始参加夏文化田野工作的。当时，夏文化的探索已成为考古学界的一个重大课题，尤其是 1954 年、1955 年河南洛达庙等遗址的发现，引起考古学界的极大重视。在夏鼐先生的主持下，考古研究所拟定了夏文化探索的具体步骤，一是由徐旭生先生做文献方面的准备，并做适当的实地勘察。这就是后来成文的《1959 年夏豫西调查"夏墟"的初步报告》，刊载于《考古》1959 年第 11 期。二是派出偃师二里头工作队，开始做二里头遗址的试掘。三是指派张彦煌先生做山西队队长，山西队首要的学术课题即晋南夏文化调查，重点是在古平阳（临汾地区）和古安邑（运城地区）一带搞大规模普查。我就是山西队的成员之一，当年 20 岁，精力充沛。全队成员以年轻人为主，大家热情很高，组织纪律观念很强，是一个非常团结向上的集体，对于工作都充满了责任心。唯一的不足是我们参加工作的三四年里，主要是发掘新石器时代及西周时期的遗址，对于夏商、东周、秦汉各时期的遗存知之甚少。因此夏文化是什么样子，对于我们真是一个谜。

从 1959 年夏季开始，我们山西队首先围绕运城盐池、涑水河流域进行普查，着重摸清这一流域古文化遗址的分布情况，然后再区分时代，筛选出夏商时期的遗存。由于普查规划十分细致，加上全队同志的努力，工作收获很大，发现了大批的古代文化遗存。为了迅速提高全队的业务水平，先由安志敏先生到山西队讲授新石器时代考古，又由苏秉琦先生指导区分各个遗址的具体内涵。这个时候，张彦煌先生又给我们选编了参考文献，如《史记·夏本纪》，丁山的《由三代都邑论其民族文化》等，当时大家都能熟读"夷夏东西说"及"左河济，右泰华，羊肠在其北，伊阙在其南"，还有什么"伊洛竭而夏亡，河竭而商亡"，等等。考古研究所洛阳工作队的东干沟发掘，及时给我们寄过来发掘资料的照片，我们可以对着照片，将东干沟时期的遗物与龙山文化和二里冈时期商文化区分开来，这在当时来说已经是站在探索夏文化的前列了。

1959 年冬季，我们有意识仔细归纳这一年来的主要收获，对百余处遗址进行具体分析，排比了各时期、各类型的典型标本，在这个基础上选择出了山西永济的东马铺头遗址，因为它的文化面貌非常单纯，均为二里头时期遗物，没有发现更早或更晚的遗存，因此决定对它进行小规模的试掘。当我们准备出发时已经是 12 月下旬，到了东马铺头之后就开始下雪了，因此我们的试掘就是在小雪中开始的。由于当时的认识比较肤浅，主要想考察一下遗址分布情况及保存状况，因此只开了两条探沟就打道回府了。那天早上从试掘探沟的灰坑中挖出单耳罐及四足小方鼎时，我们高兴得手舞足蹈，似乎是一锤定音认定这里是一处与东干沟时代相同的遗址。那时根本没考虑过它本身能否分期的问题。现在回想起来都十分后悔，当时如果多挖一些就好了，一下子就把机会错过了。1966 年全国集中学习搞"四清"运动，正巧我们考古研究所又被分配到山西永济搞"四清"，经过几年再去看那个遗址，却早已面目全非了。

1961 年，我们开始调查侯马、翼城、曲沃、绛县的汾浍河流域，冬季试掘了翼城里砦公社的感军遗址，因为在第一次调查中发现它的文化面貌与偃师二里头遗址有许多相近之处，所以选择它进行了小规模试掘，发现了大量的二里头时期遗物，其中也有几件大型三足瓮、敛口瓮是二里头遗址极为少见的。当时已经觉察到，山西晋南的二里头时期遗物与河南二里头遗址的出土物既存在着明显的相似之处，又存在着许多地域性特征，这一现象很值得我们注意。但也是由于当时认识肤浅，试掘时间太短，没有解决什么问题就鸣金收兵了。

二、您曾与张彦煌先生到夏县禹王城调查，并联名发表了简报，能否回忆一下当时的情况？

由于山西队的业务重心是探索夏文化，所以在调查之初，我们对于与夏代有关的地名、城址、遗物都会给予特别的关注。晋南在这方面古遗迹尤为突出，什么"尧庙""舜帝庙""禹王城""安邑"等，古史中的称谓一直延续到今天，我们到这些地方调查也格外重视，一定不能让重要的古遗存从我们的手中漏掉。每天安排调查的路线都在 30 千米以上，采集标本更是认真负责，再重的石斧也要装在背包里背回驻地。晚上刷洗标本，整理调查记录，还在标本上写字，工作很紧张，但我们的情绪十分高涨。

关于禹王城遗址，调查之前，山西省文物管理委员会已有档案在册，我们做了一次详尽的复查，发现城内主要为战国时期遗物。鉴于古城保存完好，考虑有必要对它进行更为详尽的勘测。1962 年夏天，在十分炎热的季节里，我们开始了对禹王城复查钻探及测量。测量由考古研究所派来的刘振伟同志担任，夏县文管会刘建业同志一同协助工作，主要业务考察由我负责。当年禹王城东、西、北墙都保存尚好，尤其是北城墙，保存有 3 米多高的夯土墙体，只有南墙已毁坏无存。只记得大城中间包着小城，小城与大城之间有城墙和马道相连。经过钻探发现城角拐折处呈圆弧状，十分宽厚，但城内的遗存仅见战国至西汉的遗物，经张彦煌先生查阅大量文献，判断这里为战国初期的魏都安邑，这一判断在学术界是被承认的，至今没听到什么不同意见。简报的执笔以张彦煌先生为主，我只是将古城址的具体数据及勘测经过写在简报之内。记得我们住在一所中学里，学生正在放暑假，天气热得我们经常睡在院内席子上。白天身背测量木箱，还没干活已是满身汗水；遇上下大雨，我们就在学校里查阅县志古籍，生活似乎也没感到多么寂寞，几个同志在一起则觉得十分快活。

三、作为东下冯考古队的副队长，您不仅长期主持日常工作，而且执笔写作发掘报告的陶器部分，能否谈谈当时的工作情况？

夏县东下冯遗址是我们 1959 年在涑水河流域普查中首次发现的。同行的还有我所张子明同志和山西省文管会的邓林秀同志。当天情况我记忆颇深。那日适逢转站，由我队任志远同志负责将行李、标本由闻喜转站夏县。我、张子明、邓林秀一路调查去夏县。中午之前已经调查了两处遗址，一处是埝掌镇，一处是崔家河，标本采集很多。中午吃过饭已很累，准备向夏县进发，没想到刚过了埝掌青龙河，就发现了东下冯村边的大灰坑遗存。我们马上又来了精神，迅速查清遗址范围，绘制草图，填写记录，采集标本，到下午 3 点多才告一段落。此时每人身上都是大包陶片、石器，足有几十斤重，可距夏县尚有 20 千米路程。我们以坚强的毅力和行军的速度，用了近 4 个小时到达夏县。到时天已经黑了，找到县招待所时已是又饿又累。当时汽车很少，如果想搭乘也只有牛车、驴车，我们是一步一步走回夏县的。虽然当天十分辛苦，但晚上刷洗这些标本时情绪又特别兴奋，因为 3 个遗址的标本都十分丰富。

"文化大革命"开始后，所有工作都停顿了，直到 1973 年山西队恢复工作，我们才搞了一次重点复查，其中就有夏县东下冯。1974年即开始组队发掘东下冯遗址。考古研究所有张彦煌、孟凡人和我参加，山西省文管会有齐惠芬、付淑敏、和春城参加，夏县文管会杜文库协助工作。后来中国历史博物馆也参加了东下冯的发掘，派出王晓田、于文荣、胡德平等同志，我所也增派了黄石林、张岱海等同志。按照考古研究所的历来标准，我们这几个没有大学文凭的同志一般是没有领队资格的。由于队长张彦煌同志身体多病，常常不能来到田野一线，而东下冯又是大规模发掘，在这种特殊情况下才任命我为副队长。其实考古研究所、中国历史博物馆及山西省文管会，陆续派来东下冯遗址工作的人员也相当多。东下冯遗址如果说有一点点成绩，也是3个单位的同志共同努力的结果。我在东下冯的10年里比较辛苦，这是因为工地的田野工作要占去我大部分精力，而全队的账目也由我来管理，室内的标本管理也占去我许多时间，还要经常与当地的村干部周旋，因此时间十分紧张。1980年至1983年主要是整理报告，这时候总务、财务和杂务工作都少多了。我在东下冯发掘报告的编写中，主要负责陶器分期这一章节。其实我们在整理报告中花费时间最多的就是陶器分期，只要分期问题定下来，其他就好写了。虽然今天回头看一看报告尚有诸多缺憾，但是基础资料还是十分牢靠的。对于某些遗迹现象有疑问的，报告宁可弃而不用。分期结果几经反复验证，才得出六期的编排，其中的商代遗物还邀请了郑州大学陈旭女士具体指导，因为她对二里冈遗物十分熟悉。对山西省来说，发掘这样一处大型夏商遗址，对于探索夏文化是十分重要的。

夏县东下冯遗址报告虽然已经出版，但回忆起来仍有许多令人困惑的问题。一个是"沟槽"问题，另一个是东下冯类型与夏商的关系问题。

先谈一谈沟槽问题。东下冯开始发掘的第二年即发现了东区的环形沟槽。共有内外两圈，呈回字形。内圈周长约400米，自身宽4—5米，距地表深 4—5 米。外圈沟槽除了周长比内圈长百余米，沟槽的宽度和深度与内圈大致相当。由于沟槽内的填土有灰土、路土，也有夯土，因此对于沟槽的用途有了几种不同的看法。多数人认为是城墙基槽遗迹，但夯土的质量确实很难令人信服。有人认为是防御设施，可是又觉得这种宽度起不到什么防御的作用。夏鼐所长也曾为此派出了以张长寿先生为首的专家组莅临考察。各位专家对此提出了许多新的见解，最后还是采用扩大发掘面积来解决这一分歧。经过几年的大规模发掘，我们终于弄明白，这是一种在黄土高原上的特殊村落遗址现象。深沟是来往交通的胡同，沟两壁是掏挖窑洞的地点。沟内有几处夯土版筑的墙壁，可能既有防洪防风的功能，又有区分家院范围的功效。窑洞一般较小，洞内面积多在 4—8 平方米，门洞仅容一人出入。这样的窑洞在东下冯遗址中一共发现了 41 座。

再谈谈关于东下冯类型文化与夏商的关系。东下冯遗址发掘出了七八百件陶器、大量的居住址及烧窑遗迹，这里无疑是一处重要的古代聚落遗址，为探索夏文化提供了一批十分珍贵的资料。但是在讨论它的文化属性问题时，大家还是十分困惑的。我们基本的看法是东下冯类型文化尽管分为六期，但发展序列一脉相承，它们之间只有时间早晚的区别，没有文化属性方面的差异，时代上肯定是晚于河南龙山文化而早于安阳的殷商文化。后三期与郑州二里冈文化是十分相近的。从总体特征上看，前三期也与商文化关系密切，可是我们在发掘报告的结语中没有直接提出来我们的看法。这里还牵涉我们当时对商文化的认识。此前在探索夏文化时，我们着重读的文献就是傅斯年的《夷夏东西说》，一直认为商文化在河北、山东，夏文化在晋南、豫西，因此，晋南一带早已被视为夏文化的发源地之一。1986 年，考古研究所山西队高天麟同志和李健民同志在襄汾县试掘了大柴遗址，这是经山西队反复调查的一处东下冯类型的遗址。试掘证明，大柴遗址早期与襄汾陶寺龙山文化没有承袭关系，尽管它与陶寺仅有几十里之遥，在文化面貌上又与二里头文化存在明显差别。高天麟同志在发掘简报的末尾以及后边的论文中称："东下冯类型的性质应与陶寺类型龙山文化不同，即不可能是夏文化，当是商代早期文化。"我认为，高天麟同志的论点持之有据，可谓真知灼见，我从心里佩服，虽然这一论点尚没有更多的文献方面资料的支持，但希望能得到更多学者的关注。

四、据说在东下冯龙山文化时期的文化层中，曾经发现有原始瓷器，并被认为是中国最早的原始瓷器，但后来却很少被人提及，您能否谈谈有关情况？

商代中后期已有釉陶器出土，引起学术界的重视，被称为原始瓷器。东下冯西区的河南龙山文化层中曾出土了数片篮纹陶片，烧结温度很高，似瓷片状，黄石林同志认为这或是最早的原始瓷片。目前学术界普遍认为，瓷器的界定要有五大要素：（一）瓷胎为高岭土（即高岭石粉）；（二）烧成温度在 1200—1300 摄氏度以上；（三）不释水性；（四）器表有瓷器光泽；（五）声响清脆。东下冯西区龙山文化层中，没有成件的瓷器出土，仅见几块碎片，因此我以为不宜过早定性为"原始瓷器"。如果确实是一项重大发现，还必须有更多发掘资料的支持。

五、在偃师商城工作期间，您与赵芝荃先生联名发表的几篇文章在学术界影响很大，请谈谈这几篇文章的写作过程。

1983 年春季，考古研究所汉魏故城考古队在偃师城关西侧发现偃师商城，考古研究所领导极为重视，夏鼐所长指派赵芝荃先生组队，及时投入对偃师商城的发掘与研究。赵芝荃先生刚好已完成偃师二里头遗址的发掘报告，我也正好刚刚完成山西夏县东下冯遗址的发掘报告，因此我成了商城队的第一批成员，此外还有技术专家钟少林先生，文献功底很好的黄石林先生，年轻人里边有刘忠伏同志。1983 年秋季在全面钻探的基础上，我负责发掘西城门，刘忠伏负责解剖 1 号夯土基址，黄石林先生负责发掘城内灰土堆积。1984 年开始发掘 1 号夯土基址内的4 号宫殿；1985 年又开始发掘商城东城门，队内人手不多，但齐心协力，使偃师商城的基本面貌很快呈现于世人的面前。

对于商城性质的认识，全队的看法基本一致，仅小有差别。其基本观点是：（一）这是商汤建都的西亳；（二）这是一处军事色彩浓厚的都城遗址，而并非什么商业、文化、经济中心；（三）这座都城曾经过严密的规划，外城、宫城、道路、城门和给排水系统都十分完备；（四）这座都城使用了相当长一段时间，宫殿、城墙、城门都有拆建、改建遗迹；（五）这座都城的发掘与研究对于夏商文化研究是一次重大的突破。由于基本观点相近，发掘资料坚实可靠，所以在撰写论文时也比较顺利。一般都是赵芝荃先生拟订论文提纲，我执笔初稿，赵先生再修改补充。如果说发表的几篇论文能引起学术界的注意，最主要是因为夏商研究在当时是考古学界的一大热点，人们期待并关注着偃师商城的每一个发掘成果。1986 年以后，发掘工作仍十分繁重，而我又不得不抽出去搞偃师首阳山电厂的考古发掘，赵先生的身体也不如当初，偃师商城的发掘工作有些缓慢。1990 年赵先生因病住院，我临时担任商城领队，但重心仍侧重于发掘偃师首阳山电厂内的汉唐墓葬，偃师商城的发掘任务落在了刘忠伏同志身上。从 1996 年开始，商城队重新组队，由杜金鹏同志负责，考古研究所派出一大批精兵强将，又开始了商城的大规模发掘，收获颇丰，也为"夏商周断代工作"做出了突出的贡献。

虽然说偃师商城的发掘与研究已取得了很大的收获，但对于一座都城遗址来说，还是远远不够的，还有许许多多的问题等待着田野发掘去证明、去补充。偃师商城的所有收获是偃师商城考古队全体同人努力的结果，大家不辞劳苦、不计寒暑，日复一日地工作在田野第一线，对于每一个细小的局部现象都给予了很大的关注，经常是在田野现场就展开了热烈的讨论。所以应该说偃师商城的每一项发掘成果，都凝聚着商城考古队队员们的心血。

六、为配合电厂基建发掘汉唐墓葬之后，您逐渐将研究重心转移到汉唐时期，请问在偃师曾经发现多少关于西亳的墓志，这对探讨偃师商城的性质有何助益？

在偃师发掘唐墓 70 余座，其中纪年墓有一半以上，出土墓志 40 余方，这批唐墓保存完整，未被盗掘，是一批珍贵的唐墓资料。在墓志中发现"西亳""亳邑""尸乡"的记载有十处之多，例如：

（一）柳凯墓志。下葬于唐高宗麟德元年（664），志文有"奉迁灵窆，合葬于偃师县亳邑乡邙山之南"的记载。

（二）李延祯墓志。下葬于唐中宗景龙三年（709），志文有"访旧瘗于北邙，祔新茔于西亳"的记载。

（三）李景由墓志。下葬于唐玄宗开元二十六年（738），志文有"原深景亳，土厚尸乡，新阡旧地，终古相望"的记载。

（四）崔夫人墓志，下葬于唐玄宗天宝四载（745），志文有"江国南楚，山川西亳，还同望夫，此焉何托"的记载。

（五）郑夫人墓志。下葬于唐德宗贞元八年（792），志文有"窆于偃师县亳邑乡北邙山原"的记载。

（六）李郁墓志。下葬于唐武宗会昌二年（842），志文有"归葬于河南府偃师县亳邑乡土娄南管"的记载。

以上 6 方墓志，从初唐高宗时期至晚唐武宗时期，都明确记录了偃师西侧这一地域为唐代的亳邑乡，说明西亳这一古人遗迹，在有唐一代仍是人人熟之能详的古迹，并认为这里是汤都西亳故地。1983 年春，考古研究所汉魏故城考古队恰恰在这一地域钻探出一座保存相当完整的商代都城遗址，文献与考古遗迹如此的吻合，这绝非偶然。

七、唐代偃师县城的位置对于确定偃师商城的性质颇为关键，不知您对这个问题是如何认识的？

初唐李泰《括地志》曰："亳邑故城在洛州偃师县西十四里，本帝喾之墟，商汤之都也。"这是初唐的文献，但对于亳邑与偃师县城的关系记述得十分清楚，也是"西亳说"引用的主要文献之一。

我们在偃师西两千米的杏园村发掘了唐中宗景龙三年（709）李延祯墓，据墓志记载，唐偃师县城的方位与《括地志》李泰的记述十分吻合，"己酉十二月景（讳丙）申招魂葬于偃师县西十三里武陵原大茔"，墓志还记载着这样一句话："访旧瘗于北邙，祔新茔于西亳。"

《括地志》与李延祯墓志记载的偃师县城，均指唐代的偃师县城，即今天的偃师老城。老城位于今偃师区东 5 千米，距今天的偃师商城恰恰是六七千米。1935 年秋，伊洛二河暴涨，老城地势低洼，几乎全部被河水淹没，城内房屋倒塌殆尽，县政府被迫迁至陇海铁路侧旁的槐庙村一带，也就是今天的偃师区，迄今仅 60 多年的历史。偃师杏园村唐代墓志中所称的偃师，均指偃师老城。

有的学者将《括地志》中的"偃师东六里有汤冢，近桐宫"与《史记》"正义"中的"尸乡在洛州偃师县西南五里也"混为一谈，不惜将唐代偃师县城的位置搬来搬去，一会儿搬去偃师西侧的辛寨，一会儿搬回偃师区东边的老城，这种提法既缺乏历史文献的证据，又没有考古遗迹作佐证，因此结论很难令人信服。

有的学者提出"西晋皇甫谧指出的偃师西亳在偃县西二十里尸乡首阳亭"，而"偃师西二十里，当今首阳火车站附近的南蔡庄一带，今南蔡庄一带并无大范围早商遗址，可见皇甫谧'尸乡之首阳亭'之说是错误的"。但是我们要注意这样一个情况：古今度量衡标准的不同。如果用今天的"二十里"距离去丈量，偃师老城西10千米确实接近南蔡庄。然而我们虽然不知道西晋时的"二十里"与今天的"二十里"是否为一个等同的概念，但我们却知道今天的一里等于500公尺，又等于150丈、1500尺。而西晋的一尺呢，比现在的一尺恰好短四分之一！如果用西晋的尺子去丈量，西晋时的"二十里"也就相当于今天的15里，岂不是又回到了今天偃师商城的位置？何况学者们在引用文献时，没有一位先生拘泥于文献中三里五里的说法，因为那仅仅是一个约数，度量衡的标准在各朝各代时有变动，过于拘泥必然会造成大的偏差。

八、现在您对夏文化的总体认识如何？

今天，一谈到夏文化很容易联系到偃师商城的年代和性质，因为大家都十分清楚，一旦偃师商城确立为汤都西亳，那么夏商之间的分界就迎刃而解了。对于偃师商城的认识不可能一蹴而就，都是在争论当中一步步接近正确的，当然论争的基础是大量的田野现象和发掘成果。我们1984年发表的商城简报用了一段有所保留的话："这批小墓虽开口于不同的层位，但都叠压或直接打破城内的路土，这就从地层上表明，城墙的建造年代早于这批小墓，城址应当是商代早期兴建的。"当时这段有所保留的话受到一些同志的批评，他们认为偃师商城的时代早已经是"可定论"，不必含糊其辞。我们当时的考虑是，偃师商城的大规模发掘刚刚开始，对于一座古城的研究和探索，远比对一处遗址的发掘要复杂得多，因此不宜过早下结论。还有一个问题，偃师商城的同时代可比资料也不充分，同志们开口闭口都是二里冈上层、下层，而恰恰在那个时候有的同志发表论文将二里冈上、下层分为4段，又有的同志将二里冈分为三期，因此用偃师商城的时代去套用二里冈上、下层，这显然不够准确，因此，在那个阶段发表"可定论"为时尚早。经过偃师商城十几年的发掘工作，人们的看法逐渐接近一致，偃师商城肯定是商代早期的一座都城遗址，已被绝大多数学者所接受。当然不同的看法还是有的，那就让事实说话好了。

今天偃师商城的发掘成果已令人信服地认识到，这是一处规模浩大的早商都城遗址，它的内城、外城、宫城、仓廪、城门、花园、给排水、道路等无不显示着这一点。再结合那么多文献的记载，我们可以认定这里就是商汤建都的西亳。偃师二里头遗址距离偃师商城仅有10里的距离，但文化面貌上有着明显的差别，它们之间不可能存在什么地域上的差别，用一位著名学者的话来概括，即"夏就是夏，商就是商"。夏商二族错落河济间达数百年，可能有许多文化上的交往，但它们自身的主要文化特征仍在顽强地保留着。因此，二里头遗址迄今为止仍是我们探索夏文化的主要基地。

夏商文化的分期断代课题成果很快就会让世人窥其全貌了，此时此刻我们不要忘记，这一恢宏的学术成果是经过几代历史学家、考古学家的辛勤努力才取得的，是用手铲一铲一铲挖出来的！在举杯庆贺这一重大学术成果时，我们千万别忘了那些手不释卷、孜孜以求的先辈，是他们用那有力的身躯举托着我们攀上了夏商文化探索的高峰！

主要著述

1.《山西夏县禹王城调查》，《考古》1963 年第 9 期（合作）。

2.《山西夏县东下冯东区、中区发掘简报》，《考古》1980 年第 2 期。

3.《龙山文化陶寺类型初探》，《中原文物》1982 年第 2 期。

4.《汤都西亳说》，《北京晚报》1984 年 2 月 28 日。

5.《漫谈新发现的偃师早商古城》，《中州今古》1984 年第 5 期。

6.《1983 年秋季河南偃师商城发掘简报》，《考古》1984 年第 10 期（合作）。

7.《偃师尸乡沟商代早期城址》，《中国考古学年会论文集》第 5 集，1985 年版（合作）。

8.《偃师尸乡沟商城的发掘与研究》，《中国古都研究》第 3 辑，1987 年版。

9.《夏县东下冯》，专刊，1988 年版（合作）。

10.《晋南考古调查报告》，《考古学集刊》第 6 期，1989 年版（合作）。

11.《偃师商城为一座商代早期都城遗址》，《中国文物报》1992 年 9 月 8 日。

郝亮

郑光

郑光，1940 年出生，四川南充人。1966 年中国科学院考古研究所研究生毕业，并留所工作。1972 年参加该所二里头工作队，到二里头遗址做田野考古。1980 年任二里头工作队队长。曾任研究员、博士生导师。自参加二里头遗址的工作以来，便开始研究和解决夏商文化的关系、年代、分界等问题。除主要在二里头遗址发掘外，从 1974 年起还穿插在豫西、豫东调查龙山和二里头时期遗址，还有夏都原城遗址的调查及被认为与斟郭有关的稍柴遗址的大规模钻探工作。参加和主持过汝州煤山遗址、永城王油坊遗址、商丘坞墙遗址的发掘。1997 年负责主持『夏商周断代工程』之『二里头文化分期和夏商分界』专题研究工作。同时作为《二里头遗址发掘报告（1980—1991 年）》（『八五』国家重点科技攻关项目和国家社科基金资助项目）的主编继续完成本课题的研究和编写工作。

一、您是何时开始在二里头遗址工作的？在此之前，您研究过有关夏文化的问题吗？

我是 1972 年开始在二里头遗址工作的。1963 年大学毕业后，我考入了中国科学院考古研究所，师从郭宝钧教授，所读的研究生专业是殷周考古（主要是商代晚期殷墟文化这一段）。就这一点来说，与夏文化关系不大。但在实际读书中，就不仅是学习晚商的考古和文献资料，晚商前后的考古和文献我都想求得贯通或旁通。我从小有个毛病是贪多骛广，为学冗杂，好旁生枝节。从短期讲不能收到速效，有些功课试卷的答案不合老师所授，因而考分不高；从长远看，从少年时代便将思想扩开了，后来得益匪浅。因此，夏代及其以前的考古和文献资料都是我关心的范围。但这时只是关心和学习有关夏代、夏文化的资料，还谈不上研究夏文化。

二、您是何时接任二里头工作队队长一职的？接任之后您主持过哪些工作？能否详细谈谈？

二里头工作队第一任队长是赵芝荃先生，我是 1980 年春接任此职的。若说主持工作，在此之前我已主持了一些队里的发掘和调查工作，如1977 年秋主持河南永城王油坊（龙山）遗址的发掘工作及同年冬豫东永城、虞城等县的调查工作，对于龙山文化王油坊类型的特征、年代、分期的认识建立的基本框架，为后来在广泛地区发现的龙山文化王油坊类型的研究建立了可资参考的标准。1978 年春秋两季，主持二里头 2 号宫殿的发掘。除宫殿遗址本身重要外，还发现新的分期（第五期）的地层资料和二期大型建筑夯土基址，并提出了夏商分界新的设想。接任队长以后，1980 年春，主持二里头铸铜遗址的发掘工作。1980 年秋，主持二里头遗址Ⅲ区中型房基和Ⅲ、Ⅴ区朱砂墓的发掘，出土了一批重要文物，如铜器、玉器、漆器等。1981 年至 1984 年春，主持Ⅴ区大型台坛类建筑和Ⅳ区铸铜遗址的发掘，清理了二里头第二至四期铸铜作坊遗址，获得一些铜器、坩埚、陶范等重要文物。这些收获不仅对二里头文化的认识和研究有极其重要的意义，对中国文明发展史方面的研究亦具有十分重要的意义。因为这种遗址和大量有关铸造铜器的遗物在我国尚属最早的。其间我们在Ⅲ区和Ⅴ区东北发现了与Ⅳ区铸铜遗迹有关的遗迹，但都被农民取土所破坏。1984 年秋和 1985 年春在Ⅴ区和Ⅵ区发掘。Ⅴ区发掘达到了解 1 号、2 号宫殿发掘时地层方面问题的目的，即对 1 号、2 号宫殿的地层有了新的认识，获得了大量的二里头第五期的地层和实物资料，发展了二里头遗址的分期认识。同时在下层发现了第二期的大型建筑夯土基址。在Ⅵ区清理了一批随葬铜器、玉器的朱砂墓和一个时代接近安阳殷墟一期的灰坑。通过Ⅴ区、Ⅵ区新的分期资料，将二里头第五期的下限延续至商代殷墟文化时期。在二里头遗址的文化遗存中，从龙山文化到殷墟文化之间显现了一个连续的、一脉相承的文化序列，为中国此段考古学文化建立了一个较为理想的序列和时间的标尺。1985 年秋至 1987 年春在Ⅵ区的发掘，主要收获是发现了制骨作坊遗址及祭祀性建筑遗迹。1987 年秋至 1989 年为了进一步开展二里头遗址的发掘和研究工作，以及完成对外接待和交流的任务，我主持了本队的队部建设工作。经过大家的努力，收到较为满意的效果。1987 年后，由于经费的原因，不能像以前那样展开大规模的发掘工作，只能做些小规模的发掘和配合基建的工作，同时扩大范围寻找本遗址的边界和大家都关心的城墙和大墓。城墙和大墓虽未找着，但对遗址的大体范围有了基本了解，即东西、南北各 3 千米。我们发现过去以洛河南堤为遗址北界的认识是不对的，其北界应在洛河的北面古城村一带。今天的洛河在隋唐之际改道时从遗址北部穿过，将遗址破坏。同时在遗址的重点区域西北，通过物理探测和钻探，发现一大片夯土和路土基址。1993 年，我主持了二里头Ⅳ区仰韶文化大型建筑基址的发掘，虽然此事因种种原因偃旗息鼓，但大有探讨的余地。1994 年我主持编写的《二里头陶器集粹》一书，于 1995 年由中国社会科学出版社出版。此书第一次分门别类地按期对二里头遗址出土的陶器进行分析、综合，并做全面科学的总结。1995 年秋，我主持二里头Ⅸ区东南部特殊性质遗迹之发掘，此类遗迹在二里头还是首次发现。1996 年全力主持《二里头发掘报告》（1980—1991 年）的编写工作（本项目属"八五"国家重点科技攻关项目、国家社科基金资助项目）。1997 年，全力主持"夏商周断代工程"中"二里头文化分期和夏商分界"专题之田野发掘和室内整理及有关的研究工作，发掘中发现了二里头第一至五期的连续地层堆积，取得了令人满意的收获。1998 年同时进行《二里头发掘报告》的编写和"夏商周断代工程"研究工作。

三、凡是去过二里头的学者，都觉得工作站的条件很好，能否谈谈您在工作站建设方面的感受？

本人在建设一个条件较好的工作站方面的想法是：改善生活和工作条件，使大家做田野工作更安心。过去我们队下田野时都临时租用农民的房子居住，条件极差，房子极窄小，连放办公桌都困难。居住拥挤，使平常的学习、写作都很困难。要是队里人多，往往要分散租房居住，吃饭和集中都很困难。房屋破旧，冬天无法取暖，屋里到处漏风，睡觉时只好当"团长"（身体蜷曲成一团）。夏天屋里很热。雨季时，外面积水很深，不能外出，到外面水井挑水更为困难，房屋还有坍塌的危险。买粮吃菜都不方便，伙食也较差。虽然大家有一定的吃苦精神，但在苦中久熬，必然会影响士气，每到坚持不住时，便急匆匆地收拾行李，赶快离开工地回京。我深感这样的工作环境十分影响工作，影响事业的发展。我从 20 世纪 70 年代就有个夙愿，就是给大家创造一个好的生活和工作条件，每人住上一间房，有正规的床、书桌、柜子，读书、学习、研究都方便（多人住一屋则易相互干扰）。屋子好些，窗明几净，能抗御风寒暑湿，使大家感到舒适些，不至于怕下工地或者急于离开工地。在这种思想指导下，我不断想办法改善队里的居住条件。1980 年，我主持工作之后，我队从居住条件差的圪垱头村搬至二里头村的老大队部，不久又租用了二里头村新建的楼房三套 15 间。这样不仅居住条件改善了，出土的文物有地方放了，也可以在工地进行整理和修复工作，不再像过去那样将陶片拉回本所的洛阳工作站去整理、修复、存放。国内外的参观者来此也有东西可看。但随着工作的进展，出土陶片和文物越来越多，地方还是显小了，而且租赁民房总有个期限，不是长久之计。从 1983 年冬，我就开始活动，做长久打算。1984 年秋开始征地，1985 年夏在二里头大队书记王中岳的支持下，在村南征了数亩地。1986 年秋至 1987 年春季做基建前的发掘工作。1987 年秋开始建设队部的工作。建设之初有个更高的设想，在本所只投资 10 万元的前提下，要少花钱，多办事，建筑要布局合理、功能多样、形式美观。我们改变本所要求东西修一排、楼上楼下各 10 间的指令，把建筑集中在东北部，形成一个独立的群体，即大院中有一小院。就安全来说，形成第二道防线，这比一字形楼更合理。

楼房由 20 间增加到 42 间，功能多样，厨房、饭厅、厕所、宿舍、客房、大小仓库、陈列室、照相室、暗室、绘图室、图书资料室、保密间、值班室（楼上楼下各一）、大小会议室、会客室和若干机动房。工作人员的办公室和宿舍合二为一，内有卫生间，给人以舒适方便的感觉。除杂物和陶片放在大院仓库之外，主要生活和工作设施皆形成一个整体，左右环顾，不出二门，不受风雨。楼房的布局是由我规划的，建筑图纸是由华中理工学院一博士设计、绘制的。建筑风格是现代形式和民族形式的结合。楼顶平整宽敞，可供本队人员上去活动，参观者上去可俯视二里头遗址概貌和重要遗迹分布情况。

我规划的主楼的南部是菜地，西部是大庭院，安排花、木、石等景物，还可在适当的地方种粮食（尽量做到粮、菜自给），还留一块可建博物馆楼的地方。自来水供水主机放在大院西南部不显眼的地方。大门建在大院西墙南部离主楼较远，进门欲给人曲径通幽之感。总之要在一个不大的地盘内给人营造出宽阔、丰富多样的感觉。对于大门的设计，我征求了许多方案，最后的方案是我设计的，做成古代宫门的式样，两扇大木门，每扇各 49 个大乳钉。没有按照本所下达的建两个砖柱、两扇铁门的指令办，仍以不增加经费，把事办多办好为原则。

从建院之前，出于生活和工作的考虑，到超出此层面而建一个更为理想的工作点。这或许是一个冒失的想法，即考虑到国内外学术交流的需要，想建立一个夏商文化研究中心。这里收集、储存有较为齐备的夏商文化资料，可供国内外学者研究。所以在厨房、食堂的面积，居住和办公房间的数量上均有此考虑（后来对本遗址的开发也做了规划设想。不外乎为了更好地对本遗址进行发掘和研究，以及更好地对外宣传、展示我国光辉灿烂的古文化，提高民族的文化素质和民族自豪感做出自己的贡献。当然这只是一片爱国之心，而非好大喜功）。

　　我在建设本队队部过程中不断增加它的文化韵味。由于这一带是历代建都的重地，被认为是天下之中，本来意义的中国，或称"天室"，在中国文明史上居于十分重要的地位。我以"天室苑"命名此院。从院内景物到房顶斜面的颜色都要体现我国历史文化、哲学之最高特性，意欲给国内外造访者一种特殊的美好的印象。本院建成后，大家的反映多是良好的，认为给人员和文物都有了很好的安置。

四、20世纪80年代初，您曾以石加的笔名发表过著名的《"郑亳说"商榷》与《"郑亳说"再商榷》两篇文章，能否谈谈这两篇文章的写作过程及社会反响？

　　我曾以石加（石加之名取自《荀子·劝学篇》"驽马十驾，功在不舍"。寓意是我很笨，像匹驽马，但我愿不断地努力前进）的笔名写了《"郑亳说"商榷》与《"郑亳说"再商榷》两文，分别在《考古》1980年第3期和1982年第2期上发表，目标是针对邹衡先生《郑州商城即汤都亳说》（《文物》1978年第2期）的。写作的缘由是，从我所徐旭生先生1959年夏到二里头遗址调查时起，就认为这是成汤都亳的地方。徐先生在《1959年夏豫西调查"夏墟"的初步报告》（《考古》1959年第11期）一文中说："徐旭生在此调查前颇疑西亳的说法，但因为它是汉代的旧说，未敢抹杀。又由于乾隆《偃师志》对于地点指得很清楚，所以想此次顺路调查它是否确实，此次我们看见此遗址颇广大，但未追求四至。如果乡人所说不虚，那在当时实为一大都会，为商汤都城的可能性很不小。"他认为"这一遗址的遗物与郑州洛达庙、洛阳东干沟的遗物性质相类似，大约属于商代早期"。此后学术界包括老所长夏鼐先生也是遵从此说。我队在将二里头的文化遗存分早、中、晚三期时，认为"中期虽保留有若干龙山文化因素，但基本上接近商文化，晚期则是洛达庙商文化"；当二里头文化分为四期时，形成了夏商文化以第二、三期分界的认识。1977 年在"登封告成遗址发掘现场会"上，邹衡先生首次提出二里头文化第一至四期都是夏文化后，原来的一致认识开始分化为两派。1979 年邹先生发表郑亳说之后，此说与二里头遗址西亳说形成尖锐对立。我们二里头工作队仍坚持本遗址西亳说。外界支持我们观点的人认为，邹先生的文章叫人难以接受，鼓动我写文章与之讨论，故有 1980 年《"郑亳说"商榷》一文的发表。本文认为，在文献资料、考古资料等方面邹先生的理解和处理方式不妥或有误，从年代学方面看郑亳说也不大合理。例如郑亳说根据之一《左传·襄公十一年》之"亳城"，根据汉代以来的其他版本和种种理由，"亳城"应为"京城"之误；郑州所出陶文"亳"，实为"亭"字误释。"亭"字为战国时各国政府对制陶业管理的标识。这是个通例，只是各国文字有差异，"亭"字写法不一。年代方面认为二里冈上下层的年数不够成汤到盘庚或武丁（有主张武丁迁殷者）的王世及年数。文章一出，引起了相当大的反响，不少人打听和琢磨石加是谁，各种说法纷至沓来。有说石加是 5 个 50 岁以上的人（当时我还未满 40 岁），有说是以考古研究所某某为首的 10 个人组成的。中国社会科学院历史研究所张永山先生见了我问道："石加是不是你？"我说："是。"他说："我看了文章后，认为只有考古研究所的人能写出这种文章，我就到考古研究所甲骨组去打听（我在本所甲骨组帮过一段时间忙），他们不告诉我。"他把范围缩小至我，故有此问。他说："你这篇文章邹先生可不好回答了。"我说："看怎么回答了，可以不做正面回答。"某大学支持邹先生观点的某先生说："你的观点我不同意，但你的文章我无法反驳。"不久，邹先生果然做了回答，我又就他回答的问题写了《"郑亳说"再商榷》一文。两篇文章发表后，不断有人提及石加，有的人见了我以后说："原来石加是你，我还以为石加是个什么样的人物。"1982 年 9 月在美国檀香山召开商文化国际学术讨论会，中国大陆与会代表由夏鼐先生率领，出发前在考古研究所集合，我到宿舍看一些代表。当时湖南省代表高至喜先生问河南代表安金槐先生："有个叫石加的人写文章反驳邹衡，那是个什么样的人？"安先生指着我说："石加就是他。"我的文章写得不好，现在看来有许多毛病，竟有这么多人关心，不胜惭愧惶恐。虽然人物小，但拙作发表之后，至少使一部分人知道郑亳说仅是一说，它有许多疑点。

五、您与邹衡先生都是郭宝钧的研究生，但你们在夏文化问题上，无论是理论、方法还是具体结果都有很大的差异，能否谈谈其中的原因？

我与邹衡先生先后受业于郭宝钧先生的门下，至今我的学术水平都难与邹先生相比。由于每个人的经历、思维方式、性格不同，影响了个人理论、方法和结论的不同。常言道："师傅领进门，修行在个人。"同一师门，各有不同，都是各自修的。本人过去被认为家庭出身不好，在学校亦被认为是政治思想落后的人，一直被排斥在社会主流之外，好像一只丑小鸭，无所依傍，谁也不让依傍。这就使我养成要强的性格，倔强的脾气，耻于吹拍和仗势欺人，不愿随波逐流，而是埋头读书学习，以独立为原则。在大学里主要靠自学，靠独立思考，不轻易相信某些教条和权威的思想、理论和看法。凡事都要自己过一遍，重新审视一通。走自己的路，不在乎别人说长道短。1963 年，经过研究生考试和毕业论文答辩，有幸得到夏鼐所长和郭宝钧先生的青睐，使我来到考古研究所，进到一个高层次的地方学习，得到诸位老前辈的指导和影响，确实进步不小。后来经历了很多事，让我把灰色人生观抛弃了，胆子大多了。我坚持将做人和做学问统一起来，坚持老老实实做人、老老实实做工作、老老实实做学问的原则。要老实就要抛掉私心，这样做学问则无畏，敢说，敢当，不怕得罪人。虽远未达到陈寅恪先生提倡的"独立之精神，自由之思想"的境界，但心向往之。本人做学问虽不能自比钱锺书先生所说的"大抵学问是荒江野老屋中二三素心人商量培养之事"，但也有不怕孤立、寂寞、凄凉这一点，长年无声无息、十分艰苦地在二里头遗址工作。自青少年以来养成的性格，不随时流，还有意无意地犯上，故不招人喜欢。常常碰到一些倒霉的事情，一些"横于心，困于虑"的事情。逆境、压力、困扰，常常逼我对自然、社会、人生做深入的思考，结合我个人驳杂之学，做哲学层次的思考，往往使我受益颇多。这不仅对我的人生很有意义，对我做学问也很有意义。我常常自我解嘲道：人们都追求平安、顺利、快捷、方便、权势、地位，这些固然也有好的方面。小者获得好处和便宜；大者获得更好发展的条件和施展才能的机会，恩泽后世，学问可成显学。但也有不利的一面，小者易悬浮，不落实地，不深入扎实；大者误导社会，贻误子孙。我虽不才，处境艰难，许多方面不合于世（故早有归隐之志），或许这正是上天的一种眷顾，使我能接触地气，能冷眼静观世界，少招红尘，多所体悟，使心性得到磨炼。因此，我倒也觉得轻松愉快，体悟到人生的真价值和意义所在。

以上主要是我的生活经历和工作经历，它们对我的思想和学问有很大影响。我读研究生时，本是攻读安阳殷墟那段，机缘把我推到二里头遗址，一个更早的古都遗址，一个当时政治文化的中心，社会金字塔的顶端。它的内容极为丰富，文化遗存堆积极为复杂。这除对二里头各期文化能更好地把握，田野发掘技术能得到很好的训练外，一个十分重要的方面是对思维训练极为有好处。在这里，对于复杂的现象必须从各个方面去思考、解决，错误的认识有的在实践中马上能得到验证，有的在资料丰富后或新的资料出现时，能得到纠正。比单纯阅读古文献，遇到有些众说纷纭的问题无法以实际验证强。20 多年来大量的田野实践，大量复杂的问题得到解决，使我得益匪浅。这促使我在田野中一直都是亲自操作，并以解决复杂问题为乐趣。对丰富的遗存、复杂的现象的认识和思考，使我能站在"金字塔"顶端对全国俯视，从而得到许多宝贵的启示，使我感到"虚"的东西（由"实"上升到"道"和"理"的认识、体悟）比"实"的东西（实物和实在的资料）更重要。我感到在二里头遗址工作是一个十分幸运的机缘，由此还可上揽炎黄，下涵三代。

以上是形成我特有的认识、思维方式和结论的主要原因。我在做人方面太守旧，不合时宜；在做学问上，方式与众不同，结论更是跟很多人不一致，有时让人很难接受，或被当作异端邪说，或被认为是胡说八道。有的人甚至以一个"怪"字来概括我，我倒觉得很有意思，似乎是"茕茕子立，形影相吊"，进不了显学和风流行列。我也自称"我是唱独角戏的"，但我不以此自惭形秽，我不改初衷，不为人多势众或大势所趋所动摇，如同为人一样，自甘落后，不去凑那个热闹。自己觉得这么做：一是内无欺于心，外无欺于人；二是尽了自己努力，功夫到了，心中有底，这就行了。人家怎么说，怎么认识，我不管，仍坚持我行我素。当然我也不会故意标新立异，哗众取宠。

如果说我与老一辈学者有不同的话，那就是我受 20 世纪二三十年代以来的主流学术思想熏陶、浸染较少，自己无亲身经历，可以作为一个旁观者，冷静地审视那个时代。在帝国主义侵略压迫下，一个多灾多难的民族为生存、自由而斗争的大环境下，那种崇尚西方文明，以扫荡中国旧文化、除旧布新为宗旨的反传统主义、疑古派思潮成了那个时代学术思想的主流。现在不管是从中国历史和世界历史的高度来看，还是从中国考古学的巨大成就来看，那种思潮的消极影响都是十分明显的。我对它的许多方面都是持有异议的。如对夏商二元论（包括"夷夏东西说"），对其贬低中国历史和年代，对其在古籍真伪和年代问题上的否定和贬低之论等方面有不同意见，有的已专文论及。总之，以自己的独立思考，多年对中国古文化的研习，对考古的大量实践和体悟，我认为，随着考古学的发展，越来越证明中国正统古籍记载上的大的历史框架和诸多传统说法是正确的，从而自然产生一些可能被认为是"复古""复旧"的学术思想和观念。这是我与许多人不同的一个重要之处。对夏文化或夏商周的关系的认识与其他先生不同也是自然而然的了。

六、在二里头工作 20 多年里，您在田野发掘中倾注了大量的心血，请谈谈您在这方面的感受。

在 20 多年的田野工作里，我确实下了很大功夫，当然是有很多感受的。我大学是历史专业毕业的，对于先秦史情有独钟，对于三代以前的历史也极感兴趣。但在众多纷繁复杂的文献资料和千奇百怪的解释面前，总是一筹莫展，感到迷离朦胧，无法落入实地，感到这是一团理不清的乱麻，使我望而却步。但由于有了在二里头遗址多年的田野实践的经验、体会和对大量资料的掌握，以此为基础，去掌握和理解全国夏商及其以前的考古资料，就跟以往大不一样了。对所谓传说时代资料的理解好像进入了一个新天地，心中踏实、明亮多了。这是因为过去是虚对虚，现在是经历了先有实，后由实到虚，再由虚转实这样的辩证过程，感到实是人生和学问的基础。只要你有求实的精神，任何不切实际和错误的东西都会在实际面前碰壁，使你的思想不断接近实际，克服主观片面，凭空想象，仅从教条、本本、学术权威的思想和习惯的看法出发的毛病。没有由实到虚，只是空中楼阁。1986 年，我随中国学术代表团（由中国社会科学院和一些大学的著名学者组成）去美国参加一个国际学术会议。回京之后，苏秉琦先生问我此行有什么体会，要用一句话来回答。我回答道："考古研究所真有人才。"这是我从与他人接触后，对于那种只从某种理论出发、不着实地的议论所产生的感慨。考古研究所的许多老考古工作者一辈子老老实实在田野工作。虽文章"块头"不大、数量有限、语不惊人，但与之接触，感到其有扎实的学问。因此感觉真正的学问是从大量、反复的田野实践中得来的，而不是主要从本本或室内研究得来的。由此坚定了我一直将田野考古做下去，一直到不能做为止的决心。我宁肯做一个默默无闻但实有所得的实际工作者，也不做一个华而不实的大专家。我不赞成理论仅是某类人或某部门人的事，实践则是另一部分人（包括我们这类人）的事，前者优于或高于后者。只有在踏实、诚实的大量实践、反复思考和认识中才能真正懂得理论是什么，或者什么是正确的理论、什么是错误的理论。

前面提到的田野考古实践对思维的训练，因为这也是从"实"出发，由尊重实际，到在实践中不断取得教训、不断否定自己，到不断调整自己的思维方式，这是我的心路历程的一个重要方面。因此我感到在二里头遗址工作的经历是十分可贵的。

在考古实际操作中，我体会到我们还要正确处理"技"（技术）与"道"（哲学层次的理）的关系、"器"（器物、遗迹）与"道"的关系问题，即不能仅局限于技的层次，而主要靠学问、靠整体思维解决手、眼达不到的地方。因此在田野考古工作中，遗迹现象发现的多寡、判断和处理是否正确、能否认识到各种现象在一个大的整体中的位置和相互关系及其真正意义，都是与此相关的。否则，错误的判断、处理和诠释有可能产生大的遗患。"器"的问题，如果仅局限于盆盆罐罐的本身，甚至局限于某一器物，或以某些观念和办法从"技"的角度进行分析处理，则离真正的"道"有一定距离，甚至会陷入某种误区。如果以此为佳境、至境、圭臬，就会不再从更大的整体及各种类、各层次去分析（只能就事论事，不做理性思考），以求得符合历史实际的正确认识。总之，在技术运作时，要弄清局部与全局的关系，局部能通的，全局则不一定能通；在分析研究问题时，要解决观念与实际的关系，即使观念回到现实中。如近现代民间日用器具只能作为地区性文化成分之一；为何同样是在文明时代、国家社会的夏商甚至是龙山文化时期的民间日用器具的陶器，就有代表全民族文化的显赫资格？着实叫人不理解，只能说此观念不合情理，不合实际。应该说古今一理。这就是技与器的层次能否上升到通与化的境界，能否上升到符合道理和真理的认识的问题。作为一个考古工作者，应从"技"或"匠"级跃升到"师"级，或成为通人。

在二里头遗址发掘的 20 多年里及在豫西、豫东的考古调查和发掘的过程中，我还体会到，在当时社会形成等级层次结构时，不仅反映此结构的遗迹、遗物分等级层次，不能等量齐观，关系倒置；就是文化遗址也是分等级层次的，也不能等量齐观。不可以大遗址的内涵标准去要求小遗址，也不能以小遗址的内涵、工作方法、所得认识去推测、衡量、要求、运用于大遗址。个人在各种遗址的考古经历和见识只能与该遗址的层次相应，而不是以该人的学历和学术地位来定。这点看似简单，谁都理解，但实际做起来却很不容易。

在二里头遗址工作 20 多年，我还体会到，一种严谨的学风、实事求是的治学态度是极端重要的。否则，除把遗址做坏、把资料弄乱外，还会混淆视听、误己误人。二里头工作队的发掘史上不止一次出现过类似的事，因为我是见证人，故知其详，感触也很深。社会上也有类似的事，我认为，这都是不健康的。

在二里头遗址工作20多年，我真正体会到"学而后知不足"这个道理。例如，在陶器这个问题上我深有感触。陶器在本遗址的文化整体中一般处于低层次，但它却是我们全部工作的基础，这不能不使我们付出极大精力去研究它、去认识它。虽然我在二里头遗址经历的时间最长，接触的东西最多，对陶片下的功夫最大，但总感到常学常新，学无止境。不仅新的东西要学，旧的东西也远未吃透，还需要反复琢磨。我在《二里头陶器集粹》的前言和另一篇文章中对二里头陶器文化及其分期的认识，到现在虽经历时间不长，却起了不少变化。这让我体会做学问始终不能自满自足，要不断求新、求上进，要看出自己的不足和局限。二里头遗址经过近40年的发掘，已发掘的总面积还不足遗址重点区之5%，如果以瞎子摸象相比的话，我们只摸着它的一部分。二里头遗址的许多工作还需要去做，许多问题还需要去认识。因此我们没有任何故步自封的理由，更无权威体系和面子需要维护，所需要维护的是学术真理、学术尊严、学术良心，而不是个人的什么东西。

七、从关于二里头陶器的两篇力作可以看出，您对陶器的研究与现今比较流行的做法有所不同，能否谈谈您对类型学的理解？

关于对二里头陶器整理研究的体会上面已经谈到，但总感觉还有很多未知或弄不清楚的地方。关于二里头陶器的两篇拙作，虽是第一次全面总结，但仍属不成熟的看法，有的方面的认识已经起了很大的变化。

由二里头遗址的性质所决定，二里头陶器文化自有与一般遗址不同的特点，它的制作较一般遗址的陶器精致，品种多，数量极大，有的是一般遗址所没有的，体现出一个王都的特色和气魄。面对如此浩瀚的陶器资料，认识和处理办法自然跟一般遗址不一样。一般聚落遗址所见的主要遗物是陶器，因而陶器就成室内整理研究的主要对象和着力点，陶器的分期、分型、分式，后来的分组，几乎成了一般遗址整理工作的全部，一个发掘简报或报告的主要部分。这种现象自考古学从西方引进中国便开始了。

这种状况往后演变至：陶器的分期越来越细，分型、分式越来越繁多复杂，以致使人看不懂、记不住、掌握不了，甚至把自己都搞糊涂的程度（因此我们称之为"陶器误区"）。有的学者为了走出这种困惑，提出陶器分期、分型、分式应来点模糊哲学。有鉴于此，我们在过细做工作，并在地层资料和陶片丰富时，每期划分 10 个左右小段的情况下，仍以大段落的分期公之于世（每期平均约 100 年），在型式的划分上也力求简单明了。陶器制作不像铜器、玉器为官营，它们都是民间工匠所做，缺乏严格的规范。手工制作，随意性较大。不同工匠的制作，同一工匠不同时间的制作皆有不同。因此，在型式的划分上我们只注意大的区别，在型式的命名上我们尽量避免用数字和外文字母，而用描写性的词语表述之。由于二里头遗址的陶器资料数量太为庞大，今后还要不断工作，如果将分型、分式系统弄得过于复杂，将是自找麻烦。这个问题在一般小遗址并不突出。有的外国学者有感于现时中国考古学中陶器型式划分太烦琐，故也认为应如此做。

对于考古类型学的理解，就此词的概念来说，我与大家没有多大的区别。就器物来讲，我们通过对器物的分析研究，主要了解器物的群类谱系、形制特征、演变规律、相互关系、分布范围等。个人的考古经历（所发掘遗址的多少、级别、历时长短），掌握资料的多寡，所持观点、观念不同，对类型学的理解也不同，对类型学与地层学关系的认识也不同。

我对类型的认识和运用，是先学习掌握书本知识和同事们的讲解，后经历大量的田野实践和大量的陶片整理。始发觉，这是个非常复杂的问题，需要从通常的认识、习惯性的观念走出来，另起自己类型学认识的框架。认识到类型学认识无经典可言，或一成不变。它要随实践的发展、研究的深入而发展。它是个变数，是一个一个待破的谜，是蜿蜒曲折的风景区，而不应是陷阱。唯一要把握住的是方向、原则，即地层学。因此，我对类型学具体的理解和运用的原则、方法与别人有所不同。如果说过去不顾地层学，单纯讲类型学的做法受到扬弃的话，那么现在在实际操作中也存在不管地层，以自己所掌握的类型学框框为依据，进行陶器分期的现象，结果是早晚颠倒。也有在发掘资料中以类型学当家，而以地层学作装饰的现象。我们以为这都是不正常的，这与操作方法上的繁与简是性质不同的。所以在两篇拙作中我再三强调要以地层学当家。

八、请您谈谈陶器文化在夏商断代中的意义。

　　上面我们谈到"陶器误区"的问题，这是历史原因或考古学不发达时形成观念或传统所造成的。除陶器分型、分式、分组上的烦琐问题外，还有理论上升方面的问题，即不同特征的陶器，被当作不同考古学文化和古代民族文化的标志物，实际认为陶器文化就等于考古学文化，进而将陶器文化类型或区系的划分代替考古学文化高层次研究（几乎是终极性的研究），最终与中国历史上某民族、某事件、某个大的历史时代相联系。实际上陶器的功能并没有如此之大。陶器除陶礼器外，多为日常生活用具，在等级结构的文化体系中属低层次，其民俗性、地域性强。它们只能作为地域文化的表征，难以成为国家和民族文化的标志。不仅在古代如此，在近现代也是如此。陶器的地位和作用明显不如铜器、玉器、漆器、文字、宫殿、陵寝等。只有后者才是一个国家和民族文化的主要标志（陶礼器中的爵、觚、盉、豆、鬶等，可以有这种功能）。因此我们认为，要以日用陶器作为区分不同系统文化的主要依据是欠妥的。因为同一种文化中不同地区、同一地区不同遗址、一个大遗址不同地点陶器均存在某种程度的差异。而作为国家和民族最主要、最根本的礼制和精神意识载体的礼器，则要求统一性、规范性，以达到政令统一、民族意识的巩固。陶器的分析研究毫无疑问是先秦考古的基础工作，不容忽视，它在分期断代上几乎有不可替代的功能。如果是从近距离看，过分追究陶器的差异的话，具有共同特征的器物群的分布面就小，陶器的地区类型就很多；如果从远距离看，从异中抽象出大同来，这个大同才能反映事物的本质。对于陶器异同与古代族群关系问题的认识的不同，主要是由于各人的思想观念的不同。在以陶器作为夏商文化区分的重要手段这个问题上，夏商二元论起了支配作用。

从陶器文化在文化体系的层次地位和自身特性看，它不能作为夏商文化性质判断的主要依据。从龙山文化以来和各类陶器的谱系来看，由龙山到晚商是一脉相承的。要从夏商二元论的角度，在陶器中找出二者的某些差别，如时间缺环和地域差异是容易的，但都属于非本质的差异。夏商的断代只有从文献记载、年代和夏商都城来断代。陶器分期和小段的划分，对于准确把握夏商分界有关的诸遗址，如二里头、郑州商城、偃师商城甚至包括安阳殷墟，在时间和文化上的关系及其相对位置（不至于因时间缺环产生的差异，被误认为是文化上的差异，如过去对二里头第二、三期文化关系的认识那样）是十分重要的。而陶器资料越是丰富，我们的思想越是客观，它的作用越大。时间定位清楚了，从各遗址的连贯序列上把握商代的年代上限或夏商分界则是容易的事。就这个意义来说，陶器文化对于夏商断代是很有意义的。

九、早年您曾拥护二里头文化第二、三期之间为夏商分界的说法，后来您改定在第一、二期之间，这一转变是如何形成的？

这个问题在第二个问题中我已谈到一点，如果往上追溯，说来就话长了。从近代考古在中国诞生之日起，夏商关系问题就引起了中国人的兴趣，人们将一个个考古新发现与中国上古史联系起来，如仰韶文化与夏文化的关系，龙山文化与商的关系。到后来认为龙山文化与夏文化有密切关系，商文化与龙山文化有继承关系。到二里头遗址发掘之初，文化遗存被分为早、中、晚三期，分属龙山文化和商文化。发掘者认为，这三期有连续发展的关系即商文化与龙山文化有继承关系。但对于夏商分界的认识较为朦胧。在认为这里是成汤亳都的前提下，成汤建都在晚期或第三期，在20世纪60年代并无确切说法。夏商分界在中晚期或第二、三期间说，成汤都亳在三期说约形成于1973年。当时仍基于第二期遗存如陶器较少，第三期遗存较多，且有大型宫殿，第二、三期间有明显差异（实际有缺环）。有的认为这正是夏商不同文化的反映，故我队有从二里头第二、三期划分夏商界线的说法。自从1978年2号宫殿的发掘，发现其下压有第二期较早的大型建筑的夯土基址时，便产生了夏商界线移至二里头第一、二期间的想法。后来，第二期的文化遗存大量涌现，如大型夯土基址、铸铜遗址、青铜器、玉器、漆器的朱砂墓、各种精美的陶器，而且陶器的数量远远超过第三期，过去二者间存在的缺环已完全填补上了，以至两期之间的陶器已难以区分。二期分界说的理由已不成立。事实说明，如果过去说三期是帝都所在的时期的话，那么第二期同样应当是这样的。第一期的东西一直很少。迄今的考古事实说明，本遗址是突然从第二期兴起的，故认为这里作亳都应从第二期开始。

另外，在年代学上，我从20世纪80年代后期就有专文证明传统的年代说法是正确的，按传统的年代说法，夏商之交在公元前 18 世纪初叶，与二里头文化第二期碳十四年代的上限公元前 1800 接近，故至今仍坚持此说。

十、在"夏商周断代工程"中，目前已将夏商界线定在偃师商城小城的始建年代上，这对您的观点有何影响？

我感觉没多大影响。作为一个考古工作者，首先是一个科学工作者，最为重要的是实事求是，尊重客观事实。1997 年配合"夏商周断代工程"的发掘，二里头遗址、偃师商城、郑州商城均有一些重要的新发现。对遗址新旧资料的研究，及至两个商城遗址的观摩，确实使我的认识发生了重大的变化。过去由于资料缺乏或不充足，限制了自己的眼界，或只通过器物的线图、照片等资料进行比较，加之对类型学认识上的缺陷，更使自己的认识产生了偏差。再从某种前提出发，做出似是而非的判断，这些都是容易发生的错误。将这三个遗址的时间关系作为一个课题，引起我们正在做工作的三方的重视。在有重要新资料出现和进行比较的时间标尺的刻度更为细密的情况下，经三方实物资料的对比，认识到我过去认为二里头第四期大体相当二里冈期下层的观点是错误的。通过这次发掘，二里头第五期（分两大段）之早段有了新的小段划分的资料，填补了小段与小段之间的部分空缺。在此情况下，我认为二里冈期下层的最早阶段只能与二里头第五期早段中最后一小阶段相当，它与二里头第四期还有一段距离。但这对我对偃师商城年代的看法没有太大的影响。偃师商城的年代上限与郑州二里冈期下层大体相当。郑州商城就其最近的新发现来看，其年代可能提早。偃师商城的年代跨度目前看来是不会太长，时间在 100 年之内，加上殷墟的年代跨度，够不上一般所说的商年 600 年之说。故新的界划说对我的观点没有多大影响。

　　另外，通过对考古学和古文献的通盘考察，我坚信古文献中关于夏桀之都斟鄩的地望的记载是正确的，即斟鄩应在巩县郭水（在今偃师东之寺沟）之南，巩义西南北罗村一带。我也坚信以下所列典籍及学者有关汤都西亳、盘庚迁殷的资料和说法是正确的，即从《尚书·盘庚》《书序》《春秋繁露·三代改制质文》《史记》之《殷本纪》和《三代世表》《汉书·地理志》《水经注》等典籍及孔安国、郑玄、皇甫谧、孔颖达，直至近人吕思勉等有关资料和说法看，汤都之西亳、盘庚所迁之"新邑"：殷（或亳殷），或者说两处西亳，皆在偃师城西 5—20 余里之间的不同地点（参见拙作：《试论偃师商城即盘庚之亳殷》，《故宫学术季刊》第 8 卷第 4 期，1991 年）。因此，我认为，从古文献的角度看二里头遗址不应是夏都斟鄩，而应是汤都西亳，偃师商城则是盘庚所迁之殷或亳殷。从考古（包括年代学）的角度看，也是应当如此。

　　这里要说明一点，人们要说，你的二里头第五期从时间上包含郑州和偃师二商城，还下连殷墟早期，时间是否远长于二里头其他期？大家有此疑问是可以理解的。两商城皆称亳都，早商至晚商的时间跨度一定不小，二里头第五期哪能容纳得下！我们认为，二里头陶器分期中各期的时间跨度大体差不多，第一期可能短一点，第五期可能长一点，但不可能差得太远，也就是说，我们分期时，掌握它们的发展节奏差不多。如果说二里头每期平均 100 年的话，那么第五期可能有一百二三十年或更多些，二里头第一至五期的碳十四年代为 1990—1500BC，第五期碳十四年代约为 1500—1370BC 或更晚些。当然这只是个估计，是否正确，还得根据未来新的资料去进一步验证。从二里头第五期与二里冈商城的时间关系看，二里冈的年代问题还有重新思考的余地。

　　目前"夏商周断代工程"已进展至今天这种程度，年代框架已大体确定，也就是说大势所趋。关于夏商分界问题，我的看法跟大家存在相当大的差距，我只能做一个保守主义者。在没有令我信服的事实出现前，还是暂时保持我的观点，在可能时发表我的一些看法。

十一、您曾参加过 20 世纪 70 年代在豫东的发掘，以及在嵩山以南诸遗址的调查发掘，请回顾一下当时的有关情况，例如目的、过程、收获等。

我们认为二里头文化第一期是河南龙山晚期最晚的一小段，但与常见的河南龙山晚期连接的还不十分紧密。解决这个连接问题或者说为了解二里头文化的上源及分布范围，是考古学界十分关心的问题，为此，1974 年秋至 1975 年秋季，我队在临汝（今汝州市）煤山遗址进行发掘。在这里我们找到了二里头文化第一、二期的东西，发现了一些重要的建筑遗迹（大型建筑基址）和铸铜遗物如铜坩埚和炼渣，证明此遗址绝非一般。1975 年夏在临汝调查，1975 年冬我们沿着当年徐旭生先生调查"夏墟"的足迹在登封、禹县（今禹州市）调查，并调查了平顶山等地。1977 年春秋两季在永城王油坊遗址、永城黑堌堆遗址、商丘坞墙遗址发掘。龙山文化王油坊类型由此建立，为后来在江苏南部、江西境内发现的同类型文化树立了比较标准。在坞墙遗址发现了龙山晚期与二里头早期间的陶器。同年冬到 20 世纪 90 年代初，我曾主持和协助地方在豫东一些县调查，皆有所收获，进一步证明了龙山文化与二里头文化的传承关系。豫东龙山与豫西龙山虽有地域差异，且被认为分别为夏商民族的活动中心，但大貌却是一致的，炊具皆以深腹罐为主。1977 年冬，主要从事汉魏考古的段鹏琦先生到豫东，看见王油坊遗址的陶器群时，脱口而出："这与豫西的没有多少差别嘛！"说明豫东龙山文化与豫西龙山文化存在较

大的共性。豫西龙山文化煤山类型与王湾类型被认为是同在夏人活动中
心之地，但却存在较大的地区差异。嵩山以南炊具多为鼎，且足多矮小；
嵩山以北炊具多为深腹罐，鼎的形制与嵩山以南差别甚大。这些现象都
是值得深思的。从嵩山南北陶器差异看，同族居住地域日用陶器或炊器
是否一定一样？从豫东、豫西陶器的共性特别是一般强调的炊具来看，夏、
商是否可以根据日用陶器或炊具区分为两个民族？这些都是值得怀疑的。
通过豫西、豫东的调查发掘，以及更广泛的考古资料，以上观念与事实
的矛盾，使我们深深感受到仅凭陶器的不同特征来区别"不同的民族"
文化是不当的。陶器的差异如前第六、七、八题所讲，是由多种因素形
成的。如陶业的民间性，陶器文化的民俗性、地域性、低层性等，这几
方面都是相关的。"十里不同风，百里不同俗"，陶器文化差异更是这
种情况的反映，至少在一般意义的中原（还未包括考古上有的学者称的
大中原）是如此。我们在豫东、豫西的考古工作，对我们认识三代和以
前的考古学文化及其与古史的关系，特别是夏商史的关系极为有利。

十二、您对古文献的熟悉，在考古学家中是非常突出的，您是如何研究古文献的？能否对年轻学者传授一下您的经验？

我从小便对古诗词有浓厚的兴趣，也读过私塾。中学时代对古典文
学和历史（包括考古）有兴趣。大学时古汉语成绩是班上比较好的。当
年我自学汉语语法、训诂学、古文字学、版本目录学等，阅读先秦文献，
广泛吸收前人特别是清人的研究成果，思路为之大开。逐渐不满意有的
老师的讲课，开始走自己钻研、思索的道路。在当时，我对《左传》下
的功夫最大，刘文淇的《春秋左氏传旧注疏证》我通读过两遍以上。我
的毕业论文就是《〈左传〉所见古史资料综述》，将《左传》中春秋以

前的古史资料梳理出来，广泛吸取前人的研究成果予以考释综述。此文作为研究生最后录取的根据，得到通过和好评。我到考古研究所以后，第一次见到郭宝钧先生时，郭先生首先讲道："从试卷和论文看，你有独立的思想，有创见，再就是你的文献基础不错。"还说，这正是考古研究所一般人所缺的。他要求我今后要将考古与文献相结合，走出一条新路来。30多年来，我一直不忘老师的教诲和期望，我也自认为没有辜负老师的期望。学海无涯，我的文献水平还很低，要学、要弄懂的东西还很多很多，只能说在当前这种形势下，我还能凑合应付。

说到如何研究古文献，我谈不上行家，只能在本专业的应用方面略有体会。我对古文献的掌握经历了一个较长的过程，也得益于青少年时的社会环境，那时旧学水平普遍较高；后来得益于考古经历。若要总结自己的经验体会，我感觉首先要喜欢它，又能下功夫，注意阅读古文献的基本功：掌握文字（包括古文字学）、音韵、训诂、语法、版本目录等，能够使用大量的工具书。对于古文献不拘于弄懂字面意思或局限一家之说；不拘于一字一句，还得从整体理解；不仅从书内了解，还要从书外了解；不仅从文字本身了解，还要从字缝里面了解。总之从多角度、各个层面去理解、钻研古文献，尽量做到融会贯通。我认为，由于古文献所记的人和事有一定的模糊性，有的人就以其没有实证而对某些或相当多的古文献表示怀疑。其实考古资料虽很少能提供古文献中具体的某人某事的实证，但所提供的能反映其大的历史背景，如生产、生活、社会结构、礼仪制度等方面的资料却不断增多。有了实在的历史大背景，具体的人和事（如炎黄或五帝）就有了存在的依据和可能了。这对我们考古工作者来说是很幸运的，能亲自去获得这些资料，从专业优势来讲，更易理解它。这使我们对古文献理解、研究进入一个新的境界。这就是说，读好古文献，应当很好地与考古结合起来。结合考古应从大处着眼，从高层次的遗址、遗迹、遗物着手，少用似是而非的考古材料坐实某人某事。

　　进一步说，阅读古文献应近距离，从文字弄通一篇一章的意思；也应远距离，从全体理解它更深层次、更准确的意义。如对《左传》《国语》《竹书纪年》等文献需放在战国这个特殊的历史环境中去认识它（战国时代，顾名思义是战祸频仍，天下大乱，各国诸侯不择手段侵略、兼并，阴谋欺诈盛行，道德、信义涂地的时代。一些知识分子为取悦人主，为人主的不义行为找根据，不惜造言生事，捏造或歪曲历史；人们不能掌握自己的命运，迷信思想泛滥。此风必然反映到思想学术界。此三书中的神秘主义、怪异之谈就是这种世风的反映，有的被历代大学者视为诬罔之谗，《竹书纪年》则被认为是不经之书）。要弄清哪些是真的，哪些是假的，十分困难。《左传》《国语》中关于岁星纪年的资料据天文学家的计算，得出它们全是假的。《竹书纪年》中也有不少不可信的地方，《尧典》的四仲中星位置的年代在岁差发现之前是造不出假的。这都是书以外的历史大背景的事。如果不把文献吃透，不能全面把握，只顾截取自己所需要的某字某句，往往会出错或白费力气。现在有些考古工作者或因文献基础差，或因工作忙，不能在古文献上下功夫，只能用各取所需、断章取义的办法引用文献，结果就可想而知了。这也涉及理解和运用文献时，局部说得通而全局是否说得通的问题。所谓局部和全局也是个境界问题。你看到人家是局部的，你的范围更大，像是全局的。但从更广的范围看，你的也还是局部的，只不过是更大的局部而已。所以读古文献、研究问题要不断提高自己的境界，要不断攀登，上一层楼，更上一层楼。要尽量做到各种资料或例证齐备，以一种卓见通识统御之，以求得通达合理的结论。

　　谈到融会贯通，不仅是对一篇一章一著作，也是对尽量多的文献包括文、史、哲、经都要读懂，不能偏废，不能孤立片面地去理解一个问题、哪怕是古文献中一字一句，都必须放在一个大的时空去把握。我感觉对古文献的理解研究还需有严谨的学风，正确的思维，广博的学识。另外，有个不可忽视的方面是，理解研究古文献的发展史是必须重新审视的。从不正确的观念出发，有可能歪曲地理解古文献。如果能正确理解运用古文献，论证问题时自然逻辑严密，不怕人反驳（人家能否接受，那是另外一回事）。

钻研和运用古文献，最好能引入考古学中地层学观念。将各种事物按"地层"即其产生的时间排列开来，使它们之间有一种早晚关系或序列演变、发展关系，而不是一种平列关系，或混杂的关系，更不是时间颠倒的关系。时间关系是历史学中十分重要的观念，如果不把它搞清楚，肯定会发生混乱，或者终生不能从前人由于没有"地层"观念而造成的混乱中解脱出来。目前的神话学就严重存在此问题。

对古文献的阅读和思考，要勤于动手，要多运用、多写心得、多写专题和综合性的研究论文。在运用中促阅读，促深入思考，在学中用，用中学。通过纵向与横向的交叉学习思考，以达到对古文献更深的理解，更熟练的掌握。专题法是将相同性质的古文献放在一起，排比或连贯分析研究，纵的看它的演变关系，横的看其相互关系。综合研究，把不同范畴、不同性质的事物放在一起分析，各种事物间有相联系、相贯通、相依存的关系，不是独立现象。两种方法都可以克服孤立片面、静止看问题的弊病，横的纵的事物联系越广，越能琢磨出其事理。

研习古文献如果超出一般运用，提高到一个更高境界，那要把古文献作为中国古文明、传统文化的载体，把握住它的精髓和精神实质，即以哲学高度去把握，把它作为自己血肉或精神的一部分。以一种犀利的目光聪明睿智地俯视一切、洞察一切。要做到这点，就要努力提高自己的文化素养、思想和学识水平，努力从会境、通境上升至化境。反过来，它又能促进专业的研究。

十三、作为现任二里头工作队的队长，您目前正在从事哪些工作？

我当队长至今已 20 年，深知思想观念、工作作风和方法、生活态度已不合时宜，一切都老化了，只等被淘汰下去。然而我手中还有些未了的工作，《二里头遗址发掘报告（1980—1991 年）》尚待完成，"夏商周断代工程"中"二里头文化分期和夏商分界"专题尚待结题，为配合此专题而做的田野发掘报告已快完成，这些是我正在加紧做的，争取尽快完成。除此之外，还有大量的资料（主要是 1991 年以后的）工作需要我负责去整理。

主要著述

1.《"郑亳说"商榷》，《考古》1980 年第 3 期。

2.《"郑亳说"再商榷》，《考古》1982 年第 2 期。

3.《二里头遗址与夏文化》，《华夏文明》第 1 辑，北京大学出版社，1987 年版。

4.《二里头遗址与中国古代史》，《北京社会科学》1987 年第 1 期。

5.《二里头遗址的发掘》，《夏文化研究论集》，中华书局，1996 年版。

6.《关于中国古史的年代学问题——探索夏文化的关键之一》，《夏文化研究论集》，中华书局，1996 年版。

7.《夏商文化是二元还是一元——探索夏文化的关键之二》，《考古与文物》2000 年第 3 期。

飯島武収

饭岛武次

饭岛武次，1943 年出生，日本东京人。1966 年，毕业于驹泽大学文学部地理历史学科；1972 年，在东京大学研究生院人文科学研究科完成考古学专业博士课程，任东京大学文学部助教；1976 年，任古代学协会研究员；1980 年，任驹泽大学文学部讲师；1987 年，在东京大学获文学博士学位；后任驹泽大学文学部教授、日本中国考古学会会长。

一、您是何时开始接触夏文化问题的？何时开始形成自己的看法的？

1965 年，当时我还在上大学，读了徐旭生的《1959 年夏豫西调查"夏墟"的初步报告》（《考古》1959 年第 11 期）和中国科学院考古研究所洛阳发掘队的《河南偃师二里头遗址发掘简报》（《考古》1965 年第 5 期），非常感兴趣，从那时起便开始了对夏文化的研究。个人关于夏文化的看法的形成，是在 1982 年至 1983 年之间。

二、您在研究夏文化的过程中，受哪些前辈学者的影响较大？

就中国考古学研究的总体而言，受东京大学名誉教授关野雄的影响很大。但关于夏文化的研究，则受邹衡教授的影响最大。尽管邹衡教授的二里头文化为夏文化的学说，与本人的二里头文化第二至四期为商前期文化的学说相左，但许多夏商时代考古学的研究方法，是从邹衡教授那里学到的。

三、在大作《夏殷文化的考古学研究》出版前，您对夏文化的哪些方面做过研究？

在《夏殷文化的考古学研究》出版以前，曾发表过《二里头类型文化大要》(《驹泽史学》1969 年第 16 号)、《邹衡著〈夏商周考古学论文集〉》(《考古学杂志》1982 年第 67 卷第 3 号)、《夏、商殷考古学的诸问题》(《古代文化》1983 年第 35 卷第 5 号)等论文。

四、您的《夏殷文化的考古学研究》一书是何时出版的？能否谈谈该书的写作过程和关于夏文化的主要观点及社会反响？

这本书是 1985 年 2 月出版的。1977 年 4 月至 1983 年 5 月，我在《古代文化》杂志上连续发表了论文《殷前期的提言（1）—（16）》，《夏殷文化的考古学研究》系在这篇文章的基础上全面修改，并加写了"夏文化"问题而形成的一部专著。

书中的主要观点是二里头第一、二期文化属夏文化，而二里头第三、四期文化属商前期文化，二里冈文化属商中期文化。在 1985 年，尚无法知晓是否有属于二里头文化第二期的青铜器出土，因此我认为二里头文化第一、二期是新石器时代最末期的文化。二里头文化分布于遗留有夏的传说的地域，而且二里头文化第一、二期的年代约当公元前 2000 年至公元前 1500 年，据此，可以认为这一文化属夏文化。此时正处于青铜器文化开始以前，古代国家及王朝文化出现以前的部族国家的时代。该书写作之时，已知二里头文化第三期以后的遗迹中有青铜器出土，因此我认为二里头文化第三、四期已进入青铜器时代，属于商王朝业已出现的时代，是中国古代国家的形成期。而且我认为河南偃师的二里头遗址，即便不是汤王之亳，也应是含有该时代的文化堆积的遗址。

（至于对这一专著的反响，由于《夏殷文化的考古学研究》的出版，其作者饭岛武次被认为是日本研究夏文化的专家，该书在日本也经常被引用。在日本，对夏文化的研究还很少，因而不同意见也较少。）

五、请谈谈您现在对二里头文化和夏文化的认识。

上述观点说到底是 1985 年当时我的想法。其后，在属二里头文化第二期的墓葬中相继出土了青铜器，无疑二里头文化第二期应属青铜器时代。至今，我认为下述观点较为妥当：河南龙山文化王湾类型的末期及二里头文化第一期属夏文化，二里头文化第二、三、四期为青铜器文化，属商文化。

夏文化是作为《史记》和其他古典文献中遗留下来的关于夏的记载之母体的新石器时代末期的文化。商王朝是作为古代国家的青铜器文化，其出现以前的社会形态，是部族国家的社会形态，可以推定当时存在着若干属于新石器文化的部族国家，其中比较强大的部族国家是存在于洛阳平原的"夏"。以强大的部族夏为基础，一些小部族被合并统一，孕育出古代国家，但夏尚未达到古代国家的标准。进入青铜器时代，由部族国家阶段发展到古代国家阶段的，是商王朝。

作为近代国家的要素，领土、人民、主权三要素受到重视，但对于古代国家来说，要从考古学上证明这些要素的存在是相当困难的。不过，关于商文化，作为主权王权的存在，由于王陵的发掘已可推定，而且，由于武器、车马器等的出土可推定军队的存在，从甲骨文的内容也可获知祭政合一、施行政令的官吏的存在。从一般的聚落和小型居址等遗迹的发掘、以生活用具为中心的遗物的发现，当然又可推定人民的存在。从考古学上究明领土的扩展是相当困难的，但就商文化而言，作为古代国家的主权和人民的存在已从考古学上得以推定。因而，依据发掘所得这一时代的遗迹和遗物，当时古代国家的存在已可大致肯定。然而，关于夏文化，却没有王陵的发现，而且，也没有足以显示军队存在的武器类遗物的出土，更没有暗示行政活动的文字资料的出土，即能够昭示作为古代国家的夏王朝的主权的资料完全没有，因此，也就无法将夏文化推定为古代国家。可以推定的是，夏文化处于古代国家出现前夕的部族国家阶段。

我曾认为二里头文化第三期以后属青铜器时代，其后，被认为属二里头文化第二期的81YL5M4号墓中出土了青铜铃、青铜兽面牌饰等，同属二里头文化第二期的82YL9M4号墓中也出土了青铜铃。这些事例表明，此期相当于中国青铜器时代的最初时期。在中国，多数学者认为二里头文化第二至四期处于夏的时代，在假定夏文化属青铜器时代的情况下，就不得不将中国最早的青铜器文化——二里头文化第二至四期比定为夏文化。然而，夏文化属青铜器文化的证据却完全没有。

二里头文化第二至四期的青铜器、陶器的器形与纹样，是二里冈期、殷墟期同类器的器形与纹样的原始形态，因此，只能认为二里头文化与二里冈、殷墟文化属同一文化。二里头文化期的青铜器中，已可知有鼎、斝、爵、盉、戈等器形，其基本器形与二里冈期的同类器一致，而且，在二里头文化期的陶器中，也存在有爵、斝、盉、觚、簋、角等器，其器形是商代青铜礼器器形的基础。

在中国的历史研究中，作为古代国家的商王朝以后，从西周王朝至清朝的所有时代，通过遗迹与墓葬中出土的考古学文字资料，都可确认其所属的时代和王朝名。在见于正史的王朝、皇帝名中，其名称未出现于可与文献史料相对应、属于该时代的出土文字资料的，只有"五帝"和"夏"。在人类历史上，文字的出现与金属（青铜器）开始被使用可能与古代国家的出现大体同时。已知二里头遗址并未出土文字资料，如果假定二里头文化属于商文化，那么商文化存在有文字资料，就可以认为二里头期是中国最早的古代国家的时代，推论中也就不存在任何矛盾之处。因为文字尚不存在而不见出土文字资料的河南龙山文化王湾类型时期，是极为模糊的时代。认为这一模糊的夏文化时代属中国最早的古代国家的时代，是没有什么根据的。

六、您第一次来中国是什么时候？请谈谈您来中国访问和研修的情况。

最初去中国是 1977 年。那时日中两国间虽然恢复了邦交，但尚没有考古学的留学生去中国。不过一般友好团体总算可以访问中国了，于是我在这一年的 9 月第一次去了中国，但参观遗址或访问大学是很困难的，而且以私人身份访问中国还不允许。1983 年 9 月，在东京和京都，我有机会得识张政烺教授和邹衡教授，与他们讨论了有关夏文化的问题。1985 年 3 月才首次以个人身份去中国，带着刚刚出版的《夏殷文化的考古学研究》造访北京大学考古专业，拜会了邹衡教授和李伯谦教授。其后，去了洛阳，在中国社会科学院考古研究所郑光先生的陪同下，参观了二里头遗址的发掘现场。

1985 年 5 月至 1986 年 5 月，我在北京大学考古系进行了为期一年的研修，指导教师是邹衡教授。

七、在北京大学考古系研修期间，您参加过哪些与夏文化有关的学术活动？这些活动对您的夏文化研究有何影响？

在北大考古系研修期间，我没有参加过与夏文化有关的学会或国际讨论会。但是我平均每月两次造访邹衡教授家，进行有关夏商周文化的考古学讨论，接受邹衡教授的指导，且能获知许多考古学的信息。例如三星堆遗址的发掘情况，是 1985 年 12 月，我一边看着照片一边听邹衡教授讲解的。我大概是日本人中最早了解三星堆遗址情况的吧。

　　而且，在北大考古系研修期间，我每天都与李伯谦教授、刘绪副教授、王迅副教授、徐天进副教授、孙华副教授进行学术上的交流，尤其是有关夏商周陶器方面，我从徐天进副教授、孙华副教授那里学到了不少东西。

　　在北大考古系研修期间的收获，对我的研究产生了很多的影响，这可以从我1987年5月回国后的一系列论述中看到。这些论著是：《新石器时代后期文化与铜器文化》、《河南龙山文化（夏文化）与二里头文化》（《中国新石器文化研究》，山川出版社，1991年版）、《中国文明起源与中国都市文明》（《文明学原论·江上波夫先生米寿纪念论集》，山川出版社，1995年版）、《黄河长江文明与中国都市文明的终结》（《中国周文化考古学研究》，同成社，1998年版）。

八、您参加过哪些与夏文化有关的学术会议？

　　1990年5月，在美国洛杉矶的加利福尼亚大学参加了"夏文化国际研讨会"；1991年9月，在洛阳市参加了"夏商文化国际研讨会"。

九、能否谈谈您参加会议的收获或感想？

　　参加国际研讨会从中国学者那里得到的信息很多。主要是发掘的情况，如关于二里头遗址最新的出土遗物，或者陶寺遗址的新信息等，都能得到。而且，中国学者对夏文化的研究，数量既多，又很扎实，从中学到的东西也多。欧美学者有关夏文化的研究则很少，因而学到的东西也就少。

十、能否谈谈您向会议提交论文的主要观点？论文是否已发表？有无中文译本？

我于 1990 年 5 月在洛杉矶的加利福尼亚大学参加"夏文化国际研讨会"，向会议提交了题为《夏文化与青铜器文化的展开》的论文。该文的主要观点是：中国的初期金属文化可以分为四个区域。第一个区域是黄河中游的河南省和山西省的南部一带，第二个区域是以山东省的山东半岛为中心的地带，第三个区域是以黄河流域甘肃省的兰州为中心的地带，第四个区域是河北省北部到内蒙古一带。甘肃青铜文化的起始年代较早，引人注目，因此，夏文化与西部的青铜文化（齐家文化的金属器）不能说是没有关系的。

1991 年 9 月我在洛阳市参加"夏商文化国际研讨会"，向会议提交了题为《关于二里头文化》的论文。该文的主要观点是：一般来说，二里头遗址的文化堆积分为四期，但二里头第一期文化应属河南龙山文化王湾类型。因此，二里头文化的概念，应限定在已进入青铜器时代的二里头文化第二至四期之间。

上述两篇论文已收入《中国新石器文化研究》（山川出版社，1991 年版）一书，即"新石器时代后期文化与铜器文化"和"河南龙山文化（夏文化）与二里头文化"两节。向会议提交的论文均为中文，该书则为日文。

十一、日本考古学家中有哪些研究过夏文化？他们有哪些主要论著？其主要观点如何，尤其是不同于中国学者的观点？

在日本的考古学者中，除我外，还没有积极展开有关夏文化研究的学者。研究中国古代史的学者曾介绍过关于夏王朝的传说，同时介绍中国有关夏文化研究的现状，这种情况较多，但还没有提出自己独立见解的。

　　林巳奈夫先生和樋口隆康先生虽未写过专论夏文化的文章，但都曾在其论著中触及夏王朝问题。樋口隆康先生在《从北京猿人到铜器》（新潮社，1969 年版）一书中，著有"夏王朝之谜"一节，介绍了那以前的研究情况，进而论述道："在偃师二里头发现的新的文化，姑且可以看作是商早期的文化，然而，如果说它并非夏的文化，也没有什么证据。"林巳奈夫先生则在《中国文明的诞生》（吉川弘文馆，1995 年版）一书中，著有"偃师的二里头文化"一节，其中论述的要点是，对于尚无出土文字资料的夏文化来说，有关二里头文化属于夏王朝或属于商王朝的讨论是没有意义的。

　　京都大学名誉教授佐藤长，发表了《关于夏王朝的真实性（上、下）》（《古代文化》1995 年第 47 卷第 8、9 号）一文。虽属史学系统的论文而非考古学的论文，但在近年发表的关于夏文化的论文中是最系统的一篇。佐藤长名誉教授在其论文中，提出了"夏代应是邑的集团化政治组织逐步推进的时代"，而且"不能不承认像夏国这样的小王国式集团的文化是存在的"。

　　关于夏文化，中国考古学者与日本学者在观点上的根本不同在于，中国的考古学者是将夏王朝作为实际存在物来看待，从而对其文化内容和具体的遗迹进行发掘；与此相对，日本的学者对夏王朝的存在怀有疑问，认为其是否曾实际存在过还是个问题。在中国学术界，对被认为与夏有关系的遗址的发掘自不必说，还将诸如夏文化的年代、都城的位置，以及行政组织、军队组织等具体问题作为研究的对象；日本学术界则对古典文献中关于"夏"的记载究竟反映的是实际存在，抑或仅仅是传说中的故事进行较为抽象的议论。

十二、您认为将来对夏文化的探索应主要注意哪些问题？您对今后二里头遗址等与夏文化有关的遗存的发掘和研究有何建议？

对被认为与夏文化有关的陶器，有必要进行详细的分类研究。

各遗址的发掘报告，有必要尽快出版发行。

十三、您认为日本学者应该或能够在夏文化探索方面做出怎样的贡献？

日本的考古学者积极地致力于夏文化研究的还较少。从研究史的角度看，到目前为止日本的考古学者所进行的中国考古学研究，新中国成立前，较多的是对貔子窝遗址、红山遗址、东京城遗址等有关东北地区遗迹的研究；新中国成立后则是有关新石器时代的研究较多。日本的考古学者，对于遗留有古典文献史料和出土金文、甲骨文等文字资料的时代和地域，有尽可能避开的倾向。

我想，日本的历史学者今后会积极地进行商周时代的历史研究，但关于夏文化的研究，因尚无属于夏时代的甲骨文、金文、木竹简等出土文字资料，所以不可能展开积极的研究。

主要著述

1.《二里头类型文化大要》，《驹泽史学》1969 年第 16 号。

2.《夏、商殷考古学的诸问题》，《古代文化》1983 年第 35 卷第 5 号。

3.《夏殷文化的考古学研究》，山川出版社，1985 年版。

4.《中国新石器文化研究》，山川出版社，1991 年版。

5.《新石器时代后期文化与铜器文化》，《中国新石器文化研究》，山川出版社，1991 年版。

6.《河南龙山文化（夏文化）与二里头文化》，《中国新石器文化研究》，山川出版社，1991 年版。

7.《夏殷周三代的研究课题》，《探求夏·殷·周》，读卖新闻大阪本社，1993 年版。

8.《夏殷周考古学的现状》，《日中文化研究》1994 年第 6 号。

9.《中国文明起源与中国都市文明》，《文明学原论·江上波夫先生米寿纪念论集》，山川出版社，1995 年版。

10.《近年来中国商周时代的遗址调查》，《月刊文化财发掘出土情报·增刊号·最新海外考古学情况Ⅱ·亚洲篇》1997 年。

11.《黄河长江文明与中国都市文明的终结》，《中国周文化考古学研究》，同成社，1998 年版。

后记

活在现世的人们，永远对回溯过往和展望未来有着不可遏制的激情。因为只有过去、现在和未来连在一起，才能构成一部完整的人类发展史。对于展望未来，不同历史时期的人们自然有着不同的追求和去实现或未必能够实现这些追求的门径。而回溯过往，对于 19 世纪末期以后的人们来说，无疑是非常幸运的。因为新兴的考古学，为他们探索人类文明的发展，打开了一条切实可行的通道。随着时间的推移、经验的积累，考古学——这门兴起于近代西方的崭新学科，不断地向人们立体地、具象地揭示着古代社会神秘高远的生活画卷。

在中国，考古学的建立尚不足 80 年的历史。1929 年李济先生对西阴村遗址的发掘，拉开了中国科学考古的序幕。至此，在中国人文领域里又增添了不同于古代金石之学的现代考古学学科。一代代考古工作者薪火相传，不仅在不断完善和发展着中国考古学的理论与方法，而且通过一系列的发掘，给我们描绘了一幅中华民族从远古发源，又历经兴衰，却不断前进的全景图卷。

　　但是，"欧洲中心论"者怀疑中国有着 5000 年的文明发展史，某些中国学者也陷入"疑古主义"的迷雾而不能自拔。20 世纪殷墟发现以来，重建我国上古史的任务提上了日程。而弄清"文献不足征"的夏代的来龙去脉，就日益成为中国考古学的重要课题。1959 年春，徐旭生先生领导的豫西调查，成为考古学意义上正式探寻夏文化的开始；而后安金槐先生领导的对禹都阳城的考察，以及与此密切相关的登封会议，则大大促进了夏文化的研究。登封会议之后，学者们纷纷发表意见，夏文化探索遂成为中国考古学中争论最激烈的课题。

　　在 40 多年的时间里，一大批考古工作者为探索夏文化默默地耕耘。他们不仅为夏文化研究积累了大量的原始资料，而且在实际工作中不断地思考，孜孜不倦地探索夏代历史。众多海内外考古学者、历史学者不仅密切关注有关夏文化田野工作的进展情况，而且积极参与研究，通过自己的假设与论证，为推定夏史做出了贡献。"夏商周断代工程"的启动、结题，使学者们在大部分问题上渐次达成较为一致的共识。更重要的，是使夏文化的研究以至我国上古史其他领域的研究，无论是理论上还是方法上都得到了进一步的深化。

　　尽管考古工作者们的新发现在不断丰富着人们的文化知识和文化生活，尽管人们在不断地享用着考古工作者们的研究成果，但实事求是地说，考古人仍是不太被注意的一群。这些紧握手铲（考古人最基本的专业工具）的考古人，栉风沐雨，默默无闻地跋涉于田野工地之间，苦苦寻觅着与祖先对话的契机，缀合着历史可能出现的缺环，修正着后人对前人的认识，解读着天书般的人类文化遗存。在他们著书立说的背后，有着多少寂寞和孤独，有着多少困苦和酸楚，有着多少兴奋和喜悦，又有着多少思考和升华。我始终认为，这些情感和体验都应该是考古学者成一家之言的不可分割的组成部分。这些宝贵的背景知识，能够让我们对考古成果有更深刻的认识和更辩证的判断。毕竟人类历史的主体是人，而考古则是去发现人类已经写就的篇章。后人对前人的理解，必然首先建立在对自身的理解之上。科学家玛莉－克莱尔·金曾经说："我从来就不相信，我们对科学的思考方式能够脱离对生活的思考方式。"作为科学的考古学，也不应例外。但是考古学者们那些重要的情感体验是很难在"有一分证据说一分话"的发掘报告中体现出来的，这无疑造成了重要信息的流失。缘于此，我们决定以不拘一格的访谈形式来弥补这种缺憾。这样就有了这本《手铲释天书——与夏文化探索者的对话》的问世。

书中，我们对 24 位不同时期活跃在夏文化研究前沿的考古学者，分别进行了专题访谈。虽然他们不是夏文化探索者的全部，但这已可以使读者窥全豹于一斑。这些访谈力求舍弃艰涩的专业术语并尽量避开繁难的学术争论，而着眼于一个个夏文化探索中的"人"的故事。直率地发问和真诚地回答，坦言考古的神秘与艰辛；同时也发布了在常规考古报告中难以包容的学术信息，使读者从中了解到重大考古发现的背景知识和研究过程。

学术的传承贵在人梯精神。前辈学者的治学经验和求索新知的心路历程，往往是闪现在他们心中的智慧火花，也是点燃后辈学人的思想燧石。这些珍贵的"火花"若不能及时保存，将会随着时光的流逝而熄灭。而"人，一辈子也点燃不了几次思想的火花"（艾伯特·爱因斯坦）。因此，在这次访谈的人选上，我们更多地着眼于中老年夏文化探索者。当我们按照出生年月编排着他们的先后顺序时，一部清晰的夏文化探索史展现在眼前。其中大量的第一手资料，鲜于示人的学术体验，难得展开的研究背景等，使本书的学术和学术史价值不言而喻。

　　本书从策划到杀青历时 3 年有余。参与本书访谈的 24 位学人，多数都是在田野发掘和室内整理中默默度过了自己的大半生。学术见解虽时有发表，却很少有时间和机会真正地审视过自己，从容地梳理过自己，因此大家都十分珍惜这次的合作。在访谈过程中，不管是学界名宿还是业内骁将，无不满腔热情，襄赞其事。许多先生都是几易其稿，精益求精。作为过来人，当把个体放在历史的背景中定格的时候，他们彰显的是学人的坦诚，弘扬的是既坚持真理又宽容他人的学者品德。所有这些，常常令我感念在心，激动不已。

　　在这里特别要提到的还有同为本书策划和编者的张立东先生。考古学博士张立东先生，就职于中国社会科学院考古研究所。本书中访谈的多是他的前辈学人，他不囿门户，广采博收，力图最大限度地深入被访谈者的学术领地，并尽可能做到客观地把握、理解他们的心路历程。如果没有他的通力合作，这本书是很难如期完成的。

　　因为张立东先生现远在美国，而本书付梓在即，只好由我勉为其难地做完了后续工作及全书的统稿工作。在这里我要代表张立东先生向诸位被访谈者及为本书作序的俞伟超先生表示真诚的感谢，没有他们的理解与大力支持，策划是无法变成现实的。

　　是为记。

信飞

2000 年 12 月于郑州

修订版后记

　　《手铲释天书——与夏文化探索者的对话》(大象出版社,2001年版)
是本人学术生涯中的最大亮点。近年在学术交流场合初遇神交已久的朋
友时,对方往往首先提起这本书,而不是呕心沥血写成、用来安身立命
的关于夏商文化的学术论文。悲喜交加、面笑心苦之余,既惭愧自己成
果太少,也欣慰最初的无私付出!现在看来做这本书是非常值得的。

　　该书是与周雁女士合作编著的。最初以为封面上的署名后应该是
"编",未曾想会用到"编著"这么高大上的词,因为之前看到署名后
用的"编著"往往是教科书或者类似的大量包含别人成果的书籍,用来
与完全由自己撰写的著作相区分。现在想来,之所以署为"编著",很
可能与书中的提问有关。在访谈录形式的著作中,问的一方是很重要的,
字数虽然不多,却主导了每个访谈的方向与结构。按照《矛盾论》的说法,
在问、答两个方面中,问是矛盾的主要方面。

　　在初版后记里,周雁提到该书"从策划到杀青历时3年有余",以
及我与她"同为本书策划和编者"。我们的合作开始于"夏商周断代工程"

的 1997 年工作汇报会（年底在北京东城区朝阳门内南小街路西的一个宾馆内举行），但有关的想法还要更早。1994 年我到二里头工作队工作之后，因为立志研究夏文化，于是想模仿王宇信先生的《建国以来甲骨文研究》，写一本关于 20 世纪的夏文化研究的作品。在准备过程中，发现很多考古工作的缘起、过程和影响在已经正式出版的书刊中很难见到，因此萌生了请老先生们写回忆录的想法。当时初出江湖，认识的出版界朋友非常有限，首先想到的就是 1994 年秋在洛阳参加全国夏文化研讨会时认识的周雁，印象中她在大象出版社主持《寻根》杂志的工作。当时想如果她能帮忙，即便以后无法出书，也可以出几篇文章。我在宾馆大堂向与会的周雁提起此事时，她当即表示十分乐意共同完成此事。谈到具体操作时，她建议做成访谈的形式，我觉得很好，这样老先生们在谈到自己的丰功伟绩时，就没有"自吹自擂"的嫌疑，而是妥妥地"被迫"回答提问了。我是夏文化研究的"江湖"中人，有"门派"，有单位，不宜直接面对自己的老师、本单位或外单位的前辈同事。面对我的提问，有的先生在回答时可能会有所顾忌，这样写出来的故事多少会有些不太客观。于是商定由我拟定统一的约谈信和向各位先生提问的问题，由她出面向各位先生约稿。当时我还特别提出，最后出版时，我用笔名，她用真名，以免带来不必要的麻烦。只是到了出书之时，因为是在大象出版社出的，周雁又是责任编辑，于是她决定自己用笔名任飞，而让我用真名。当时我已身在美国，算是一只脚退出了夏文化研究的江湖，少了不少顾虑；又考虑到应该尊重出版社对销量、影响、获奖等方面的考量，也就没有犹豫，痛快地同意了。正因为组稿期间我是隐身的，所以有的先生十分自然地对我的一些观点进行了客观的批评。如果知道是我在提问，出于面子考虑，估计他们会避开或施以"春秋笔法"了。有趣的是，大概是因为我的提问太贴心了，问的正是他想说的，邹衡先生竟然猜出是我在背后运作。当然出于保密考虑，我只能矢口否认。如此"欺师"，心里很不是滋味！书出来后去见李伯谦先生，他也很感慨地说："原来是你策划的！"高炜先生则对我说："这本书编得不错，一个字没改（他在访谈中委婉地批评我对山西夏都的否定"未免不够慎重"）！"相比较而言，我对比较熟悉的邹衡、李伯谦、高炜、郑光等先生的提问是比较有针对性的，而对其他先生的提问，则大都是根据发表的论文。现在想来，当时如果能够面对面地访谈，在聊天中随时增加一些问题，效果会更好。

在合作过程中，我负责被访者的遴选、提问和与国外学者的联系，周雁负责与国内学者的联系，分工十分明确。因为很多理念相同，所以合作十分融洽。例如出于尊重作者、尊重史料考虑，对稿件进行编辑时，仅对十分明显且无关文意的错别字进行处理，对于各位学者对同一事件的不同讲述则一律不改。不过最后定稿阶段我不在国内，联系有所不便，有几件事情在后记里没有向读者交代清楚。第一件，饭岛武次先生的访谈是委托同事许宏做的。许宏曾在饭岛先生那里访问过一年，以他对饭岛先生的了解和他的日语水平，做起来要方便得多。虽然我依据中文的材料对饭岛先生提了几个问题，但是特请许宏对提问进行改进。第二件，张光直先生的访谈是请他的学生李永迪做的。我也依据中文的材料对张先生提了几个问题，同样请李永迪对提问进行改进。对饭岛先生的访谈，定稿时没有交代，觉得愧对帮了大忙的许宏先生。对张先生的访谈，文末的"附记"有所交代，但稍有不足。值得一提的是，对张先生的访谈曾在台湾的《古今论衡》杂志单独发表（李永迪：《与张光直先生谈夏文化考古》，《古今论衡》2001年第6期。后收入《四海为家：追念考古学家张光直》，生活·读书·新知三联书店，2002年版）。

请俞伟超先生作序是我的提议，周雁也十分赞同。我入学时，俞先生还在北大教书，但他却在应该教我们"战国秦汉考古"之前调到了中国历史博物馆当馆长。因为俞先生的调动比较仓促，以至于系里没有做好接替准备，我们班先在第四学期上了"魏晋南北朝隋唐考古"，一年之后实习回来才上"战国秦汉考古"。正因为这次"失之交臂"，直到博士阶段才有向俞先生当面求教的机会。当时俞先生刚完成《考古学新理解论纲》（俞伟超、张爱冰：《考古学新理解论纲》，《中国社会科学》1992 年第 6 期），想找几个年轻人聊聊，我有幸受邀参与其中。地点是在中国历史博物馆内的一个小会议室，参与人员有四五个。俞先生畅谈他的"十论"，我们则认真听，大胆问，尽情讲。快结束时，《东南文化》编辑部的贺云翱、谷建祥两位来到，中午俞先生请客，更是脱离文章进行神聊。俞先生有关考古学理论与方法的"十论"，有继承，有创新，视野宏阔，思维新颖，给我留下了十分深刻的印象（张立东：《中国考古学的三大论纲——〈感悟考古〉之感悟》，微信公众号"三代文明"2017 年 1 月 8 日，后被中国考古网在 2017 年 4 月 13 日转载）。"夏商周断代工程"开始之后，我开始与俞先生经常碰面。在几次有关夏代的会议上，俞先生发表了他对夏文化探索的一些看法，讲得十分深刻，其中印象最深的是用 DNA（脱氧核糖核酸）来推断各个考古学文化的关系。正因为这些交往，所以在找人写序时，马上就想到俞先生。后来不少师友都说这个决定非常好！

　　《手铲释天书——与夏文化探索者的对话》出版以后，周雁以责任编辑的名义做了一定的推介活动。首先是在《寻根》杂志 2001 年第 3 期第 45 页刊登了一个非常简短的书讯。其次是以著者任飞的名义在《博览群书》2001 年第 8 期全文发表了后记。再次是以责任编辑的名义在《全国新书目》2001 年第 11 期发表了题为《苍天与大地呼应　远古与现实交融——〈手铲释天书：与夏文化探索者的对话〉》的评介。最后是申评并荣获"2001 年全国文博考古最佳图书奖"。已知正式发表的书评有三篇：第一篇，许宏的《走近一群人　留住一段史——读〈手铲释天书：与夏文化探索者的对话〉》（《中国文物报》2002 年 2 月 22 日）。第二篇，霍雨杰的《中国考古学中的主流与暗流——读〈手铲释天书〉偶得》（《中国文物报》2005 年 1 月 5 日）。后以《中国考古学中的主流与暗流——读〈手铲释天书〉》为题，收入曹兵武主编的《考古与文化》（中华书局，2012 年版）。第三篇，梁国真的《评介张立东、任飞编〈手铲释天书——与夏文化探索者的对话〉》，刊于王仲孚主编的《中国上古史研究专刊》第 3 期（兰台出版社，2003 年版）。

　　书稿初定之时，周雁让我起个响亮的书名。经过再三思考，我选定"手铲释天书"。当时也考虑过"地书"，相对而言，"地书"似乎更贴切，因为考古学家用手铲在探方里刮"地皮"，颇似掀开一页一页的"地书"。但是"天书"除了天子诏书、上天赐书的用法，还用来比喻看不懂或难以理解的文字。夏文化探索的主旨是用考古学文化研究来校读史实与传说共存的古代文献，进而重建夏代历史。这些真假参半的后世对夏代历史的叙述，对于现代的夏文化探索者来说无疑就是难以理解的"天书"。况且，相对"地书"而言，"天书"读起来更加朗朗上口。

　　"手铲释天书"这个词似乎颇为讨喜，每当看到、听到有人"盗用"这个词，作为"原创者"都"老怀大慰"，很有成就感，并立志以后再创一些好词！尤其是见到北京大学和考古研究所的师友使用这个词时，更能感受到他们的善意，以及对《手铲释天书——与夏文化探索者的对话》这本书的肯定。李伯谦老师在北京大学的"北大人物"网页上，发表有题为《手铲释天书，拂尘觅古幽》的回忆文章。刘绪老师 2016 年 10 月 19 日在河南博物院做了题为"手铲释天书：夏代文明的考古探索与研究"的讲座（见文博河南官微）。同年 12 月 20 日，又在岳麓书院明伦堂做了题为"手铲识天书——夏文化探索的回顾与现状"的讲座（见中国考古网，2017 年 3 月 23 日）。赵化成老师在学校官网上的回忆文章也以《手铲释天书》为题（见北京大学官网，2012 年 5 月 17 日）。雷兴山也曾多次使用这个词。已知最早的一次是 2016 年在郑州召开首届中国考古学大会期间，于 5 月 21 日在郑州师范学院做了题为"手铲释天书——夏文化探索历程"讲座（见中国考古网，2016 年 5 月 18 日）。当时在郑州黄河迎宾馆看到演讲海报时，差点忍不住去向他讨杯"专利酒"喝。同年 10 月 8 日上午，又在东赵遗址以"手铲释天书"为主题，为郑州师范学院部分师生进行演讲（见该校科研处网页）。后来又为北大强基学科做了题为"考古学：手铲释天书"的讲座（见腾讯视频）。

中国社会科学院考古研究所 2017 年度田野考古汇报会，即以"手铲释天书"为题（见中国考古网，2017 年 12 月 25 日）。2018 年 9 月 22 日—10 月 9 日在香港海事博物馆，香港中国学术研究院主办、中国社会科学院考古研究所承办了"手铲释天书——中国社会科学院考古研究所近 20 年重要考古发现图片展"（见中国考古网，2018 年 9 月 20 日）。浙江省文物考古研究所的王宁远先生发表有《鹰眼观世界　手铲释天书——良渚遗址的科技考古与多学科合作》一文（《南方文物》2018 年第 1 期）。杭州良渚古城遗址公园在 2020 年的"九大新玩法"中，第二个就是"手铲释天书"的公众考古现场，由浙江省文物考古研究所的考古学家为大家揭开田野考古的神秘面纱，田野考古志愿者体验一天田野考古发掘工作，并在专业人员的指导下参与发掘与淘洗工作（见杭州网，2020 年 9 月 29 日）。东北师范大学詹子庆教授所著《夏史与夏代文明》（上海科学技术文献出版社，2007 年版）中，讲考古的第三章也以"手铲释天书"为题。

正是因为"手铲释天书"一词的大火，我经常鼓励学生要多想些好词。这样的"神词"既能活跃学术研究，促进学术思维，也能尽快在学术界扩大影响。

本次再版仅就明显的文字错误，以及被访者的生平略加订正，并根据相关政策对被访谈者略有删减。

值此再版之际，特别怀念二十多年前与周雁大姐的合作，谨以此书告慰她的在天之灵。

最后对热心夏文化研究、全力促成该书再版的大象出版社的张前进先生深表敬意，并非常感谢责任编辑张琰女士的敬业精神和勤奋工作。

2023 年 1 月 11 日